21世纪高职高专规划教材·市场营销系列

金融客户经理

主　编　罗怀中
副主编　章金萍　曹　湛　方志坚

中国人民大学出版社
·北京·

图书在版编目（CIP）数据

金融客户经理/罗怀中主编. —北京：中国人民大学出版社，2017.2
21世纪高职高专规划教材·市场营销系列
ISBN 978-7-300-23800-5

Ⅰ.①金… Ⅱ.①罗… Ⅲ.①金融市场-市场营销学-高等职业教育-教材 Ⅳ.①F830.9

中国版本图书馆CIP数据核字（2016）第312537号

21世纪高职高专规划教材·市场营销系列
金融客户经理
主　编　罗怀中
副主编　章金萍　曹　湛　方志坚
Jinrong Kehu Jingli

出版发行	中国人民大学出版社		
社　　址	北京中关村大街31号	**邮政编码**	100080
电　　话	010－62511242（总编室）		010－62511770（质管部）
	010－82501766（邮购部）		010－62514148（门市部）
	010－62515195（发行公司）		010－62515275（盗版举报）
网　　址	http：//www.crup.com.cn		
经　　销	新华书店		
印　　刷	北京昌联印刷有限公司		
规　　格	185 mm×260 mm　16开本	**版　　次**	2017年2月第1版
印　　张	24.5	**印　　次**	2023年3月第5次印刷
字　　数	520 000	**定　　价**	39.00元

前 言

Preface

近年来，随着全球经济金融化、一体化进程的不断推进，全球性的经济动荡和错综复杂的国际金融形势，都给日益国际化的中国金融业带来了异常严峻的考验。另一方面，随着金融体制改革的深化和金融工具的不断创新，以及新型互联网金融模式的崛起，金融企业的传统经营模式面临着新的挑战和机遇。客户经理是决定金融企业市场拓展能力和客户服务能力的重要因素，是各类金融产品推向市场并获取利润的根本保障。因此，培养和造就一支高素质、复合型的金融客户经理队伍，是金融企业在激烈的市场竞争中提升核心竞争力的关键。随着金融市场的不断创新和发展，客户需求的个性化和层次不断提高，对客户经理的营销和服务理念、业务知识和技能水平相应提出了新的要求和挑战。本教材在借鉴和吸收国内外先进金融服务营销理念和实践经验的基础上，结合国内金融业的实际现状，本着理论和实践相结合的原则，全面系统地分析了客户经理职业素质和技能的培养之道。

本教材的编写以金融企业客户经理岗位要求的职业能力分析为依据，以客户经理岗位的工作流程为序，将教材内容整合成相互关联的八个项目，每个项目又根据学习规律设置了大家来讨论、基本知识、操作指导、案例学习、知识拓展、团队项目实战训练六个模块。所有的项目设计均着眼于与金融企业客户经理日常业务及经营管理工作密切相关的知识和技能，理论知识与实务操作有机结合，对于金融客户经理人才的培养具有一定的实用价值。

本教材由罗怀中担任主编，章金萍、曹湛、方志坚担任副主编。具体分工如下：罗怀中编写项目一、项目二、项目五，章金萍编写项目三、项目四，曹湛编写项目六、项目七，方志坚编写项目八。最后，由罗怀中负责统稿与定稿。本教材适合作为高职院校金融专业工学结合课程教学的教材，也可作为财经类其他专业的高职、本科教材，亦可作为社会从业人员的参考读物。

由于编写时间仓促，编者水平有限，书中难免有错漏之处，恳请行业专家、同行及广大读者批评指正。

编者

2017 年 1 月于杭州

目　录

Contents

项目一
客户经理及职业素质

学习目标

了解金融客户经理的职业定位和工作职能，明确金融客户经理应具备的基本素质和技能，掌握金融客户经理应具备的商务礼仪，能正确认知金融客户经理岗位的工作职责，具备服务理念，养成职业精神。

知识目标

1. 了解金融客户经理的职业定位和工作职能
2. 明确金融客户经理应具备的基本素质

技能目标

1. 掌握提升金融客户经理个人素养和技能的方法
2. 能运用恰当的商务礼仪与客户交往

模块 1 大家来讨论

公众需要什么样的客户经理

近段时间，股市的行情非常火爆。一家商业银行营业大厅里人头攒动，排队等待购买银行代销的证券投资基金的客户排起了长队。因为业务办理的速度较慢，排在后面的客户由于担心购买额度显得比较焦急，一时情绪有些失控。这时，幸好及时出现了一位彬彬有礼的年轻客户经理小邵，只见他举止得体，言谈有度，与众多排队的客户亲切交流沟通，耐心解答有关基金的投资问题，并介绍了银行的各项投资理财服务，大大舒缓了大家因长时间排队等候产生的焦虑和怨气。这时，队伍中一位 40 多岁的李先生向他咨询，看好当前的证券市场，想购买 90 万元的某股票型基金。于是，小邵就把李先生请进了财富中心贵宾室，仔细询问了李先生以前的理财经验。通过查询客户管理系统，显示李先生的存款为 97 万元，没有买过任何金融产品。于是小邵站在为客户负责的角度耐心地为李先生讲解投资风险、资产配置及分散投资的重要性，结合分析证券市场过热的形势建议李先生购买 30 万元就可以，要保持一定的储蓄资金和适量的其他金融产品。李先生听后笑着说："你这个理财经理可以信任，资金交给你打理很安全。其实我问过其他行的客户经理，这种情况下他们巴不得我再凑 3 万元买够 100 万元，以完成营销任务，而你却会站在我的角度思考问题。我非常认同你的观点，资产配置确实挺重要，那你就给我先买 30 万元的基金吧，过一段时间我再把其他行的 200 万元资金转过来理财。"

资料来源：http：//finance. sina. com. cn/money/bank/20130311/170714792606. shtml.

思考讨论：

1. 应怎样看待金融客户经理在金融企业市场营销中的作用？
2. 优秀的客户经理应具备哪些素质和能力？

模块 2 基本知识

一、金融客户经理的职业定位

金融客户经理是一种极具挑战性的职业。愿意投身于金融客户经理职业的人，必须具有一定的挑战精神，应对自己的职业生涯有明确的规划和定位，同时还应确立自己的职业理想。

（一）金融客户经理的内涵

金融客户经理是指金融企业中负责市场开发及客户开发，利用企业的资源和营销手段，以满足客户的金融需求为出发点，积极推广金融产品和服务，协调和密切金融企业与客户之间的相互联系和合作，为客户提供一体化金融服务的业务营销人员。金融客户经理是联系客户与金融企业的纽带。客户经理既是金融产品的“推销员”，又是收集市场信息、反馈客户需求的“调查员”，还是为客户提供金融产品和金融服务的“服务员”。

（二）金融客户经理的基本类型

1. 从金融客户经理的职能范围来划分

从职能范围来衡量，金融客户经理可以划分为销售、咨询服务与综合服务三种类型（见表1—1）。其中，销售类金融客户经理只负责开发客户，也就是销售本金融企业的金融产品，而不负责具体的客户服务工作，往往可以根据产品销售量或资金量提取报酬。咨询服务类金融客户经理负责为客户提供个性化、专业化的咨询服务，但不需要进行客户开发工作，通常领取固定收益。综合服务类金融客户经理不仅要自己开发客户、营销金融产品、发展市场，而且要负责为客户提供信息咨询、专业分析等服务，是一项职能范围比较广的专业经理人职业。

表1—1　　金融客户经理的类型

类型	工作内容	对客户经理的要求
销售类	主要负责开发客户	具备社会关系和社会活动能力
咨询服务类	只提供专业化的咨询服务	具备专业知识和分析技能
综合服务类	开发客户，同时提供专业服务	具备市场开拓和专业分析的综合能力

从上述金融客户经理类型的区分情况看，这几种类型的金融客户经理要求的能力各不相同，从业人员要根据自己的特征、兴趣和能力等情况选择适合自己的工作类型。销售类客户经理并不要求高深的专业知识，但需要有广泛的社会关系或社会资源，要具备较强的社会活动能力、社交沟通能力和宣传组织能力；咨询服务类客户经理主要利用自己的信息优势，为客户提供信息咨询和专业分析服务；综合服务类客户经理，对其知识面、工作能力的要求要高于前两类，不仅要具有市场开发能力，挖掘拓展新客户，而且必须具有更丰富的专业知识和较强的专业分析能力，通过有针对性的专业化服务吸引客户并为客户提供周到满意的服务，同时为自己和企业创造更多的收益。

2. 从金融客户经理的任职高低来划分

从金融客户经理的任职高低来区分，可以把金融客户经理分为助理客户经理、客户经理、高级客户经理和客户经理主管。

3. 从金融客户经理的服务对象来划分

从金融客户经理的服务对象来划分，可以把金融客户经理分为机构客户经理和个人客户经理。

（三）金融客户经理的职业定位

当前，现代金融业混业经营的趋势越来越明显，步伐越来越快，金融自由化、金融全球化程度日益提高，因此，金融企业对金融客户经理素质的要求越来越高。很明显的例子是，现代金融企业经营不断革新，在综合化经营不断推动和迈进的形势下，流程金融企业、全面风险管理的理念日益强化，与此同时，对客户经理的选择实际上要求的是能从事综合服务类的客户经理队伍。因此，单纯的销售类和咨询服务类的客户经理未来将逐渐被淘汰。这就要求有志于从事金融客户经理职业的人员，只能选择综合服务类客户经理，这也使这一岗位更充满竞争性与挑战性，从而要求现代金融客户经理掌握丰富的金融专业知识、市场营销知识与技巧，掌握熟练的投资理财技术，具备金融客户经理的综合素质，做一名合格的综合服务类金融客户经理，为自己的职业生涯铺就平坦的大道，为金融客户经理职业奉献最大的力量。

（四）金融客户经理的工作职能

1. 市场调研分析职能

市场调研分析职能是指发现潜在客户，确定目标客户，积极开拓新业务。市场调研分析，是指金融客户经理系统地、有目的地寻找并收集与客户开发有关的资料，并运用科学的方法加以分析研究，为制定客户开发策略提供依据。市场调研分析职能是客户经理的首要职能。一般来说，市场调研分析可以通过阅读商业报刊、进行询问、阅读公司的年度报告等方式来实现。但并不是所有的潜在客户都值得争取，例如：有一些客户具有不良贷款记录；有一些客户规模不够大，不值得去争取；还有一些客户处于高风险行业等。

2. 开发客户职能

开发客户职能是指评估新客户的盈利潜力，并采取相应的行动。开发客户是客户经理的重要职能，也是考核客户经理业绩的核心指标之一。客户经理要根据市场调研分析结论制定客户发展计划，对潜在客户确定拓展目标、拓展策略、拓展措施以及所需的资源支持等，并根据客户的发展变化情况和新的产品需求及时调整计划。客户经理要按照商业化经营原则，与客户洽谈合作内容，起草银企合作协议，报有权审批人批准，签订合作协议。此外，客户经理要尽可能多地占有优质客户资源，不惜从细小和无利的业务做起，逐渐培养与客户的关系。

3. 客户服务职能

客户服务职能是指维持金融企业与客户之间的关系，保持金融企业与客户之间的信息畅通，其中包括营销金融产品。在建立了与客户的关系之后，客户经理的长期职责便是维持这一关系。这意味着客户经理要担任金融企业内部客户代言人的角色。这项工作非常重要，因为统计资料表明：争取一位新客户的成本是维持一名现有客户关系成本的5～15倍。

4. 挖掘客户潜力职能

挖掘客户潜力职能是指不断满足客户的需求，充分挖掘客户的潜在需求。这是一项持续不断的工作，有赖于定期地进行客户访问以及定期地更新客户需求信息，以保证金融企业提供的服务一直是客户所需要的服务。客户经理要建立优质客户定期联系制度，及时掌握客户需求，为客户量身定做个性化金融产品，完善服务，提高效率，切实做好客户维护与管理工作。此外，通过建立密切的客户关系，客户经理能够对为客户提供其他服务的潜力做出评估，甚至能够为开发新产品提供帮助。

5. 监测客户职能

客户经理要了解国家产业政策、产品市场信息，密切跟踪客户的经营情况，及时发现客户存在的风险，分析风险产生的原因，适当调整客户营销方案，制定相应的风险防范措施，实现金融企业和客户的双赢。

6. 弘扬企业文化职能

客户经理应充分利用与客户接触的机会，积极宣传金融企业的雄厚实力、优质服务、企业文化和品牌形象，提升金融企业在社会上的影响力和在市场上的竞争力。

7. 培育客户的金融意识职能

客户经理应积极向客户宣传最新金融知识，激发和引导客户对新型金融服务的需求，不断推动金融企业与客户业务向纵深方向发展。这是因为任何一种金融产品都有生命周期，企业能从中获利最大的往往是新产品。

（五）金融客户经理的职业理念

1. 以客户为中心理念

这是客户经理必须具备的最核心理念。根据演进程度，可以把以客户为中心理念分为客户至上、客户第一、客户满意和增加客户价值四个阶段。其中，增加客户价值阶段是当前最先进的工作理念。正如最负盛名的营销大师米尔顿·科特勒所言，银行“想要赢得有利可图的客户，唯一的办法是为客户提供比竞争对手更大的价值”。客户经理必须把客户的需求和利益放在优先考虑的地位，调动所有资源让客户感到满意，以客户的满意度作为评价工作质量和工作效果的标尺。要通过提供专业水准的服务，使客户的资产价值增加，让客户享受增值服务，使其经营风险降低，运营效率提高，从而提高客户的信赖度、依赖度和忠诚度。只有首先让客户满意，才有可能使其成为忠诚客户。忠诚客户是客户经理重要的无形资产，也是金融企业利润的源泉。

2. 营销一体化理念

目前，服务业的市场营销早已超越了产品的生产，范围扩展到市场调研、营销战略、营销组织、公共关系、技术指导、售后服务等诸多领域和环节。客户经理要把金融产品的营销作为一种专门化的事业，将各种营销资源进行整合，以满足各种营销活动要素，实现营销的一体化。

3. 核心客户综合开发理念

对为金融企业创造80％的业务和利润，且占客户总量20％的优质、核心客户，客户经理必须给予高度重视，实行差别化服务，最大限度地满足核心客户的金融需求。客户数量的增加可以增加价值总量，而单一客户消费量的增加也可以创造新价值，所以，在扩大客户基础的同时应充分挖掘单一客户的潜在价值，这就需要广泛的客户信息和成熟的联系技术。信息技术特别是网络技术的发展，使得金融企业在个人或零售层面上对大量的客户进行管理成为可能。花旗银行就是这方面的典范，其电信网络拥有卫星转发器，以纽约、伦敦和香港为中心，在近 100 个国家中有 2000 多个节点，从而使花旗银行能够随时处理全球消费者的银行业务。

4. 个性化产品和服务理念

面对客户的多元化金融需求，客户经理应进行特别定制服务，即向客户提供的不仅仅是一种产品或单一的服务，而是一个整体的服务方案。客户经理要通过对客户进行调查和评价，根据客户的需求提供“量体裁衣”式的金融服务，并综合运用各种知识和技能，在金融产品和各种可以借助的外部资源中进行组合设计，最大限度地为客户提供专业化服务。

5. 金融服务创新理念

由于市场环境处于不断变化发展中，因此客户需求的变化也不存在定式。作为桥梁和纽带的客户经理应对客户的需求和变化，以及宏观经济环境和微观经济环境的变化异常敏感，及时进行提炼和总结，反馈到产品部门，和产品部门联手进行产品创新设计，以最快的速度把最新的金融产品提供给客户。同时，要密切关注竞争对手的策略，不断创新服务模式，这也是竞争手段灵活变化的需要。

6. 风险控制理念

客户经理应该具备对客户风险的识别能力，在与客户沟通的过程中，要按照规定的标准判断、记录客户的有关信息资料；然后在对客户进行资信调查的过程中，严格按照金融企业的评价标准对公司客户的企业法人评价、企业财务评价、客户资信评价、项目评估以及对个人客户的个人信用评分、还款能力报告等进行科学的分析和判断，把好风险控制的第一道关口。

7. 知识营销理念

在知识经济时代，金融企业的营销环境会发生很大的变化。随着信息网络技术的飞速发展和世界经济全球化的不断推进，以及知识资源共享，金融企业和客户之间的信息传递和反馈迅速，且呈双向互动的状态。世界正处在知识革命的快速发展阶段，应提倡知识营销，这既是客户在新的经济形势下提出的客观需求，又是金融企业自身适应经济发展、提升服务档次、拓展市场的必由之路。普及金融知识、启迪金融意识，是培育客户群、刺激金融需求的重要保证。

8. 团队合作理念

这一工作理念要求在同一企业内部的客户经理之间以及客户经理与产品经理、风险经理、营业经理之间建立一种团结协作和相互支持的关系。当遇到客户需求复杂或集团客户多样化需求时，客户经理要有团队的意识，及时组成客户服务小组，按照个人的业务专长明确分工，共同拓展和维护客户，为其提供全面的服务方案。同时，在例会制度中，客户经理应该互相交流和分享客户信息，共同提高服务水平和技巧。在不同分行之间以及分行和支行之间，客户经理都可能会因集团客户或某一个大的项目组成客户经理小组，进行上下联动营销。

二、金融客户经理的职业素质

（一）金融客户经理的品德素质

品德素质是指金融客户经理在思想道德、责任感、政策水平等方面的要求。金融行业是与货币资金直接打交道的行业，如果没有良好的品德素质作保证，无论管理制度多么严密，也难保不会发生合规风险和操作风险的问题。因此，品德素质是金融客户经理素质中最核心的要求，是衡量金融客户经理能否胜任该岗位工作的前提。

1. 强烈的责任感与事业心

客户经理直接面向市场开拓业务，而开拓市场需要和客户进行直接的、大量的接触。其职业特点、岗位性质要求其有较多的时间和精力付出，工作非常辛苦。良好的职业道德就是要求客户经理能够爱岗敬业、吃苦耐劳，具有强烈的工作责任感。客户经理的责任感还体现在要知法、懂法、守法，在处理业务以及与客户交往中，严格执行经营管理制度，时刻保持清醒的头脑，以法律、法规约束自己的行为。在公关客户、拓展市场的过程中，正确处理好银行、客户和自己的关系。强烈的事业心是一个人成功的重要精神支柱。只有对所从事的事业热爱和忠诚，才会认真积极工作，才会充分地调动自身的能动作用。只有热爱自身岗位，才会全心全意地工作，才会千方百计地争取客户、争取市场。

2. 高尚的职业道德

客户经理只有树立高尚的道德品质和情操，才能得到广大客户的尊敬和信任，才能更好地赢得客户、赢得市场。客户经理在职能范围内掌握一定的权力，如何用好授信的权力，发挥权力的最大效能，关键是由客户经理的政治思想和道德情操所决定的。客户经理在处理业务时，无论是大客还是小户，是亲朋好友还是初次认识，都要以高尚情操、正直品德、企业利益为出发点，全心全意地为客户提供全方位、多功能的金融服务，保持乐于奉献、公私分明、吃苦耐劳的道德品质与情操。

3. 诚实守信的人品

信用不但是金融业顺利发展的基础，也是做人应恪守的准则。客户经理推销的是金融产品和服务，但也是在推销自身，展示企业的形象。客户经理要诚实守信，全心全意地为客户服务，要坚持原则，把握分寸，不可夸夸其谈，做不实的或误导性的产品介绍与推销，不要不负责任地作出承诺，更不能急功近利，超越自身授权范围，办理不该做的、风险较大的业务。客户经理要以良好的品行和诚实的态度，给客户留下较好的印象。正如营销专家所言："客户信赖你的产品是因为信赖你的品质。"客户经理必须牢固树立"客户是上帝"的服务意识，与客户保持良好与密切的合作关系；严守为企业和客户保密的原则；与客户沟通联系，要实事求是，谨慎承诺。任何不负责任或失信于客户的行为，都有损企业和个人的信誉。

4. 自尊、自重、自强、自律

客户经理的工作关系是代表金融企业与客户打交道，要具备自尊、自重、自强、自律的精神。客户经理在工作中，既有客户的要求，也有自身的要求，两者相互联系，形成了银行—客户的服务关系。因此，讲服务，要坚持原则，把握分寸，不能过分热情，否则会让人产生"虚情假意"的感觉，也不能低声下气，更不能趾高气扬，否则有损金融企业的形象。

客户经理要取得客户的信任，就要加强自身的道德修养，深刻领会"要别人尊重自己，首先要自己尊重自己"的含义。既要树立正确的人生观、价值观和道德观，又要严于律己，积极进取，自强不息。自尊、自重、自强、自律，就是要求客户经理在理智和良知的指导下，围绕岗位职责，规范自己职业活动的行为准则。

古语云："君子爱财，取之有道。"在办理业务时，客户经理必须严格自律，按规操作，依章办事，严于职守，在资金往来以及与客户交往中，时刻保持清醒的头脑，以法律、法规约束自己的行为；必须深刻认识依法依规经营管理的必要性与重要性，按照操作守则规范自己的言行举止，严格要求，自觉接受客户的监督。在公关客户、拓展市场的过程中，客户经理要正确处理好企业、客户、自己三者关系，既不能损害银行的利益，也不能损害客户的利益。

5. 执着的爱岗敬业精神

俗话说："三百六十行，行行出状元。"每一个员工，不论其岗位如何，只要仍在金融行业工作，就必须树立忠诚于金融事业的理念，做到干一行爱一行。

爱岗，首先要正确认识并深入了解所服务的金融企业，忠诚于所服务的金融企业，并为之持续稳健发展、效益提高、品牌提升而奋斗。敬业，必须正确认识客户经理的职责与任务，形成对本职岗位的认同感，敬重自己所从事的岗位，以本企业为荣、以本职岗位为荣。只有这样，才能产生强烈的事业心和责任感，才能勤勤恳恳、全情投入，才能勇于竞争和挑战自我，才能在新的岗位上做出更大的成绩。所以，每个客户经理要充分认识到本职工作的自我价值，增强从事客户经理工作的责任感，做到敬岗乐业、勇于挑战、善于开拓。

6. 艰苦奋斗的创业精神

任何新事物的开始和发展都不是一帆风顺的，做好客户经理的本职工作也不例外。不管在什么时候，客户经理都应发扬艰苦奋斗的优良传统，勇于迎接挑战并克服困难，始终树立挑战自我、挑战困难、不懈奋斗、不达目的决不罢休的精神和勇气。

7. **良好的协调能力和团队精神**

客户经理的工作涉及方方面面，其中最需处理的就是客户部门与业务支持部门之间的前台与后台的协调关系。没有其他业务部门以及后勤保障部门的大力支持，客户经理就无法为客户提供完整的金融产品或金融服务。客户经理承担着对外营销、对内协调的职责，在其职权范围内，在良好的内部沟通机制的基础上，要通过自身的努力实现协调一致为客户服务的业务流程。因此，要树立局部利益服从整体利益的意识，体现团队协作精神。客户经理以及全体员工要相互配合、相互支持。客户经理要立足本职，加强上下沟通，搞好内外协调、信息交流、资源共享，真正为客户提供完善、配套的金融服务。

8. **无私奉献、全情投入的工作热情**

客户经理工作具有较强的挑战性，面对各种困难和压力，必须有无私奉献、全情投入的工作态度，只有这样才能走出好路子、创出好成绩。客户经理要培养积极乐观的情绪，坦然直面现实困难，勇敢地接受挑战，对工作、生活充满热情，对事业充满乐观，对社会充满希望，对客户、同事充满友好，满腔热情地投入工作，只有这样才能取得理想的业绩。

（二）金融客户经理的业务素质

金融客户经理的业务素质，是指客户经理对业务知识的掌握程度和办理具体业务的熟练程度，是客户经理能否办好正常业务、能否争取客户、能否开拓市场和能否维护并创造效益的重要因素。随着市场信息化、业务综合化、电子化、网络化的发展，对客户经理的业务素质提出了更高的要求。

客户经理专业素质的高低在一定程度上反映了其工作的质量与效能。总的来说，客户经理需要具备金融业务、客户理财、市场动态分析等专业理论知识与实际操作技能，这是客观实际对现代金融客户经理的现实要求。

1. **丰富的金融专业知识**

金融客户经理的职能是向客户提供全方位的金融服务，同时承担经营管理金融资产负债和创造利润的重任，其服务对象以黄金客户和优质客户为主。这就要求客户经理熟练掌握各项金融专业知识，在业务工作过程中，善于运用金融专业理论知识、营销知识、服务知识，为客户提供综合性的金融服务。客户经理只有通过对金融业务、投资理财、金融市场分析等专业知识的熟练掌握和应用，才能为客户提供优化组合金融服务，树立银行品牌形象，拓展客户网络，提高客户与企业两者的资金营运效益与经营效益。

2. **企业经营管理知识**

现代金融企业的服务对象有很大部分是具有相当规模的企事业单位，在一定程度上（如在理财和资金运作方面）需要金融企业的协助。优秀的客户经理应在熟练掌握金融业务知识的同时，以自身熟练掌握企业的经营、管理知识的优势，通过贴身服务及时为企业提供理财意见或财务计划建议，提高企业的资金使用效率。当然，熟练掌握企业经营管理知识的目的，不单是为客户当好理财参谋，更重要的在于金融产品的应用、资金的筹集和有效运用。在资金运用上，通过对企业经营管理情况的了解，更好地对企业进行贷前调查、信贷资金运用的监督管理，更好地提高信贷资金运用率，防止金融企业资金的流失和逃废，从而更好地创造和维护银行的利益。

3. 熟悉经济金融法律法规

随着我国法律体系的逐步完善，对于从事与市场经济活动密切联系的客户经理来说，通过以法律法规作为保障，既能明晰金融经营管理的法律地位与合法权益，又能规范自身的操作行为。这样，既有助于客户经理为客户提供服务，又有助于客户经理在复杂的社会环境与市场经济活动中保护自己，以确保市场经营活动能持续、健康发展，不断延伸。客户经理掌握的法律知识，既有广度的要求，也有深度的要求，重点应掌握与金融业务、客户经营活动行为紧密结合的经济法律法规，时刻防范合规风险。

4. 较强的市场调研分析能力

开拓优质客户是客户经理的重要职责。能否为本企业争取到优质客户，很大程度上取决于客户经理的洞察力和分析力。作为一个优秀的客户经理，要积极开展市场调研分析，挖掘优质客户，主动推介适当的金融产品和服务。对客户资信和需求的调查一定要认真仔细，做到去粗取精、去伪存真、由表及里，从中获取真实的、具有价值的信息，写出翔实的调查分析报告，为后台业务部门提供进一步业务处置的依据。客户经理在进行市场分析、制定和实施经营策略、提供金融产品与金融服务的同时，还肩负着推介金融产品及反馈市场信息与产品使用情况的重任。通过调查与信息的掌握，及时地作出判断，调整工作思路并改进金融产品服务质量。

5. 金融产品的综合运用与创新能力

随着金融竞争的日益加剧，国际金融产品不断推陈出新。作为市场一线人员，客户经理的一项重要职责就是要将金融产品优化组合、合理配置和综合运用，积极地将新产品与新服务向新老客户推荐，从而争取更多的客户、开拓更广的市场。特别要善于根据不同经济发展时期的客观需要，在现有的服务方式方法的基础上不断改进，不断合理配置、优化组合金融产品和服务。

6. 出色的协调与信息反馈能力

市场经济活动是千变万化的，作为与市场经济活动息息相关的金融业，其服务方式、内容、手段、产品推出等需要依据市场信息。因此，客户经理与金融企业内部各部门之间、客户经理之间都必须保持密切的协调关系，围绕目标，互通信息，协调行动，共同推进。其他职能部门要善于通过客户经理的经营活动与信息收集，及时调整经营策略与营销战略。客户经理进行信息收集与反馈，既要有针对性，又要有可操作性；既要广泛收集、内容丰富，又要及时灵敏、讲求时效。客户经理也要及时向客户宣传金融政策、业务方式方法的变化，创造金融企业与客户之间和谐融洽的关系。

7. 较强的公关能力

公关能力也是客户经理业务素质的基本条件之一。敏捷的思维、伶俐的口才与公关的艺术是公关能力的主要体现。客户经理进行公关时，方法的艺术性与服务方式的综合应用与变通也很关键。在业务公关前，客户经理要对客户进行全面的了解，所谓知己知彼，百战不殆；在公关过程中，客户经理要善于协调与沟通各类社会关系，不仅要广泛建立自己以亲戚、朋友、同事、同学、熟人、客户为主要对象的社交圈子，还要建立以这个圈子各种信息媒介为载体的“信息中心”，一旦发现有价值的新信息，就应立即主动出击，上门公关，以优质产品和热诚服务来争取客户。

8. 良好的效益观念与风险意识

金融企业的经营目标是获取最大的利润，客户经理的首要任务是拓展市场，扩展客户网络，稳定优质客户，挖掘存款潜力，提高信贷资金运用效能，营销金融产品中间业务，最大限度地为企业创造利润。但是效益和风险总是同时存在，客户经理要把全面风险管理的理念贯彻到平时工作中，充分认识到控制风险是获得收益的前提，把防范金融风险和客户经营风险作为服务的重要内容，在经营活动中加强对风险的识别和防范能力，采取必要的措施规避和化解风险，努力实现双赢。

（三）金融客户经理的心理素质

金融客户经理的工作是一项极富挑战性的工作，不仅需要有良好的品德素质与业务素质，也需要较好的心理素质条件来保证。在业务工作过程中，胆怯自卑的情绪不易让人产生创意；固执己见、自以为是的情绪难以让人成功；急功近利、操之过急的情绪往往让人半途而废；墨守成规、畏头缩尾的情绪让人一事无成。这些不良心理的存在，直接制约着客户经理目标与业绩的实现。

1. 健康的人生观和强大的心理承受力

金融客户经理要给自己的工作和生活目标正确定位，坚定从事金融客户经理职业能体现和实现人生价值的信念。客户经理的工作是深入客户，要经常走访客户，遭遇目标客户的闭门羹、被人误解甚至冷嘲热讽的事时有发生。尤其是在同业竞争激烈、各种理性与非理性的竞争手段层出不穷的情况下，客户甚至可能会提出一些苛刻的、令人难以接受的要求，客户经理面对的各种各样的问题与挑战及其难度都越来越大。所以，客户经理必须具有健康的体魄和良好的心理承受力，只有这样才能自强不息地去工作、去学习，才能在实践中有所发现、有所创造、有所进取。

2. 成功的信心和百折不挠的勇气

面对复杂多变、竞争激烈的市场，客户经理面临公关失败和职业发展不顺的困难在所难免，重要的是善于总结经验，切不可因有所失误而失去了成功的信心。客户经理在业务公关的过程中，必须树立成功的信心，克服患得患失、害怕失败的心理，以百折不挠的勇气去面对客户、面对失败，只有这样才能走向成功。当发现目标时，就要想办法与客户沟通，不能因遭受一次冷遇就放弃，而应分析失败的原因，通过各种途径争取客户的了解，以诚意和热情感化客户，通过不懈的努力使客户心悦诚服。

3. 良好的竞争意识和服务意识

现代金融业的竞争，最重要的是金融人才的竞争，也是金融产品的竞争、金融服务的竞争。在激烈的市场竞争中，成功的关键还在于服务。谁能为客户提供全方位的优质高效服务，最大可能地满足客户的需求，谁就能赢得竞争的主动权，谁就能赢得客户和市场。客户经理的竞争意识与服务意识是关键之关键。对于客户经理来说，金融服务能否做好，关键在于能否用心去做，学会换位思考，真正从思想到行动上贯彻“以客户为中心”这一理念，学会充当金融产品消费的“导游”角色，为客户提供全方位、高层次的优质金融服务，做到急客户所急、解客户所疑、供客户所需，通过实施贴身服务来维系客户关系和争取业务市场。作为客户经理，除了腿勤跑、嘴勤说、手勤动外，更主要的是脑勤转。客户经理只有从思想意识上认清竞争与服务的对象，才能正确认识形势、定好计划、把握机遇，才能总结经验教训和改进公关方式方法，才能在竞争中立于不败之地，才能真正实现开拓金融市场、维系客户关系和最大限度地创造经营效益的目标。

4. 善于应变的能力

客户经理在营销公关活动中，要才思敏捷、善于应变。在经营活动中，对一些刁难的客户，甚至是恶语相向的客户，要忍辱负重，切忌急于辩驳而出现不欢而散的局面。对此，客户经理应以成熟、健康、平和的心态，带着“客户正在考验我”的心理，以婉转的语言，表述自己的动机所在，化干戈为玉帛，就算效果不佳，也应不会有损银行形象。对在经营活动中客户提出的一些疑难问题，一时难以回答或不清楚的，要礼貌地请客户包涵，并及时向有关部门人员咨询了解，解答疑难，防止出现冷场或“十问九不知”现象，更要防止心惊怯场、手忙脚乱、言不由衷的被动局面。要先从容不迫地稳住客户，再想应对之策。

三、金融客户经理的职业技能

金融客户经理岗位的特殊性要求其只有不断学习和提高自身的专业技能，才能适应当今知识经济时代快速发展的需要。为增强市场拓展能力，金融客户经理必须掌握相关的专业技能，包括基本技能，调查、分析、展业技能，以及撰写分析报告的技能等。

（一）金融客户经理的基本技能

1. 客户调研技能

客户调研技能包括确定调研目标、制定调研计划和方案、选择调研方法、进行资料收集、分析调研资料、撰写调研报告等。一般来说，调研内容包括市场环境调研、市场需求及容量调研、客户调研、产品调研及金融产品使用情况调研等。

2. 客户评价技能

借助客户财务报表、规章制度、访谈资料、媒体报道、行业研究等资料对客户进行以法人评价、财务评价、市场评价为主要内容的全面评价，寻找和发现客户的核心价值和优势，作为培育此客户的依据。

3. 产品和服务组合设计技能

根据客户情况、客户需求、银行所能提供的产品以及所能调动的外部资源进行产品和服务的组合设计，为客户量身定做特别的一揽子金融服务，满足客户个性化的金融需求。

4. 客户维护与管理技能

运用各种工具维护并扩大客户和金融企业的合作关系，提升客户满意度和忠诚度，留住现有客户，充分挖掘客户潜力，发展新客户。

5. 营销技能

营销技能包括寻找和识别客户、确定客户需求、说服客户、与客户达成合作意向、处理客户异议、维护客户关系、与客户谈判等。

6. 人际沟通技能

人际沟通技能包括人际交流、人际交往、人际沟通言语技巧等，即接近他人的技巧、赞扬技巧、拒绝技巧、说服技巧、聆听艺术、言谈禁忌以及有效的肢体语言等。

（二）金融客户经理的调查、分析、展业技能

1. 准备及分工

开展重大业务项目之前，一般应先建立专门机构、配备人员并做好职责分工。开展一项大的工作，需设立以下小组：业务规划与公共关系组、市场调研与报告撰写组、项目储备组、业务洽谈组和作业推进组。同时，在业务开展初期，配备 3～5 人，以做到精干有效，之后随业务展开可适当增加人手。

2. 操作流程

（1）展开市场调研。

（2）确定市场需求。

（3）储备项目资源，项目资源应具有信誉好、效益佳、发展潜力大的特点。

（4）分析竞争优势，包括管理优势、经营优势、人才优势、业务开发优势。

（5）与潜在客户接洽，展开公关。

（6）对客户进行诊断，寻找突破口。

（7）签订合作合同或协议。

（8）开展品种设计，确定向客户提供何种服务。

(9) 设计运作方案。

(10) 组建运作联盟(充当牵头人)以化解风险。

(11) 开展具体操作。

(12) 建立长期合作关系。

3. 开展业务时的注意事项

(1) 选拔知识面宽、业务技能强、社会关系广、责任心和事业心强的人组成展业队伍。

(2) 做好业务开展规划,使展业工作有极强的目的性和计划性。

(3) 与政府有关部门、会计师事务所、资产评估事务所等搞好关系,力争它们的支持。

(4) 在展业过程中要从长远出发,在业务谈判中要尽力争取企业与客户双赢的局面,这样有利于挖掘客户的长期价值。要时刻维护和树立企业的品牌形象,注重培养稳定的核心客户。

(5) 在开展业务时,要注意交叉业务的拓展,尽量向客户提供一揽子的金融服务,以达到全面合作的目的。

(三) 金融客户经理撰写分析报告的技能

学习撰写分析报告对提高客户经理的业务素质与技能、规范客户经理的业务行为都具有重要的意义。定期或不定期地撰写分析报告,应该成为客户经理一项经常性的工作。客户经理需撰写的与其工作有密切联系的分析报告主要有五类:业务拓展报告(汇报)、重大事项专题报告、客户价值评价报告、行业分析报告、工作总结与展望报告。

1. 业务拓展报告(汇报)

此报告用于客户经理向上级汇报自己的业务进展情况,一般是取得阶段性成果之后再进行撰写。业务拓展报告(汇报)的主要内容如下:

(1) 题目:关于与××公司开展业务合作进展情况的报告(汇报)。

(2) 客户基本情况介绍。

(3) 介绍从不认识客户到同客户接触的来龙去脉。

(4) 拓展此客户的意义,重点分析客户可能带来的利益。

(5) 同其他竞争者相比本公司在拓展此客户时的优势与劣势。

(6) 至报告撰写时止的业务拓展情况总结。

(7) 下一步工作面临的困难。

(8) 下一步工作计划。

(9) 需要领导或相关部门提供哪些支持。

(10) 结束语。

2. 重大事项专题报告

重大事项专题报告是客户经理为反映客户拓展过程中的重大事项而撰写的专门报告。客户经理应在重大事项发生后以尽可能快的速度提交书面报告。报告应准确描述、分析事件，重点分析可能导致客户经理工作失败的因素，提出处理意见或建议。

客户经理在业务拓展中需做专题报告的重大事项主要有：

（1）可能对客户产生重大影响的政策出台。

（2）客户同其他银行签署了合作协议或合作洽谈取得了重大进展。

（3）客户本身在经营、管理等方面发生了重大变更，与之进行合作的基础不复存在。

（4）同客户的合作洽谈取得了重大进展或遇到了重大障碍且客户经理自身无法解决。

（5）需要高层领导同客户签订合作协议。

3. 客户价值评价报告

客户价值评价报告是客户经理在对客户的调研资料进行整理、分析的基础上撰写的，是客户经理在对客户进行调研、价值分析后的一个阶段性总结。客户经理据此报告可以判断银行与客户的合作潜力，且此报告也是客户经理开展业务的一份基础材料。报告对调查材料应作深入分析，要多用数字说话，并恰当地运用各种图表，语言要准确、平实，突出重点。

客户价值评价报告的基本格式如下：

（1）封面、摘要、目录。封面上要注明客户名称、评价人员、评价时间、密级、有效期、编号等；摘要应将报告的主要结论、论证分析过程、采用的分析方法进行总结性阐述，还可以声明报告的适用条件、使用报告应注意的问题；目录应将报告中每一部分的名称、页码标出来供查阅。

（2）客户基本情况介绍。主要介绍客户名称、所属行业、注册地点、营业执照号、法人代表、联系电话、开户银行、历史沿革、业务范围、组织类型、注册资本、出资人、技术水平、管理水平、文化特点等企业基本情况。

（3）外部环境分析。主要包括行业分析和地区分析。行业分析主要侧重于技术、经济、政策方面；地区分析则主要侧重于地区发展等微观环境方面。

（4）内在条件分析。主要包括法人评价、市场评价、财务评价和重大事件评价。法人评价主要内容包括姓名、联系电话、职务、任免机构、身份证号码及复印件等；市场评价主要分析国内外市场状况与前景、竞争优势与劣势、供应商及顾客分析；财务评价主要分为盈利、运营、偿债、发展潜力分析，客户的负债情况和过去的经营记录以及与银行的业务往来；重大事件评价包括体制改革、法律诉讼、人事变动、经营决策等。然后，客户经理根据上述分析，初步测算授信额度及可能给银行带来的利益，并进行客户价值描述。

（5）与客户建立合作关系的具体设想。

（6）小结与附件。结论应精炼、准确；报告中用到的原始资料可附在正文后面，注意对附件进行编号，以便查询。

4. 行业分析报告

对行业进行分析、撰写行业分析报告是客户经理从事客户培育的基础性工作，因为优质客户主要来源于成长性高的行业。把握了行业的总体态势，就为客户经理指明了努力的方向。客户经理应结合自己的工作撰写行业分析报告，找准行业客户的切入点，重点选择与所负责客户相关的行业进行分析，并提出对策和建议：是否介入、何时介入、介入到什么程度、怎样介入。

行业分析报告的基本结构包括：

（1）报告摘要，摘录行业分析报告中的主要结论。

（2）行业的概念、特征、地位与分类。

（3）全球范围内（或发达国家）该行业的发展情况。

（4）行业发展历史与现状，包括市场供求状况等。

（5）市场预测，包括原材料供应和产品需求的市场预测。

（6）发展前景展望，包括市场容量、技术水平、产品结构等。

（7）政府的主要优惠政策及行业投融资方式。

（8）国内该行业的发展现状与存在问题，包括发展历程、产品进出口情况、行业的国际竞争力、发展政策及存在的主要问题。

（9）外部因素（如加入世贸组织）对行业发展的影响，包括有利影响和不利影响。

（10）该行业在我国的发展前景，包括产品市场预测、行业总体发展态势、潜在市场分析等。

（11）行业内部结构分析，包括主要企业介绍、所占市场份额、融资需求及市场机会。

（12）金融服务建议，包括该行业的机会与风险，其他对手的介入战略，向其中哪些企业提供服务并说明原因，提供哪些服务，介入的方式、时机、需创造的条件。

5. 工作总结与展望报告

此报告主要用于总结过去一个阶段工作取得的成绩与不足，希望领导给予支持的地方及下一步的工作打算。一般在年终时，客户经理应撰写此报告。工作总结与展望报告的结构一般分为标题、前言、正文、结尾、署名和日期几个部分。

四、金融客户经理的商务礼仪

客户经理的潜在素质，需要通过一定的社交活动才能得以体现并取得客户的认同，一个内才虽高却不善言语和与客户沟通的客户经理，还算不上是一名真正优秀的客户经理。只有内才与外在有机结合，才能达到最理想的效果。因而，作为一名客户经理，除了要具备良好的品德素质、业务素质、心理素质外，还要注重自身的礼仪规范，以健康向上的外在美与优质服务的内涵素质营造客户经理的良好形象，创造一种让客户感到可以信赖的气氛和文化氛围来影响和吸引客户。客户经理的礼仪规范，一般包含仪容、仪表、仪态、语言表达、礼节规范等要素。

（一）金融客户经理的仪容

客户经理的仪容是其第一张名片，会给客户留下深刻的第一印象。第一印象在商务交往中具有十分重要的作用，它往往左右人以后印象的好坏，从而直接影响后续营销工作的成败。乔·吉拉德说："一个人的外在形象，反映出他特殊的内涵。倘若别人不信任我们的外表，你就无法成功地推销自己了。"客户经理的仪容礼仪就是通过客户经理的仪容，使内在素质与外在美达到和谐统一，从而代表良好的企业形象。

1. 仪容修饰的要求

仪容是由发式、面容以及人体所有未被服饰遮掩的肌肤（如手部、颈部）所构成的，在人的外表美中占有举足轻重的地位。仪容修饰是对人的仪容、发型进行修整妆饰，使其外在形象达到整洁、大方、美观、典雅的效果。

（1）修饰的首要标准是整洁。要经常保持面部及身体各个部位的整洁，经常洗脸、梳头、理发、修剪指甲、鼻毛等。要科学地选用清洁用品。

（2）修饰要自然。自然就是艳而不俗，淡而不灰，柔和顺眼。

（3）修饰要有整体感。修饰是一项整体工程，整体形象协调统一才是真美。

（4）修饰要注意突出重点。修饰的重点是突出自己最美的部分，使其更美，还要巧妙地运用修饰技巧，弥补不足之处。

（5）修饰要与环境气氛统一。不同的环境有不同的光线条件和社交气氛，因而人的仪容应以与环境"相容"为宜。

2. 仪容修饰的内容

（1）头发的修饰：

1）要干净，常洗、常理、常梳、常整。

2）长短要适宜。男士的头发一般为 7 厘米左右，前发不及额，侧发不及耳，后发不及领；女士的头发不超过肩部，如超过肩部，要做技术处理，如盘起来、挽起来或梳起来。

3）发式自然。不能将头发染成五颜六色。发型的选择要时尚、大方、得体，不要标新立异。

（2）胡须。在正式场合，男士留着乱七八糟的胡须，一般会被认为是很失礼的，而且会显得邋遢。个别女士因内分泌失调而长出类似胡须的汗毛，应及时清除，并予以治疗。

（3）鼻毛不外现。鼻腔要随时保持干净，不要让鼻涕或别的东西充塞鼻孔，要经常修剪长到鼻孔外的鼻毛。

（4）清洁口腔。牙齿洁白，口中无异味，是对口腔的基本要求。为此要坚持每天早、中、晚各刷 1 次牙。另外，在会见重要客户之前忌食蒜、葱、韭菜、腐乳等让口腔发出刺鼻气味的食物。

(5) 手部。手是肢体中使用最多、动作最多的部分，要完成各种各样的手语、手势。如果手的“形象”不佳，整体形象也将大打折扣。对手部的具体要求有 3 点：清洁，不使用醒目的指甲油，不留长指甲。

（二）金融客户经理的仪表

仪表是指客户经理的外表，在人际交往的初级阶段，客户经理的外在形象在开口说话前，就已被存进客户的意识中了。客户经理能否受到其谈话对象的重视、尊敬和好感，其仪表非常重要。正所谓“人靠衣装，佛要金装”，因此，客户经理一定要先从着装打扮和调理外表着手。

1. 着装基本原则

营销专家认为，成功的穿着应当与所从事的工作相适应。着装要整洁干净，入时美观，自然得体，要根据不同场合选择不同服装。原则上在工作时间内应以穿着工作制服较为合适，这样行动起来既显得庄重、自然，也有利于企业形象的宣传和争取客户的信任。对于一些特别场合（如开业仪式、舞会、运动会等）应配合气氛需要选择合适的服装。

(1) 整洁原则。保持服饰的清洁、整齐，这是服饰美的第一要求。任何情况下，每个人的服饰都应该干干净净、整整齐齐。沾满污渍、气味难闻、少扣开线等现象都是不美观的。

(2) 应己原则。客户经理应针对个人的性别、气质、年龄、肤色、体型、爱好及行业特点等因素来合理着装，扬长避短，恰到好处地展示自己的形象。

(3) “TPO”原则。即根据时间（Time）、地点（Place）、场合（Occasion）来选择相应的着装。具体来讲，着装标准没有固定模式，应根据预期的场合、推销金融产品的类型，以及即将拜访的客户的社会地位、经济状况和文化程度来决定。

(4) 三色原则。着装时要有意识地将服装的颜色控制在 3 种以内，否则就会让人眼花缭乱。

2. 男性着装礼仪

(1) 西装的着装规范。西装是全世界最流行的男性服饰，是正式场合着装的首选。鉴于西装在对外活动中往往充当正装，面料的选择应力求高档。藏蓝色西装是客户经理的首选，灰色和棕色也可以，越是正规的场合，越是应该穿单色西装。客户经理要想使自己所穿的西装真正称心如意，就必须在西装的款式、穿法、搭配等方面严守规范。

1) 拆除商标。购买回来的西装一定要记得拆除左衣袖上的商标。

2) 保持西装外形的平整洁净。西装要定期干洗，穿着前熨烫平整。挺括、线条笔直，美感才能充分地展示出来。皱皱巴巴的“抹布西服”只会让观者皱眉。

3) 注意内衣搭配。西装的标准穿法是里面直接穿衬衫，而衬衫之内不穿棉纺或毛织的背心、内衣。不穿衬衫，而让 T 恤衫直接与西装配套的做法，是穿着西装的大忌。

4）慎穿毛衫。西装里面原则上不允许穿毛衫，如果在冬季时实在寒冷难忍，也只宜穿上一件薄薄的V领单色羊毛衫或羊绒衫。色彩、图案十分繁杂的羊毛衫或羊绒衫、扣式的开领羊毛衫或羊绒衫会大煞风景。

5）不卷挽西装衣袖和裤管。在正式场合，客户经理应该时刻注意细节，如不能卷起西装裤的裤管，或者挽起西装上衣的衣袖。要悉心呵护自己的整体形象，以免给人以粗俗的感觉。

6）正确系好西装纽扣。纽扣是区分西装款式、版型的重要标志。能否正确地给西装系纽扣，可直接反映出穿者对西装着装礼仪的把握程度。

7）用好西装的口袋。西装的口袋，装饰作用多于实用价值。所以，不能让口袋显得鼓鼓囊囊，使西装整体外观走样。

8）掌握四不要：衣袖不要过长（最好是在手臂向前伸直时，衬衫袖子露出2～4厘米）；衣领不要过高（一般以衬衫后领口露出西装后领口1～2厘米为宜）；雨天不要穿西装；不要长时间只穿一套西装。

（2）衬衫的穿着礼仪：

1）面料。搭配西装一起穿的衬衫，应是长袖的纯棉、毛制品为主的正装衬衫。

2）颜色。正装衬衫必须是单色的，白色是最好的选择。另外，蓝色、灰色、棕色、黑色也可以考虑。正装衬衫大体上以没有任何图案为佳。有较细竖条纹的衬衫在普通商务活动中也可以穿着，但不要和竖条纹的西装搭配。有印花、格子以及带人物、动物等图案的衬衫都不是正装衬衫。

（3）鞋袜的搭配：

1）鞋。选择和西装配套的皮鞋，只能选择深色的单色皮鞋。黑色皮鞋和西装最般配。磨砂皮鞋、翻毛皮鞋不适合与西装搭配。在正式场合穿的皮鞋，应当没有任何图案、装饰。

2）袜。与西装、皮鞋搭配的袜子，最好是纯棉、纯毛的深色、单色的袜子，黑色比较正规。

（4）领带的款式：

1）斜纹。果断权威、稳重理性，适合谈判、会议、演讲等场合。

2）圆点、方格。中规中矩、按部就班，适合初次见面和见长辈上司时用。

3）不规则图案。活泼、有个性、有创意、有朝气，较随意，适合酒会、宴会和约会。

3. 女性着装礼仪

（1）西装套裙的穿着礼仪：

套裙可以分为两种基本类型：一种是用女士西装上衣和任意一条裙子进行的自由搭配组合成的“随意型”；另一种是女式西装上衣和裙子成套设计、制作而成的“成套型”或“标准型”。

1）面料。一套在正式场合穿的套裙，应该由高档面料缝制，上衣和裙子要采用同一质地、同一色彩的素色面料。

2）色彩。以冷色调为主，应当清新、雅致而凝重，以体现女性的典雅、端庄和稳重。藏青、炭黑、茶褐、土黄、紫红等稍冷的色彩都可以。

3）套裙的长短。一般认为，裙短不雅，裙长无神。最理想的裙长是，裙子的下摆恰好抵达小腿肚最丰满的地方。套裙中超短裙的裙长应以不短于膝盖以上 15 厘米为限。

4）鞋袜的选择。用来和套裙配套的鞋子，应该是皮鞋，并且最好是黑色的皮鞋。和套裙色彩一致的皮鞋也可以选择。穿裙装时，应有意识地注意鞋、袜、裙之间的颜色是否协调，鞋、裙的色彩必须略深于或略同于袜子的色彩。

（2）女士着装禁忌：

成功的职业女性应该懂得如何适宜地装扮自己，但在日常生活中，职业女性在着装方面常会出现以下问题：

1）过分的时髦。现代女性热爱流行时装是很正常的，有些女性盲目地追求时髦。成功的职业女性对于流行的选择必须有正确的判断力。

2）过分暴露型。夏天，许多职业女性不够注重自己的身份，穿起颇为性感的服装。这样的着装可能会将个人才能和智慧埋没，甚至还会被认为是轻浮的表现。职业女性即使在炎热的夏季也应注意保持仪表的整洁、大方。

3）过分正式型。这个现象也是比较普遍的，其主要原因是没有适合的服装，着装过于平淡朴素。

4）过分潇洒型。最典型的样子就是一件随随便便的 T 恤或罩衫，配上一条泛白的“破”牛仔裤，丝毫不顾职业形象。

5）过分可爱型。服装市场上有许多可爱俏丽的款式，这样的着装会给人不稳重的感觉，令客户的信赖感大打折扣。

（三）金融客户经理的仪态

客户经理在社交中，举止要端庄稳重、自然得体、优美大方，男性要突出阳刚之气，女性要表现阴柔之美。坐姿要稳重，站姿要端正，行姿要优雅，举止要得体。表情是优雅举止的组成部分，健康的表情留给人的印象是深刻的。一个善于通过目光和笑容表达美好感情的人，可以使自己富有魅力，也会给他人更多的美感。表情的表现要领是：友善坦诚，率直自然，适度得体，温文尔雅。

1. 坐姿

坐与站是最容易表现仪态是否美好的动作。就坐的姿势来说，美的坐姿是一种文明行为，它既体现形态美，又体现行为美。中国人一向讲究坐姿，老辈人经常教育年轻人“坐有坐相”。

（1）入座时，应轻、缓、稳，动作协调柔和，神态从容自如。

（2）从椅子左侧入座，走到椅前转身，右脚后退半步，然后轻稳坐下。

（3）女士入座时，要用手把裙子向前拢一下，臀部落坐在椅子的 2/3 的位置。

（4）坐下后，上身要保持直立，既不前倾，也不后仰；胸微挺，不要含胸驼背，否则会给人委靡不振的印象。

（5）头正目平，嘴微闭；两腿自然弯曲，小腿与地面基本垂直，两脚平落地面。

（6）女士的膝盖靠拢、双脚并拢，绝对不可分开；男士的两腿可略分开，看起来既不拘束又显得稳重。

（7）肩部放松，双臂自然下垂。

（8）注意两手的位置。有扶手时手应放在扶手上，若没有扶手，男士两手可轻放两腿上。女士双手可交握轻放腿上，并面带微笑、眼神温和地注视着前方，给人温柔大方、举止文雅的感觉。

（9）起立时，右脚先向后收半步，然后起立，缓慢离开。

2. 站姿

站立时，女士要站得优雅，男士要站得稳重。

（1）挺胸、收腹、抬头。挺胸能使人身显得宽厚，也显得英姿勃发，充满力量。挺胸的方法是双肩略向后用力，平时多做上肢运动，增强胸肌、背肌、腹肌的力量。收腹，既可以使人的胸部突起，也可以使臀部上抬，这种直立姿态显得很稳定、平衡。抬头时，头正颈直，腰部用力，背脊挺直，不要弯腰或垂头，不要显出委靡不振或松松垮垮的样子。

（2）下颌微收，双眼平视，视线与眼睛同高，眼睛看着前方一米左右。向上或向下看，都会使印象减弱，显得不沉着。嘴唇应微闭，面带微笑。

（3）站立时，应注意身体的轻松自然，手臂自然下垂，肩膀既不要向前扭，也不要向后扭，更不能抬肩，要保持平衡。

（4）注意双手的位置。没有文件时，左手轻轻叠放在右手背上，双手轻靠在腰下，或者双手轻放身体两侧，但记得不要拉衣角。

（5）注意两脚的位置。男士为求稳重，站立时两脚可略微分开，与肩同宽。脚尖可以朝前，双膝自然伸直，重心在两脚中间，肌肉略有收缩感，身体的重量均衡地落在双脚。女士的双脚最好并拢，也可以站成“丁”字步，即两脚尖稍稍展开，右脚在前，将右脚跟靠于左脚内侧，两腿绷直。

3. 走姿

走姿正确，很自然地就会流露出自信、精神的气质，同时也给人专业的信赖感。保持优雅姿态的走姿有如下 4 句口诀：“以胸领动肩轴摆，提髋提膝小迈步，跟落掌接趾推送，双眼平视背放松。”

（1）双腿并拢，直而不僵，身体挺直，身体重心落于脚掌前部，下颌微向内收。双脚应笔直地走，脚尖朝前，切莫呈内八或外八字。着地时膝盖应伸直，后脚跟先着地。

（2）双手自然垂在身体两侧，双臂随着脚步自然地前后轻轻摆动，切勿同手同脚。

（3）抬头挺胸，收腹直腰，腰部应用力，收小腹，臀部收紧，背脊挺直，切勿垂头丧气。

（4）肩平不摇，步幅适中、均匀，脚尖正对前方。

（5）步幅是跨步时两脚之间的距离。标准步幅是人脚的长度。

（6）步位是指两脚下落到地面时的位置。男士行走时步位一般要求两脚跟交替前进在一条直线上，两脚尖稍外展，走出两条平行线。女士行走时步位要求是两脚轮换前进，踩在一条直线上，俗称“一字步”。

（7）行走时端正、稳健、轻盈、有节奏感、充满活力，鞋跟不要发出太大声响。

（8）行走时眼光平视前方，切勿左顾右盼，经过反射玻璃或镜子前，更不可停下来梳头、补妆或整衣冠。

（9）行走时尽量靠右行走，若携带吊挂式皮包，应挂在右肩上。携带手提式皮包或袋子时，应提在右手；携带手拿式皮包或牛皮纸袋时，应拿在右身侧或偏右侧。

（10）迎面遇见熟人时，可点头微笑招呼，若要停下步伐交谈，注意不要影响他人行走。

4. 眼神

眼神也称目光语言，它是在交际中通过视线接触所传递的信息。用目光注视对方时，应自然、稳重、柔和，而不能死死盯住对方某一部位，或不停地在对方身上“扫射”。那么，目光注视对方的哪个区间比较合适呢？

（1）公务注视区间。所谓公务注视区间，是指在进行业务洽谈、商务谈判、布置任务等谈话时采用的注视区间。这一区间的范围一般是以两眼为底线、以前额上部为顶点所连接成的三角区域。

（2）社交注视区间。所谓社交注视区间，是指人们在普通的社交场合中采用的注视区间。这一区间的范围一般是以两眼为上线、以下颚为顶点所连接成的倒三角区域。

（3）亲密注视区间。所谓亲密注视区间，是指具有亲密关系的人在交谈时采用的注视区间。这一区间的注视范围一般是对方的双眼、嘴部和胸部。

在正确运用目光语言的同时，还应当学会“阅读”对方目光语言的方法。从对方的目光变化中，分析其内心活动和意向。随着交谈内容的变化，对方的目光和表情和谐统一，表示很感兴趣，思想专注，谈兴正浓；对方的目光长时间地中止接触，或游移不定，表示对交谈不感兴趣，交谈应当很快结束。交谈中，目光紧盯，表示疑虑；瞪大眼睛，表示吃惊；等等。

5. 微笑

在人们千姿百态的言行举止中，微笑是最美的。微笑是一门学问，又是一门艺术。微笑温馨而亲切，能有效地缩短人与人之间的距离，给对方留下美好的心理感受，从而形成融洽的交往氛围。微笑是世界共通的语言，任何人面对善意的微笑，都能感受到其所传递的友好信息。

（1）微笑能让人产生亲切、温馨的感觉，所以客户经理千万不要吝啬自己的笑容。

（2）自然而真挚的笑容来自客户经理对自己工作的热爱以及对客户的尊重，而不一定要使用那种非常职业化的笑容。这样的笑容更加真实自然，发自内心，它可以打开客户的心扉，令客户如坐春风。

（3）保持微笑的基本做法：不发声，不露齿，肌肉放松，嘴角两端向上略微提起，面含笑意，亲切自然，出自内心、发自肺腑，而无任何做作之态。只有保持这种发自内心的微笑，才能使与你接触的人感到轻松和愉快。

（四）金融客户经理的语言表达

客户经理的语言表达要文明、礼貌、典雅、婉转。根据不同的场合使用不同的语言表达（包括用词、语气、态度），是客户经理与客户沟通、增进友谊的重要手段。与客户的语言沟通、方式方法要讲究技巧，使用敬语、谦语、婉转及客套语言均能令你的谈吐典雅、温婉。交谈中要注意态度，语言表达要力求简洁、明快、生动、幽默。尤为重要的是学会倾听，集中精神倾听客户的需求或意见，引导客户说出自己的心里话。

1. 问候寒暄

问候寒暄是交谈的导入阶段，是交谈的第一礼仪程序。寒暄不仅是一种必不可少的客套，而且可以为交谈作情绪情感的铺垫。要善于找寻话题，交谈的内容要积极健康，要让客户感兴趣，使客户从自己的语言表达中增进了解。适度的问候与寒暄能引起交际对方的交谈兴趣与欲望，能活跃交谈气氛，使交谈友好、亲切地进行下去。

2. 文明礼貌

客户经理的语言表达要文明礼貌，注意在不同场合使用敬语、谦语、婉转及客套语言，以取得客户的好感与信任。

第一，相见道好。相见时，开口问候："您好!""早上好。"

第二，托事道请。有求于他人时，言语中冠以"请"字，会赢得对方的理解、支持。

第三，偏劳道谢。在对方给予帮助、支持、关照、尊重、夸奖之后，最简洁、及时而有效的回应就是由衷地说一声"谢谢"。

第四，失礼致歉。现代社会中，人际接触日益频繁，无论你多么谨慎，也难免有失礼于亲友、邻居、同事或其他人的时候。但倘若你在这类事情发生之后能及时、真诚地说一声"对不起""打扰您了"，就会使对方趋怒的情绪得到缓解，化干戈为玉帛。

常用客套用语如下：

初次见面说"久仰"，好久不见说"久违"。
请人评论说"指教"，求人原谅说"包涵"。
求人帮忙说"劳驾"，求人方便说"借光"。
麻烦别人说"打扰"，向人祝贺说"恭喜"。
请人改稿称"斧正"，请人指点用"赐教"。
求人解答用"请问"，赞人见解用"高见"。

看望别人用“拜访”，托人办事用“拜托”。

宾客来到用“光临”，送客出门称“慢走”。

招待远客称“洗尘”，陪伴朋友用“奉陪”。

请人勿送用“留步”，欢迎顾客叫“光顾”。

与客握别称“再见”，归还原物叫“奉还”。

对方来信叫“惠书”，老人年龄叫“高寿”。

3. 注意聆听

任何人都会对有礼貌地聆听自己讲话的人产生感激之情、尊重之意，都会对他们敞开心扉、吐露真情。客户的讲话都值得我们认真倾听，从而收集到与客户有关的信息。

（1）聆听的时候要表现出积极的态度。客户刚开始说话的时候要注意注视客户，同时配合微笑，身体微微前倾，表示对他的话很感兴趣，愿意听他说话。

（2）聆听要有耐心，不要随意打断客户的话题。客户如果喜欢谈话，谈得越多，越感到愉快，就越会感到满意。人人都喜好听众，客户更不例外。

（3）聆听的时候头部可以微侧，并在恰当的时候点头和应声，以表明你在认真地听他讲话，要学会带着真正的兴趣听客户在说什么。

4. 谦虚谨慎

谦虚本身就是一种“礼”的表现。只有在交谈中谦虚礼让、多听少讲、先听后讲，开口之前先把舌头在嘴里转十个圈，才容易赢得对方好感，才可能给人以诚恳谦逊、可以依赖、可以合作的印象。谦虚谨慎、三思后言还可以为我们提供机会，使我们显得更成熟、更稳重，减少在交谈中的错误。

（五）金融客户经理的礼节规范

金融客户经理在注重仪容仪表的同时，还应注重日常礼节规范。在交往中，给对方留下美好的第一印象非常重要。与客户初次见面，客户经理既要主动热情，又要礼貌得体。

1. 介绍

介绍是社交的第一环。介绍有正式介绍/非正式介绍、他人介绍/自我介绍，都有其特点和不同的要求。在较为正式、郑重的场合，通行的原则是把年轻人介绍给年长的人，把职位低的人介绍给职位高的人，把男士介绍给女士。介绍本组织的人与来宾相识，则应先介绍本组织的人，后介绍来宾。介绍时，先提某人的名字是对此人的尊重，然后还可以附加简要的说明，如解释姓名的字形笔画、职务、职称、单位，甚至特长、爱好等。如果客户正在谈话，可以稍等片刻；如果人不多，便要先介绍后进场的那一位，然后逐一介绍原先在场的人。在社会交往日益增多的今天，自我介绍往往很重要。有时为某事需要结识某人，最好能找出对方和自己的某种联系作介绍，如果没有联系，也可以直截了当地介绍自己，说明来意，让客户方便与你交谈。作自我介绍时，表情、态度和姿势要自然，应面带笑容地看着对方；如果方便，可握住对方的手作介绍；有名片的，可在说出姓名之后便给对方递上名片。有礼貌的介绍可以给人留下良好的第一印象，这对以后的营销工作是极为有利的。

2. 握手

握手是现代社会里通常采用的一种礼节。与人首次谋面要握手，熟悉的人久别重逢要握手，与人告别时也要握手。行握手礼的时候应注意：要凝视对方，微笑致意；男士不能戴着手套握手；上下级之间或长辈与晚辈之间，要等上级或长辈伸出手后，下级或晚辈才能接握；异性之间，女方伸手后，男方才能接握，如果男方为长辈，则例外；不可以用左手与人相握；握手时间长短一般以 3～5 秒为宜，关系亲近者例外；不能过于用力或只漫不经心地用指尖去点一点；与年长于己或身份高于己者握手，应稍稍欠身，用双手握住对方的手，以示尊敬。

3. 交接名片

名片是客户经理身上的必备之物，在与他人交换名片时也有相应的礼节要求。递交名片应用双手，并将文字面向对方递上，跟着说一句“请多指教”之类的话。接受名片也应用双手，并相应说声“谢谢，不敢当”。接到后，应立即将名片看一遍，不能不看就随便地放进口袋，或丢在桌子上，甚至压到别的物品下面，这些都是不尊重别人的表现。

4. 接打电话

电话是现代化的交往工具，是现代社会里互通信息最便捷的手段之一。打电话应当注意有关礼仪：要有礼貌，声音自然，口齿清楚，语速适中，使人听得清晰、明了。在工作场所，最好不要拨打私人电话；当着客户的面，也不要主动拨打与客户所洽谈事情无关的电话；接听与客户无关的电话以后，要对客户说一声“对不起”。人都有通过声音去想象别人容貌的习惯。如果你说话时没有笑，听筒另一边的客户即使没有看见，也同样可以感觉得到。因此，你需要用心去说话，而不管是否面对客户。很多时候你需要把表情、肢体语言在听筒这边表现出来，然后通过听筒把声音传过去，让客户感受到你是友好真诚的。接电话时不要让铃声响太久，热情问候并自报企业及部门的名称，确认对方的身份，仔细询问来电事项，认真做好记录，谢谢对方来电。

5. 待客

待客之礼，强调主动、热情、周到。当客户来临时，要主动起立迎接，请坐、献茶，如早已预约更应在门口恭候，以体现以诚待人。客户稍作休息，客户经理应主动为客户提供力所能及的服务。客户告辞，客户经理应热情送别，并适时对服务不周之处表示歉意，同时欢迎客户再次来临，送到门口时要礼貌地说“再见”。

6. 访客

访客前，应事先与客户取得沟通并征得同意，约定时间。到客户处做客或上门服务，要按时到达，遇有特殊情况不能如约前往时，应及时通知客户并说明原因。初次到客户处拜访，在赴约前，应主动做好“功课”，了解客户的基本情况、爱好、需求、银行提供给他的服务种类、应从何处入手等。交谈要主次有序，步步深入，切忌急于求成。无特殊原因，访客时间不宜太长。同时，原则上初次访客不宜马上与客户共同进餐，以免产生不必要的错觉。告别时，注意向客户及其相关人员招呼“再见”，并诚意约请客户到银行做客。

模块 3 操作指导

一、金融客户经理如何加强自身修养

俗语称：“师傅领进门，修行在个人。”其哲理是说个人的自身修养和努力是决定他能否在某一领域有所建树、有所作为的关键因素。金融客户经理的自身修养同样决定了该客户经理能否在其职业生涯中干出一番事业。因此，金融客户经理要在本岗位上实现价值理想，必须不断加强自身修养，强化各方面的能力，实现综合素质的提高。金融客户经理的自我修炼有八大工具，包括：时间管理、团队精神、潜能开发、健康管理、学习力、情商管理、习惯管理、与时俱进。其中，学习力是一个人学习态度、学习能力和终身学习之和，也是动态衡量人才质量高低的真正尺度。学习的重要性毋庸置疑，“活到老、学到老”的古训流传千年、深入人心。现代社会发展中，“一次性学习时代”已告结束，学历教育已被终身学习取代。金融客户经理只有通过不断学习，才能掌握新知识、接受新观念，跟上时代的步伐，适应社会，适应工作。

（一）终身学习的实践方法

（1）自觉学习：总结自己所存在的不足，认清需要突破的“瓶颈”，尽快弥补和充实知识结构和知识容量。

（2）交流学习：经常与同事、专家学者交流，学习他人所长，交流自己心得。

（3）快乐学习：把学习当成享受，增强学习兴趣，形成正确的思维模式，吸收知识与勤于思考融于一体，感受遨游于知识海洋的乐趣。

（4）改造学习：自我改造，通过学习达到降低成本、创造价值的目的。

（5）国际学习：国际化的时代，不论是商品、技术、资本、资讯、人才等，皆在自由流动，因此，作为现代金融企业的客户经理，学习的空间也应向国外扩展，即学习面向全世界、面向现代化。

（6）自主学习：自主选择学习项目，自主安排学习计划，迎接各种挑战。

（二）提高自我修养需要注重的几个方面

（1）珍惜时间和合理安排时间。牢记“一寸光阴一寸金”，虚度年华将悔恨终生。

（2）富有团结协作的团队精神。“一滴水只有放在大海里才能不干”，个人的能力是有限的，只有发挥团队精神才能集聚巨大的能量，把事情办得更好。

（3）充分发挥个人的最大工作和学习的潜能。不断认识自我、挑战自我、超越自我，发挥最大潜能，创造更大价值。

（4）保持健康的心态。保证思想健康和身心健康，品行端正、遵纪守法、乐观向上，以充沛的精力投入工作与学习。

（5）养成良好的工作生活习惯。工作作风严谨，生活节奏富有规律，严格要求自己，待人热情友好、不卑不亢、谦虚谨慎、不骄不躁，对生活充满热情和希望。

（三）严于律己

自律是金融客户经理行为规范的基本要求，是金融客户经理自我管理、自我约束的行为准则。金融客户经理应从以下几个方面严于律己。

1. 保持思想上的先进性

金融客户经理要不断提高思想觉悟，品行端正，一身正气，自觉维护国家、集体和广大群众利益，传承中华文明的传统文化和优良传统，遵循社会公德，对社会有责任心，对民众有爱心，对事业有恒心，坚决克服不良习惯，杜绝不良行为，并能以身作则，用自己先进的思想和良好的品行示范于人、感染于人。

2. 自觉遵纪守法

金融客户经理无论工作行为还是生活行为都要在严格遵守法律法规下进行，加强有关法律法规的学习。在办理业务时，要严格按章办事，在资金往来以及与客户交往中，时刻保持清醒的头脑，随时以法律法规为准绳约束自己的行为，公事公办。必须深刻认识依法经营、合规管理的重要性，按照操作准则严格执行业务流程，自觉接受企业和客户的监督。

3. 积极主动、热心工作

金融客户经理必须爱岗敬业，自觉履行工作职责，坚守工作岗位，对工作充满热情，兢兢业业，力求工作更仔细，业务水平不断提升，效率不断提高，客户发展越来越多，工作业绩越来越好。

4. 正确把握利益观

在公关客户、拓展市场的过程中，应正确处理好企业、客户、个人三者利益，不可利欲熏心、以权谋私，不可损人利己、损公肥私，不可损害金融企业利益，也不可损害客户利益。以大局为重，以企业利益为重，以客户利益为重，在积极工作中获得个人正当收益。

（四）训练自身的职业素质

1. 训练自己的职业精神

（1）客户经理必须具备强烈的社会责任感和使命感，融入为客户服务中，向客户宣传企业文化、企业价值观，视企业利益为第一位，体现在客户经理的日常活动中。让客户感觉你很阳光，很有责任感，在价值观上有共同归属感，客户认同你的行为方式。行为是思想的反映，抱有正确的价值观，客户经理必然是积极向上、热情饱满，而不是整日无精打采、怨天尤人。

（2）具备良好的职业道德和敬业精神，爱行、爱岗，有强烈的事业心、进取心，力争出类拔萃。客户经理必须具备较强的责任心，追求尽善尽美。“君子做人应当厚德载物，君子做事应当自强不息”，这应当是客户经理做人做事的基本原则。客户经理只有认真做事、用心做人，客户才会对其放心，愿意与其打交道。

（3）客户经理应当着眼于自身命运与国家共同成长，自己努力工作是回报国家、奉献社会，这是客户经理应秉持的价值观，也是客户经理的魅力所在。做事可以具体，做人必须视野开阔，眼界必须足够宽广，只有眼光长远，做事才能足够大气，才能做大事。客户经理要让客户感觉到其做人很有气势，视野较为开阔，值得交往。

（4）充满激情、努力工作、很少抱怨，相信业绩为王。客户经理要相信“心态决定命运”，要每天让自己阳光，充满激情，相信“一切皆有可能”，“梦想必可成真”。拥有豪情壮志，相信自己一定能行。客户经理要相信“勤奋是最好的资产”，“随时全力以赴”，充满豪情。

2. 训练自己积极的心态

（1）心态决定命运。请记住客户经理是知识含金量和报酬含金量都很高的“紧销商品”，世界是靠自己打拼出来的。积极的心态决定着成功，消极的心态意味着失败。

（2）充满自信。这世界给每个人的机会都是公平的，弱者抱怨命运，强者掌控命运。只有执着、专注才能专业。自信源于理念的领先、产品的熟悉、经验的成熟。做事有十二分的把握自然自信，可以信手拈来。客户经理应当专注某个确定的行业，进行重点拓展，不可偏向。每个行业的需求、运行规律截然不同，客户经理应当专注在某个确定的、资金量较大的朝阳行业，认真研究行业规律，积累行业营销经验，成为行业专家。只要朝着一个方向努力，把时间放在最有回报的事情上，一个时期只有一个重点，一次只做一件事情，就能做出惊人的业绩。

3. 训练自己诚实守信的人品

（1）为人诚实、真诚，全心全意为客户服务。保持淳朴本色，不做误导性宣传，不随意许诺，切记“一诺千金”。客户很喜欢本分的客户经理，这很正常，因为是天天与钱打交道的行业，诱惑实在太多了。客户在选择客户经理的时候通常非常谨慎，客户经理人品很重要。客户经理切记不要太老江湖，要保持这样的形象：做业务时较成熟，真正像个专家，让客户对你放心，敢把这单业务交给你，相信你能做好，毕竟你就是吃这碗饭的；与客户感情交往时很单纯、很淳朴，像刚毕业的学生，不谙世事，客户觉得与你相处很舒服，甚至有想帮你一把、扶你一程的感觉。

（2）诚信是营销之根本，在中国一向是“先做人后做事，先卖人品后卖商品”。诚信是取得客户信赖的秘方，你要把客户当作自己的衣食父母，在客户面前真诚老实，千万别说谎。能做到哪步就做到哪步，说到做到，严守信用。要千方百计给客户留下真诚的印象。在客户面前，永远都是一张真诚的脸，客户一看你就是办事稳重、没有什么花花肠子的可以深交的人。能做就毫不犹豫地去做，不能做就痛痛快快地告诉客户不能做。先将事情搁一边，维系人脉最重要。

（3）“八分的事情，九分的态度，十分的努力”。用心与客户相处，用心为客户办理业务，客户会感觉到你的真诚。只要是客户的事情，就没有小事情，必然都是全力以赴。真诚是一个人最重要的财富之一，真诚是客户经理赢得营销事业成功的最有效的武器，只有真诚才可以赢得客户，赢得朋友。

4. 训练自己较高的业务素质

（1）帮助客户解决问题。与客户关系再熟悉，不如帮助客户解决一个问题。关系可以赚得一时，能做事的客户经理可以终生赢得客户。客户经理要成为客户的教练，手把手教会客户如何使用金融产品。我们和客户首先是“商业伙伴”，其次才是“江湖兄弟”。如果你的贷款批不下来，你的银行承兑汇票办不了，做兄弟很难。有关系的客户经理太多了，有能力的却不多，尤其是非常熟悉金融产品，有能力帮助客户解决问题的客户经理。天天与客户喝酒就能拉来存款的日子一去不复返。每日应当腾出一些时间，给自己充电，学习银行专业知识和相关技能。

（2）清醒的头脑，灵敏的嗅觉。客户经理要能及时捕捉各种经济信息，并不断分析、研究、及时发现问题，反馈信息，促进业务的健康发展。要注重研究与开发市场，通过网络等手段，了解国家产业、行业、产品政策，了解地方政府经济发展动态，分析客户经营环境，了解客户资金运作规律，了解客户做生意的门道，真正成为客户生意上的帮手。

（3）较强的产品组合设计能力。客户经理要能根据客户的需求和金融企业的资源状况，进行产品和服务组合设计，为客户制作个性化金融产品服务方案。要熟练掌握各项金融产品的关联组合及使用技巧。企业一般有五方面的核心需求：销售、采购、融资、管理、理财。进行产品组合设计，可以让企业达到“便利采购、促进销售、节省利息、强化管理、理财增值”目的。金融企业各项产品是相互关联的，单一使用效果一般，客户忠诚度很低，合作流于表面，尤其是授信产品单一使用，隐含一定的风险。如果是银行承兑汇票与现金管理、理财结合，就可以有效提高客户综合回报率。客户经理应当能够组合设计金融产品，编制对客户有价值的服务方案，实现对客户的交叉销售。

（4）良好的开拓创新意识。思维决定行动，行动决定结果。客户经理必须具有较强的开拓创新意识，这主要体现在客户市场开拓及金融产品营销开拓上。优质服务体现在全新的客户服务理念、全方位的客户服务内容以及现代化的服务手段上。要使简单枯燥的服务工作变得丰富多彩，真正体现客户第一的理念。在接触客户的过程中，要牢记“客户的需求就是客户经理的工作”这一思路，勇于创新、创造性地开展工作。要为客户所想、知客户所愁、排客户所忧、做客户所需、情系客户心。用心去感知客户，用爱去感动客户，用优质服务去维系客户。

5. 训练自己细腻的人际沟通能力

（1）形象较好、衣着整洁、体面。只要在工作岗位上，永远都应该是最精神的形象，即使前一天晚上加班到24点，现在头痛欲裂，全身都要散架，只要在单位，男士永远都是西装领带，女士永远都是正装。客户经理必须保持干净、整洁、体面的形象，表现出干练、职业的形象，给客户舒服的感觉。同时，得体的形象也会给自己信心。

（2）优雅的谈吐、较宽的知识面、较高的文化修养。客户经理必须具备优雅的举止，谈吐不凡，气质成熟，有较深厚的内涵，客户与你越接触，越感觉收获大，愿意更深层次与你交往。客户经理不一定对所有行业都要精通，这不现实。但是基本知识都要懂一些，平时应当注意了解经济现象，如股市、期市、楼市等；懂一定的体育，如足球、网球、排球等；懂一些音乐，如钢琴名家等。

（3）性格开朗、大方又不失稳健、持重。客户经理必须培养开放、爽朗的性格，非常容易接近，这样才会结交较多的朋友，很快打开自己的社交圈。

（4）细腻的人文关怀。针对不同客户，要采取不同的工作方式，努力为客户提供最优质的金融服务。当客户过生日时收到我们送来的鲜花，一定会在惊喜中留下感动；当客户烦恼时收到我们发来的短信趣言，一定会把不快暂时抛到脑后，而抱以一丝谢意；而当客户不幸卧病在床，更会因看到我们忙前忙后、楼上楼下奔跑的身影而感动……虽说事情都很平常，也很简单，但一定会赢得客户的支持与理解，加强彼此之间的感情。

6. 训练自己坚韧的心理素质

（1）能够百折不挠、愈挫愈勇。营销是一个很磨炼人的过程，要尽可能了解本行的企业文化、客户取向，找准客户，提高成功率。再成功的客户经理也会遭到客户拒绝，必须清楚营销是一个反复周折的过程，需要坚持、百折不挠，“吹尽黄沙始到金”。失败并不可怕，可怕的是心态因挫折而死，从此一蹶不振，就会成为让失败一次性打垮的懦夫。我们应当把失败当作一种经验，而不是障碍，并不断地加以总结。成功的客户经理应把被拒绝视为正常，不管遭到怎样不客气的拒绝，都不卑不亢、毫不气馁，坚持到底，去争取改变对方的想法，最后就一定能成功。对于看准的客户或项目应当坚持，“屡战屡败，屡败屡战”，虽历经磨难，但仍矢志不渝。

（2）“不以物喜、不以己悲”的平和心态。客户经理日常工作中可能遇到很多失败、挫折，应当怀有一颗平和的心。我们认为好的项目，也可能因资源限制、风险控制手段的缺失而被迫放弃。“谋事在人，成事在天。”谋事要奋不顾身，百折不挠；成事不妨看破红尘，万事随缘。

二、培养成功的习惯

习惯的力量是巨大的，它能摧毁一个人，也能成就一个人。好习惯是开启成功的钥匙，坏习惯则是一扇向失败敞开的门。客户经理可以没有好的天赋，可以没有过人的智慧，但是一定要有好的工作习惯。成功并非遥不可及的神秘事物，只要去努力，然后坚持，形成好的习惯，就一定会有所收获。客户经理是自己行为的管理者，而要对行为进行有效的自我管理，就要有意识地养成一些好工作习惯，培育好习惯的过程就是提高能力的过程，真正的成功就会近在咫尺。

（一）学以致用的习惯

客户经理不仅要明白学习的重要性，更要养成学以致用的好习惯，提高学习力。

（1）每天坚持多看看金融产品、金融业务的相关书籍和资料，努力提高自己。

（2）多学、多做、多用。

（3）不懂就问，善于借助他人的智慧。很多客户经理都非常有经验，很多新业务如果自己摸索，需要的时间较长。直接问已经操作过某项业务的客户经理，取得经验效果要好得多。

（4）在工作中学习，在学习中工作。

（二）思考创新的习惯

客户经理的工作之所以具有挑战性，在一定程度上是因为客户的需求在不断变化，需要客户经理不断地去创新。养成思考创新的好习惯将给你带来质的飞跃。

（1）凡事多问自己几个“为什么”。

（2）将客户的不满当作创新的“因子”。

（3）保持对新事物的好奇心。

（4）时常运用“头脑风暴”。

（三）乐观自信的习惯

积极、乐观、自信是一种工作和生活的态度，更多时候体现在客户经理处理各种问题（不良情绪）时的习惯中。

（1）遇到挫折不要气馁，对自己大声说：“什么也不能将我打倒，我要成功。”

（2）不说“不可能”三个字。

（3）每天出门照镜子，给自己一个自信的微笑，大声对自己说：“我太棒了，我要做最好的客户经理。加油！”

（4）说话时要声音有力，充满自信，感觉自己声音似乎能产生有感染力的磁场。

（四）珍惜时间的习惯

客户经理养成珍惜一点一滴时间的习惯，不但可以提高时间管理能力，而且能提高工作效率。

（1）随时用零碎的时间（如等人、排队等）做零碎的事情。

（2）每天在下班前用几分钟的时间做一天的整理工作。

（3）把重要的观念和方法写下来，随时提醒自己。

（五）合作共赢的习惯

客户经理只有在平时养成与人合作的好习惯，才能提高协调沟通能力，才能发挥团队的整体作战能力，成功、高效地完成工作目标。

（1）学会与人“牵手合作”。

（2）求同存异，站在同一立场。

（3）用心倾听，换位思考。

（4）取人之长，补己之短。

（六）坚持负责的习惯

客户经理要具有对自己负责、对客户负责、对企业负责的精神，凡事不轻言放弃，养成一步一步坚持走下去的习惯。

（1）工作主动去推动，不等上司来催促。

（2）凡事第一反应：找方法，而不是找借口。

（3）把挫折当成磨炼自己的最好机会。

模块 4 案例学习

客户经理的成长故事

大学刚毕业的小邵，来到某股份制商业银行的信用卡部从事营销工作。分行卡部自去年成立以来，一直稳居全国二级分行内置式卡部业绩排行榜榜首。而小邵在这样一个优秀又年轻的团队中，通过一段时间的营销实践锻炼，渐渐成长起来。

在卡部，小邵第一个月直接把鞋底都给走断了。第一次整件时压了 40 多张件，一个人在单位整件到深夜 1 点多钟。小邵明白，作为一名优秀的营销人员必须具备 4 个素质：态度、技巧、知识、习惯。

率领中国国足首次打进世界杯决赛圈的著名足球教练米卢曾说过态度决定一切。显然，作为一名优秀的营销人员必须具备良好的心态和积极的态度。如果你有积极的态度，你的行为就会积极，你就会去多跑，你的业绩自然就会上升，业绩上升以后你就会更有自信，就像滚雪球一样越滚越大。所以，小邵要给自己设定较高的目标，用积极的态度努力完成，这样会使自己在能力及心态上有较大的提升。正所谓勤能补拙，优秀的业绩总是建立在勤奋之上。所以，想要获得好的业绩，加班是必不可少的。

态度决定方向，而适当的技巧可以让你事半功倍。在展业过程中，小邵也逐步总结摸索出一些信用卡营销和陌生拜访中的方式与技巧。

对于小邵来说，之前的客户主要来自陌生拜访和现场深挖。小邵只有自己充满激情，才能更好地吸引客户的注意，从而让客户对产品产生更大的兴趣。所以，小邵每次展业时哪怕已经疲惫不堪，但在走进门准备开始介绍信用卡产品的那一刻，也一定会打起十二分的精神。

除了充满激情之外，如何快速地在陌生拜访中找到突破口也至关重要。当小邵走进一个气氛相对活跃的办公室时，一般都会冲所有人喊一句："你好，请问一下这边银行信用卡都有办过吗?"这时候客户一般会有以下几种反应：抬起头看一下，又接着去做自己的事情；表示已经办过了；直接询问办卡条件、额度以及目前的一些活动，表现出一定的兴趣。这时小邵一般会给已持卡的客户递上一张宣传折页，并告知这是最新的活动可以去享受一下，顺便再询问他们的用卡情况，对银行的服务是否满意。而已持卡客户的一句肯定是对后续营销有莫大帮助的。如果他们中没有持卡客户，小邵就会毫不犹豫地走到有一定兴趣的客户面前，配合宣传折页、APP 上首刷礼的图片以及 PAD 中的卡面快速地服务。

小邵在营销过程中也有特别注意的地方。一是折页尽可能不让客户全部看到，而是挑重要的几条指给客户看，因为时间耗不起；另外，客户想要办卡很多时候只是一时兴起，当他们慢慢看完折页或许兴趣反而淡了，所以包括之后的展示首刷礼跟卡面也要尽可能一气呵成，中间不要有停顿。二是在卡面上最好不要给客户太多选择，因为客户往往有选择恐惧症，一般给出两个卡面供客户选择即可。三是要干净利落，当客户还在犹豫时不要给对方太多犹豫时间，要快速地推一把。惯用的方法是直接打开 PAD，右手做好输入的姿势，然后询问客户叫什么名字，帮他登记一下，这时客户都会很自然地报出名字或直接接过 PAD 自己填写。使用纸质领用合约时，可以直接掏出合约跟笔，一边在客户联系方式处先写上数字 1，一边问客户"您的电话是 1……多少"，这时客户往往都会顺着你的话直接将号码报出来。使用上述方法可以快速找到突破口，只要成功营销了第一个客户，接下来营销他们的同事就会轻松许多。

当然，在快速寻找突破口时也需要分不同的场合，当进到一间办公室，如果看到有一个主管跟几个员工时，自然是应该先问主管是否需要办理，这是对领导的起码尊重，同时也有利于后续的营销——如果能直接把主管营销下来再营销其他同事会简单很多。就算主管没被营销成功，他们一般也会说一句"我就不用了，他们年轻人喜欢消费他们可以办一张"。这时小邵就仿佛拿到了一张特许证一样，可以放心地开始营销了，也避免了其他客户想办而不敢办的尴尬。

在某电动玩具有限公司进行陌生拜访时，小邵进入财务办公室时屋内一共有 7 个人，其中有 1 位是中年妇女，其他 6 位都相对年轻。当时小邵也没什么经验，就直接走到一个看似比较感兴趣的客户旁边开始营销。但是还没等那个客户说话，那位中年妇女先发话了，她开玩笑地说："来拿一张看下，我都没办她们肯定不办的，要盖章的，章还在这里呢。”于是小邵拿了一张宣传折页给她并开始介绍产品，成功地给她办理了一张 ELLE 联名卡。在办理过程中小邵了解到她是财务部主管，也是这家公司的老板娘。老板娘办完后还帮小邵推荐，最终她们办公室 7 个人每人办理了一张。幸好老板娘比较开朗，之前的话也只是玩笑话，但是她的玩笑话却让小邵在之后的展业中受益匪浅。

除此之外，小邵在陌生拜访中还练就了敏锐的洞察力，能快速寻找突破口，在一群客户中快速搜寻出最容易营销的客户。比如当一男一女同时表示有兴趣时，一定先去营销男生，因为男生相对干脆一些，可以省下较多营销时间，而女生跟风心理更强一些，男生营销成功后女生多半也会办。

而如果在一个气氛比较压抑的办公区域进行营销，在没人理睬的情况下，小邵一般会主动找个年轻面善的人进行沟通。因为年轻人容易接受信用卡，面善的人不会直接拒绝你，只要客户和你搭话，就有机会把他营销下来。

小邵认为，想要成为一名优秀的营销人员，除了掌握一定的营销技巧和具备过硬的专业知识以外，广泛的知识面也很重要，不管是天文、地理，还是人文、社科，多去了解一些总归是好的，因为营销过程往往也是与客户寻找共同点的过程。在营销过程中小邵会和客户聊一些客户感兴趣的话题，只有博得客户的好感才可能与之拉近距离，建立关系。销售就是建立关系，建立人脉。

一次陌生拜访客户时，因为当地没有商铺活动，所以小邵一直找不到很好的突破口。恰巧无意中看到一位客户在看英雄联盟的游戏视频，于是便和他聊起了游戏。小邵询问了他在哪个区玩，现在什么段位，喜欢使用哪些英雄，很快就跟客户建立起了信任关系。而且本行正好也有英雄联盟的信用卡，于是顺理成章地给他办理了一张。出乎意料的是，他们很多同事都对英雄联盟信用卡很感兴趣，所以那天在他们单位仅英雄联盟信用卡就办理了 6 张。在那之后，但凡遇到相同年龄段的男生，小邵都会问一句有没有玩英雄联盟，如果有玩的话便主推这张卡，事实上也是屡试不爽。而在那之前，小邵从来都未曾想过，大学里的网络游戏竟然也可以对之后的工作有这么大的帮助。

作为一名银行从业人员，业绩固然重要，但更重要的是要有风险意识和合规意识，必须有良好的作业习惯。这一点，小邵已养成了良好的习惯，离开座位电脑锁屏、抽屉上锁，客户资料妥善保管，无效的客户资料及时存档、及时删除，时刻警惕风险、严守合规。

马云曾经说过：“二十几岁的年龄就拿着固定的收入，干着六十岁老人都能干的工作，那么你要青春干吗?”越来越喜欢挑战的小邵，现在每天都能接触到各行各业以及形形色色的人，可以在他们身上学到很多东西，想想这便是成长。几个月下来，小邵的业绩就排在了全国内置式卡部龙虎榜的第一名。

资料来源：http：//blog. sina. com. cn/s/blog _ 6139befd0102v3va. html.

问题：

1. 从小邵成长的案例中我们可以得到哪些启示?
2. 要成长为一名优秀的客户经理，你认为自己需要在哪些方面加以提高?

模块 5 知识拓展

一、客户经理制度及模式

（一）客户经理制的含义

客户经理制是金融企业通过选聘客户经理，对客户关系进行管理和维护，与客户建立全面、明确、稳定的服务对应关系，推销金融产品，收集客户需求，为客户提供优质、高效的金融一体化服务，从而实现客户资源配置优良化、推进金融服务商品化、增强企业竞争实力的经营管理模式。其基本特征是以客户经理为主体，把推销金融产品，收集与传递市场信息，发展、巩固、管理客户等融为一体，为客户提供全方位、高质量的金融服务。所以，客户经理制并不是一种简单的管理模式，而是一种崭新的业务经营体制。它是一项系统工程，要求金融企业内部组织机构的设置、业务发展体系的建立、业务流程的整合以及相关激励机制的完善等方面形成配套。

（二）客户经理制的产生

20 世纪 90 年代以来，西方商业银行经历了从“以产品为中心”向“以客户为中心”的经营理念的转变。这是现代西方商业银行经营管理体制根本性的变革，其中一个重要内容就是：西方发达国家商业银行积极改革传统的营销模式，普遍实行了客户经理制，从管理体制和组织结构上进行了较大变革，逐步把以产品主导型组织结构和经营布局，调整成为客户导向的以客户、行业、地区和产品为线索的网状矩阵式组织模式和经营架构，集中营销资源，按照客户类型和金融需求进行排布，以最大限度地适应市场和客户需求的变化，形成前台营销、中台风险控制和后台产品处理，既相互区别又紧密联系的营销组织管理系统。现代商业银行客户经理制逐渐在西方商业银行组织再造中普遍实行，并取得了巨大成效。相继，其他国家和地区的商业银行也纷纷仿效并实施了客户经理制。

客户经理制源于银行营销观念的转变。西方商业银行营销观念的转变大致经历了以下六个阶段：

1. 广告与促销阶段

20 世纪 50 年代后期，储蓄客户的竞争加剧，导致商业银行资金来源紧缺，其生存和发展遇到了前所未有的挑战。一些商业银行从消费品市场得到启示，开始运用广告和促销手段招徕顾客。商业银行的有关人员的头衔从“公共关系经理”变为“营销管理经理”，但其主要任务仍然是进行广告宣传。

2. 友好服务阶段

当银行业采用过促销、广告、公共关系策略之后，几乎所有的商业银行都发现它们又处于同一水平上了。于是，商业银行营销随之拓展了一种新的思路，即让客户更加愉悦地享受商业银行的金融服务。为此，商业银行对员工进行微笑服务培训。同时，对营业大厅进行装修，撤掉柜台上的栏杆，配之以吧台、卡座式设施，以拉近与客户之间的距离，突出银行的亲切感和与客户的平等地位。

3. 产品创新阶段

友好服务普及之后，所有的商业银行看上去仍然都很相似。一些银行家认识到：要想在竞争中取胜，就应该突出本银行特色，便于客户分辨，使自己有别于同业竞争者。于是，以美国花旗银行为代表的商业银行，在 20 世纪 60 年代后期，从金融产品创新入手，开展营销工作，设计出许多金融新产品以满足不同客户的金融需求，如大额可转让定期存单、共同基金账户以及自动贷款、透支信用额度等创新金融产品。

4. 形象定位阶段

一些商业银行创新的金融产品由于容易被模仿而逐渐失去了竞争优势。于是，到了 20 世纪 70 年代，一些商业银行开始突破思维局限，不囿于为所有的客户提供全方位的金融服务，而是更多地考虑如何吸引那些有价值的、特定的客户群体。通过采取制定差别价格、设计独特的金融产品等手段，吸引富有阶层人士或某一特定的客户群体，有的银行则开始注重突出自己在某些金融业务上的优势，树立品牌形象。

5. 营销策划阶段

20 世纪 80 年代，随着战略性的商业策划作为一种管理工具被广泛接受，许多商业银行开始将市场营销活动纳入其经营管理的全过程之中，并致力于对营销活动进行更加理性的思考和规范化的操作，逐步开始制定年度营销计划、识别目标市场、研究市场需求，有针对性地开发金融产品或服务来满足客户需求；对营销过程实施全面控制，对营销计划的执行情况开展综合评价并不断调整，以期达到客户满意的目的。

6. 一对一营销阶段

进入 20 世纪 90 年代初期，银行业服务进入客户导向阶段。绝大多数商业银行开始把注意力集中在“面向个人营销”和“一对一营销”方式上，以客户满意度为经营准则，注重挖掘客户价值，培育忠诚客户。商业银行根据客户导向理念进行再造，并进一步运用先进的技术手段进行客户关系管理，PC 银行、网上银行、电话银行等先进的服务方式纷纷涌现。商业银行内部结构也由过去的以产品为中心转变为以客户为中心，并根据不同的客户类型设置了不同的客户部门，以加强与客户的全面接触，其从业员工也被明确称为“客户关系经理”或“客户经理”。

（三）客户经理制的组织模式

科学、合理的客户经理组织模式是充分发挥客户经理制度效应的保障。然而，不同类型、不同规模、不同市场定位的金融企业，客户经理的组织模式有很大的差别，但总体来讲，可以有以下几种。

1. 按区域分类配置客户经理

对于那些跨地区甚至跨国经营的中大型金融企业来说，按国家或地区配置客户经理是可供选择的模式之一。这种组织模式往往是在总部设置客户经理管理中心，实行中心化管理。总部管理中心根据各地区分支机构的经营规模、市场定位及特色委派高级客户经理主管或高级客户经理，各地区分支机构则在总部高级客户经理的管辖下组建地区客户经理中心或客户经理队伍。

2. 按客户行业分类配置客户经理

按客户所处的不同行业来配置客户经理，如制造业、电信业、金融业、贸易业、电子商务、流通业等。一个或若干个客户经理负责一个行业的市场开发和客户开发工作，有利于充分发挥客户经理的专业特长，有利于客户经理及时、准确地把握行业市场趋势，对客户进行深层次了解，有利于产品的研发部门为客户量身定做金融产品和金融服务，也有利于客户经理对同类客户进行连锁开发。

3. 按客户业务规模配置客户经理

按客户业务规模配置客户经理，是目前国内金融企业普遍采用的组织模式之一。它的特点是根据客户的重要程度和经营规模的大小，分层次、分级别来配置不同职级的高级客户经理、客户经理或客户主任（或助理客户经理）。一般大型客户、上市公司由总部或省级分支机构委派资深客户经理进行开发和维护，一般客户或中小型客户则由支行客户经理开发和维护，便于对客户实行分层次管理，有利于整合资源，把有限的资源配置到对企业最有利的目标客户上。

4. 按产品分类配置客户经理

总部及省级分支机构直接领导销售队伍，按不同产品种类分成若干销售队伍，以营销产品为主要职责，其他后台业务操作由相关业务部门负责办理。

5. 以综合或交叉式组织模式配置客户经理

即根据各家金融企业的经营特色，集以上几种不同组织模式的优点，以综合或交叉式组织模式来配置客户经理，如按客户行业并结合客户业务规模或金融产品（服务）种类，按区域分类再结合其他种类来组成若干客户经理服务小组的模式。

（四）客户部门与其他部门的关系

1. 线性关系

客户部门是前台，其他部门作为中、后台为其提供服务和各种支援。在部门关系中，客户部门发挥着协调者的作用。

2. 直属关系

分支机构领导兼做客户部门主管，客户经理直属于分支机构领导管理。

3. 制衡关系

如在信贷管理上实行审贷分离，防范风险。客户部门负责信贷客户的开发和提出授信报告，信贷管理部门负责审查授信报告，再交信贷管理委员会或信贷审批部门审批，最后交客户部门办理授信和实施贷后管理。

（五）客户经理的工作制度

1. 授权分责制度

客户经理主要负责客户的拓展和维护，不仅要解决客户的需求，更要为客户提供优质、高效的服务，这就要求银行对客户经理实行授权分责制度。银行要明确对客户经理的多项授权，其中包括客户经理在规定范围内的承诺权、费用开支权、业务决策权、资源调配权等以及应负的责任。客户经理的授权范围根据客户经理的等级管理和专业资格进行认定，即高级客户经理比一般客户经理拥有更大的职权。对特定业务的授权还要视客户经理的专业资格而定。授权分责要求各项业务逐条细化、明确，具体的条款要写入客户经理的聘书内，一年一定。落实授权分责制度的关键在于上级的支持和各部门间的合作协调，尤其是后台部门对前台客户部门的配合。

2. 访客报告制度

客户经理必须对自己所管辖的客户进行定期或不定期的拜访，即了解客户的情况，以便制定客户工作计划。拜访客户要根据客户的重要性、忠诚度以及客户开发计划安排。客户经理拜访客户后要及时填写客户访谈记录，并作为重要档案纳入客户资料管理档案。

3. 工作例会制度

客户部门要建立客户经理每周工作例会制度，总结工作、核对成效、分享经验、通报情况、传递信息、安排工作。例会安排可以采取多种形式。

4. 客户信息管理制度

客户经理要注意客户信息的收集和处理。客户经理必须对所服务的客户，包括现有客户和潜在客户建立档案资料，全面掌握客户的情况，以利于了解、跟踪客户的需求变化，切实加强对客户的开发、维护。客户档案要进行定期资料更新，制度的监督执行、检查考评由客户部门主管负责。

5. 大型客户立项报告制度

客户经理对计划拓展的大型客户（项目）要及时上报相关的客户部门立项报批。经相关的客户部门批准立项后，成立综合营销客户服务小组。小组由客户经理以及有关专业人士组成，客户部门指定组长。项目立项报告的内容包括项目的基本需求、项目的前景预测、项目的效益预测、项目的成本分析、项目的风险分析、项目的发展计划等方面。

6. 工作报告制度

客户经理一般应每月定期向客户部门提交一份书面报告。报告的主要内容有：本月工作业绩，包括完成考核任务情况；所辖客户状况，特别是重点管理客户的情况；新客户的拓展情况；对本月工作的总结；下月的工作计划。

二、美国商业银行客户经理制借鉴

客户经理制是美国商业银行广泛采用的一种争夺优质客户、推销银行产品和服务、增加盈利的业务体制，是美国金融市场激烈竞争的产物。客户经理制的出现，推动了美国金融业务整体服务水平的提高。了解美国商业银行客户经理制的核心内容和基本经验，有助于我国商业银行贯彻优质客户竞争战略，提高业务服务水平，促进商业银行核心竞争力的培养。

（一）客户经理的岗位设置

在美国银行业，客户经理是指在业务部门或分行的业务第一线工作的、全面管理特定的银行客户、全面协调客户与银行的业务关系、全力向客户推销银行产品和服务项目的业务代表。美国商业银行的客户经理设置比较灵活，表现在以下三个方面：

（1）在哪个部门、哪个分行设置客户经理，设置多少，完全取决于产品销售和市场开发的需要。

（2）负责管理银行关键大客户的客户经理可能只管理一家企业，而管理小客户的客户经理可能要管理上百家企业。

（3）服务重要客户的客户经理并不一定都设置在总行，也可设置在客户所在地的分行。

（二）客户经理选择客户的方法和标准

（1）美国大型商业银行一般根据自己的经营战略和市场定位选择目标客户，围绕目标客户实施客户经理制。如花旗银行实行全球化的经营战略，其市场定位是面向国际市场的大企业服务。凡是属于市场容量大、产品生命力强、技术不断更新、业务保持增长、发展前景广阔的产业，都是花旗银行的行业竞争重点。这些行业中处于领先地位的企业，就是客户经理的客户竞争重点。

（2）无论是客户经理还是银行，都希望所选择的客户是优质客户，可以带来高效益、低风险的业务收入，而选择的标准是根据银行的信用评估体系对客户的评级。每家商业银行都配备数量众多的信用分析师对客户进行细致的分析，并根据信用分析确定优质客户名单。

（三）客户经理的主要职能

（1）密切与现有客户的关系是客户经理的首要职责。客户经理要积极保持和发展客户关系，及时发现和满足客户需要，反馈客户的意见和要求。在关键业务和关键场合，适当安排银行与客户双方高层主管的接触。动员全行的力量，为密切客户关系服务。

（2）客户经理是全权代表银行与客户联系的“大使”。客户有问题只需要找客户经理，由客户经理负责了解情况，协调行内关系，并负责解决，再向客户交代。而不是像以前那样，客户需要与银行发生多种业务往来。通过客户经理提供的一站式服务，银行不仅能够大大提高服务质量，而且加强了银行内部的业务协调，提高了工作效率。

（3）根据客户的业务经营情况，对客户的信用风险进行分析和控制是客户经理的一项重要职责。在对客户的信贷业务中，客户经理对客户的信用风险提出意见，参与部分信贷的审批。在信贷发放之后，要密切注意客户信用的变化，必要时向银行提出报告或警示。

（4）推广并开发有针对性的产品。客户可能对银行的产品和业务了解有限，客户经理在与客户的交往中，要善于发现客户的业务需要，有针对性地向客户主动建议和推荐适用的产品，还可以根据客户的特别需要，探索开发专用产品的可能性。

（5）客户经理要努力寻找优质客户，不惜从细小和无利的业务做起，逐渐培养与客户的关系，培养客户对本行的忠诚度，从而最大限度地挖掘客户的潜在需求，实现利润最大化。

（6）客户经理的另一大职能是向客户灌输最新金融知识，培育客户的金融资产意识，激发和引导客户对新型金融服务的需求，不断推动银行与客户之间的关系向纵深方向发展。

（四）对客户经理的管理

通常，美国商业银行对客户经理的业务监督及客户经理的行政关系都直接隶属于其所在的业务部门和所在分行，银行不设立单独的客户经理管理机构。银行各部门根据业务的需要对客户经理实行分散式的管理，体现了银行客户经理的职务头衔与银行职位等级之间没有建立起对应的关系。在职务等级不同的客户经理之间，工作的性质和范围基本是一致的。

客户经理虽然由不同级别的银行员工出任，但在业务管理和行政管理上则归属其所在的部门或分行。无论等级高低，客户经理都要接受部门经理或分行经理的统一领导。同时，美国大商业银行对客户的重视是通过其业务机构的层次设置和对客户的分类管理来实现的，也就是通过授予客户经理较大的业务权限来实现的，即以外部营销管理为导向而不是以内部行政关系为导向的业务管理体系。

（五）对客户经理的考核和激励

在美国商业银行中，对客户经理的管理与其他员工不同，其最大差异体现在对客户经理的考核和激励方面。对每一个客户经理，银行都规定了营业额计划，营业额计划的完成情况是对客户经理考核的首要依据。

1. 营业额计划的指标

营业额计划的指标，即客户经理实现的银行各类产品的销售额。在不同部门和分行，该指标也不尽相同。

2. 营业额计划的基期

营业额一般是按照年度计划制定的，但为了减少银行业务受季节性因素波动的影响，有的银行业采用滚动式的计算方法，按照六个季度的营业额制定计划，每一个季度向前调整一次。

3. 营业额计划的下达

在一个计划期，总行参考前一期营业额的完成情况，按照一定的业务增长比率向部门和分行下达营业额计划，部门经理和分行经理再将计划落实到每个客户经理身上。

4. 营业额计划的考核

营业额计划由总行自上而下制定，考核也是由总行自上而下进行。对客户经理的考核由所在部门和分行进行。

5. 对客户经理的激励

对客户经理进行激励的最有效的办法是实行同经营业绩挂钩的提成制度。具体有两种做法：对经营批发银行业务的客户经理，多采用底薪加提成的激励方法；对经营零售业务的客户经理，多采用全额佣金制度的激励方法。此外，银行业也采用一些辅助性的精神激励措施，如向业绩突出的客户经理颁发最高创收奖、最佳服务奖等。

模块 6 团队项目实战训练

一、实训项目

金融客户服务礼仪实训。

二、实训目的

使学生在了解金融客户服务基本礼仪的基础上，初步掌握客户服务的语言沟通技巧和接待技巧，从而培养良好的客户服务能力。

三、实训内容

1. 组建课程项目学习团队，每个团队 4～6 人，团队组长为项目负责人。

2. 观看教学视频，了解金融客户服务的行为规范和基本礼仪。

3. 掌握金融客户接待服务的常用礼貌用语，2 人一组模拟银行客户经理和客户进行对话演练。

4. 掌握金融客户接待服务的行为规范和技巧，学会根据客户的背景和需求设计开场白、对话内容。

5. 学生分组讨论，设计模拟场景，分别扮演客户经理和金融客户，进行服务礼仪及沟通技巧模拟演练。

四、过程评价

1. 各小组互相交流，教师根据模拟情景演练时的仪态、动作、表情、语调和声调、用语、沟通技巧等方面进行点评。

2. 教师根据团队表现打分。

3. 小组间学生根据团队表现相互打分。

4. 各小组对实训过程进行总结，上交实训报告。

项目二
金融市场调研

学习目标

了解金融市场调研的主要内容，明确金融市场调研的流程，掌握金融市场调研的基本方法，能制定相关调研计划，收集、整理、分析调查信息，并撰写调研报告。

知识目标

1. 了解金融市场调研的主要内容
2. 明确金融市场调研的流程
3. 掌握金融市场调研的基本方法

技能目标

1. 能制定相关调研计划
2. 能收集、整理、分析调查信息
3. 能撰写调研报告，提出意见和建议

模块 1 大家来讨论

烦恼的财务总监

一天，客户经理小张例行拜访他的老客户——某公司财务总监王经理。走到财务处敲门，王经理正在打电话，见是银行的老熟人，招呼他先坐下。王经理打完电话说："最近，公司要临时使用一笔资金，我们正急着将以前赊销的账款收回来。刚才通电话的××公司一直以来都是公司的老客户，最近几次发货过去，他们那边总是推托公司临时资金紧张，要求推后几个月一齐付款。"客户经理小张问："欠的钱金额多吗？"王经理说："这回拖欠的货款数目已不少。××公司虽然是老客户，但公司却急着用钱，只能使劲催他们了，真麻烦！这家公司还算好，虽然一直欠款，但总算还能归还。有些小公司，欠了钱老拖着，公司又没有人专门去催收，更麻烦。"客户经理小张接着说："是呀，现在国家的信用体系不健全，有些公司就是这样。对了，最近怎么不见会计小刘？"王经理说："小刘有事请假一段时间，你看，我们财务部本来人手就不多，小刘一请假，整个公司会计上的事，就都落到小唐头上了，公司的业务又多，把她都忙坏了。"

资料来源：http：//www. docin. com/p-659438003. html.

思考讨论：

1. 通过以上这段对话，作为一名眼光敏锐的客户经理，你会发现该公司在经营管理方面可能存在哪些问题？

2. 你认为该公司的应收账款管理可能面临哪些问题？

模块 2 基本知识

一、金融市场调研及内容

（一）市场调研的含义

市场调研是一门运用科学方法对市场需求和营销活动进行调查研究的技术。菲利普·科特勒将市场调研定义为：系统地设计、收集、分析和提供数据资料，以及提供与企业所面临的特定的营销状况有关的调查研究结果的过程。为此，我们可以将金融企业的市场调研定义为：金融企业系统设计、收集、分析和提供关于金融服务领域的相关信息，掌握和了解本企业所面临的特定营销状况的过程，它是金融企业与市场环境沟通的纽带，主要任务是提供信息，为本企业经营管理和市场决策提供依据。

（二）市场调研的作用

市场调研对于金融企业来说是一个相对较新的概念。20 世纪 60 年代早期，英国有少数几家银行开始意识到营销调研的重要性；70 年代以后，欧美国家的主要银行的营销部门都有了规范的市场调研功能；现在，经历了激烈市场竞争的金融企业已深刻认识到市场调研对于经营决策的重要决定作用。

1. 市场调研是金融企业了解营销环境、降低经营风险的重要手段

通过科学的市场调研，金融企业可以全面取得与自身营销有直接关系的、大量的、真实可靠的、系统的信息资料。通过对这些资料的比较、分析和研究，可以快速、客观地认知其营销环境的状况及其变化，从而使金融企业在营销过程中更好地适应环境，把握有利的营销机会，同时也可以帮助金融企业减少经营决策的盲目性和预测的失误，降低经营风险。

2. 市场调研有利于金融企业发现金融市场的客户需求，进行更加明晰的市场定位

通过调研本企业正在服务的市场以及目前投资者关注的热点、客户现实以及潜在所需要的服务等，有助于金融企业确定目标市场，有针对性地提供更优化的金融产品和服务，提高企业形象，制定区域划分等战略决策。

3. 市场调研是金融企业经营管理的基础

通过市场调研，金融企业可以了解背景环境、优势与劣势，了解目标市场，发现市场机会，对比竞争对手的营销经验教训，及时调整与改进自身的经营管理，为提高效益、增强竞争能力创造良好的条件；同时，通过市场调研，还可以对本企业未来的市场发展趋势进行分析、研究，进而做出科学的预测，成为企业正确进行各种经营决策的重要依据和基础。

4. 市场调研是金融企业调整和矫正计划的重要依据

通过市场调研取得的信息资料以及对资料的分析和研究，金融企业可以了解其产品和服务的需求情况，检查战略计划是否正确，了解哪些方面存在不足甚至失误，考察所处的营销环境是否发生了变化，从而为企业调整和矫正计划和决策提供重要的依据。

调研阶段的直接目的是对目标客户作出全面的分析评价而收集尽可能全面的资料，因此就不能仅仅局限于对目标客户的调研，而应围绕目标客户（以目标客户为中心），把目标客户放在一个更大的背景下综合考察，即需要调研目标客户的“中心”“中心的围绕者”以及“前”“后”“左”“右”“上”“下”。“中心”指目标客户的现状；“中心的围绕者”指目标客户的竞争者；“前”指目标客户的过去；“后”指目标客户的将来；“左”指目标客户的原材料供应商；“右”指目标客户的客户；“上”指目标客户的出资者、主管部门；“下”指目标客户的投资项目、子公司。

（三）市场调研的主要内容

1. 个人客户调研的主要内容

（1）基本资料。姓名、性别、年龄、文化程度、家庭情况、个人偏好、联系方式等。

(2) 教育情况。掌握客户的受教育情况，有利于客户经理了解客户的知识水准，与其进行有效的沟通。

(3) 家庭情况。了解客户的家庭背景，投其所好，对症下药，也是不少客户经理获得成功的“撒手锏”。如客户经理了解到客户的儿子喜欢集邮，在与客户见面时就送上一些较有价值的邮票，会迅速获得客户家人的好感。

(4) 人际情况。客户的人际关系是非常重要的情况。有些客户经理利用客户的朋友去认识客户，或者在营销的关键时刻、关键环节请客户的亲朋好友出面帮忙，往往能收到事半功倍的效果。

(5) 事业情况。掌握了客户事业成功的主要方面，就可以找到赞美的理由，有针对性地赞美对方，可以取得对方的好感。

(6) 生活情况。掌握了客户的生活习性，可以有的放矢地进行场外营销，私下联谊。

(7) 性格特征和内涵情况。了解客户的性格特征，并对其加以赞美，也是一些客户经理博得对方好感的手段之一。

(8) 经历情况。对于客户经理来说，了解营销对象的经历将有助于与其寒暄，拉近双方间的距离。

(9) 客户对本金融企业的态度。

(10) 其他情况。

2. 工商企业类客户调研的主要内容

(1) 基础资料：

1) 企业设立的协议、合同、验资报告、批准文件及营业执照（复印件）。

2) 公司出资人状况及出资方式、到位情况。出资人状况包括所在行业、规模、产品、财务及资产等方面的情况。

3) 法定代表人资格认定书、董事会成员名单。

(2) 市场竞争状况资料：

1) 市场供求状况。包括：企业近 3 年销售量、销售额及价格变动趋势；市场总体销售额、销售量及价格变化趋势；影响需求量的因素及这些因素的发展方向、发展程度；行业内是否有新增生产能力，如有，是多大；替代品是否存在，若存在，其销售趋势如何；供应商数量及生产能力。

2) 对客户依赖的程度。包括：近 3 年对主要客户的销售量及占其总销售量的比重；若存在依赖性，了解此依赖性产生的原因；近 3 年主要客户构成是否发生变化，重要客户是否发生过变更；客户的集中程度。

3) 销售收款方式。包括：各类付款方式占总销售的比重，如现金、30 天赊销、60 天赊销、预付款等占比；企业是否存在欠款，如有欠款，欠款是多少，结构如何。

4) 竞争范围及种类。包括：产品销售的地理分布，是国内、国外还是省内；行业内主要竞争企业的数目及名称；同行业不同企业的产品在质量、价格、服务方面是否有明显差别；是否存在地方保护主义；竞争的方式；行业进入难易程度，据此判断市场扩大的可能性。

5）供应商（若原材料占总生产成本50%以上需考虑此项）。包括：近3年主要原材料的费用；近3年主要供应商提供的原材料占总生产成本的比重；主要原材料供应商的情况，包括业务来往的年限、过去合作中供应商的表现、目前合同中是否有保证供应的条款等；原材料购买的付款方式。

（3）客户竞争力资料：

1）生产力利用率。指企业年销售量及年正常生产能力。

2）设备状况。指主要设备生产年份及近期设备改进情况应与其折旧额接近。

3）财务控制情况。包括：财务部门直接负责人在企业内的地位、与其他部门的关系；生产、销售计划制定是否有财务总监的参与，参与程度如何；财会部门人员的构成、工作经历，能否承担监控职能、财务管理职能及会计统计职能；与哪些银行有账户关系，合作是否密切，各银行对客户的评级。

4）内部管理状况。包括发展规划、计划执行情况、组织机构责任匹配、制度及计划具体执行措施、招聘升职及培训情况。

5）经理人员情况。包括学历、工作经历、工作职位及年限、各职位的主要职责、过去参与项目的经验及具体职责、是否有相关行业的工作经历。

6）账户活动。主要指在其他银行的贷款活动、资产负债表等。

7）技术先进性、市场份额及变化趋势等各项。

（4）项目资料：

1）项目建设的复杂程度。包括：设计院报告、可行性研究报告；执行工程相关人员的项目、技术经验；原料、能源、交通等方面的准备情况；资金来源及到位情况；供应商及供应能力。

2）建设风险转移措施。

3）项目建设合同。

（5）其他资料：

1）审计单位。包括审计单位的名称、等级、往来年限、主要负责人、主要客户。

2）表外负债。包括担保、变相借款、职工退休金。

3）其他。包括：债权债务纠纷清单；各种法律文件复印件；客户财务效益分析资料；主要销售客户清单；市场和行业分析报告；客户经营管理及人财物资源配置说明；资质等级；发展规划，存在问题分析；近3年的财务报表及分析资料、审计报告；企业营销战略及实施计划；企业组织结构图及企业高级管理人员简介；企业管理制度汇编等。

3. 机关团体类客户调研的主要内容

机关团体类客户涵盖的范围较广，下面介绍的是以高等院校为例进行调研的主要内容。

（1）基础资料：

1）法人证书、法人代码证、办学证、贷款证、收费文件、营业执照、借款人资质证明。

2）隶属关系、组织形式、产权构成、历史沿革、业务范围和规模、基本账户，近3年的招生计划及实施情况，其他重大事项介绍。

3）资产、负债、净资产、基金等财务情况，现金流入与流出情况。

4）办学条件、办学特色、办学规模与办学方针；专业设置；社会知名度；法定代表人和领导班子的经历、业绩、信誉和能力；教师的构成、教学科研成果以及教学水平。

（2）项目资料：

1）立项批复文件、可行性研究报告、咨询机构的论证材料。

2）资金来源计划、筹资证明、项目资本金占比。

4. 金融同业类客户调研的主要内容

（1）营业执照副本复印件；近3年的资产负债表、利润表、现金流量表及报表附注；人民银行批准其进入同业拆借市场的证明（适用于非银行金融机构）；主承销商资格证明（适用于证券公司）；证明实力和业绩的其他材料，如国内或国际评级公司对其进行的资信评级、国际或国内排名等。

（2）总资产；成立时间；客户性质；高级管理层的资历和素质架构；与本银行建立关系的时间以及主要往来情况。

（3）客户发展规划；市场地位；行业竞争情况。

二、金融市场调研的方法

（一）访问法

访问法就是将所拟调查的事项，以当面、电话或书面的形式向调查对象提出询问，以获得所需资料的一种方法。这是市场调研中最为常用、基本的方法。访问法通常包括人员走访、电话调查和问卷调查三种。

1. 人员走访

这种方法可能比较容易被调查对象接受，调查的内容可以更详尽，对调查对象是否实际回答问题有较好的控制，并且在问卷设计方面也有很大的灵活性。但这种调查方式的成本很高，形成的样本容量比较小，因此适用的范围也比较小，通常在用电话访谈以及填写调查问卷的方式无法进行或者得不到很好的效果时才会启用。

2. 电话调查

电话调查会大大减少选择性偏见，不管其态度、个性如何，所有客户都有相同的被采访的机会；电话调查比其他方式更加快捷，费用较低。但是，很多调查对象可能对待电话调查的形式不够严肃、认真，应付的成分较多，而且调查人员也不易察觉。

3. 问卷调查

通常可以采取分发问卷、邮寄、发电子邮件或者现场调查等方式发放调查表请客户填写，这是获取客户有关资料的好方法。设计调查表应注意的事项有：

（1）应根据调查对象和调研目的进行设计。

（2）必须经过测试、调整、试用后才可大规模使用。

（3）调查表中所列问题是应该能够回答的问题，而不是无须回答的问题。

（4）多设计些回答不受限制的问题，以获得更多的信息。

（5）多使用简洁、直接、不带偏见的词语。

（6）问题的排列应符合逻辑顺序，先问能引起兴趣的问题，将不易回答的问题放在后面。

这几种方法的成本都较低，但是样本回收以及样本的构成控制等较难掌握，除现场调查以外的其他方式都会出现回收率低、调查内容容易停留在表面等问题。

（二）观察法

观察法是指调查人员在调查现场对调查对象的有关情况进行直接的观察，并客观地做出记录和分析，从而获得较为真实的一手资料的调查方法。采用这种方法，调查人员可以不必直接向调查对象提出问题或要求回答，是凭借调查人员的自身感受，或者利用随身携带的现代化仪器和设备收集调查对象的影像、声像资料等。以调查人员是否直接参与现场活动来划分，可以将观察法分为参与观察法和非参与观察法两种。

（三）实验法

实验法是为了解原因而收集信息的一种调查方法，一般是指在给定的实验条件下，在特定的范围内观察调查对象的经济现象及其各种变量之间的变动关系，做出相应的分析判断，从而提出较为详细的调查结果报告。这是一种实证分析方法，需要通过人为的、有意识的控制，从若干影响调查对象的客观因素中选择一组或几组相关的因素作为实验的依据，在其他因素未发生改变的情况下，考查实验因素变化过程对调查对象的影响，从而取得相关影响的定性与定量实验数据。

三、客户资料管理

（一）客户资料库的建立

完备的客户资料库是金融企业的宝贵财富，它不仅在保持客户关系方面有重要作用，而且对金融企业各个部门及最高决策层的决策具有重要意义。许多金融企业的营销沟通都是从建立客户资料库入手的，因此客户资料库的作用日益受到重视。

1. 客户资料库的内容

客户资料库的内容取决于多种因素，包括客户服务的对象、目的与企业决策需要，以及企业获取客户信息的能力和资料库整理成本等。由于客户服务对象是多种多样的，客户资料库就应包括各类客户的信息资料，即使是已经中断交易的客户也不应放弃。为了真正了解客户的需求，分别满足客户不同需要、实现有效沟通的目标，客户资料库一般应包括客户原始记录、统计分析资料、企业投入记录三个方面的内容。

（1）客户原始记录即有关客户的基础性资料，它往往也是金融企业获得的一手资料，具体包括个人和组织资料、交易关系记录等。

（2）统计分析资料主要是通过客户调查分析或向信息咨询业购买的二手资料，包括客户对企业的态度和评价、履行合同的情况与存在的问题和摩擦、信用情况、与其他竞争者的交易情况、需求特征和潜力等。

（3）企业投入记录则包括本金融企业与客户进行联系的时间、地点、方式和费用开支，给予哪些优惠，提供产品和服务的记录，合作与支持行动，为争取和保持每个客户所做的其他努力和费用等。

2. 客户资料库的类型

在实践中，客户资料库有多种形式，但常见的有客户名册、客户资料卡和客户数据库。由于建设这三种资料库的难易程度是不同的，因此，企业应根据自身情况选择最适合自己的方式。

（1）客户名册。又称交易伙伴名册，是有关金融企业客户情况的综合记录。客户名册由一般客户登记卡和客户一览表组成。客户登记卡主要列示客户的基本情况；客户一览表则是根据客户登记卡简单而综合地排列出客户名称、地址等内容的资料库。

客户名册是一种初级的客户资料保存形式，其内容比较简单。当新客户开户后，由客户经理填写客户登记卡，并将新客户增补到客户一览表或名册中。客户名册的优点是简便易行、费用较低，客户登记是由客户经理负责的，受外界限制不大，而且存档期间只有很少的费用支出。客户名册的对象分类和内容也比较单一，一般只针对直接客户，所以比较容易建立保管和查找使用。特别是客户一览表，简单明了地反映当前客户情况，对于管理决策者十分适用。但由于其缺乏个性、客观性和动态性，也存在明显的缺陷。

（2）客户资料卡。客户资料卡通常分为潜在客户调查卡、现有客户调查卡和旧客户调查卡三类。

1）潜在客户调查卡是一种用于对潜在客户进行调查的资料卡。其主要内容包括客户个人的基础性资料，如客户交易的时间、地点和方式等。对此，可用不同的方式邀请潜在客户填写。

2）现有客户调查卡用于正在进行交易客户的管理。一旦某个客户进行了第一笔交易，就需要建立现有客户调查卡。这类卡片可以由潜在客户调查卡发展而来，也可以请客户或客户经理来填写。其内容不仅应包括客户的基础性资料，还应包括交易情况等。对现有客户调查卡，还应随着时间的推移不断进行记录和补充。

3）旧客户调查卡的内容与现有客户调查卡的前半部分相同，只是没有持续记录的要求，应增加停止交易原因的跟踪记录等内容。如果一个客户中止了购买行为，就要将其转入旧客户调查卡。

(3) 客户数据库。客户数据库是近几年在国外大型企业中兴起的客户资料保存形式，它运用现代计算机技术发展成果建立客户数据库，在客户信息存储内容、规模和查询使用等方面的强大功能都是前两种方法所不能比拟的。其主要优势表现在：使建立大规模客户资料成为可能，资料信息易于更改、复制；客户数据库带来了营销方式的变化。然而，建立一个可以追踪客户活动、结合现有客户数据库的信息系统是相当昂贵的，因此，在建立这个系统之前，使用者必须对它的使用范围作通盘考虑。

一般而言，数据库的开发需要经过以下步骤：确定数据库开发的目标，进行内部资料与外部资料的选择，设计数据库概念框架，创建数据库结构，设计重要的数据库特性，选择数据库开发工具，选择重要的信息源，将信息源转变为数据库，将开发的预算和计划与营销策略进行整合等。

（二）客户资料的分析

进行客户资料管理，不仅仅是收集、存储有关客户的资料，更为重要的是对这些资料的分析和充分利用。一般而言，对客户资料的分析包括以下几方面的内容。

1. 客户构成分析

利用客户资料分析客户构成是一种最普遍、最简单的资料分析方法。进行客户构成分析能使客户经理及时了解每个客户在总交易量中所占的比重，以及客户的分布情况，并从中发现客户服务中的问题，从而针对不同客户的情况采取不同的沟通策略。

2. 客户信用分析

在利用客户档案记录内容详细、动态反映客户行为及其状况的特点的同时，还要进行客户信用情况分析，以便对客户的信用进行定期的评判和分类。比如，对于信用等级高的客户，应作为此业务发展的重点，并给予一定鼓励或优惠。

3. 客户对企业的利润贡献分析

客户资产回报率是分析企业从客户处获利多少的有效方法之一，可以作为业务发展的重点考虑因素。实践表明，不同客户的资产回报率是不同的。通过对这一指标的分析，还可具体了解这种差距产生的原因。

（三）客户资料的运用

1. 资料库运用的原则与方法

事实上，对客户资料的分析，就是运用客户资料的开始。其原则就是要培养更好的客户关系。实践中，运用资料库时经常犯的最大错误就是只把重点放在“我们要如何利用资料库，才能更有效地确定目标对象，传达出更多的信息”上。显然，这种资料库的运用方式是以交易为主，而非以关系为主。作为有意义的互动基础，资料库的运用不但应推动更多的产品与服务信息，还应使客户获得他们想要的企业资料。因此，在运用资料库时，应将重点放在增加产品与服务的整体价值上，而不应只专注于营销策略的修正。

除此之外，资料库的运用还包括：让营销沟通更个性化，集中经过设计的信息，发展个人化信息，增加客户忠诚度等。

2. 运用数据库的检视点

（1）在进行客户开发时，是否与目标客户保持着密切联系？

（2）现阶段可以利用哪些资源来收集客户及潜在客户的资料？

（3）有多少百分比的交易额是来自多少百分比的现有客户？

（4）能否指出哪些现有客户对其他企业推出的产品或服务可能会有较高的接受度？

（5）是否拜访了所有的潜在客户？

（6）能否区别企业的高价值客户、中等价值客户和低价值客户？

模块3 操作指导

一、金融市场调研的步骤

（一）确定调研目标和内容

调研总是要解决一定的问题，确定调研目标就是要明确本次调研需要解决什么样的问题。例如：特定客户群不良贷款增加的原因是什么？哪些公司客户有发行短期融资债券的需求？等等。调研目标明确之后，接着就要确定调研的内容。调研内容的确定直接关系到调研能否达到目标，能否为金融企业决策提供正确的参考意见。调研内容取决于调研要达到的目标及调研对象的具体特征，一般有客户本身调研、客户外部环境调研、客户竞争对手调研、金融企业竞争对手调研等。

（二）制定调研计划

调研活动应力求在尽可能短的时间内完成，因为这样既避免了长时间地打扰客户，能给客户留下工作效率高的印象，有利于下一步合作关系的建立。为提高调研效率，调研前制定调研计划是很重要的。调研计划主要包括调查方法、调查表设计、资料清单、调查费用、实施步骤等，具体参见表2—1。

（三）向客户传递调研内容清单

调研前应将拟调研的大概内容告知客户，以便客户在调研前能做好相应的准备。一般通过传真方式将调研内容传至客户，再辅之以必要的电话说明。如果只通过电话进行，

表 2—1 **调研计划表**

调研对象的名称		调研时间安排	
调研对象的地址		联系方式	
调研范围	□客户本身调查 □所在行业调查 □所在区域调查		
被调研方的接待人员	□客户的主要决策者（董事长、总经理、财务总监等） □中层干部（部门负责人） □一般干部		
我方调研人员及分工	1.	2.	3.
	4.	5.	6.
调研要达到的目标			
调研的方式	□实地调查 □与主要人员谈话 □收集财务报表、规章制度等书面资料 □问卷调查 □电话调查 □其他		
调研的主要内容	□基础调查 □客户竞争力调查 □市场状况调查 □项目调查 □行业状况调查 □关联方调查		
调研结果的整理与分析	整理与分析责任人	反映形式	大致完成时间

恐怕不易说清楚，因为没有书面的东西易使客户忘记。传真给客户的调研内容要力求简洁，要便于客户准备，调研内容太多易使客户产生畏惧心理。一般通过传真调查清单而不必将所有调查内容传真过去的方式进行。下面所列是对客户财务方面进行调研的资料清单。

××公司：

按×月×日拜访贵公司时与贵公司达成的意见，我们拟于×月×日对贵公司的财务方面进行专题调研，望大力支持。我们的调研拟从以下几个方面展开：

（1）公司财务制度、会计核算制度的有关资料；

（2）近 3 年的财务决算报告及说明材料；

（3）公司销售收入结构、应收应付账款结构、应收账款账龄及坏账情况；

（4）公司实行的投融资政策及管理制度的资料；

（5）公司现金流量表的编制情况；

（6）利润分配方式，盈余公积金、公益金的提取率，股利分配等；

（7）财务报表，包括：资产负债表，利润表，财务状况变动表，应交增值税明细表，利润分配表，主营业务收支明细表（生产成本、期间费用及营业外收支表），主要产品生产成本明细表，制造费用明细表，财务费用、销售费用明细表，产品销售利润明细表，辅助生产单位成本明细表，管理费用明细表，主要产品辅助材料消耗明细表，主要经济指标完成情况表等。

感谢贵公司的大力支持！

××银行××部门（签章）

××（客户经理签字）

××年×月×日

(四)调研资料的收集、整理、分析

1. 资料的收集

为尽可能收集全面的资料,除对目标客户进行直接调查获取一手资料外,还应通过其他渠道收集有关二手资料。二手资料的来源主要有:客户内部;行业研究部门,如证券公司的行业研究部门、经济管理部门的研究机构等;客户的供应商及客户的竞争对手;其他金融企业;公开出版物,如统计年鉴、期刊和书籍;专业咨询机构;互联网、电视台、电台、报纸等媒体;金融企业内部档案材料;专业研讨会及交流会;人际关系网络。

2. 资料的整理

调研结束后,应将收集到的资料粗略归类,看看拟收集到的资料是否全部收集齐全。如果没有收集齐全,应进行补充收集。如果收集齐全,应尽快将有关资料录入客户基本信息表中,便于客户经理对该客户有一个大致的了解。

3. 资料的分析

处理信息资料,就是对收集到的数据资料进行统计、分析、加工,提炼出有用的结论,为撰写调研报告做准备。

(五)撰写调研报告

调研的最终成果体现为调研报告,它是整个调研工作的文字化表现。一份好的调研报告可以为金融企业的营销提供有价值的参考依据。调研报告的构成要素一般包括调查背景说明、数据分析、调查结论、意见及建议等。撰写报告的要求有:

(1)分析资料运用要求充实、全面;

(2)分析资料运用要求真实,要有资料索引说明;

(3)分析结论要求紧扣主题、观点正确;

(4)调查报告要求结构合理、层次清楚,注意逻辑性。

二、个人客户调查(以个人房产抵押贷款为例)

(一)房产抵押贷款的要素

贷款人和借款人、抵押权人和抵押人、贷款合同和抵押合同。如图 2—1 所示。

(二)房产抵押贷款的调查

1. 审查借款人按规定提供的文件资料

(1)借款人填写的房产抵押贷款申请表;

(2)本人户口簿、身份证或其他有效居留证件;

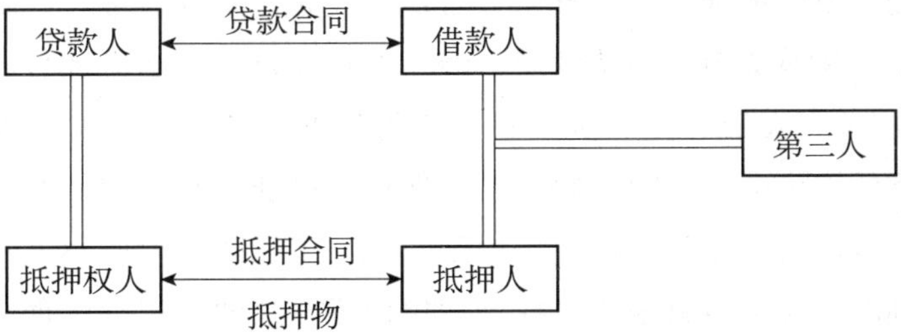

图 2—1 房产抵押贷款的要素图

（3）职业和收入证明；

（4）购房合同或意向书等有关证明材料；

（5）占房价款 30%的首期付款证明；

（6）银行经办机构要求提供的其他材料。

2. 贷前审查——对借款人和抵押标的物进行全面的审查和分析

（1）对借款人资格、资信的审查：主要审查借款人的借款资格；有无稳定的职业和收入，按期偿还贷款本息的能力；抵押人是否具有完全民事行为能力，合法拥有抵押房地产所有权等。

（2）对抵押物的审查：对于抵押房地产的选择和审定，合法性、保值性、易于估价等。

3. 对抵押房产的估价进行审查——确定抵押物的价值

房产抵押估价：在综合考虑市场变化、利率趋势等因素的基础上，对抵押房产的价值进行评估，决定贷款金额与抵押物价值的比率。

房产抵押贷款的贷款比例：指房产抵押贷款金额占抵押房产价值的比重，一般最高不超过抵押物现行作价的 80%。

4. 订立抵押贷款合同

确定房产抵押当事人是否按照一定的法律程序签订了书面契约。在房产抵押合同签订 30 天内，抵押双方应持抵押合同到当地房地产产权管理部门申请抵押登记。未经登记的房产抵押贷款，法律不予保护。

5. 订立抵押房产的保险合同

保险金额：不得少于购建住房的价值。

保险期：与抵押贷款期限相一致。

抵押期内，保险单由贷款人保管，贷款银行为抵押物保险赔偿的第一受益人。

三、企业客户贷款业务调查的内容

（一）调查企业客户基本情况

（1）客户自身基本情况。客户类型、单位名称、地域位置、行业属性、存款账号、开户时间、企业代码、单位地址、成立日期、法定代表人、财务负责人、邮政编码、营业执照号码、注册资本、注册资金、经济性质、经营方式、自营进出口证号码、经营范围（主营、兼营）、发照机关、发照日期、到期日、年检情况、上年度年检、本年度年检、年检最后期限、特种行业许可证名称及号码、环境保护许可证号码、国际互联网网址、贷款卡号码、贷款证到期日、大中专学生以上学历工人数、工程师以上职称人数、企业档次、当年累计出口创汇额度、有无自营进出口权、本单位贷款余额、三废治理情况（已达标、未达标）、本行账户性质（一般户、基本户）、股东标志（是、否）。

（2）联系人情况。联系人姓名、性别、任职部门、职务、办公电话、传真、手机、住宅电话。

（3）客户二级核算部门及内部机构设置情况。二级核算部门或内部机构名称、划拨运营资金数额、负责人、地址、联系电话、邮政编码、核算方式、财务独立程度等。

（4）客户关系企业网。关系企业名称、法定代表人、关系类别、注册资本、地址、联系电话、邮政编码、财务独立程度等。

（5）客户对外投资情况。对外投资单位名称、投资额、法定代表人、注册资本、地址、联系电话、邮政编码、投资收益方式、财务独立程度等。

（6）客户重大事项记录。事件说明、是否上报人民银行、是否向法院起诉。

（7）客户主要生产产品目录。产品名称、规格、型号、月产量、月产值、主要原材料名称、主要原材料产地、主要原材料月耗量、主要辅材料名称、主要辅材料产地、主要辅材料月耗量、销售价格、主要销售对象等。

（8）客户主要经营商品目录。经营商品名称、规格、型号、月销售数量、销售价格、主要供货单位、主要销售对象。

（9）客户不动产情况。不动产名称、单位、数量、坐落地、购建日期、结构、层数、使用情况、财产所有权证类型、权证号码、抵押权人、抵押值、登记证号码、有无保险等。

（10）客户主要设备情况。设备名称、购置日期、产地、型号、单位、增减、原值、净值、所有权人、所有权证号码、抵押权人、抵押值、登记证号码、有否保险等。

（11）在建工程情况。在建工程名称、单位、数量、坐落地、购建日期、结构、层数、抵押权人、抵押值、登记证号码、有无保险、建筑规划许可证、施工许可证等。

（12）企业法定代表人和主要负责人情况。姓名、性别、出生年月、年龄、学历、任职、职称、身份证号码、个人信誉、工作作风、生活作风、主要经历等。

（13）保险情况。保险标的、保险公司名称、保单号码、保险金额、保险费、保险开始日期、保险结束日期、赔偿原因、赔偿金额等。

（14）主要股东情况。股东代码、股东名称、入股金额、占比。

表 2—2 详细列出了借款人的基本情况。

表 2—2　借款人基本情况

<table>
<tr><th colspan="5">一、概况</th></tr>
<tr><td>申请企业全称</td><td colspan="4"></td></tr>
<tr><td>成立时间</td><td colspan="2"></td><td>营业执照号码</td><td></td></tr>
<tr><td colspan="3">营业执照最后一次年检时间</td><td colspan="2"></td></tr>
<tr><td>法人代码证号</td><td colspan="2"></td><td>贷款证号码</td><td></td></tr>
<tr><td>注册资本</td><td colspan="2"></td><td>经营资质</td><td></td></tr>
<tr><td>法定代表人</td><td colspan="2"></td><td></td><td></td></tr>
<tr><td>所有制类别</td><td colspan="4"></td></tr>
<tr><td>客户组织类别</td><td colspan="4">有限责任公司、有限责任公司（联营）、国有独资公司、股份有限公司（上市）、股份有限公司（未上市）（请选择其一）</td></tr>
<tr><td>办公地址</td><td colspan="4"></td></tr>
<tr><td>法定住所</td><td colspan="4"></td></tr>
<tr><td>主管部门</td><td colspan="4"></td></tr>
<tr><td>主营业务</td><td colspan="4"></td></tr>
<tr><td>其他</td><td colspan="4"></td></tr>
<tr><th colspan="5">二、股东情况及组织结构</th></tr>
<tr><td>股东</td><td>投资金额（万元）</td><td colspan="2">出资方式</td><td>出资占比（%）</td></tr>
<tr><td></td><td></td><td colspan="2"></td><td></td></tr>
<tr><td></td><td></td><td colspan="2"></td><td></td></tr>
<tr><td>合计</td><td></td><td colspan="2"></td><td></td></tr>
<tr><th colspan="5">三、管理情况</th></tr>
<tr><td colspan="5">1. 内部组织结构简介：简单介绍企业管理体系、决策机构及人员、职能部门设置、人员结构等。</td></tr>
<tr><td colspan="5">2. 主要管理人员</td></tr>
<tr><td rowspan="8">法定代表人</td><td>姓　名</td><td></td><td>性　别</td><td></td></tr>
<tr><td>出生年月</td><td></td><td>身份证号</td><td></td></tr>
<tr><td>文化程度</td><td></td><td>户口所在地</td><td></td></tr>
<tr><td colspan="2">家庭住址</td><td colspan="2"></td></tr>
<tr><td colspan="2">联系方式</td><td colspan="2"></td></tr>
<tr><td colspan="2">学习工作简历及主要业绩</td><td colspan="2"></td></tr>
<tr><td colspan="2">有无从事违法活动的记录</td><td colspan="2"></td></tr>
<tr><td colspan="2">其他说明事项</td><td colspan="2"></td></tr>
<tr><td colspan="5">其他管理人员（格式如上表，请复制）</td></tr>
<tr><td colspan="5">3. 管理水平评价：简单评价管理层的知识水平、工作经验、团队精神、人力资源管理、激励机制等，着重其历史上的重要决策及其效果分析。</td></tr>
<tr><th colspan="5">四、关联企业或关联人物</th></tr>
<tr><td colspan="5">关联企业：介绍包括母公司、子公司、参股公司及其他关联企业的名称、注册资金、关联关系、主要经营管理情况等。
关联人物：介绍包括姓名、性别、年龄、关联关系、学习工作简历、主要情况等。</td></tr>
<tr><th colspan="5">五、经营活动基本情况</th></tr>
<tr><td colspan="5">简单介绍借款人经营活动的历史发展、经营发展规划、策略和目标。</td></tr>
<tr><th colspan="5">六、重大事项揭示（或其他需说明的情况）</th></tr>
<tr><td colspan="5">简单介绍对公司的经营和信用产生重要影响的事件，包括公司高层变动、资本变动、组织结构变动、经营业务范围变动、法律诉讼等。</td></tr>
</table>

（二）企业财务因素分析

1. 资产负债表和利润表的初步分析

财务报表初步分析的内容一般包括：①阅读，即按照一定顺序阅读报表的各项数据，运用会计知识理解其含义，获得对企业状况的概括印象；②比较，即比较报告期和前期的数据，获得对各项目变化的印象，寻找应注意的主要问题；③解释，即通过进一步分析各项目的构成，解释变动的原因；④调整，即在必要时根据分析目的调整相关数据，为计算财务比率和进一步分析奠定必要的基础。

（1）资产负债表的分析内容。资产负债表分析的主要内容一般包括三个方面：

1）分析企业经营资源的配置与经营风险的状况。通过资产负债表，可以分析企业各类资产在总资产中及各种资产在各类资产中所占的份额和比重，并通过观察前后几期的变化，以及与同行业相同规模企业的比较，了解企业经营资源配置是否合理。

2）分析企业资金来源与财务风险状况。通过资产负债表，可以分析企业各类资金总量及其结构状况的变化，并与同行业相同规模企业比较，从而了解企业的资金来源的构成，尤其是财务风险的状况。

3）分析企业资产与资本结合及偿债能力的状况。资产与资本结合是指企业以何种方式为资产提供资金来源，尤其是从两者期限的对应关系，可直接判断企业短期和长期偿债能力。我们要分析资金从何处来，投资在哪些方面，是在流动资产上，还是在固定资产与其他投资上，资金来源的期限与所投资资产的期限是否一致。一般来说，长期资产的投资一般应来源于长期资本，到底主要来源于长期负债，还是主要来源于过去年份中的利润留存或新吸收的股东投资，会影响企业的长期偿债能力和盈利能力。流动资产的资金可来源于流动负债，也可来源于长期资本，这同样会影响企业的短期偿债能力。将企业负债的前后两期进行比较，可直接判断该企业长、短期偿债能力，以及长、短期财务风险的高低变化。

（2）利润表的分析内容。利润表分析的主要内容一般包括三个方面：

1）分析企业的经营成果和盈利能力。通过分析企业利润表的主营业务利润、营业利润、利润总额和净利润各项目的数据及其前后增减变化，可直接判断企业的经营业绩与盈利能力的变化。其中，主营业务利润是重点分析内容，因为它显示了企业最基本的盈利能力，主营业务利润占利润总额的比重的变动，将会影响企业盈利能力的质量。

2）分析企业的销售规模与增长能力。通过分析主营业务收入，结合其他业务收入的前后期变化，判断企业销售规模、收入能力的变动情况。重点分析的是主营业务的增长能力。这一能力越强，说明企业市场前景越好，企业生存的基础越稳固。

3）分析企业成本与费用的消耗状况。通过分析主营业务成本、营业费用、管理费用与财务费用等项目前后期的变化，以及各项目在总成本费用中的比重变动，来分析总体成本费用消耗状况。尤其要注意与收入变动配比的分析，因为销售收入增长，成本费用不可能不增加，但两者增长要有合适的比例。例如，主营业务收入增长超过了主营业务成本增长的比例，就说明企业成本控制是有进步的，从而必然引起企业主营业务利润更大幅度的提高，反之则导致营业利润或利润总额会以更高的比例下降。

2. 资产负债表和利润表的比率分析

财务比率分析是利用两个指标的某种关联关系，通过计算比率来计量和评价财务状况的一种分析方法。通过财务比率分析可以使财务报表的分析更为全面和深刻，将这些比率与历史或同行业平均数进行比较，能充分揭示企业财务状况发展变化趋势及在行业中所处的地位。财务比率分析主要包括四类比率：短期偿债能力比率、长期偿债能力比率、营运能力比率、盈利能力比率。

3. 现金流量表分析

客户信用分析的核心是判断借款人偿还贷款的可能性有多大，还款能力如何。有的企业虽然利润表上反映的经营业绩很可观，但财务困难，不能偿还到期债务；而另一些企业虽然利润表上反映的经营成果并不理想，但却有足够的偿付能力，这是权责发生制导致的利润与现金流量的差别。因此，利润是偿还贷款的来源，但不能直接偿还贷款，偿还贷款最可靠的是现金。资产负债表能够反映企业某一特定日期的财务状况，但无法解释财务状况形成的原因。利润表通过反映企业的经营成果，能够解释财务状况形成的原因，但利润不等于现金。现金流量表则能够反映企业在一定期间内从哪些方面取得现金，从哪些方面使用现金。现金流量一般可以分为三类：经营活动产生的现金流量、投资活动产生的现金流量和筹资活动产生的现金流量。

现金流量表分析的内容概括起来主要是回答三个问题：（1）企业现金从何而来？（2）企业现金用于何方？（3）现金余额发生了什么变化？

在现金流量表中，现金流入就是所有能增加现金资产的交易，现金流出就是所有会减少现金资产的交易。任何负债的增加或非现金资产的减少都是现金流入，任何负债的减少或非现金资产的增加都是现金流出。由于企业编制的资产负债表和利润表是按应计额而不是按现金基础编制的财务报表，收入和支出是按权责发生制记账，而不是按收付实现制记账，这就需要把原来的资产负债表和利润表的数据合并到以现金为基础的收益表中。通过调整计算，最后得出业务中的现金流量，用以说明企业能否偿付其债务。所以，信贷调查人员拿到企业现金流量表后，要仔细阅读，分析其各个项目的现金流入、流出量是否正常，现金净流量正负值与资产负债表中相关项目的增减是否一致，如有疑问应查明原因。

4. 财务分析的资料来源

（1）会计报表：借款人连续三年以上的会计报表，包括资产负债表、利润表、现金流量表及其有关附表。

（2）财务报表附注：财务报表附注用于显示财务报表内有关项目的附加信息和另外的财务信息，它是财务报表的重要组成部分，详细阅读附注有助于更好地分析财务报表。附注中应解释借款人的会计政策、或有项目、某些报表日后事项及影响借款人的重大事项等。

（3）注册会计师查账验证报告：注册会计师依据国家有关法规和一般公认会计准则验证后的财务报表，具有较强的独立性和权威性。

（4）其他资料：其他有关部门的资料，如证券交易所、行业协会、投资咨询机构提供的有关资料也可成为财务报表分析的补充资料。此外，深入借款人实地考察也可获得许多有价值的信息。

（三）企业非财务因素分析

财务分析和现金流量分析指标主要反映借款人历史和现在的经营状况，即侧重于对借款人历史还款能力的判断。但借款人的经营、财务状况受其行业风险、经营风险和管理水平等各种因素的影响和作用，始终处于不断变化之中。财务因素分析主要采用定量分析的手段，非财务因素分析则主要采用定性分析的手段，重点分析影响贷款风险未来变化的各种非数据化信息。非财务因素可以不受会计信息局限性的影响，可以用来评价借款人的各种经营行为，而同时又避免财务指标进行货币化计量时存在的困难，使其可以在一定程度上弥补财务分析的缺陷，对借款人现有经营行为进行直接的“描述”，揭示其在未来指标上能得以反映的还款能力。所以，对影响借款人还款能力的各种非财务因素进行综合分析，评价对现金流量等财务指标的影响方向和影响程度，有助于增强预测分析的可靠性，对借款人的还款能力和还款意愿做出更加全面、客观的预测和动态的评估。目前，我国会计环境不规范，借款人的会计报表资料不完整和会计信息不真实的现象较为普遍，甚至有些经营者采取造假手段，使财务报表无法真实地反映企业的真实经营状况。因此，非财务因素在贷款风险分析中就显得十分重要。

1. 非财务因素分析的内容

一般来说，非财务因素分析主要包括借款人的行业风险分析、经营风险分析、管理风险分析以及借款人还款意愿分析和银行信贷管理分析等。对贷款偿还可能性的判断需要综合上述各项非财务分析，而其中行业风险分析、经营风险分析、管理风险分析是直接对借款人自身还款能力进行分析。非财务因素分析的内容见图 2—2。

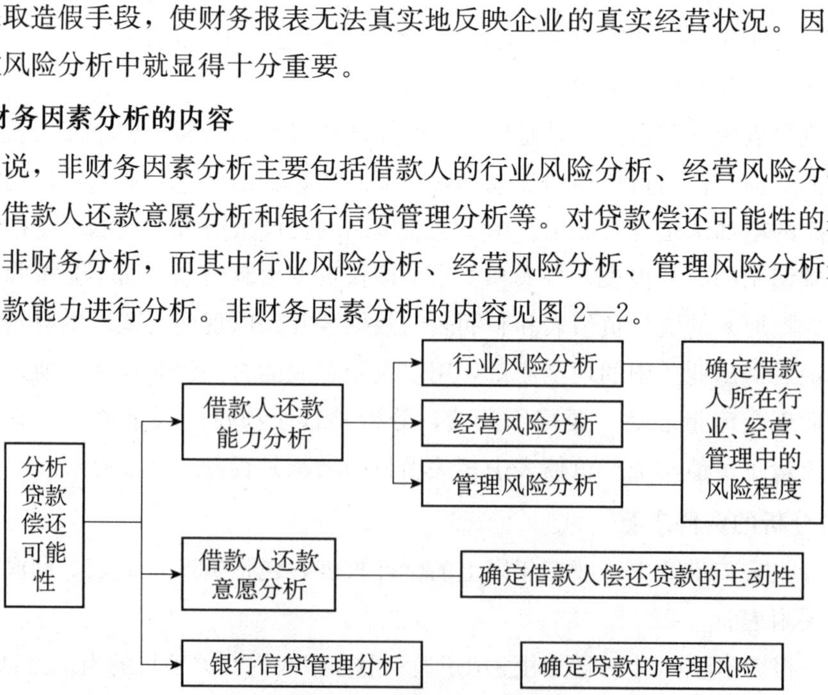

图 2—2　非财务因素分析的内容

（1）借款人还款能力分析。其中，行业风险分析包括行业的成本结构、行业的生命周期、行业与经济周期的关系、行业的盈利水平、行业的相互依赖关系、行业产品的可替代性、行业的法律环境，以及行业的宏观经济和政策环境等行业特性等基本因素。经营风险主要从两个方面进行分析：经营特征分析和经营循环分析。经营特征分析主要体现在经营规模、核心竞争力、产品特征和市场状况等方面；经营循环分析主要包括采购、生产和销售三个环节。管理风险分析是一个极其复杂的问题，一般来说需要从借款人的组织形式、公司治理、管理层素质、经营思想、关联企业经营管理、财务管理能力、法律纠纷以及自然因素、社会因素等方面进行分析。

（2）借款人还款意愿分析。如前所述，借款人的行业状况、经营和管理水平等，均会影响借款人的还款能力。而在实际工作中，有不少借款人不是没有能力偿还贷款，而是"有钱不还""赖账不还"，即我们所说的"还款意愿差"。所以，我们不仅要分析影响借款人还款能力的非财务因素，还要分析借款人的还款意愿、银行信贷管理等影响贷款偿还的其他非财务因素。

借款人的还款意愿在很大程度上取决于管理层的信用意识和法律意识。诚实守信、遵纪守法是经商之道，但有的借款人在经营中偷税、漏税，有的采用提供虚假报表、隐瞒事实等不当手段套取银行贷款，有的不与银行进行积极配合而有意拖欠银行贷款，这些行为都反映了借款人管理层的法律意识较为淡薄，道德品质存在缺陷。在评价借款人的还款意愿时，不仅要依据借款人的还款记录，还应关注其在其他银行、供应商等债权人那里的还款记录，只有这样才能全面客观地揭示借款人的还款意愿。

（3）银行信贷管理分析。实践证明，虽然借款人的还款能力、还款意愿和贷款保证是决定贷款能否及时、完整收回的关键因素，但银行信贷管理的有效性也会影响贷款的及时、足额收回。这些因素包括：

1）违法违规贷款；

2）不符合银行信贷政策与管理制度的贷款；

3）贷款文件不够完备；

4）缺乏对担保的有效控制；

5）缺乏有效的贷款监管；

6）对不良贷款缺乏有效管理；

7）贷款过分集中。

2. 非财务信息的获取渠道

非财务信息的来源是多种多样的：

（1）银行的"信贷管理信息系统"，这是借款人非财务信息的主要来源。

（2）媒介，一般包括商业期刊、全国性商业报纸、杂志和互联网。这也是银行获取有关宏观政策、借款人的行业因素、借款人经营信息等非财务信息的重要渠道之一。这些媒介有助于评估全国范围或整个行业范围内的经济状况和趋势。此外，一些上市公司年报和行业研究报告，可以帮助分析人员获得非常有价值的行业信息，并了解借款人在行业中所处的地位等。

（3）第三方，包括借款人的竞争者、供应商、客户、监管者等。通过第三方可以获取有关借款人的非财务信息。如银行的柜台人员可能会发现借款人依赖于其应收账款来偿付应付工资，从其他银行可以获悉借款人的资产已被设置了抵押权，从司法部门可以获得针对借款人发出的诉讼通知或判决书等。另外，借款人的律师或会计师也会提供一些很有价值的非财务信息，或者至少提供一种不同的评价视角。

（4）外部信用评估机构的报告、注册会计师的管理建议书等也可以为银行提供非财务信息。

（四）担保情况分析

1. 保证担保分析

保证，是指保证人和债权人约定，当债务人不履行债务时，保证人按照约定履行债务或者承担责任的行为。保证贷款，是指商业银行按照国家《担保法》及《物权法》规定的保证方式，以第三人承诺在借款人不能偿还贷款时，由其按约定承担一般保证责任或者连带责任而发放的贷款。

保证具有以下特征：保证是一种人的保证；保证人为债务人以外的第三人；保证人必须具有代为清偿的能力；保证人履行义务不具有必然性。

（1）保证人的审核。金融机构正是由于对借款人的资信不够信任，才要求追加保证人。对保证人的分析调查至少应了解以下两方面情况：

1）保证人是否具有合法的主体资格。即是否为具有代为清偿债务能力的法人、其他组织或自然人。法律禁止担保的不能作保证人。

2）保证人是否具有代为清偿债务的能力。具体应调查以下几方面：

a. 保证人是否具有代为清偿借款的相应财产。从保证人的财产数量上调查了解其担保能力。保证人的财产价值应大于或等于所担保借款的金额。

b. 保证人可用代为偿付借款的财产是否具有处分权。从保证人的产权上了解其担保能力，保证人没有处分权的则为不具有担保能力。如果保证人将法律禁止流通或强制执行的财产，已设定为抵押权、质权、留置权等担保物的财产用作代为清偿借款的财产，就视为该保证人无担保能力。

c. 保证人用作代为清偿借款的财产是否可以变现。从保证人的财产质量上了解其担保能力。保证人如果以滞销产品、没有使用价值的物资、无法收回的应收款项等作为担保的财产，就是没有实际价值的财产，应认为没有代偿能力。

在分析保证人的担保能力时，还要注意分析以下两点：一是保证人的或有负债情况，特别是目前所提供保证的数量和金额；二是对外提供的保证总额与保证人的有形净资产是否在合理的比例关系之内。我国有的银行规定，对工商企业作为保证人的，其对外保证总额在净资产的4倍以内；还有的银行规定，保证人的或有负债总额一般不大于其资产总额，属于比较合适的情况。

（2）调查保证人的保证意愿。即保证人对履行保证责任的主观态度。银行在平时与保证人业务往来中，要注意以下几点：1）掌握保证人作为借款人时是否按时归还贷款，有无逾期情况；2）该保证人过去有无替他人担保过贷款，在以往的保证中所表现出来的保证能力如何，保证人履约是出于自愿，还是银行采取法律诉讼或其他行动的结果；3）还可以通过信贷登记咨询系统、向知情人了解等多种渠道，对保证人进行必要的社会信誉调查。

2. 抵押担保分析

抵押，是指为担保债务的履行，债务人或者第三人不转移财产的占有，将该财产抵押给债权人的，债务人不履行到期债务或者发生了当事人约定的实现抵押权的情形，债权人有权就该财产优先受偿。抵押法律关系中的当事人为抵押权人和抵押人：抵押权人是指接受抵押担保的债权人；抵押人是指为担保债务的履行而提供抵押物的人，可以是债务人，也可以是第三人。提供担保的财产为抵押财产。抵押贷款是以抵押物为贷款债权实现的保障而发放的贷款。银行为抵押权人，借款人或第三人为抵押人。

抵押具有以下特征：抵押权是担保物权；抵押权是债务人或者第三人以其所有的或者有权处分的特定的财产设定的物权；抵押权是不转移标的物占有的物权；抵押权人有权就抵押财产优先受偿。

（1）抵押物的审查。借款人申请抵押贷款，需提交抵押物清单。抵押物清单要载明下列内容：抵押物名称、数量、质量、状况、所在地、权属及其证明、评估价值、已为其他债权设定的抵押价值和其他事项等。

信贷调查部门受理抵押贷款申请后，除对借款人的资信状况进行贷前调查外，特别要对抵押物做好以下审查：

1）抵押物是否属于法律、法规允许抵押的财产。

2）抵押物的权属。抵押的财产必须为借款人所有，或是借款人有权处分的财产。

3）抵押物的价值能否保证贷款债权的实现，即抵押物的价值必须大于或等于抵押贷款的数额。

4）抵押物在抵押期间或经使用后其价值是否会急剧降低。抵押物经使用而灭失或其价值急剧降低，贷款债权不能实现的不能作为抵押物。

5）抵押物是否有流通性或至少有限制流通性。不能流通的财产不能变现，不能作为抵押物。

6）抵押物是否有其他抵押权设立在先，如果已先设抵押权，其余额部分价值又不足以担保贷款数额的不能作为抵押物。

（2）抵押物的条件。抵押物必须满足以下条件：

1）合法性。抵押物必须是法律允许可用来作为抵押的物品。

2）流动性。一旦借款人不能履行债务，则银行可通过对抵押物的变现来归还银行贷款。不同的抵押物的变现能力相差很大，这也是影响抵押贷款率的重要因素。

3）价值稳定性。在贷款期间，抵押物的价值保持相对稳定，有利于贷款的安全。

4）必须是权属无争议的财产。财产所有权、使用权归属不明确或有争议，抵押人对该财产没有明确的处分权，不能作为抵押物。

5）其处置不妨碍公共利益。

3. 质押担保分析

质押，是指为担保债务的履行，债务人或者第三人将特定的财产转移给债权人占有，债务人不履行到期债务或者发生了当事人约定的实现质权的情形，债权人有权就该财产折价或者拍卖、变卖的价款优先受偿。质押按照其标的不同可以分为动产质押和权利质押两类。质押法律关系中的当事人为质押权人和出质人：质押权人是指接受担保的债权人；出质人是指为担保债务的履行而提供质物的人，可以是债务人，也可以是第三人。质押贷款是以质物为贷款债权实现的保障而发放的贷款。银行为质押权人，借款人或第三人为出质人。

质押具有以下特征：质押必须转移质物为债权人占有；质押的质物为动产和权利；出质人必须对质物享有处分权；质权人有权就质物的价值优先受偿。

（1）质押标的的审查。借款人申请质押贷款，需提交质物或权利凭证清单。质物或权利凭证清单要载明以下内容：质物名称、数量、质量、状况、权属及其证明、评估价值、已为其他债权设定的质押价值和其他事项，或载明权利凭证名称、票面价值、签发日期、有效期限等。信贷部门受理质押贷款申请后，除对借款人的资信状况进行调查外，还要对质物或权利进行认定选择。

1）动产的查证认定：

a. 该动产能否移交给银行保管与封存，不能移交给银行的动产不能作为质物。

b. 该动产能否变现，适用性差、销路不好的，法律禁止流通的动产不能作为质物。

c. 该动产是否易于保管、不易损坏、其价值在短期内不会减少，否则不能作为质物。

2）权利的查证认定：

a. 该权利是否是法律所允许出质的权利。

b. 该权利的变现性如何。

c. 该权利的市场价格是否稳定。

d. 该权利的价值是否易于估算。

e. 该权利的真伪。其中，以票据、单证等有价证券出质的，要与签发人联系，验证其真伪；以商标专用权等知识产权出质的，要查验有关证明文件；以股份、股票等其他权利出质的，要深入原单位查实。

（2）各类质物的信息调查。主要包括：

1）房地产。坐落地点、房屋结构（钢混结构、砖混结构、框架结构、砖木结构）、房地产证号、建筑面积、占地面积、土地使用权证号、土地使用权取得方式（国有出让、国有划拨、集体土地）、评估价值、评估单位、评估时间、房产登记单位、所有权证书保管人、是否出租、有效租期起止时间、租赁单位等要素。

2）土地使用权。土地使用权证号、土地使用权取得方式、土地使用状况（通上水、通下水、通电、通路、通气、通汽、通信、平地）、共有人、核发单位、质押登记部门、质押面积、评估价值、评估单位、评估时间、坐落地点、图号、四周范围（东、南、西、北）。

3）在建工程。项目名称、项目立项批文、土地使用权证号、建筑用地规划许可证号、施工许可证号、土地使用权取得方式、拟用途、坐落地点、评估价值、评估单位、评估时间等。

4）机器设备。机器名称、型号、发票号码、成新率、评估价值、评估单位、评估时间等。

5）交通工具。名称、品牌、型号、车架号、发动机号、牌照号码、行驶证号、成新率、评估价值、评估单位、评估时间、保险单号码等。

6）船舶。船名、船籍、制造地、发动机号、行驶证号、吨位、成新率、保险单号码、评估价值、评估单位、评估时间等。

7）银行存单。存单账号、存单币种、面额、月利率、外币签订合同时的汇率、存入日、到期日、签发银行等。

8）债券。债券种类、号码、发行人、金额、月利率、发行日期、到期日期等。

9）汇票。汇票种类（银行承兑汇票、商业汇票）、号码、出票日期、到期日期、汇票金额、承兑人名称、付款人名称、出票人账号、出票人开户银行等。

10）股权。出质人姓名、股权发行单位、股权种类（非上市、有限制、上市）、代码、发行价、股数、办理指定交易所、办理指定交易证券交易公司、市值、评估价值、评估单位、评估时间。

11）知识产权。出质人姓名、权证号、持有人、类别（专用权、商标权、著作权）、数量、有效期、核发单位、出质权利类型（所有权、使用权）、使用权类型（一般使用权、排他使用权、专属使用权）、评估价值、评估单位、评估时间等。

12）支票。支票种类（转账支票、现金支票）、号码、付款日、面额、出票人名称、付款人名称等。

13）本票。本票种类（不定额本票或定额本票）、号码、出票人名称、付款人名称、付款日、面额等。

14）仓单。仓单种类、型号、号码、数量、付单、标的等。

15）提单。提单种类（提货单或报关单）、号码、付单、标的、型号、数量、产地、运输工具名称、班次、提货地、提货日期、止提通知书号、质押登记机构、评估价值、评估单位、评估时间等。

四、企业客户贷款业务调查

贷前调查是拓展客户、发放贷款的第一道关，是防范风险、减少坏账的重要前提，其调查的真实性和可靠性，对贷款的安全性意义重大。这是决定贷与不贷、贷多贷少、贷款期限和方式的重要依据。调查人员必须对资信调查信息的真实性、准确性、有效性、完整性负责。部分中小企业和个体工商户等客户群体，有相当一部分缺少由独立第三方提供的审计报告，“信息不对称”的情况普遍存在。所以客户经理应深入每一家应建档评级的企业的厂区，认真细致地了解企业真实的经营状况，遵循实地调查为主、其他调查为辅的调查方式，准确对客户进行法人客户分类，建立信息档案。

（一）实地调查

实地调查是贷前调查中最重要、最直接的调查方式。客户经理应本着眼观六路、耳听八方的态度，凭着敏锐的观察力和判断力，对于实地看到和听到的事情，加以记录、分析和判断。具体而言，客户经理在贷前调查中，应当坚持看、听、查、核、析等步骤。

1. 查看企业的环境、员工、生产、管理情况是否正常

（1）一看厂区环境是否整洁。到了企业，要看厂容、厂貌是否整洁，办公楼的走廊过道是否干净。到了公司，要看办公室是否井然有序，洗手间是否干净卫生。到了建筑工地，要看施工场所是否有序，物料是否码放整齐。这些虽是表面现象，但可以反映出管理水平的高低。

（2）二看人员面貌是否精神。通过员工的衣着和言谈举止，能看出企业的士气和精神状态。如果员工都埋头各做各事，工作有条不紊，说明生产饱和，管理有章法；如果办公室里聊天的人多，车间里闲散的人多，说明企业管理不严，奖罚机制不到位。

（3）三看生产运行是否正常。可按照产品的生产流程，依次查看原料仓库、生产车间、检验车间、产品仓库等。通过调查生产线的运行情况，判断工厂生产是否正常，管理是否规范。

2. 听取借款申请人的介绍和讲述

在调查过程中，大部分借款申请人往往会主动介绍自己的基本情况（或者客户经理要求借款申请人进行情况介绍）。这个时候，客户经理所需要做的，就是耐心细致地聆听，并稍加引导，让借款申请人主动介绍其成立时间（或从业时间）、股权构成、发展经历、经营模式，以及近两年的生产经营情况、销售利润、存在问题、发展规划及借款用途等。在这一过程中，客户经理可就其中未能听清或者感兴趣的内容展开进一步的询问和交流。

客户经理还要注意通过接触企业不同层次的人员了解情况。对于高层管理人员，要重点了解企业经营管理决策方面的问题。对于基层干部，他们对所掌管的业务最为清楚，言语较为真实可信，可通过他们了解生产和销售情况，再向高管去证实。对于普通员工，最好提出和他们有切身利益关系的问题，如薪水变化、福利条件、加班情况、休假等，从而证实企业的经营情况。通过这一步骤，客户经理可以对借款申请人的整体情况有一个初步的了解和判断，也获得了进一步深入调查了解的感性材料。

3. 查实借款申请人相关资料

在“听”的基础上，客户经理需要进一步查实借款申请人的相关资料。这一步骤的工作内容包括：查看客户的工商营业执照、税务登记证、组织机构代码证、贷款卡等的原件，并注意有无年检记录；查看其法人代表的社会关系、爱好、生活习惯、品行、年龄、健康状况等，再了解企业的职工人数及构成人员情况，特别是管理人员、科技人员的专业技能、经验；查看企业历史记录，与银行有无信贷关系、其他资金往来关系、有无不良记录、担保情况、其他个人负债情况等；查看客户的财务报表（如果是审计报告，应当关注附注的内容），并与借款申请人介绍的内容进行核对；查看客户的资质证明材料（如建筑企业或者房地产企业的资质证书、商贸流通企业的代理资格证书、生产加工企业的安全生产许可证等）。同时，也应查看客户与生产经营相关的采购合同、销售合同、施工合同等。通过这一步骤，可以对借款主体的资质、借款用途的合法合规性进行了解并作出判断。

4. 实地验证汇报材料和申报材料中所列内容的真实性

在做好前三个步骤的基础上，就可以进入最关键的第四阶段了，其任务主要是核实前三个阶段所收集的信息。

（1）对财务信息进行核实。对照客户介绍的情况和财务报表所反映的数据，尽量使用原始凭证或者第三方的凭证进行核实。例如：通过翻阅银行对账单，了解企业的现金流，并与财务报表上的现金科目进行核对；通过抽查企业一个月或者两个月的纳税发票，了解企业近期的销售和纳税情况；通过抽查企业一个月或者两个月的货物进出单据，了解企业的货物吞吐情况；通过生产企业的电费发票或者运输企业的油费发票，了解企业的生产成本情况；通过查看银行付款、收款凭证，核实合同的真实性以及执行情况。

（2）对生产经营情况进行核实。根据借款申请人汇报及资料中所反映的情况，对其生产经营情况进行实地的核实。例如：对借款申请人的生产车间、仓库及生产工艺进行实地的查看（若条件允许，可以向一线的生产技术人员进行咨询）；对借款申请人的产品质量、市场占有率及口碑进行实地的调查了解；对借款申请人承包的项目或者施工工地进行实地的调查，了解项目的手续、进度、质量及付款情况等。还可以通过工厂用水量、用电量的变化，核实企业的开工量；通过租用运输车辆的记录，了解销售发货的情况；通过检查仓库，了解产品是否有积压的现象；通过银行对账单，了解销售回款情况。

（3）对抵（质）押物和保证人进行核实。对抵（质）押物的位置、面积、价值、合法性等进行核实，对保证人的资质、保证实力及保证意愿进行核实。例如：对于拟抵押的房产，从评估、进窗登记及最后的他项出窗，客户经理均应做到亲力亲为，最大限度地降低这一环节中的操作风险；对于担保人的调查，应当参照对借款申请人调查的程序，同时重点核实保证人的保证实力及保证意愿，并坚持双人调查和面签。把这一环节所收集的信息与前面所“听”所“查”的信息进行核对，如果有不一致或者较大出入，应要求借款申请人作出合理的解释。

5. 分析总结借款申请人经营效益及贷款风险

通过上述几个阶段的调查了解，客户经理可以分析借款申请人从事的经营活动是否合规合法、符合国家产业政策和社会发展规划要求，是否具备产品有市场、生产经营有效益、无挤占挪用信贷资金、恪守信用等基本条件，并对其经营效益及贷款风险作出相应的评价。同时，结合借款申请人在银行的存款、基本账户及中间业务收入等综合效益的情况，考虑本银行的信贷规模、区位特点等因素，作出贷与不贷、贷多贷少、贷长贷短的判断。综合以上几个步骤，撰写贷前详细的调查报告。

另外，考虑到当前的信用环境，贷前调查应做到“软硬兼施”，综合判断：既要重视所收集的客观性资料，如数据、报表、文字等“硬性”资料，又要重视社会舆论、行业评价、邻里口碑等难以用数据、文字反映的“软性”资料。利用“硬性”资料的准确性，结合“软性”资料的灵活性，对借款申请人的情况作出客观、全面的评价。

最后，不论结果如何，都应当保证服务效率，将信息及时反馈给借款申请人。如果因为种种原因不能受理，应当做好解释工作，以利于日后可能的合作。

（二）外部调查

对于借款申请人，除了对其内部进行调查之外，还应对其外部进行调查，以印证内部调查所了解的情况。进行外部调查的渠道有：

（1）从企业上级主管部门或行业协会了解情况。

（2）从企业的开户银行了解结算情况。

（3）从政府主管部门的信息系统了解情况，如从工商部门了解年检情况，从税务部门了解纳税情况，从中国人民银行征信中心了解贷款逾期情况，从法院了解经济纠纷情况，等等。

（4）从企业的上下游企业了解购货、销售、付款情况。

（5）从报纸、电视、网络等媒体了解企业的正面和负面情况。

（三）发现企业提供虚假信息的方法

1. 在实地走访中仔细观察

不良企业为了应付银行检查，会精心策划，制造假象。客户经理实地调查时，不能走马观花，光看表面，要深入车间、仓库、工地近距离观察，要善于从不起眼的地方发现问题。当一家企业称其产量很大时，可以通过查看用水量、用电量、员工数这些具体数字来加以核实。

2. 在认真审阅申贷书面材料中发现蛛丝马迹

一切授信决策都必须依据真实的材料作出。而在实际中，虚假的材料并不少见。例如，在董事会借款决议上，几位董事的签字笔迹出自一人之手，还有假的供销合同、钩稽关系不清的财务报表、尺寸大小不合规的公章、复印颜色深浅不一的文件、经不起推敲的签约日期、名不副实的借款用途等。这些都需要金融企业调查人员仔细地阅读材料才能发觉。

3. 仔细分析财务报表，从中找出疑点

企业常常会对报表造假，例如：虚增销售收入，如生产单位把产品转给销售单位就算实现销售了；虚增资产，如高估土地价值；虚增利润，如在报表中调增销售收入和营业外收入，同时调减销售成本和其他费用支出；其他应收账款不实，对于金额大、期限长的应特别注意；存货不实，如采购成本不合理分摊，不计提存货跌价准备；进出库价不实，如变更库存品用途和时间；折旧不实，如不按规定计提折旧。

4. 善于通过计算发现问题

客户经理对于客户申请贷款的用款数额、营业数额、还款来源的收入数额等，应该通过计算加以核对，从中可证实申请人是否在说假话。

5. 通过对账单发现问题

对于企业所说的经营状况和销售收入等财务数字，不能光听其说或仅看财务报表，最直接有效的方式是看银行的对账单，很多谎言会不攻自破。需注意的是，对账单必须是日期连续和经开户行盖章确认的。对于头天开户、第二天入账的对账单和存折，很可能是为做报表而制造的“一天性存款”，不可轻信。

五、撰写企业贷款业务调查报告

贷款调查报告作为反映贷款调查结果的书面报告，是进行贷款审查与决策的重要依据，是整个贷款调查阶段的重要文件，必须认真对待。在全面收集贷款资料的基础上，客观、准确地认定借款人的信用等级，对于确保借款的安全性、盈利性、流动性，从源头上有效控制信贷风险具有重要的作用。

（一）调查报告的基本要求

1. 面对企业，深入实际

以事实为依据，实事求是地陈述调查情况，是调查人必须遵循的守则。贷前调查报告必须面对企业，深入实际，不仅看死材料，而且要了解活情况；不仅要了解企业的过去和现状，而且要准确估算企业的发展趋势；不仅要掌握企业的供、产、销，还要密切注意国内外市场的变化和趋势；不仅要分析企业的财务状况和还款来源，而且要深入调查担保单位的担保实力。没有深入的调查，就不会有中肯的分析，调查的工作是第一位的。调查人必须本着实事求是、尊重事实的态度，将调查掌握的情况如实地在调查报告中反映，千万不能有夸大事实的情况出现。

2. 掌握信贷政策，注意“三性”统一

所谓“三性”，是指安全性、流动性和盈利性。这三性不是完全统一的关系，流动性越大，安全性越大，但盈利性越小。信贷工作要保证在安全性和流动性的基础上，追逐利润。

3. 分析透彻，观点鲜明

有的调查人在贷前调查报告中，只是简单罗列企业提供的各项数据，或陈述企业的表面情况，而未进行深入的分析；有的调查报告下笔数千言，读后却让人觉得不得要领，主要的原因就是分析不透彻，观点不鲜明，缺乏有力的论证。

4. 条理清晰，表达准确

撰写贷前调查报告，谋篇布局的要求虽然不能与撰写论文相提并论，但也应做到条理清晰，主次分明。还要注意语言平实，表达准确，结构通畅，可在实事求是的前提下增添一些文采，但不能夸夸其谈。要注意尽量少用特长句型和副性词汇，力求达到内容前后照应、结构上下连贯、语句通顺无语病。切忌有诸如“资金实力无比雄厚”“贷款最可靠无风险”“担保能力十分强大”“产品前景无可限量”等的语句出现。

（二）调查报告的基本格式

第一部分　借款人基本情况

一、概况

二、股东情况及组织结构

三、管理情况

四、关联企业或关联人物

第二部分　借款人经营活动分析

一、总体情况

二、生产销售情况（主要产品、原材料情况、生产情况、销售情况）

三、研究开发能力（技术条件、研发人才、新产品研发）

四、行业情况（行业现状、行业发展趋势、核心竞争能力）

五、重大事项揭示（或其他需说明的情况）

第三部分　借款人财务分析

一、财务报表说明（财务简表及主要财务数据情况说明）

二、财务指标分析（偿债能力、营运能力、盈利能力、现金流量等）

第四部分　银企往来及信誉情况

一、在我行的往来情况

二、在其他金融机构的往来情况

三、贷款卡查阅情况

四、银企关系及信誉评价

第五部分　担保情况分析

保证、抵押、质押担保方式及具体情况分析

第六部分　贷款（或授信）的用途及还款来源分析

一、贷款用途及合理性分析

二、资金缺口测算或项目的可行性分析

三、还款来源测算及企业的还款计划

第七部分　风险分析及防范措施

政策法律风险、行业风险、财务风险、经营管理风险、道德风险、其他风险等

第八部分　综合收益测算

利息收入、存款收益、中间业务收入及其他收益

第九部分　基本分析结论

一、综合意见（对项目的承贷主体、生产建设、预测效益、还款能力、风险状况、抵押担保等加以总体评价，分析利弊，明确提出项目可行还是不可行、是贷款支持还是不支持的结论）

二、贷款方案（根据借款人的项目投资期限、生产经营及财务效益等情况，合理确定贷款金额、期限长短、利率高低、具体用途、贷款币种、贷款种类、贷款方式、担保方式、还款方式等）

主办（签字）：×××

协办（签字）：×××

××××年××月××日

模块 4　案例学习

优良项目的营销离不开调查

某省会城市某支行客户经理张涛了解到外省某企业拟投资 3.7 亿元在本市郊区建设一条年产 100 万吨的水泥生产线。发起人是 A 省 L 集团公司，正在与本地一家企业商谈合作事宜。张涛上网查询了有关水泥市场的一些情况，感觉可能是一个商机，立即向支行行长汇报了初步了解的情况。

由于合作商谈的当地企业恰好是该支行客户，支行行长与张涛立即约见该企业财务总监杨总，了解项目情况。从杨总那里得知，L 集团是当地著名大型企业，主营水泥制造和销售，是国内水泥龙头企业。拟在本市 K 区建设项目，是该集团为整合国内水泥市场、完成产

业布局、扩大产能、降低生产成本、进一步提升公司竞争力的一步棋，预计是一个效益良好的项目。

该支行通过杨总与L集团建立了联系。三天后，L集团老总到本市考察项目时，支行行长与老总见面，初步了解了该集团及项目的一些基本情况。该项目计划自筹1.9亿元，申请银行贷款1.8亿元。支行初步判断这是一个商机。同时，张涛了解到，有两家国有大银行也正在通过其他渠道了解该项目，但由于对方是民营企业，目前观望的气氛还较重。

经过初步的实地调查，张涛感觉项目总投资比较大，在支行层面难以把握项目优劣，随即会同支行行长向分行汇报。分行公司部与支行开会进行了初步研究，认为需做进一步调查，并立即做工作部署：一是通过兄弟分行了解L集团的详细情况；二是分、支行联动，确定分行公司部分管行业客户经理刘新与支行客户经理张涛共同对该项目进一步调查、分析。

于是，刘新和张涛先通过几个渠道进行信息收集：一是利用分行项目库查找有关水泥行业历史数据；二是通过互联网搜寻水泥近几年市场及价格信息；三是去××设计院了解水泥市场及价格信息，以及向专家咨询该项目技术水平和发展前景；四是向行业协会了解国内水泥生产排名前五位企业的情况，国内在建、拟建项目情况，以及市场及价格信息；五是通过电话向兄弟分行了解L集团的实力及资信状况等，并以电子邮件形式获得一些书面资料。

根据所收集的信息，两位客户经理对处于充分竞争市场的该项目及L集团进行了较为深入的效益和风险分析，认为项目风险可控，银行效益良好，可以介入。但由于L集团总部在异地，有些情况需落实、印证，建议上当地进行现场调查。公司部将分析结果向分管行长进行汇报，行领导同意公司部与支行的建议。

与客户联系后，该支行行长、刘新、张涛一起去企业所在地，一是拜访客户，表达合作意愿；二是现场调查了解、印证一些关键信息。由于是为该项目去拜访L集团的首家异地银行，张涛他们取得了良好成效。在当地的两天中，一是与L集团领导座谈，二是去L集团生产基地参观厂房、生产线、仓库，并分别与财务、销售以及生产技术人员进行交流。通过实地调查，张涛他们取得了更加详细的一手资料，对L集团的实力和领导层也有了较深认识。

从外地调查回来后，分行公司部与支行就该项目进行再次研究，认为项目发起人在水泥行业具有领先同行的优势，以及完善的营销网络；公司法人治理结构完善，资信良好；项目技术先进，成本较低，产品竞争能力强，风险可控，应是加大营销力度的优良项目。在得出全面介入该项目的调查意见后，刘新和张涛需要将情况形成书面报告，以便向分行领导汇报，供领导决策。

资料来源：立金银行培训中心：《商业银行客户经理25堂课②》，北京，中国经济出版社，2011。

问题：

1. 客户经理是通过哪些渠道和方法获取信息的？

2. 根据收集的信息，在供领导决策的书面报告上，你认为，刘新和张涛可能需要重点进行哪些方面的分析？

模块 5　知识拓展

一、各类担保范围的法律规定

（一）保证人的资格

1.《担保法》关于保证人资格的规定

《担保法》第 7 条规定：具有代为清偿债务能力的法人、其他组织或者公民，可以作保证人。法律禁止担保的不能作保证人。

同时，法律规定以下几种人不得作保证人：

《担保法》第 8 条规定：国家机关不得为保证人，但经国务院批准为使用外国政府或者国际经济组织贷款进行转贷的除外。

《担保法》第 9 条规定：学校、幼儿园、医院等以公益为目的的事业单位、社会团体不得为保证人。

《担保法》第 10 条规定：企业法人的分支机构、职能部门不得为保证人。企业法人的分支机构有法人书面授权的，可以在授权范围内提供保证。

《担保法》第 11 条规定：任何单位和个人不得强令银行等金融机构或者企业为他人提供保证；银行等金融机构或者企业对强令其为他人提供保证的行为，有权拒绝。

2. 关于保证若干问题的补充解释

《最高人民法院关于适用〈中华人民共和国担保法〉若干问题的解释》（以下简称《解释》）中对保证人的资格进行了进一步的补充说明：

《解释》第 14 条规定：不具有完全代偿能力的法人、其他组织或者自然人，以保证人身份订立保证合同后，又以自己没有代偿能力要求免除保证责任的，人民法院不予支持。

《解释》第 15 条规定：《担保法》第 7 条规定的其他组织主要包括：

（1）依法登记领取营业执照的独资企业、合伙企业；

（2）依法登记领取营业执照的联营企业；

（3）依法登记领取营业执照的中外合作经营企业；

（4）经民政部门核准登记的社会团体；

（5）经核准登记领取营业执照的乡镇、街道、村办企业。

《解释》第 16 条规定：从事经营活动的事业单位、社会团体为保证人的，如无其他导致保证合同无效的情况，其所签订的保证合同应当认定为有效。

因此，在实际操作过程中，不能局限于某一部法律，应结合多个法律法规来进行分析判断。

（二）抵押物范围的法律规定

抵押物，是指由债务人或第三人享有的，用于设置抵押权的标的物。抵押物可以是不动产，也可以是动产和不动产用益物权。不动产，是指不能够移动或者移动后就会改变性质或者降低价值的物，《担保法》所称不动产是指土地以及房屋、林木等地上定着物。动产，是指能够移动，移动后不改变性质和不降低价值的物，《担保法》所称动产是不动产以外的物。不动产用益物权，是指按现行法律规定，可以抵押的不动产用益物权，一般包括地上权、典权、自然资源用益权等不动产用益物权。我国《担保法》仅规定了土地使用权抵押，其设定方式及效力范围与不动产抵押基本相同。

关于抵押物的范围，法律有明确规定：

《物权法》第 180 条规定：债务人或者第三人有权处分的下列财产可以抵押：

（1）建筑物和其他土地附着物；

（2）建设用地使用权；

（3）以招标、拍卖、公开协商等方式取得的荒地等土地承包经营权；

（4）生产设备、原材料、半成品、产品；

（5）正在建造的建筑物、船舶、航空器；

（6）交通运输工具；

（7）法律、行政法规未禁止抵押的其他财产。

抵押人可以将前款所列财产一并抵押。

《物权法》第 181 条规定：经当事人书面协议，企业、个体工商户、农业生产经营者可以将现有的以及将有的生产设备、原材料、半成品、产品抵押，债务人不履行到期债务或者发生当事人约定的实现抵押权的情形，债权人有权就实现抵押权时的动产优先受偿。

《物权法》第 182 条规定：以建筑物抵押的，该建筑物占用范围内的建设用地使用权一并抵押。以建设用地使用权抵押的，该土地上的建筑物一并抵押。

抵押人未依照前款规定一并抵押的，未抵押的财产视为一并抵押。

《物权法》第 183 条规定：乡镇、村企业的建设用地使用权不得单独抵押。以乡镇、村企业的厂房等建筑物抵押的，其占用范围内的建设用地使用权一并抵押。

关于禁止抵押的财产，法律也做了规定：

《物权法》第 184 条规定：下列财产不得抵押：

（1）土地所有权；

（2）耕地、宅基地、自留地、自留山等集体所有的土地使用权，但法律规定可以抵押的除外；

（3）学校、幼儿园、医院等以公益为目的的事业单位、社会团体的教育设施、医疗卫生设施和其他社会公益设施；

（4）所有权、使用权不明或者有争议的财产；

（5）依法被查封、扣押、监管的财产；

（6）法律、行政法规规定不得抵押的其他财产。

（三）权利质押的范围

关于权利质押的范围，法律有明确规定：

《物权法》第223条规定：债务人或者第三人有权处分的下列权利可以出质：

（1）汇票、支票、本票；

（2）债券、存款单；

（3）仓单、提单；

（4）可以转让的基金份额、股权；

（5）可以转让的注册商标专用权、专利权、著作权等知识产权中的财产权；

（6）应收账款；

（7）法律、行政法规规定可以出质的其他财产权利。

二、小微企业信贷调查中的交叉检验

（一）交叉检验技术

交叉检验是通过不同途径确认信息正确性的方法。小微企业信贷调查中的交叉检验就是在贷款调查前、调查中和调查报告制作和贷后检查管理过程中，通过不同信息来源途径、同一信息来源途径的钩稽关系，对客户信息进行真实性、准确性、完整性确定的过程，其主要是针对与客户的还款能力和还款意愿相关的信息和数据进行验证，包括财务信息和反应客户个人基本特征及企业经营特征的“软信息”等方面的内容。小微客户的特点决定了其信息更加不规范，具体表现为没有规范报表、家庭财产与经营资金难以分清、缺少抵押物等特征。而通过交叉检验可以获取最基础的真实客户信息，识别贷款申请人的借款需求，评估贷款申请人的还款能力，为贷款申请人设计适合的贷款产品，从而有效解决小微企业信贷业务中的信息不对称问题。

（二）交叉检验的内容

交叉检验的内容包括软信息和财务数据两方面。

1. 软信息

软信息是指不能用准确的硬指标来表示的信息，是非正式的、模糊的、推断的、知觉的。主要包括以下内容：

（1）客户的特征和背景：

1）客户年龄？

2）客户的教育水平？（通常教育水平越高，经营业务越成熟）

3）别人对客户的评价如何？（是否值得信赖）

4）客户的家庭、财产、收入、支出及社会关系如何？

（2）客户的经营计划：

1）客户有哪些经验？对目前所经营的业务有多少经验？是从哪里获得这些经验或诀窍的？为什么经营当前的生意？未来的经营计划是什么？

2）客户有经营记录吗？如果有，可以获得哪些记录？（经营方法的复杂程度）

3）贷款用途：客户为什么贷款以及用途？要贷多少？需要多少资金来实现其商业计划？客户自己能出多少？（业主申请贷款的态度，以及他/她对其经营业务的认真程度和现实程度）

（3）客户营业背景：

1）这项业务经营多长时间了？是客户所有或管理的吗？同整个市场情况相比目前经营的状况如何？

2）业务是如何组织的？谁在干什么？哪些是主要雇员？雇员都有多长时间的经验？每个雇员的营业额是多少？（理解专业技能水平对某些核心雇员的可能的依赖程度，间接判断企业氛围）

3）客户有特定的供应商吗？和他们的合作历史有多长？合作条件如何？主要供应商是谁？谁是我们客户的客户？有多少？作为客户有多长时间？在什么样的条件下，我们的客户和其客户进行生意往来？（了解经营管理的组织、现金流、对某些客户及供应商的依赖程度、与供应商及客户的关系，间接判断我们客户的管理和经营的质量）

2. 财务数据

（1）生产和销售：

1）营业额及经营业务的季节性：每天/周/月营业额？哪些是好的、正常的和差的天/周/月？（确定营业额和季节性，交叉检验库存/采购）

2）采购：客户多长时间进行一次采购？每天/周/月的平均采购额？上次采购是什么时候？在什么条件下？（确定采购方式、采购额、部分现金流数据）

3）原材料的成本有多高？

4）每种生产用的原材料的数量有多少？单位生产成本是多少？（确定采购方式、采购额、产品成本、部分现金流数据）

5）每天/周/月的产品产量？（生产率水平）

6）机器设备每天/周/月的最大生产量？（确定最大生产能力水平，和客户的商业计划进行比较，可能的贷款用途）

7）机器设备每年的维护成本有多高？

8）多长时间进行一次维修/已经完成了吗？（部分运行成本，也可间接判断客户对其经营业务的认真程度）

（2）成本和费用：

1）库存的进价、销售产品的成本？（确定利润，交叉检验利润）

2）运营成本/费用有多少，包括工资、房租、水电费、交通等？金额为多少？什么时候应当支付？（和营业额相比如何？可期望的典型水平？）

3）客户上缴多少税款？缴纳哪些税款？什么时候支付？有逾期未缴的吗？（评价风险，理解客户对经营管理的总体态度以及对其所经营业务的理念）

4）客户有其他（与所经营业务非直接关联）的成本或收入吗？它们有规律还是没有规律？（确定实际可获得的“自由”的利润/现金）

5）客户近期进行了哪些显著的经营活动或个人投资？（对利润使用、可能“隐藏的”贷款和未来计划交叉检验，间接判断客户对业务的态度）

（3）现金和应收账款：

1）贷款调查时的现金？金额？客户有存款吗？金额？用途？（确定现金流，交叉检验客户经营计划/销售额和利润）

2）我们的客户有哪些是主要客户？结款方式如何？只有现金方式吗？

3）我们的客户的客户是否定期支付货款？有没有应收账款？如果有，谁欠多少？从何时开始？什么时候到期？我们的客户和其主要客户的关系如何？有多长历史？（确定现金流、现金流规律以及应收账款全额到期支付的可能性，间接反映我们的客户的经营管理质量及其生意的状况）

（4）存货、固定资产、个人资产和其他资产：

1）客户有库存吗？进价总额？库存由哪些组成？

2）客户有车、房子、公寓、家具或设备吗？价值多少？谁拥有所有权？有固定资产或用于厂房和设备的投资吗？有多少？（确定营运资本以及用于生意或私人用途的固定资产，交叉检验利润，间接交叉检验经营规划以及客户作为管理者的经营水平）

3）客户有预付的费用吗，如房租、车辆的费用？如果有，预付了多长时间？金额是多少？

（5）负债：

1）关键问题：有各种逾期未偿付的债务吗？如果有，原因是什么？有任何逾期的支付吗？没有获得贷款的话就不可能偿还吗？

2）客户有哪些主要供货商？采用哪些结款方式？

3）客户是否定期支付货款？有没有应付账款？如果有，欠谁多少？从什么时候起？什么时候到期？

4）客户有借款和贷款吗？如果有，向谁借/贷的，金额多少？为什么借款/贷款？什么时候开始借款/贷款的？什么时候到期？还款计划是什么样的？（了解客户的偿还义务、现金流、业务是如何组织的，间接判断企业主的管理和组织技能）

（三）信息的获取方式

（1）口头询问。口头询问时，心中要有一条清晰的主线，问题要简单、具体、明确，发问后要注意观察申请人的反应，要认真倾听，在申请人回答比较概括时要重新细化问题，一定不能忘记自己要寻找答案的问题，所获得的答案要具体、精确。

（2）申请人产生的、自用的用于记录其经营活动情况的书面资料（如账本、销售流水账、进货记录、重要客户名单等）。获得这类资料后要对其真伪、可靠性进行判断和识别，在认为可靠的基础上对数据进行记录、加工和整理。

（3）申请人产生的、提供给上下游的书面资料的备份（如发票、送/进/发货单、报价单等）。对于某些行业，此类资料非常重要且基本能全面反映申请人的销售情况，例如：汽修行业，绝大部分客户都会索要发票以索赔保险；服装批发行业，一般下游客户都要求开具进货单，以作为退换货凭证和交易时结账的基础；另外一些行业，此类资料可以为计算毛利率提供良好的资料，如电器经销商的报价单。

（4）申请人提供的由业务上下游产生的书面资料（如送/进/发货单、签单、收据、结算单等）。对于很多业务来讲，没有此类资料也不正常。例如：服装零售店，店主自己看店，可能并不记账，但一般都会有进货单，以便作为退换货的凭证；为超市供货的，应有超市定期的结算单；在商场中采用扣点式经营的商户，也应有商场定期的结款单。

（5）银行对账单/流水。根据具体的结算方式，对于某些小微贷客户来说，银行的流水可以反映其绝大部分甚至全部的进/销信息，如钢材经销商、门类产品销售等。无论如何，申请人主要的账户流水都是非常重要的经营信息来源，应该加以充分的利用。在这个过程中要注意个人账户之间的互转和新账户带来的风险。

（6）重要的合同/权证。无论小微贷客户多么小、多么不正规，某些权利对于其经营来讲非常重要，一定有相应的合同/权证/凭证做支持。例如：租赁合同，通常所有的小微贷客户都有；经销合同，通常与上游之间存在长期稳定经销关系的都有，特别是区域独家经销的情况，与商场采用扣点经营的通常会有联营/进店合同，有永久使用权的店面应有相应的合同或权证，缴付大额押金、保证金的应有相应的收据等。

（7）实地盘点/盘查。对于现金/银行存款、存货等信息，实地盘点/盘查是获取信息的主要方式；查看收银机的数据也是一个非常好的信息来源；某些客户，有相对不错的信息系统，查看此类信息系统一样可以获得大量的财务信息。

（8）公开信息/行业信息。通过网络，可以非常方便地获得某一地区的行业及市场信息。

（四）交叉检验的基本原则

1. 密切观察

在软信息的收集过程中，要及时地、不间断地对调查对象进行观察，只有这样才能保证所收集信息的真实性、完整性。

2. 关注细节

软信息具有模糊性的特点，无法具体评判信息之间孰轻孰重，有时看似无关紧要的现象和因素，有可能直接影响对客户性质判断的正确性，甚至是决定性因素。因此，对于任何与客户有关的信息都不能忽略。

3. 应用常识

交叉检验不一定完全依靠书面的、理论性的文件才能够做，利用生活常识和感觉来判断的效果可能会更好，所以软信息具有常识性、直觉性、推断性等特点，这也是贷款业务的风险点所在。

4. 检查软信息与财务信息是否匹配

把资产负债表、利润表、现金流量表关联比较，比较随着时间推移数据的一致性，并把客户要求的贷款与获得的数据相比较，分析是否符合逻辑。在进行财务报表信息分析时，要注意把握以下几条原则：

（1）从实际出发，实事求是，杜绝主观臆断、结论先行。

（2）全面看问题，坚持一分为二，保证分析的真实性。

（3）注重事物之间的联系，坚持相互联系地看问题，不能孤立地看问题。

（4）发展地看问题，杜绝静止地看问题。

（5）定量分析与定性分析相结合。

（五）交叉检验的方法

（1）口头提供的信息是否与书面信息和实际状况相一致。例如：是否和原始单据、发票、银行对账单、经营记录等相一致，或者把客户所说利润与调查员估算利润与客户生活水平是否匹配相比较，把经营记录与实物相比较。

（2）客户提供的不同时间的数据是否互相矛盾。例如：每天的营业收入累计是否与每月的营业收入大体相同，启动资金加上每年的利润、减去每年的非商业支出是否与实有权益大体相同。

（3）客户提供的信息是否与当地该行业的平均水平大体相当。例如：营业额、营业费用、利润、员工工资水平与当地平均水平的差别。

（4）不同的人对同一问题的回答是否基本一致。例如：客户家庭成员对贷款的目的的说法是否一致，客户的合伙人及客户对营业额、利润的说法是否一致。

（5）客户提供的不同数据和信息之间的关系是否合理。例如：销售额、淡旺季、市场需求状况与申请贷款的时间、额度是否匹配，营业额与应收账款的关系是否合理，营业额与库存水平之间的关系是否合理。

（6）客户管理的企业投入与产出之间的关系是否合理。例如：员工数量与营业额，固定资产与营业额，每月电耗与月营业收入等。

（7）交叉检验要考察客户提供的信息是否互相矛盾，但更重要的是基于对当地不同行业的经营特点、经营方式、投入品价格、出售商品价格的深入了解，而这些因素是不断变化的，因此只有通过系统的总结积累和相互交流才能进行有效的交叉检验。

（8）交叉检验的依据来自信息支持性文件（如收据、发货单等）以及与各个需要检验信息相关的第三方的交流信息（如家庭成员对企业经营、贷款用途的描述，供应商和交易者对交易的描述等）。

模块 6　团队项目实战训练

一、实训项目

金融客户调查实训。

二、实训目的

使学生在了解金融客户调查内容、流程和方法的基础上，初步掌握收集、整理、分析调查信息并撰写调查报告的能力。

三、实训内容

1. 每个团队选择一家有融资需求的小微企业。
2. 学生分组讨论，确定调查内容和调查计划。
3. 各小组进行实地调查，收集调查信息及数据。
4. 整理、分析调查信息并得出调查结论，填写《×××小企业授信调查报告》。

四、过程评价

1. 各小组互相交流调查情况，教师进行点评。
2. 教师根据团队表现打分。
3. 小组间学生根据团队表现相互打分。
4. 各小组对实训过程进行总结，上交实训报告（见表 2—3）。

表 2—3　　　　**小企业授信调查报告**

<table>
<tr><td colspan="8">一、借款人基本情况</td></tr>
<tr><td colspan="8">（一）基本情况</td></tr>
<tr><td>名称</td><td colspan="2"></td><td colspan="2">成立时间</td><td></td><td>实收资本</td><td></td></tr>
<tr><td>经营地址</td><td colspan="2"></td><td colspan="2">基本结算账户开户行</td><td></td><td>法定代表人</td><td></td></tr>
<tr><td colspan="8">（二）借款人股权结构</td></tr>
<tr><td colspan="8"></td></tr>
<tr><td colspan="8">（三）经营者素质</td></tr>
<tr><td>职务</td><td>姓名</td><td>年龄</td><td>学历</td><td>进入企业
时间</td><td>本行业
从业时间</td><td>有无不良
信用记录</td><td>社会地位
及技术职称</td></tr>
<tr><td>法定代表人
或实际控制人</td><td></td><td></td><td></td><td></td><td></td><td></td><td></td></tr>
<tr><td colspan="8">其他需要说明的情况：</td></tr>
</table>

二、经营情况	
经营历史和主要经营范围	
主要上游客户	
主要下游客户	
收支占比	
上下游客户主要结算方式和付款方式	

三、融资情况							
融资主体	融资种类	金额	余额	担保方式	期限	融资银行	有无不良
已结清贷款情况：							
不良贷款详细情况：							

四、财务情况				
科目	前年	上年	当年	相关分析
总资产				
总负债				
应收账款				
其他应收款				
应付账款				
存货				
主营业务收入				
净利润				

现金回款特征表												
月份	1月	2月	3月	4月	5月	6月	7月	8月	9月	10月	11月	12月
回款概数												
现金流特点概述：												
交叉检验：												

五、借款用途及还款来源	
借款用途	
还款来源及还款计划	
还款能力合理性分析	

六、担保情况

抵押清单						
抵押人	抵押物名称	位置	面积（m^2）	权证号	评估单价	评估总价
抵押物合计价值：		抵押率：		是否整体抵押：		
抵押物变现能力分析：						

质押清单				
质押人	权证号	价值	权利期限	其他情况

保证人清单							
保证人	自有总资产价值	已对外担保金额	目前负债	年总收入	年净收入	信用情况	与借款人关系
保证人保证能力分析：							

<table>
<tr><td colspan="8">七、其他情况及综合效益分析</td></tr>
<tr><td colspan="8"></td></tr>
<tr><td colspan="8">八、结论</td></tr>
<tr><td>贷与不贷</td><td>同意贷款</td><td>金额</td><td></td><td>期限</td><td></td><td>利率</td><td>%，上浮　%</td></tr>
<tr><td>支付方式</td><td colspan="3"></td><td colspan="2">还款计划</td><td colspan="2"></td></tr>
<tr><td>借款用途</td><td colspan="3"></td><td colspan="2">还款来源</td><td colspan="2"></td></tr>
<tr><td>其他说明</td><td colspan="3"></td><td colspan="2"></td><td colspan="2"></td></tr>
</table>

项目三
寻找目标客户

学习目标

了解金融目标客户的含义和特征，明确金融客户细分和目标客户评价选择的主要依据，掌握金融客户细分和目标客户评价选择的基本方法，掌握搜寻目标客户的来源渠道，能根据金融需求的差异性对不同类型的客户进行有效分类，能依据一定的标准评价选择适合自己的目标客户。

知识目标

1. 掌握金融客户细分的主要依据和方法
2. 了解针对不同客户群的差异化营销策略
3. 掌握搜寻目标客户的来源渠道
4. 掌握目标客户评价选择的主要依据和方法

技能目标

1. 能根据金融需求的差异性对各类客户进行有效分类
2. 能针对不同客户群的特征采取差异化营销策略
3. 能依据一定的标准评价选择适合自己的目标客户

模块1 大家来讨论

三月里银行营销瞄准女性

进入3月，春光明媚，草长莺飞。在这样多彩的季节里，深圳各家银行的营销活动也开始色彩斑斓起来。据记者了解，随着“三八”妇女节的到来，深圳多家银行瞄准女性客户群体策划了一系列女性主题营销活动，准备在“三八”妇女节期间为深圳女性客户提供更多、更好的金融服务。

有银行理财专家表示，在不少深圳家庭中，女性不仅是消费大户，而且往往也是家中的理财主角。正因为认识到这一点，近年来深圳银行十分看好女性客户群的消费能力，纷纷瞄准女性客户群推出个性化十足的女性卡和女性营销活动。粗略算来，如今市场上弥漫“女人香”的银行卡已有中银钛金女士信用卡、中信魔力卡、兴业康乃馨卡等多种。

为了吸引女性客户的目光，银行对女性主题银行卡可谓下足工夫。在卡面外观的设计方面，针对女性爱美的天性，追求色彩艳丽、靓丽时尚，无不体现出女性特有的温馨特质；在功能和服务的开发方面，也以女性需求为导向，与女性喜爱的众多国内外服饰品牌、健身、娱乐、美容会所等商户结成伙伴关系，给持卡女性提供更为贴切、更为个性化的金融和延伸服务。尤其在每年的“三八”节期间，各家银行更是使出浑身解数，针对女性客户的需求推出了诸如美容体验、亲子活动、健康讲座等丰富多彩的营销活动，让女性客户在“三八”节能够享受到来自银行业的关爱，让深圳女性度过一个丰富多彩的“三八”节。

资料来源：http：//finance. ifeng. com/roll/20100304/1884958. shtml.

思考讨论：

1. 为什么3月里银行营销要瞄准女性？
2. 女性主题银行卡依靠哪些特色来吸引女性客户？

模块2 基本知识

一、金融客户分类概述

（一）金融客户的含义

金融企业的客户，是指金融企业产品的使用者或服务的接受者，是出于满足自身金融需要而购买金融企业产品的消费者，包括现实的客户和潜在的客户。

这个定义包含两层意思：首先，客户是指有金融需求的主体，满足需求是客户的出发点，这是客户购买的动因；其次，客户有确定的购买行为，即购买是结果，金融企业必须有满足客户需求的产品，并引导和促成其使用产品。客户经理不仅要对现实客户进行服务与维护，同时还要不断地寻找和开发潜在客户。现实客户是指已使用本企业产品或服务的客户，而潜在客户则是指有金融需求但尚未使用本企业产品或服务的客户，这部分客户可以通过客户经理的接触和推销转化为企业的现实客户。

（二）客户对于金融企业的意义

金融企业的资金来源于客户，又运用于客户。金融企业通过充当客户之间的资金融通中介，并提供相关的专业服务，以获取收益。可以说，客户对金融企业的生存与发展有着极其重要的意义。

1. 客户是企业生存的基础

金融企业是提供金融产品和金融服务的企业，其经营的货币商品的来源和流向皆对应着客户，在这一点上，金融企业与其他企业有着本质的不同，因此，金融企业的生存更依赖于客户。随着我国金融企业的竞争加剧和资本市场的扩大，金融企业服务能力出现结构性的供过于求，传统产品相对过剩，而客户新的需求却没有足够的产品供应，在这种市场竞争态势下，对优质客户资源的争夺更是企业生存的关键。

2. 客户是企业利润的主要来源

在目前分业经营的情况下，金融企业的主要利润来源于企业产品和服务的销售，而产品和服务的最终使用者是客户，客户对产品的认可和接受，以及对产品的持续购买，都为企业带来了收入。因此，客户经理只有坚持以客户为中心，为客户提供多层次、多品种、相互配套的产品和优质高效的服务，才可能为企业获取更多的利润。

3. 客户是企业创新的推动力

创新是金融企业持续发展的源泉，企业只有不断地开发和推出适应客户需求的产品，才能在市场竞争中立于不败之地，并不断地赢得客户，提高市场份额。正是客户的需求，不断地推动着企业创新和发展。因此，客户经理要不断地关注和研究客户的需要，并及时反馈客户的需求，为金融企业的产品创新提供信息。

4. 客户是企业价值的体现

金融企业与客户之间是互为选择的，在相互了解的基础上，双方的关系是相对稳定的。对金融企业来说，如果其客户相对固定在比较集中的几个行业领域，则企业会逐渐形成对这几个行业服务的竞争优势，并最终形成金融企业的特色。可以说，金融企业选择客户和建立客户结构的过程就是企业形成经营特色的过程。从金融企业拥有的客户结构和客户层次，就可以了解该企业的市场地位。

（三）金融客户的分类

金融客户的分类，是指根据客户的金融需求的差异性，把金融客户从总体上划分为若干个不同的客户群体。客户是客户经理的工作对象和重心，因此，如何正确识别客户的金融需求并对客户进行科学分类，是客户经理顺利开展营销工作的前提条件和基础。合理的客户分类有助于客户经理明确工作目标、提高工作效率、稳定客户关系。作为一名客户经理，要对客户有个总体的认识，并在此基础上进一步对客户群体进行细分。

1. 按客户主体分类

按客户主体分类，金融客户可分为两大类，即个人客户、公司客户。在进行客户开发与管理时，还需要将个人客户和公司客户进一步细分，将有大致相同需求的客户归并为一类，从中选择目标客户，并用不同的营销手段满足这些目标客户的需求。

（1）个人客户。个人客户是指与金融企业发生业务关系的个人或家庭。金融企业对个人客户的业务主要是以合理安排客户的个人金融需求为手段，为之提供存取款、小额贷款、代客投资理财、信息咨询及其他各类中介服务，由此为客户取得收益并帮助其防范风险，同时提高企业自身效益。通常，金融企业将个人客户或潜在的个人客户划分为具体的群体，每一群体的金融需求总有一部分是该群体的基本需求，基本需求部分是将该群体与其他群体区别开来的标志。

（2）公司客户。这类客户主要是指与金融企业发生业务关系的各企事业单位及政府机关，其中以企业单位为主体。公司和机构客户的业务对于金融企业至关重要，其重要性在于它不像个人客户业务，不需要占用过多的人力资源，公司业务部门的少数雇员就能服务好大量的公司客户。尽管这部分客户数量相比个人客户要少得多，但却能为金融企业带来大量的存款、贷款和收费业务，因此成为金融企业利润的重要来源。

2. 按客户价值分类

客户价值是指客户在一个会计期内为银行所带来的综合收益。客户价值是随着客户本身收入水平、对金融企业的选择及产品消费偏好的变动而变动的。根据客户为金融企业带来的价值大小，金融客户可以分为高价值客户、微利客户、保本客户及亏损客户。

（1）高价值客户。是指为金融企业带来高收入、高效益的客户，其为金融企业带来的收益远远超过客户平均收益，他们是企业盈利的主要来源。客户经理应当高度关注这类客户，为这类客户提供量身定做的个性化产品，提供“一对一、面对面”的优质服务，培育客户忠诚度，充分满足客户的需求，促使这部分客户成为银行的终身客户。

（2）微利客户。也可以说是有增值潜力的客户，是指为金融企业带来微利并具有发展潜力的客户。这一客户群体应当是金融企业的基础客户。客户经理应重视这类客户，为这类客户提供合适的理财产品，通过优质服务，促使这类客户向高价值客户转化，以达到企业、客户双赢的目的。

（3）保本客户。是指为金融企业带来的收入与企业投入的成本基本持平的客户。这一客户群体目前在金融企业的客户中所占比重较大。据某银行统计，这类客户所占比重达到了30%。金融企业应当区别对待这类客户，对那些没有潜力的保本客户，提供大众化的金融产品即可；而对那些主要业务关系不在本企业的保本客户，应当通过优质、高效的服务，促使其将主要业务转移到本企业来。

（4）亏损客户。是指为金融企业带来的收入不足以弥补金融企业为其投入成本的客户。这类客户占用了金融企业宝贵的经营资源，降低了金融企业的盈利水平。金融企业应当尽可能采取措施，降低这类客户的比重，如对长期未使用的个人活期存款账户进行清理，对亏损的公司客户采取退出机制等办法，以提高金融企业的总体盈利水平。

按客户价值对客户进行分类，是金融企业提高管理水平的必由之路。只有在这一分类的基础上对客户进行分层管理和服务，才能解决金融企业资源的有限性与客户需求之间的矛盾，才能集中资源，对目标客户和高价值客户进行重点服务，最大限度地满足这一客户群体的需求。

二、个人客户分类

（一）个人客户金融需求的内容

个人客户的金融需求在形成和产生上受到多种因素的制约，这些需求从其内容上看非常复杂而广泛，而且，这些需求的满足与实现，不仅取决于个人客户的思考和选择，也需要金融企业做出多方面的营销拓展。个人客户是否形成和产生实际的金融需求，取决于许多复杂因素的影响和作用，这些因素包括社会因素、家庭因素、个人因素等。

因此，个人客户的金融需求内容复杂、种类繁多，为金融企业个人金融业务的产品与服务的开发、运用及营销活动提供了广阔的发展空间。对个人客户金融需求的内容与类型，通常可以用多种标准来加以划分，图 3—1 所示的是划分的总体情况。

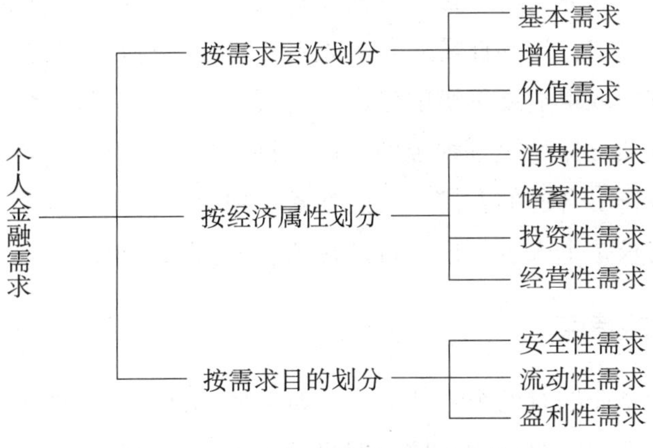

图 3—1　个人客户的金融需求结构图

1. 按需求层次划分

以需求层次的传统理论为基础，结合金融企业业务营销的实际需要，可将个人客户的金融需求依层次高低而分别划分为基本需求、增值需求和价值需求。基本需求是个人客户对金融企业提出的基本要求，与之对应的则往往是金融企业传统的个人金融产品与服务，如商业银行的储蓄存款、货币兑换等。增值需求是个人客户在社会经济生活中有效成长与发展的要求在金融方面的反映和体现，是基本需求层次上的进步和发展，比如储蓄需求基础上的代客理财，货币兑换需求基础上的套利、套汇需求等。价值需求是个人客户为使自我价值更为完善而对金融企业提出的更高的要求，从而使金融企业的产品与服务面临优质、高效、人性化等多方面的更大挑战。价值需求往往来自个人贵宾客户和目标客户群体，他们一般要求金融企业提供诸如理财业务基础上的贵宾理财业务，要求服务具有综合性、专门性和贴身性。

2. 按经济属性划分

即对个人客户的金融需求，依据其在社会经济活动中的性质、特征来加以分类。消费性需求，是个人客户为满足自身（或家庭）当前消费的活动中所产生的金融需求，如利用银行借记卡购物、利用银行信贷出境旅游等。储蓄性需求，是个人客户从长计议而节制当前消费所进行的资金积累活动中的金融需求，如为将来养老之需的退休金储蓄、为子女学习及成长之需的教育储蓄等。投资性需求是个人客户从事资金增值的经济活动中所产生的金融需求，如从事投资于国债、股票、开放式投资基金等过程中产生的，对银行国债柜台交易、银证转账或“银证通”、开放式投资基金的代理销售，以及投资理财的咨询、顾问服务等多方面的金融需求。经营性需求，是个人客户从事生产、流通等环节的经济活动中的金融需求，如用于商铺租赁的抵押贷款、用于货款支付的转账结算以及用于缴纳各种税费的代理收付等多方面的复杂需求。

3. 按需求目的划分

这是从个人客户需求的动机或目的角度进行的划分。安全性需求是个人客户出自确保自身资金的安全、财产的完整的考虑，从而使资金或财产得以有效贮藏和使用，典型的如储蓄存款和保管业务需求。流动性需求是个人客户出自保持自身资金的流动性，以随时使自己的各项收入与支出取得适度平衡的考虑和需要。个人客户流动性需求的典型表现，一是使储蓄、股票、国债、保险等各种金融资产保持适当的比例，二是对汽车、住宅借款等信贷额度与还款期限作出合适的安排，三是在备用现金、信用卡使用及活期账户之间的灵活选择等。盈利性需求是个人客户出自资产保值、增值的需求。

（二）个人客户的特点

一般来说，金融企业拥有的个人客户在数量上要远远大于其他类型的客户。从总体上看，个人客户与其他类型客户相比，较为明显的不同之处可归纳为以下几点：

1. 个体化

任何个人客户与金融企业的交易往来，都是直接以个人身份来进行的。而任何一个个人，在经济社会中又都是独一无二的，是不可复制也不可再进一步细分的。因此，个人客户也就相应地成为金融企业最小也是最基本的客户单位。个体化这一特点，使个人客户在市场上的突出表现是：第一，经济规模小，实力相对较弱，因而更容易受到来自其他客户或金融企业本身的排挤甚至歧视；第二，数量庞大，但居住分散，遍布城乡，流动频繁；第三，个性突出。

2. 有生命、有感情

人是有生命、有感情的高级动物，人生的每个阶段都有不同的金融需求。所以，重视对个人客户的成长或发展性的研究和分析，也就变得非常重要。比如，就业前与就业后的个人客户对金融产品与服务的要求就有较大的差别，而成长、发展潜力不同的个人客户对金融企业营销价值的贡献也不同，这都需要企业相应地采取不同的营销策略与组合。珍视人的生命价值，促进人的发展和人生成功，已成为当今对个人客户进行成功营销最为重要的经营理念。

3. 依存性和群体性

任何个人客户都是生长或生活于特定社会关系或环境中的个人，其个性要求与行为无疑会受到社会行为规范、价值标准及传统文化等多方面的制约，只有这样，个人才能顺应社会秩序，成为合格的社会成员。这种依存社会、顺应群体的显著特点反映在个人客户与商业银行的业务往来关系上有以下三种表现：一是不同的与相同的社会或环境（国家、地区、社区）中的个人客户，在金融需求与行为特征等方面有着相应的不同与相同，比如，对分别生长在美国和中国的个人客户来说，前者已习惯于借贷消费，而后者更愿意储蓄消费；二是金融企业的产品和服务，尤其是形象与品牌的塑造，因个人客户的社会或群体性不同而效果不同，因此差异化的营销就十分必要；三是在尊重人的个性、促成个人的发展与成功的业务活动中，金融企业必须考虑社会整体与长远性的要求，努力求得个人、金融企业与社会利益的和谐和统一。

（三）个人客户的分类

根据个人客户金融需求的内容与类型，以及对个人客户特点所进行的有关分析，并结合国内外金融企业个人金融业务营销的一般做法，可以把个人客户按照多种因素加以分类。以下介绍的是个人客户类型划分中最为常见也是最为重要的几种情况。

1. 按经济收入划分

经济收入分为总收入、可支配收入和可任意支配收入三种，其中最后一种与金融企业关系最为密切。按收入的多少，一般可将个人客户划分为三个层次。

一是高收入阶层，包括：演艺界、体育界明星；政府机构及公司等高层官员；特殊职业或技能者，如证券分析师、律师、注册会计师、资产评估师等；部分政府及公司的高级雇员等。

二是中等收入阶层，主要指工薪阶层，比如：政府、公司、事业单位或组织的一般雇员；无特殊专长或技能的职业从业者；以体力和一般智力谋生者等。

三是低收入阶层，在我国，主要是城镇下岗、待业人员，农村中的进城务工人员及在家务农的农民等。

2. 按年龄结构划分

年龄结构反映个人所处生命周期的不同阶段，以及由此所决定的个人在人生不同阶段的价值取向、行为特征、收入与财富状况、支出偏好等多方面的差异，这是金融企业对个人客户分类的一种重要依据。

一是青少年型，包括少年儿童、在校大中专院校学生以及刚工作不久的年轻人。

二是中年型，年龄大多在35～55岁，年富力强，事业有成。

三是老年型，主要包括离退休后领取养老金安度晚年的个人客户。

3. 按心理动机划分

心理动机是指决定并推动人们行为活动的心理性因素。不同客户间，只要有类似的心理动机，一般就会有类似的行为；而同一客户出于不同的心理动机，则会有不同的行为。所以，分清心理动机的异同，是有效增强对个人客户营销的重要条件。

一是求利型，即客户与金融企业交往的主要目的是获得经济收益，为此他们常常注重走访或了解各家银行网点，通过分析对比作出最佳选择。

二是求便型，即注重金融业务效率，希望得到就近、简便、快捷的服务。

三是求稳型，即主要关注金融企业保安措施是否严格，经办手续是否严密，也就是说，在进行资金的借贷以及汇兑或兑换时，都感觉到稳妥、安全。

四是求密型，即有强烈而严格的保密要求。

4. 按对金融企业的利润贡献划分

由于利润是反映金融企业经营状况的综合性指标之一，因而按利润贡献对客户进行分类，实际上也就是一种混合多种涉及金融企业经营与管理因素的综合分类，因此在对客户进行分类时，除考虑利润这一基本因素外，往往还需结合其他因素，如客户业务量、客户的收入状况等。

一是贵宾客户（也称VIP客户），指为本金融企业带来长期稳定且较大利润贡献的个人客户。贵宾客户的标准可从多种角度或条件来加以认定，比如个人存款、卡消费额及个人消费贷款额等。

二是目标客户，指有较大利润贡献潜力的本金融企业个人客户，或其他金融企业的个人贵宾客户。目标客户的标准同样可从多种角度或条件来加以认定，比如个人的收入状况、职业、经营能力等。

三是大众客户，指对本金融企业利润贡献一般或较少，又无较大发展潜力的个人客户。这类客户无论从哪个角度或条件来看都很一般，比如收入处于一般水平，接受产品与服务的品种有限且发生额也不大，但他们往往占个人客户总数中的最大比重。

四是负效客户，指对本金融企业没有实际利润贡献的个人客户。这类客户的业务表现是发生额很小、发生频率很低，由于占用有限的柜台、网络资源导致经营与管理成本的提高。从确保实现利润目标这一角度看，这类客户属于限制或淘汰之列。

三、公司客户分类

（一）公司客户金融需求的内容

公司客户可分为广义和狭义两种。狭义的公司客户，是指企业客户，即进行自主经营、实行独立经济核算的经济组织。广义的公司客户，是指除个人客户之外的所有客户，既包括一般企业法人，也包括事业法人、金融机构、政府机构及其他经济组织等机构客户。本教材使用广义的公司客户的概念。公司客户的金融需求受到公司内外部各种环境因素的影响。

1. 按金融企业的业务划分

公司客户的金融需求可以概括为以下几个方面：

（1）对负债类产品的需求，包括基本存款账户、临时存款账户、专门存款账户、发行短期融资券和公司债券等需求。

（2）对资产类产品的需求，包括流动资金贷款服务、固定资金贷款服务、票据贴现服务、应收账款的资产证券化服务、国际融资服务等需求。

（3）对中间产品和服务的需求，包括国际结算服务、支付结算服务、外汇交易服务、结售汇服务、票据承兑服务、担保承诺服务、财务顾问服务、投资理财服务、委托服务、代理服务、企业理财服务、托管服务等需求。

（4）对金融衍生产品的需求，包括货币互换、利率互换、远期利率协议、金融期权、金融期货等需求。

2. 按公司客户金融需求的层次划分

可以将公司客户的金融需求分为普通需求和高端需求：

（1）公司客户的普通需求是指传统的金融产品和服务可以满足的需求，包括传统贷款融资需求、传统交易结算需求等。

（2）公司客户的高端需求包括资本来源与结构多元化需求，融资渠道与结构多元化需求，行业并购、重组和整合需求，以未来现金流为抵押的项目融资需求，机构客户的资产管理等。

（二）公司客户的特点

企业既可能是资金的供应者，也可能是资金的需求者。在金融市场上，企业的金融需求主要与以资金融通为目的的资金余缺密切相关。当企业有剩余或闲置资金时，为了充分发挥资金效益，可以将资金存入金融企业或购买有价证券；当企业因周转需要而缺乏资金时，可以向金融企业融资。无论何种类型的公司客户，对金融企业的需求主要有两方面：一是对金融企业提供的金融产品的需求；二是对金融企业提供的金融服务的需求。前者包括资产类、负债类和中间业务产品；后者主要是功能服务，包括资信评价、项目评估、信息咨询等。公司客户的金融需求呈现以下几个特征：

1. 理性

公司客户以追求利润最大化为经营目标，其一切经营活动都是围绕这个目标开展的，因此，其需求并非随意的、情感性的、冲动的，而是理性的。与购买生活消费品不同，公司客户决定参与某种金融交易应该有明确目的，而且是在对比分析的基础上选择较佳的方案，以达到自身目的。

2. 组合性

企业的经营活动需要金融企业提供各种各样的金融服务，从货币兑换到信用中介再到高度电子化的现代金融服务。随着公司客户自身的发展，其金融需求会不断增加，需要金融企业成为可以提供任何商品的“金融百货公司”。较之其他类型的客户，公司客户的需求往往不局限于一种产品或一种服务，而更具有组合性，需要提供的服务更加多样化。例如，一家集团性企业，当其有闲置资金时，会将其存入银行，如果想争取更大的效益，会要求银行提供理财服务；当其要加强集团内部资金的运作与管理时，会要求银行提供即时的资金汇划；当其要了解子公司账务往来时，会要求银行提供网上查询；当其投资或周转资金不足时，会要求银行提供授信，在授信项目下还包括中长期贷款、短期贷款、承兑汇票、信用证、打包贷款等；当其发行债券时，会要求银行提供担保；当其发生零售业务的收入或支付行为时，会要求银行进行代收代付业务服务；当其员工购房、购车或发生其他消费行为时，会要求银行提供消费信贷。

3. 个性化

总体而言，金融企业对企业提供的产品和服务具有非歧视性和无差异性的特征。但是为了向客户推销金融产品和提供各种服务以获取更多的收益，金融企业应进一步细分市场，对不同客户采取不同的营销策略，推出差别服务的策略。对单一客户而言，金融企业通过与客户的日常接触或者组织人员对市场进行全面调研，及时了解客户的要求与想法，发掘其需求变化，适时调整营销战略。一旦发现客户已不满足于现有的服务时，就应立即采取新的市场战略，向其提供更为优惠、先进的服务。这就产生了个性化的服务需求。各类客户都存在个性化的需求，但个人客户产品的无差异性更加明显，产品定价空间有限，个性化需求往往体现在服务的质量上。对公司客户而言，金融企业会在政策规定的范围内，根据客户信用水平和经营状况，通过产品组合、合理定价、增值服务等手段，满足客户的个性化需求。

4. 选择性

在市场经济中，金融企业根据金融市场的变化融通资金，企业根据商品市场的变化组织生产经营。企业有权选择金融企业，金融企业也有权选择企业，即双方之间可以双向选择。同时，银企之间的关系还存在交易性和效益性，双方公平交易，追求利润最大化。企业在选择时，往往会根据业务性质选择更有利于自身发展的金融企业。例如，零售业、旅馆、饭店等服务业和以现金出纳和存款为主的企业，会选择距驻地近、设施好、存取方便的银行；以生产工业消费品为主的企业，由于其市场辐射范围大、资金往来结算范围广，会选择分支机构多、网络广、结算方便的银行；从事进出口业务的贸易商和拥有进出口权的生产企业，会选择擅长国际金融业务、有较多国外分支机构的银行；企业需要银行对其投资项目进行信贷支持时，会选择对投资项目最了解的银行，最好是曾经对类似项目提供过支持的银行，这样银企双方对项目的风险和收益的判断容易达成一致，合作会比较顺利。需要指出的是，随着商业银行金融服务系统的不断发展完善，银行的服务功能和管理经验逐步趋同，公司客户选择银行时，更注重的是服务效率、服务质量和产品定价。

(三) 公司客户的分类

对公司客户进行细分，有利于客户经理从更多方面了解公司客户的特点，并有针对性地根据客户的需求进行市场营销。公司客户的分类方法有很多，在实际工作中，主要是按照以下几种分类标准进行划分的。

1. 按企业产权的归属划分

(1) 国有企业。国有企业是指由国家财政出资设立的企业，其产权归属国家。国有企业是我国国民经济中的重要力量，也是各家金融企业应该特别关注的客户群体。随着我国经济体制改革的不断推进，现代企业制度逐步建立，国有企业的管理制度逐步完善，企业经营出现明显好转。在这样一种背景下，客户经理在选择国有企业时，应着重了解企业的资产质量、管理状况、所在行业发展前景以及相关行业政策。有些国有企业尽管目前遇到一定困难，但由于原有的销售市场及商业信誉仍然存在，只要找出问题，积极解决，加上金融企业的资金支持，还是能很快走出困境，成为有竞争能力的企业的。

(2) 集体企业。集体企业是指由企业的全部或部分成员共同投资、管理的企业，其产权归属集体。集体企业的存在带有一定的历史色彩，这种企业在现代经济市场中所占的比重越来越小。集体企业一般规模较小、产品单一，但同时，由于它规模小、经营灵活，因此往往能抓住机遇，在激烈的竞争中找到市场空隙。随着我国公司制度的逐步完善，集体性质的企业也在逐步改制。

(3) 民营企业。民营企业是指由境内居民个人投资设立的企业，其产权归属居民个人。随着中国经济体制的改革及对个人投资的逐步放宽，越来越多的民营企业出现了。民营企业是中国企业的一个重要补充形式，其比重根据地区经济发展程度、经济政策环境的不同而有很大差异。比如在温州，民营企业在企业总数中所占比重达到了96%，其产值占该地区国民生产总值的94%。一般来说，民营企业大多数实行家族式管理，这种管理模式有一定的局限性，因此，客户经理在选择这类客户时，应重点了解客户的管理水平及存在的薄弱点。

（4）外资企业。外资企业是指境外投资人投资设立的企业，其产权归属境外投资人。外资企业资本的独立性，以及公司结构和经营管理的先进性，决定了其在市场营销和市场占有率上的优越性。外资企业一般均具有突出的经营绩效、规范的管理制度和良好的信誉，是金融企业重点争夺的客户。

2. 按企业规模划分

（1）小型企业。小型企业一般生产单一产品，市场份额很有限，抗经济波动的能力较弱，经营风险较大。但是正因为其规模小、经营灵活，所以常常能抓住机遇，占领那些大企业不愿意或不能够涉足的市场空当，在夹缝中求得生存。对于小型企业，金融企业应该以顾问咨询的方式参与企业的发展决策。要组织专家与企业在充分调查、分析市场的基础上共同搞好企业的市场定位，找到企业具有竞争力的细分市场，并相应提供该企业所需的金融产品和服务。

（2）大中型企业。大中型企业有两种经营模式，即多元化经营和集中于某一专门领域。前者因为在多个行业中经营，所以抵御经济波动的能力比较强，行业的萎缩不会影响整个企业的生存，但是力量分散，战线拉得过长，有可能导致在每一市场都缺乏足够的竞争力；后者将经营目标集中于一个领域，往往能够获得较大的市场份额，战胜竞争对手，在该行业内处于领导者地位。这两类大中型企业对金融产品的需求量都很大，金融企业应该积极争取这些潜在客户。需要注意的是，大中型企业的融资渠道多种多样，金融企业要想将其争取过来就必须提供有特色的产品和服务，而要与其他竞争金融机构相区别，则可以采取差异化策略，即通过产品差异化、服务差异化、人员差异化或形象差异化等手段来体现自身优势。

（3）企业集团。企业集团常常是跨行业、跨地区甚至跨国经营，集产、供、销于一体的企业群体，它对银行产品和服务的需求往往是全方位的，因而成为对各类金融企业都极具吸引力的目标客户。金融企业对这类客户应采取团队作业的方式去开发，针对某一企业集团成立一个开发小组，包括高层决策人员、产品专家、客户经理以及相关的协助人员。在着手开发之前应尽量收集有关该企业集团在各个领域的经营状况、集团内部的组织结构以及集团的未来走势等方面的信息。开发这类潜在客户时，一般可以从母公司入手，然后通过其内部逐步渗透到子公司和下属的控股公司。

表 3—1 为工业企业客户规模分类。

表 3—1　　工业企业客户规模分类

分　类	规　模	业务特征	金融服务需求
小型企业	年销售额 3000 万元以下，职工人数 300 人以下	家庭企业，财务资源有限；缺少行政管理职员，1～2 个主要人员的工作能力是企业成功的关键，以本地业务为主	个人金融服务和地产计划；创业资金贷款；银行透支和短期贷款；租赁融资；货币转账
中型企业	年销售额 3000 万元至 3 亿元，职工人数 300 人至 2000 人	雇员较多，业务在扩张；制造业需要适当的厂址及产品推广	中长期资本性融资；大量现金支付和处理业务；工资支付和其他支持服务；租赁融资；保兑业务；信用卡
大型企业	年销售额 3 亿元以上，职工人数 2000 人以上	业务扩张的同时又控制组织的结构和人员；需要行政管理中心。大量投资于厂房设备；研究、发展和引进新产品；开拓国内外市场。季节性资金需求；资产较多但投资回报低；高度专业化	工资支付；信用卡；进出口服务；财务服务、股本融资、银团贷款、发行债券、资产管理等银行服务

3. 按盈利状况划分

（1）景气企业。景气企业是指企业正处在上升发展时期，或由于技术革新，企业产品更新换代，或由于国家总体经济、行业、市场需求发生变化而带来良好的销售机遇，企业的产量迅速提高，销量增加，市场占有率上升。这类企业由于业务迅速发展，对金融企业的贷款和服务的需求也有所增加，良好的经济效益使企业具有较好的还款能力，信用水平相对较高。

（2）一般企业。一般企业是指经过一定时期的发展，企业与其所在的行业都进入了相对成熟的阶段，产品与服务的行业标准形成，行业技术水平提高并已成熟，企业面临的竞争趋于激烈，市场需求增长趋缓。对于此类企业来说，加强成本控制、加大市场营销和强化售后服务等成为击败竞争对手的主要手段。

（3）亏损企业。亏损企业往往自身在经营管理方面存在较为严重的问题，这类企业的资金成本巨大，为扭转局面，企业急需银行的贷款支持。但由于其效益下降甚至亏损，还款能力下降，信誉风险很大，因此，金融企业要及时调整原有的合作关系，适时回避该类客户。

4. 按企业的法律形态划分

（1）个体企业。个体企业是由个人出资并直接经营的企业，收入归个人所有，风险由个人承担。个体企业是企业的最初经营形式，主要适用于小型企业。个体企业所有权与经营权集于一体，经营灵活，决策迅速，开业和关闭的手续简单，产权可以自由转让。但是，这种企业存续时间短，信誉度有限；规模小，结构简单，财力不大；由于受偿债能力的限制，取得贷款的能力有限，难以从事投资规模较大的产业。个体企业是数量最多的企业组织，但由于规模小，在经济中仅占次要地位。

（2）合伙企业。合伙企业是由两个以上的人通过签订合伙协议共同经营的企业。合伙企业可以通过正式订立书面协议进行合伙经营，也可通过口头协议进行合伙经营。合伙企业的主要优点是容易组建，开办费用低。不足之处是：合伙人对企业负债要承担无限责任；企业的经营寿命是有限的；企业所有权转移非常困难，不容易筹集大额资本。

（3）公司。公司是依法定程序设立的，以营利为目的的法人组织。公司是现代企业最重要的组织形式。首先，公司是以营利为目的的经济实体，以营利为目的反映了公司在经济上的特征。其次，公司必须是法人，公司作为一种特殊的企业组织形式，有区别于其他组织形式存在的企业特征，即公司具有法人地位。最后，公司是以股东投资行为为基础而设立的集合体性质的经济组织，根据股东的财产责任和股份的形式划分，公司可分为有限责任公司、股份有限公司、两合公司、股份两合公司和无限公司。

5. 按机构客户的分类划分

机构客户在金融市场上既是资金的供给者，又是资金的需求者，还是金融产品和服务的提供者或者说是金融市场的媒体（中介机构）。机构客户通常分为两类：金融同业类客户和机关事业单位客户。

（1）金融同业类客户的细分。

1）银行。银行包括全国性股份制商业银行、城市商业银行、政策性银行、城乡信用合作社、外资银行、中外合资银行以及外国银行在华的分支机构。

2）信托公司。信托公司主要包括国际性、全国性和地方性信托公司。

3）证券公司。证券公司包括综合类证券公司、经纪类证券公司、证券投资咨询公司等。

4）保险公司及保险中介公司。

5）资产管理公司。

6）其他非银行金融公司。如企业集团的财务公司、金融租赁公司等非银行金融机构也是商业银行可积极争取的客户。

金融同业类客户与金融企业之间既是往来合作的关系，也存在业务的竞争关系。在商业银行向多功能、全方位和综合性的全能银行发展的过程中，金融同业之间的竞争愈加激烈。

（2）机关事业单位客户的细分。

机关事业单位客户在金融市场上主要作为资金的供给者。根据机关事业单位的客户性质和资金来源的不同，可以细分为以下几类：

1）政府及政府机构。政府及政府机构的资金主要来源于财政经费拨款。

2）公、检、法系统。公、检、法系统的资金主要来源于财政经费拨款、各种罚款收入、行政事业收费，其资金实行收支两条线管理。

3）财政及税务系统。财政系统的资金主要来源于预算内收入、预算外收入、国债发行收入以及各种彩票的销售收入。税务系统的资金主要来源于国税和地税的各项税款收入。

4）国土资源管理系统。国土资源管理系统的资金主要来源于存量土地有偿使用费、新增建设用土地有偿使用费、耕地开垦费等。

5）交通系统。交通系统包括公路系统、铁路系统、水上运输系统和民航系统。各系统的资金主要来源于财政经费拨款、高速公路通行费、罚款收入、售票收入，以及其他有关的行政事业性收费。

6）工商行政管理系统。工商行政管理系统的资金主要来源于行政罚款收入、行政事业性收费等。

7）教育系统。教育系统的资金主要来源于教育经费拨款、学校学杂费收入等。

8）电信系统。电信系统的资金主要来源于各种话费收入和各种服务收费。

9）石油系统。石油系统的资金主要来源于各种燃油费收入。

10）烟草系统。烟草系统的资金主要来源于烟草的销售收入。

此外，民政系统、劳动保障系统、海关系统、商检系统、医疗系统、广播电视系统等，其资金主要来源于财政经费拨款以及各种收费。各种协会、学会、基金会和科研机构等社团组织的资金则主要来源于基金经费等。

四、金融目标客户的搜寻

（一）金融目标客户的含义

金融目标客户是指客户经理通过市场细分所确定的重点营销对象，是金融企业能够满足其现实或潜在需求并从服务中获得盈利和发展的客户群。客户经理选择目标客户首先要选择目标市场，然后根据目标市场选择目标客户。目标客户的选择是一个动态的过程。它是客户经理不断了解和分析客户的需求，不断向目标客户提供服务和销售产品的过程。随着市场的变化，目标客户也是不断调整和更新的。

（二）目标客户选择的原则

在确定目标客户时，客户经理不应仅按规模大小来搞“门当户对”，即选择那些规模同自己所在金融企业规模相当的对象作为目标客户，而应通过对金融企业外部环境和自身条件的分析，根据所掌握的资源的种类、性质、程度以及所服务客户的类型综合来进行选择。

（1）安全、效益原则。目标客户应既能给金融企业带来收益，又不至于带来很大风险。

（2）实事求是、因地制宜原则。通过对金融企业外部环境和自身资源条件的匹配度分析，以增加获胜把握为出发点，充分考虑自己对所负责的客户群和行业的熟悉程度、所在区域环境、本企业的产品特色和资源优势。

（3）适时调整原则。根据金融企业经营战略、外部环境及自身定位等因素适时调整目标客户选择方向。

（4）精选客户原则。客户经理对目标客户的确定，应符合集约经营的要求，所选定的优秀客户群或优秀项目，应该是在一个地区的诸多企业或若干个项目中，存款的余额或合作的潜力较大、贷款投入或需求量较大、可开展较多的中间业务、经济效益较佳的精品企业或项目。

（三）搜寻目标客户的渠道

客户经理必须根据金融企业所提供产品的内容及特点去寻找恰当的目标客户，最好的出发点是那些已经消费了金融产品的现有客户。当然，从客户培育角度出发，新客户对客户经理来讲更为重要。客户经理只有采取一定的方法，才能发现那些可能成为目标客户的潜在客户。客户信息主要来自企业内部已经登记的客户销售记录、与客户服务接触过程中收集的信息，以及从外部获得的信息。这些信息的来源大致有以下几个方面。

1. 客户经理的人际关系

客户经理的人际关系是指通过金融客户经理的人际关系网络，获得客户信息。利用和培养人际关系对金融客户经理十分重要。社会关系在中国备受重视，能够拉近与客户的距离，减少隔阂，从而获取相关的客户信息。常见的可供利用的人际关系有很多，具体如下：

（1）亲戚关系。包括金融客户经理自己的亲戚、配偶的亲戚、朋友的亲戚，也包括各种延伸的亲戚关系。亲戚之间交流自然十分方便。

（2）朋友关系。这种人际关系是可以在生活和社会活动中不断创建的，范围广泛，如自己的朋友、朋友的朋友、亲戚的朋友、同事的朋友等。国人意识中的朋友之情可以十分深重，古有“桃园结义”的故事感人，今有“朋友是无形的财富”“多一个朋友多一条路”的说法流传。

（3）同学师生关系。包括幼儿园的老师同学、小学中学的师生同学、大学和研究生的师生同学、国外留学的同学、各种培训班和进修班等的师生同学等。同窗之谊，师生之情，在中国是一种特殊的人际关系，令国人十分珍惜。如“黄埔同学”已经是一个时代的象征。广泛而恰当地利用同学师生，可以事半功倍。

（4）同事关系。包括现在的同事、曾经的同事等。同事之间由于已经有相当的了解，相互谈天说地，自然和谐。

（5）老乡关系。在中国很多人有老乡观念。老乡见面，相同的语言，相近的文化习俗，自然就多了几分亲近，少了几分隔阂。

（6）客户关系。包括自己的客户、朋友亲戚的客户、客户的客户等。这些是可以经常利用的现成的关系，有很强的外延性。

（7）可创建的其他关系。在日常生活中，可创建关系的机会很多，如一趟旅行、一场晚会、一场球赛、一个误会……只要热诚细致地留意每一个生活细节，就有机会与人沟通相识并进而相信相知，所获取的客户信息自然有保障。

图 3—2 为客户经理人际关系圈。

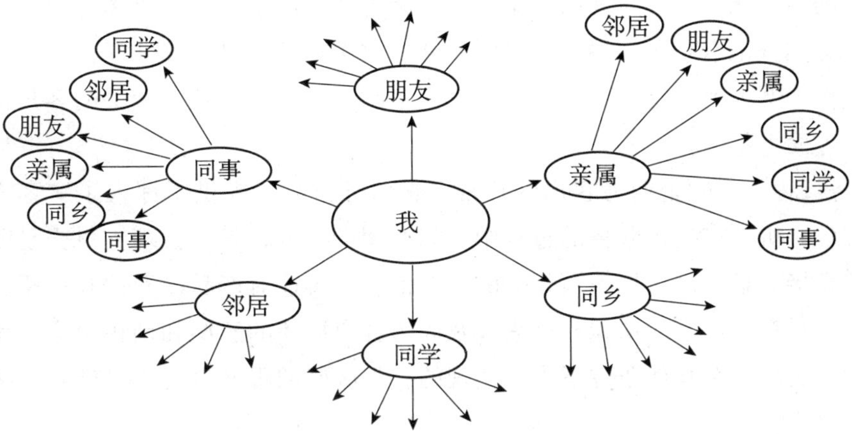

图 3—2　客户经理人际关系圈

2. 逐户拜访

逐户拜访是指客户经理在任务范围和特定区域内，用逐户登门拜访的方式确定有合作价值的客户。这种方法可使客户经理在寻访客户的同时，了解市场和客户，锻炼和提高自己，但比较费时费力，带有一定的盲目性。应事先计划好拟走访的区域，对区域内的各家公司也要事先摸底，要多方了解对方情况，以减少盲目性。由于是初次造访，客户可能没做准备，拜访时间不宜过长。

3. 客户自我推介

自我推介的客户一般都亟须金融企业提供服务，对这部分客户，客户经理应提供以下服务：

（1）客户经理应靠便捷、高效的服务来吸引客户。

（2）对这部分客户中提出风险性服务要求的客户做资信方面的估价。

4. 资料收集

（1）客户经理通过查阅现有资料寻找客户。可供查阅的资料主要有工商企业名录、企业法人录、产品目录、电话黄页、统计年鉴、专业性团体的名册、政府及其他部门可供查阅的资料、大众传播媒体公布的信息。

（2）网络信息收集。网络媒体一般拥有庞大的数据库，如各大搜索引擎网站、招聘网站、行业网站等。网络媒体提供的信息具有传播面广、内容广泛、实效性强的特点。免费或小额付费即可浏览，其信息因其功能而有相当高的正确性，其资料皆已通过相当科学合理的分类，筛选后即可得到有效的资料，不过应注意判断资料与信息的可靠性及时效性。由于信息面过宽且其中有关金融客户信息的内容分布较为零散，因此金融客户经理还必须进行繁杂细致的信息分析处理工作。

（3）金融企业有意识地组织活动来收集。比如经常采用的有奖登记活动，以各种方式对自愿登记的客户进行奖励，要求参加者填写他们的姓名、电话和地址以及其他相关的信息等，这样的活动能够在短时间内收集到较大量的客户信息。这类收集客户资料的具体方法还包括：有奖登记卡和折扣券、会员俱乐部、赠送礼品、电子邮件等。

（4）其他外部渠道。这些渠道众多，有很多的机会找到并获取相关的客户信息，具体有以下几个方面：

1）服务过程。金融企业为客户的日常金融服务过程，提供了深入了解客户、建立互动联系的最佳时机。在具体服务的过程中，如办理信用卡、各种代理支付交易账户等，客户通常能够直接而毫无避讳地填写相关的资料信息，讲述对产品的看法和期望、对服务的要求和评价、对竞争对手的认识和挑剔以及周边客户群体的意愿和销售机会。其信息容量之大、准确性之高是在其他条件下难以实现的。一次好的服务过程本身就是一次全面的客户数据收集过程。

2）数据购买、数据租用、数据合作。目的性很强的营销活动，如房地产、汽车销售等行业，经常采用向一些有关的数据公司直接购买数据或者租用数据的方式。这在保险、证券投资等金融企业运用较为普遍。数据合作适合于那些本身就拥有大量的客户信息，而需要通过合作的方式进行交叉销售或提高客户忠诚度的公司，如在商业活动中常见信用卡公司与航空公司、大型房地产开发商联名发卡、会员信息共享等商业合作行为。另外，也可以从客户内部了解其经营状况，从工商局、税务局等单位了解企业财务信息，从企业原材料供应商和产品经销商处了解企业经营信息。

3）专项市场调查。市场调查所进行的数据收集能够准确完成客户发现和客户导向的发掘。对于一些潜在的、优质的大客户、重点客户或者客户集中的行业、地区，金融企业已经越来越多地利用专项市场调查来实现对客户和相关产品、市场、服务的信息数据进行考察、收集、整理、分析、预测的工作。金融企业通常是委托专业市场调查公司进行相关调查，发现潜在客户的分布规律，为自身开发客户、制定相应营销策略提供依据。

5. 连锁寻找

即把服务与开发结合起来，向现有客户供应链的上下游延伸。例如，商业银行客户经理与某石油化工企业业务往来频繁，在取得客户信任和配合后，可通过其介绍，向上游油料供应企业、开采企业、勘探企业和下游销售公司、加油站、化工材料使用企业延伸营销。

6. 中介介绍

即客户经理通过中介介绍认识有可能需要金融企业服务的对象，需要中介提供客户名称及主要情况。这种方法有助于减少盲目性，增强被介绍客户对客户经理的信任。

（1）常见的中介类型：

1）政府部门。

2）社会团体。

3）银行的现有客户。

4）中介机构。

5）“五同”和“五缘”关系。通过同学、同乡、同事、同好、同邻，亲缘、地缘、业缘、神缘、物缘等获得客户。

6）本人所购商品的供应商或其他有商业联系的人。

（2）运用中介介绍法的注意事项：

1）通过诚恳的服务态度、热情的服务精神及独特的服务内容取得现有客户对自己工作的支持。

2）扩大社会活动圈子，多交朋友。

3）判断中介对潜在客户的影响力，尽可能选择影响力大的中介。

4）尽可能多地从中介身上了解新客户的情况。

5）将同新客户接触的情况及时、有选择地向中介进行通报，既表示感谢、尊重，也有利于继续争取中介的合作与支持。

6）除被动接受中介的介绍外，客户经理还应主动委托中介进行寻找，这就要求客户经理建立自己的信息员渠道，并应注重对信息员的激励。

7）对中介负责，应多为其着想，这样才能获得中介的长期支持。

8）将自己的关系资源列成清单，在使用时能一目了然。

7. 群体介绍

群体介绍是指客户经理获得某个团体或主管部门的同意，由它们向其所属单位推介金融产品与服务。这种方法可提高金融企业的权威性和营销工作的效率。

五、金融目标客户的评价选择

（一）“二八”法则与优质客户

“二八”法则表明，金融企业80％的利润来自20％的优质客户。金融企业无论规模有多大，毕竟可用的资源有限。金融企业通过开发和培养优质客户，满足其金融业务的需求，为其创造良好的金融业务环境，可以降低成本，提高客户的忠诚度，在竞争中立于不败之地。国外金融企业在开发优质客户方面普遍比较重视，投入了大量的人力、财力、物力。在考核金融客户经理的业绩方面，优质客户的开发成果也是一项重要指标。与一般客户相比，优质客户的经营风险小、开发成本低，有良好的示范效应，且能够带来有关的其他客户的连续开发。同时，一大批的优质客户和知名企业也将不断提升金融企业自身的品牌形象和在社会公众中的地位和影响力。

因此，金融客户的开发，主要目的是根据金融企业和客户经理自身的特点和优势资源，争取更多的优质客户，而不是指所有的有金融需求的客户都是在开发之列。在向客户提供金融产品和服务之前，须就金融企业的优质客户进行评价选择。

当然，优质客户的标准也不是一成不变的。而且金融企业数量众多，规模大小不一，特点长处不同，业务复杂多样，这就决定了在选择优质客户时评价的标准不尽相同。不过，核心的标准应该体现在人的因素和信誉两个方面。

（二）目标客户的评价选择

1. 个人目标客户的评价选择

个人客户和公司客户不同，一般具有个体化、有生命、有感情以及依存性和群体性，受社会文化、群体规范的影响等特征。这相应要求金融客户经理体会到感情营销、差别营销、超值营销的重要性。优质的个人客户与公司客户相比，虽然绝对金融产品和服务需求量小，但由于数量众多、社会活动广、开发成本低、业务潜力大且时间长而受到金融企业关注。其鉴别标准相对较少、个性化强、规律性较弱，需要金融客户经理结合实际加以评价选择。优质个人客户的标准主要有以下几个方面：

（1）有良好的个人素质，较为完善的教育经历，法律意识强，注重社会公德和个人品质修养，社会关系良好，个人信用等级高。

（2）有较好的经营、创业能力。

（3）个人从事较高收入的职业，地位、级别、职称高，主要负责管理和高技术工作。

（4）连续多年缴纳个人所得税税额高。

（5）有较高的人生追求，热爱生命，生活观念积极，身体状况良好，宗教信仰正常，无赌博、吸毒、道德败坏等恶习。

（6）在其他金融企业无不良信用记录。

（7）无犯罪记录。

（8）有金融意识，主观上有经常性的金融产品和服务需求，客观上有金融产品的购买能力和行为。

2. 公司目标客户的评价选择

在实际工作中，客户经理可依据本金融企业的总体目标市场以及当地的区域经济差异，筛选目标客户，因此，目标市场的确立是选择的前提。目标行业一般根据经济状况、国家宏观产业政策、行业背景以及金融企业内部状况等方面来确定。

（1）进行行业分析。

1）国家宏观政策：

a. 国家产业政策对行业的影响。产业政策一般可表明在一定时期政府对目标行业的基本态度和规划措施。在当前体制转轨时期，产业政策和政府意向对许多行业的发展起着举足轻重的作用，这在很大程度上决定了行业能否获得资金支持和政策优惠，进而影响行业系统性风险的大小及其变化趋势。国家产业政策通常指今后一段时期内政府支持和限制的行业，并对各行业的发展规模和内部结构提出指导性意见。属于国家重点支持的行业，在政策有效期内发展条件优越，风险相对较小，此种行业的客户是商业银行积极进入、营销的客户群。属于国家允许发展的行业，一般市场竞争比较充分，风险程度适中。属于国家限制发展的行业，往往发展空间较小，风险程度较高。国家明令禁止发展的行业和产品，如小煤矿、小玻璃、小火电等，行业风险极高，属于“禁行区”。随着经济开放程度不断提高，国外竞争因素的影响日益显著，特别是我国加入世贸组织以后，银行在确定国内目标客户时，要考虑目标客户所处行业受外部冲击的程度，因此，要充分研究国家产业保护政策及其变动趋势，同时准确估计行业保护政策发挥作用的特定时期和效果。在此基础上，还要对行业内部的重点企业作认真研究，考察其综合竞争实力和抗风险能力。只有这样，才能把握目标行业在开放条件下的风险程度，从而确定此行业中哪些客户可成为目标客户。例如，随着我国对外开放程度不断扩大，政府将逐步取消对幼稚产业的保护，如汽车行业在加入世贸组织后的保护期限仅为 5 年左右，电信行业仅为 2～3 年，产业保护力度的减弱可能在一定时期内使目标行业在发展过程中面临较大的外部冲击。

b. 财政货币政策对行业的影响。政府所采取的财政货币政策，对各行业的运营具有重要影响。当财政紧缩时，行业风险呈上升趋势；反之则下降。例如，前几年我国政府采取了积极的财政政策，拉动国内消费需求，从而加大了对交通运输、城市基础设施的投入力度，尤其对高速公路建设投资规模显著扩大，资金到位率较高，国家拨款占项目资金之比较大，因此，各大商业银行纷纷把此类项目法人确定为营销目标，加大了营销力度。相反，如果国家采取紧缩性财政政策，减少支出，增加税收，对行业发展可能造成阻碍，商业银行在这一段时间内将不会把此类行业作为目标市场，甚至会退出此类行业，而转向其他目标行业。货币政策同样对行业运行有重要影响，一般扩张性货币政策有利于改善行业经营状况，而紧缩性货币政策则不利于行业发展。当然，在确定目标市场时，分析货币政策影响，还需考虑行业特性，一般资金密集型行业受货币政策调整的影响较大，而劳动密集型行业所受影响较小。相反，货币政策紧缩时，生产过程中资金价格上升，劳动力成本相对下降，还会在一定程度上增强劳动密集型行业的竞争优势。

2）行业周期性。准确预测行业周期性变动，判断行业是否处于增长与繁荣阶段及增长与繁荣阶段所持续的时间，从而决定银行是否把此行业作为目标行业。一般把行业周期划分为四个阶段：复苏、增长、繁荣、衰退。在分析时，首先从宏观经济运行所处阶段把握，然后判断行业自身的周期性。在分析时应注意以下问题：一是目标行业是否有周期性，并不是所有行业都呈明显的周期性，例如烟草行业的周期性并不显著；二是结合行业技术特点、生产规模等判断行业所处阶段；三是分析宏观经济周期与行业周期的相关性，有的行业与经济周期正相关，例如制鞋业，而有的行业与经济周期负相关，例如修鞋业。

3）行业特点。行业特点包括行业技术结构、行业规模、行业成本结构、行业盈利性、行业产品特点、行业法律法规、行业依赖性等。行业特点的分析是确定目标行业的最直接依据。例如，某家银行对公路行业的分析中，通过国际比较的方法和竞争替代性分析，更深入地分析我国公路建设规模的适度性和结构分布的合理性。目前，世界主要发达国家公路客运比重基本都在90%左右，而中国只有54%。从人均公路里程看，美国每千人为24千米，日本为9.28千米，德国为7.71千米，而我国仅为1.16千米；从公路密度看，我国每百平方千米为12.4千米，而日本为307.6千米，德国为177.4千米，美国为68.5千米。通过上述比较可以看到，我国公路建设才刚刚起步，与西方发达国家相比还存在较大差距，未来发展潜力和空间很大。同时对公路行业的替代产品进行分析。在交通运输体系中，公路运输具有方便、灵活、快捷等优点。目前，我国公路建设获得迅速发展，然而作为公路运输的替代品，如铁路、航空、水运等运输方式也具有运距长、运量大、成本低等特点，再加上近年来铁路运输多次提速、高铁建设全面铺开、网络售票系统不断改善，服务质量明显提高，在与公路行业竞争中逐渐占据优势。目前铁路客货运输仍保持较快增长势头，在交通运量和周转量中占比明显提高，这说明铁路行业对公路行业发展已经形成较大的竞争压力。

（2）确定目标行业。

通过对行业的分析，也可将行业进行等级划分，将其划分为AAA级、AA级、A级、B级、C级。一般金融企业将A级以上的行业确定为目标行业。通过对行业的分析与研究，商业银行在优先支持优势行业的指导原则下，实施大项目的营销策略，通常把所有行业划分为四种类型。

第一种类型是积极支持的优势行业，主要包括交通运输、通信服务、电力、石油、石化、旅游、电子、科技和建筑等行业。

第二种类型是积极渗透、及时介入的行业，主要包括城市供水、城市供气、医药、文化教育、环境保护等行业。

第三种是积极关注、谨慎决策的行业，主要包括纺织、机械、冶金、化工、商业、造纸、轻工、建材等行业。

第四种是逐步退出的处于衰退阶段的行业。

最后，依据本金融企业发展战略及资源优势，结合国家经济状况、宏观产业政策、行业背景、自身条件等方面来综合确定目标行业。例如：国家若加大基础设施投资，拉动内需，肯定会带动工程机械行业的快速发展，就可以将工程机械行业作为营销目标。

（3）分析目标客户所在区域特征。

客户所在区域是客户直接生存的环境，因此把握区域特色是拓展客户的关键。区域的特征要素主要包括区域的政治环境、经济环境、人文环境、生活环境、消费环境、信用环境，以及区域的产业结构、产业优势及发展潜力等。客户经理进行区域特征要素分析的主要目的是寻求区域客户需求的特点，从而更加有效地挖掘客户需求，为客户营销服务。例如：在内蒙古，要高度重视能源行业尤其是煤炭行业，这是当地的主流经济；在苏州，要高度重视电子行业；在长春，要高度重视汽车行业。

（4）优质公司客户的评价标准。

1）在行业中具有领先地位或在行业中的位置比较靠前，如电信的设备供应商有很多，有国外的，也有国内的，要看谁的供应历史比较长、供应能力比较强，在行业中所占的市场份额，以及它在行业竞争中的位置。

2）具有核心竞争力。从金融企业的角度分析企业的核心竞争力主要看以下三点：一是看企业的管理是否规范，企业信用是否良好，有没有不良记录等；二是看其有没有一些独到的技术，企业必须拥有一些自主知识产权的技术，产品才可能有所创新；三是看其有没有一个强大的分销网络。

3）纳税大户。能够遵守税法，及时向国家纳税，且税额较大，本身就说明该公司的综合能力和资信良好。

4）工商执照、从业资格证照和相关许可证、授权书等齐全，从事符合国家产业政策鼓励和扶持的行业和产品的经营活动。

5）行业或产品技术科技含量高，产品或服务处于成长或成熟前期，有广阔的市场需求。

6）连续多年经营业绩良好、机制灵活、管理科学、治理结构合理，已经发行股票并公开上市。

7）客户众多，经营状况良好，现金流充足，在其他金融企业无不良信用记录，各项财务比例指标合理，尤其是债务比例低或无负债。

8）主要经营管理和决策人员素质高、经验丰富，有良好的人际关系、雄厚的社会背景和优良的经营管理业绩。

9）重合同守信誉，社会形象好，市场地位牢固，有良好的企业文化和凝聚力，主要骨干人员相对稳定，重视员工福利和教育。

10）本金融企业能够为其提供具有优势的金融产品和服务，且潜在的金融产品和服务需求量大，能够带来一定的经济效益。

其中，经营和盈利能力、信用水平和有金融产品和业务的需求是主要标准。

3. 在鉴别是否是优质客户的过程中应注意的问题

（1）唯大即优。有些金融企业以羊大为美，认为大则不倒，大则质优，只注意开发大客户、大行业、大项目。美国能源巨头安然公司可谓大矣，可惜一夜之间轰然倒地。应该看到，大企业有大企业的通病，规模大、名声大并不就是优质客户的标准。

（2）静态看优。这是缺乏持之以恒观念的表现，试图对优质客户作出鉴定，以为一时质优就是永远优质，不注意全面掌握客户信息，动态地评估和认识客户。须知优质与劣质也是有时限的、可转化的。一旦有变，就会造成金融企业的风险。

（3）以偏概全。有时候会过于关注一两个突出的优点来代替总体，不但忽略了对所谓优质客户的全面评价，也忽略了金融风险的多样性和复杂性。

（4）盲目追优。为抓住优质客户而随意许诺可以满足客户的任何要求，而不管自己能否有效控制客户的潜在风险。脱离金融企业自身实际资源和条件而盲目追优，这就是一旦原来所谓的优质客户出现风险后，金融企业尤其是商业银行往往无法补救的重要根源。

（三）目标客户的价值评价

1. 对目标客户进行初步价值评价

客户经理根据获得的目标客户的基本信息，对客户进行初步的价值评价，以决定该客户是否具有开发价值。价值评价的标准主要包括主要风险与收益匡算（见表 3—2）。

表 3—2　目标客户开发价值初步评价表

评价内容	正（+）	负（—）
客户资产规模	大	小
客户原料供应/产品销售区域	全省或全国	本地
市场占有量/市场影响	大/知名品牌	小/一般产品
资金流量	大	小
其他银行的争夺态势	激烈	不感兴趣
是否为上市公司	是	否
行业情况	发展或成熟	萌芽或衰退
目前对银行产品的需求	金融意识强	金融意识弱

评价说明：按上述评价内容，如有两项以上得正分，则表明该客户具有潜在的开发价值。

2. 整理目标客户名单，制定客户开发计划

目标客户确定后，客户经理应将确定的目标客户及其背景资料记录下来，最好列成表格的形式，这样便于查找。接着，对目标客户的相关信息进行分析，然后全面制定客户培育计划、培育方案及拜访的具体步骤。客户经理应按照客户培育计划进行客户培育活动。在客户培育过程中，客户经理可根据实际情况对培育计划进行适当调整（见表 3—3、表 3—4）。

表 3—3　目标客户名单

目标客户名称	主要业务范围	联系人	联系方式	成功的可能性	拟投入的开发资源

表 3—4　客户开发计划表

时间	工作安排		实际进度
	工作目标	具体策略	
1 月			
2 月			
3 月			
…			
…			

模块3 操作指导

一、个人客户的营销策略

随着居民个人和家庭在经济社会中的地位与重要性的不断加强，商业银行个人业务发展的重要性日益显现出来，商业银行围绕个人客户进行的竞争更加激烈。制定和实施有效的营销策略与措施，推进商业银行快速地赢得市场，建立并保持个人业务的竞争优势，已成为国内外商业银行营销与管理者们普遍关心的重要问题。

（一）差异化营销

差异化营销是指在对个人客户进行细分的基础上，对不同层次的客户，采取不同的营销策略。从国内外商业银行个人业务营销活动的实践发展来看，差异化营销已成为对个人客户进行有效营销最为重要的策略之一。

1. 个人客户按贡献度分层

商业银行个人客户众多，金融需求复杂多样，因而必须依据一定的参考标准加以分层、分类，将有限的银行资源合理配置，也只有这样，才能确保各个层次个人客户的金融需求都能得到满足，从而保证商业银行自身效益目标的圆满实现。对个人客户的分层，通常可按照前述对个人客户分类的各种方法来进行，而其中最为重要的则是以个人客户对银行的利润贡献为基础，并结合其他涉及个人客户与银行的有关因素而加以混合或综合性的分层方法，将个人客户划分为贵宾客户、目标客户、大众客户和负效客户这四个主要的层次类型。以下是某银行对个人客户的分类评价标准：

（1）贵宾客户。贵宾客户是指选择本行产品和服务，为本行带来长期稳定利润的优质客户中的高价值客户。贵宾客户的标准根据客户使用本行产品和服务对本行利润的贡献，以及对本行拓展各项业务所起的作用确定，按照本行不同时期发展战略进行适当调整。具备下列条件之一的可以认定为贵宾客户：

1）个人本外币储蓄存款连续半年月均余额折算成人民币达到一定额度以上；

2）使用本银行的银行卡年累计消费额折算成人民币达到一定额度以上；

3）上年个人消费贷款余额达到一定额度以上，且信誉良好，能按时归还本息；

4）总行级公司类黄金客户的主要负责人和财务总监。

贵宾客户存款、卡消费额及个人消费贷款额度标准由各省级分行依据当地条件自行决定。

（2）目标客户。目标客户是指有较大发展潜力，经过营销可以成为本银行贵宾客户或优质客户的客户。

1）在本行虽没有存款或存款不多，但在其他行有较大额度存款；

2）中国科学院院士或中国工程院院士或享受国务院特殊津贴的全国知名教授；

3）全国性集团公司的主要负责人和财务负责人，经营业绩突出、没有不良信用记录，上市公司的主要负责人和财务负责人，全国性集团公司的部门经理及经营业绩突出的上市公司的部门经理；

4）全国性或区域性银行、证券、保险类公司的主要负责人与财务负责人；

5）全国知名的资深律师、注册会计师、审计师事务所合伙人，全国知名的具有良好诚信的艺术家、体育明星等；

6）具有较强科研能力，拥有一定科研成果的高等院校和科研机构的学科带头人；

7）属于高收入水平的证券投资分析师、精算师和金融分析师；

8）具有一定知名度的律师、注册会计师、审计师；

9）具有一定知名度和发展前景的艺术家、体育明星等；

10）收入水平持续上升且信誉良好的个体经营者。

（3）大众客户。大众客户是指交易频繁但业务规模较小、业务品种单一的一般客户。即收入处于一般水平，以储蓄存款、代收代付等中间业务为主体的广大城乡居民。

（4）负效客户。负效客户是指业务发生额小、发生频率低、管理成本高，大量占用本行柜台及网络资源，而对本行效益贡献小甚至是负效益的个人客户。例如，某银行规定持续三年以上没有交易且单一账户余额不足人民币 5 元或单一账户余额不足支付年费或小额账户管理费的为休眠户。

2. 差异化营销策略及组合

商业银行对个人客户的差异化营销策略是：强力拓展贵宾客户，大力培植目标客户，巩固或稳定大众客户，限制或淘汰负效客户。

（1）对贵宾客户和目标客户，一是优先服务，如优先提供大额取款、办理个人贷款等，有条件的支行、网点应提供预约上门服务；二是优惠服务，如信用卡免收年费等；三是结合授信服务，给予客户更大的产品与服务的选择范围和空间；四是专门化、个性化服务，如提供贵宾业务室、个人客户经理的“一对一”“面对面”服务；等等。

（2）对大众客户，主要采取旨在提高业务运作与处理效率的营销策略。一是有效利用营业柜台，推行规范化的服务标准、程序与质量，提供更为方便、快捷的产品与服务；二是合理兴办金融超市、社区银行、理财中心、信用卡中心、个人信贷中心等新型机构和网点，适当分流与集中一部分大众客户，进一步提高业务效率和经营效益；三是充分发挥各种自助型银行机器与设备的功能和作用，提高设施的使用率；四是开发、运用直接邮递、网上交易等银行新的营销途径，进一步拓展对大众客户的营销范围和空间。

（3）对负效客户，要在合法合规的前提下，寻求有利的时机，采取妥当的方法加以限制或淘汰。

3. 评定等级，实行动态管理

由于个人客户的自身因素以及社会与家庭因素都可能发生较大的变化，继而个人客户的层次类型相应地也可能发生改变，因此，差异化营销必须重视对个人客户的等级评定工作，实行动态的客户关系管理。一是建立个人客户资信信息调研机制，二是完善个人资信等级评估系统，三是形成并完善银行个人客户等级管理委员会这一类的组织机构，四是严密设计与严格执行个人等级评定与动态管理的制度和办法。如对贵宾客户的评级，坚持一年一次，不搞终身制，同时按规定的比率使负效客户逐步退出。

（二）服务营销

这里所指的服务，泛指包括产品在内的，商业银行与个人客户发生接触、联系并完成交易等各种业务活动的形式、内容与过程等。服务营销是指将所有影响个人客户接受银行产品的可控因素全部纳入营销范畴的营销策略与方法。

由于银行产品在功能与价格等方面存在趋同性或同质化特点，这就决定了个人客户在任何银行购买类似产品而得到的价值或效用基本相当，而不同银行在满足个人客户的个性化、情感化等方面的差异主要取决于银行非产品性的服务因素。正因为如此，商业银行个人客户间的业务竞争越来越从产品与价格的竞争转向服务的竞争，通过有效的服务竞争，进一步强化、提升个人客户对银行的信任感、满意度，因而服务营销已发展成为商业银行个人客户营销的重要策略。服务营销要求商业银行对涉及个人客户接受银行产品的所有可控制的因素加以全面分析和衡量，以此为基础对银行个人业务的全部方面和层面加以统一规划和衔接协调。一般来讲，服务营销对商业银行的营销要求主要包括：

（1）强化服务意识。一切以“客户满意”为标准，在员工中树立“客户第一、服务第一、信誉第一”的服务观念。所有员工都要重视产生服务问题的严重性。

（2）健全服务体系。既要组织专职的个人客户经理队伍，又要重视柜台服务的重要作用，还要健全“家庭银行”“电话银行”“网上银行”等自助银行服务体系。

（3）优化服务队伍。开展持证上岗培训、职业继续学习培训等活动，不断提高员工的业务知识与技能水平；开展“星级”“达标”等业务活动，不断提高员工的服务质量；开展各种职业道德教育活动，不断提高员工的思想道德素质。

（4）改进服务方式。变被动服务为主动服务，变单项服务为系列服务，变一般服务为精品服务，变静态服务为动态服务。通过不断地改进服务方式，为个人客户提供更满意的服务。

（5）创新服务技术。实现全省、全国性大联网，优化网上作业；加强对 ATM、POS 等机器的保养和维护；大力发展“一本通”“一卡通”“一柜通”“一网通”等技术，为个人客户提供完善、高效的服务。

（6）拓展服务功能。为个人客户介绍市场（如股市、汇市等）行情、宣传和普及金融知识、提供保险和投资理财咨询建议等多种服务，通过服务功能的不断拓展，为个人客户提供更加完善的金融服务。

（7）增加服务附加。服务附加指开展承诺服务、限时服务、大堂服务、外语服务、哑语服务、兑换零钞硬币服务以及提供伞具借用、报刊阅读、茶水饮用等，通过有效的服务附加，大力提升个人客户的满意度。

（8）完善服务设施。如自动点钞机、自动票据传输机、排队取号机、假钞鉴别器、咨询电脑、录像监控器、休息用沙发与桌椅、无障碍通道、老花镜等。

（9）规范服务行为。强化按程序、规范和标准办理服务，杜绝不文明、欠修养的业务用语，按社交、礼仪要求重视服务形象的改善。

（10）提炼服务文化。对在业务经营与市场营销活动中发现与创造的文化现象及优秀事迹，加以提炼和升华，同时结合现代银行企业文化之精华，形成具有银行特色的服务文化，以指导和激励员工不断地改进服务质量，提高服务水平。

（11）美化服务环境。加快网点与营业机构改造，做到宽敞明亮、朴实大方、温馨和谐、安全可靠、布局合理。

（12）加强内部服务。在全行范围内形成“一线为客户服务，机关为一线服务，领导为群众服务，上级为下级服务”的服务新格局。明确服务规范，保证服务质量，是服务营销与管理中非常重要的工作任务。为此，商业银行一是导入 ISO9000 质量管理认证体系，健全以 ISO9000 为主体的个人业务运作质量保证体系；二是制定全行统一的柜台服务行为规范，为个人客户提供文明、优质的服务窗口；三是加强检查力度，促进规章制度的全面执行。

（三）综合营销

所谓综合营销，是指对商业银行以全面有效地满足客户为前提，以对所掌握的有限资源加以充分整合与合理配置为条件，以各部门相互配合、系统联动、全员参与为手段的营销策略与方法的总称。综合营销的主要策略与措施包括：

1. 健全和完善个人客户综合营销的组织体系

为了保证对个人客户综合营销工作的顺利进行，商业银行应该健全和完善市场营销的组织体系。

第一，不断提升营销层次。一是淡化过去传统的经营行与管理行的划分，从营销角度看，各级行都是经营行。总、分行客户部门除承担必要的系统管理职能外，要把主要精力放在开发市场和客户上。二是积极探索“管营合一”模式，按部门模拟经营业绩。三是二级分行要加快推进扁平化改革，率先在城区实行直接经营。

第二，综合协调内部营销关系。为整合经营资源，提升整体市场竞争力，要综合性地协调与处理好个人客户营销中的内部关系。这里主要涉及前台部门之间的关系、前后台部门之间的关系、上下级行之间的关系、同级行之间的关系、境内外行之间的关系及各项个人业务之间的关系等。

第三，强化个人客户经理制。对贵宾客户和重要的目标客户，推行个人客户经理的“一对一”“面对面”式服务，通过其优质、高效的服务，有力地增强对贵宾客户和重点目标客户的营销与拓展的竞争能力。为此，要加强对个人客户经理队伍的动态选拔与管理。此外，对专业性强的个人业务，要建立个人产品经理制。

2. 个人客户的综合性开发、维护与管理

对个人客户的综合性开发、维护与管理，通常需要从三个层次上来统一和协调。

第一，源头或汇集营销。对个人客户涉及诸多社会环节、领域才能得以满足和实现的金融需求，从初始的环节、领域着手，牢牢地抓住需求的源头或汇集点，集中力量，强力营销。比如，为抢抓个人一手房、商用房按揭贷款源头，银行应积极介入当地政府的土地使用制度改革和土地招标拍卖活动，通过建立从土地储备贷款开始，到随后的房地产开发企业贷款、房地产开发企业的项目贷款，直到最后的个人住房按揭贷款这样四位一体的房地产信贷的综合营销架构，最终赢得个人一手房、商用房市场竞争的主动权。再比如，充分利用机构、网点优势，为个人客户及其主管部门（如财税部门等）提供资金汇总、归口的集中账户服务，通过代收、代缴个人税款、养老金、手续费等业务，增强对个人客户进行营销、拓展的竞争实力。

第二，群体或批量营销。对金融需求的特点与要求相类似的个人客户群体，如同一系统的政府机关公务员，同一集贸市场或专业“一条街”的个体经营户，同一乡镇赴同一外地的打工者等，对一系列的产品与服务加以充分整合后进行集中性、批量式营销，通过统一调查与宣传、统一条件和要求、统一授信等措施，增强服务的针对性和有效性，提高营销的质量和效率。比如，选择有利时机，以产品现场演示的方式直接面向众多的个人客户推荐个人外汇实盘买卖、个人汽车消费信贷等产品，对个人客户进行成群、成片的批量营销。

第三，组合或“捆绑”营销。对同一个客户，尤其是高价值的个人贵宾客户和具有较大潜力价值的个人目标客户，如果其金融需求较为复杂、广泛，银行必须提供“一揽子”的组合产品与服务策略，有效地满足其需要，赢得他们的满意和忠诚。当前，一是要抓紧开发与运用个人基本综合账户，使银行为个人客户提供便捷高效的全方位、多层次的综合营销开发与服务具有现实可能性；二是健全完善个人客户资信信息综合系统，为银行深度挖掘个人客户价值潜力创造良好的条件；三是加快对现有产品与服务的整合与优化，推出适应客户需求变化的产品与服务“套餐”的新组合；四是重视对个人基本综合账户基础上的“一卡通”技术系统的持续开发和运用，推进个人业务的不断融合，尽量促使个人客户的各种支出全部集中到一张卡上，从而高度地锁定客户。

3. 个人客户服务品牌的综合塑造

在个人客户竞争中，优良、强势的服务品牌已成为推动商业银行成功营销的最有力手段之一，以至于品牌营销已发展成为个人客户营销中非常重要的策略和手段。为此，按照品牌综合营销的要求，商业银行在从事个人客户服务品牌的塑造过程中，对凡是涉及自身品牌、形象的一切信息，无论以什么样的途径、方式向个人客户进行传递和宣传，都必须让个人客户得到一致的认识和感受，形成对品牌含义明确而一致、深刻而持久的印象。

（1）通过广播、电视、报刊等大众传播媒介传递一致性信息。

（2）通过广义的媒介——雇员（如服务台、电话坐席接待员等）传递更有力的信息。

（3）产品与服务。作为满足个人客户需求的载体，产品与服务可以使个人客户对银行信息所表达的品牌含义有具体而切身的感受，对银行品牌表达的价值含义印象深刻。

（4）其他辅助手段。比如方便可靠的机器设备，简单明了的语音提示，清晰直接的自助终端使用说明以及赏心悦目的页面设计等，都有助于向个人客户传递银行的信息，提升银行品牌的价值。

（5）品牌综合营销还强调在商业银行内部，以共同的客户导向型经营理念来统一员工言行，使个人客户感到商业银行在经营理念、视觉识别和银行行为三方面的和谐统一，从而留下更好、更深的印象，继而塑造价值更高的品牌形象。

二、公司客户的营销策略

公司客户是银行客户的主要构成部分，其存款是银行低成本资金的主要来源。因此，如何利用市场营销方法创造客户价值、提高客户满意度，是客户经理必须关心的问题。对公司客户的营销方法很多，不同的公司客户的金融需求也不同。这里主要针对公司客户的特点介绍以下几种营销方法。

（一）直接营销

直接营销是指总、分行客户部门直接组织客户开发，受理、调查（评估）金融需求，提供金融产品和服务并维护和监管客户的营销方式。直接营销的服务对象主要是大型企业。直接营销的工作流程如下：

（1）直接营销行客户部门自行收集或通过下级行获得客户信息，通过分析宏观、区域、行业状况，确定目标客户。

（2）根据目标客户情况成立客户服务小组或指定客户经理，研究营销策略，制定有差别的营销方案。

（3）根据营销方案，接触客户，了解客户需求，推介适用的金融产品，直接受理客户的金融需求。

（4）根据客户需求与相关部门或相关行会商。

（5）客户经理或客户服务小组调查（评估）客户需求，针对客户的综合需求研究制定金融服务方案，如有必要，签订银企合作协议。客户部门将银企合作协议或具体业务交有关部门按程序审批。

（6）直接营销行确定操作行并组织实施金融服务。

（7）操作行进行客户日常管理、维护与风险监测，并将相关信息及时反馈给直接营销行客户部门。

（8）直接营销行客户部门对客户、服务方案及实施效果进行评价，根据客户的合理需求及时调整服务方案。

（二）联合营销

联合营销是指由某一级行受理、多级行共同组织客户开发，调查（评估）金融需求并提供金融产品和服务的营销方式。联合营销的服务对象主要是大型客户及其上、下游客户或集团性客户。联合营销的工作流程如下：

（1）受理行客户部门确定目标客户，需下级行参与联合营销时通知下级行客户部门及其他参与部门。如需上级行联合营销，则向上级行客户部门提出书面申请。

（2）被邀请的最高级别行客户部门根据客户情况决定是否采取联合营销方式。对确有必要的，该行即为联合营销的牵头行，由客户部门明确各参与行及部门。

（3）牵头行客户部门与各参与行及部门会商，成立由相关参与行、相关部门共同参加的客户服务小组。

（4）客户服务小组调查（评估）客户需求，针对客户的综合需求研究制定金融服务方案。如有必要，签订银企合作协议。银企合作协议由牵头行按有关程序审批，具体业务按权限审批。

（5）受理行确定操作行并组织实施金融服务。

（6）操作行进行客户日常管理、维护与风险监测，并将相关信息及时反馈给上级行客户部门。

（7）牵头行组织受理行对客户、服务方案及实施效果进行评价，根据客户的合理需求及时调整服务方案。

（三）协助营销

协助营销是指协办行（业务涉及的各区域行）在管理行（总、分行）的协调下，对主办行提供业务协助的营销方式。协助营销的服务对象主要是跨地区的大客户。协助营销的工作流程如下：

（1）主办行客户部门确定目标客户，需协助营销的，向管理行客户部门提出书面申请。管理行客户部门根据客户情况决定是否采取协助营销方式，对确有必要的，要明确各协办行。

（2）管理行客户部门与各部门会商，协调主办行和各协办行，明确相关责任人，必要时成立由各行参加的客户服务小组。

（3）管理行组织主办行及必要的协办行调查（评估）客户需求，针对客户的综合需求研究制定金融服务方案。如有必要，签订银企合作协议。银企合作协议由管理行按有关程序审批，具体业务按权限审批。

(4) 管理行负责组织业务协调，必要时召开业务协调会议。

(5) 主办行与协办行共同组织实施金融服务，各行要密切配合，及时交换信息。

(6) 主办行及协办行共同进行客户日常管理、维护与风险监测，并将相关信息及时反馈给管理行客户部门。

(7) 管理行组织主办行和协办行对客户、服务方案及实施效果进行评价，根据客户的合理需求及时调整服务方案。

三、客户经理如何打造自己的人脉关系网

“专业是刀柄，人脉是利刃”，在现今变化多端的社会局势中，光靠本身的专业职能是不够的，唯有配合互助互利的方式去经营人脉，才是胜负关键。如果你想做一名成功的客户经理，在日常生活中一定要做一个有心人，注意利用各种机会去收集资料和培养自己的人脉关系。有些关系在平时可能并不太注意或者联系并不太密切，但是所有关系都隐藏着商机，都有可能成为你开拓市场的通道。所以，作为一名客户经理，人脉关系是至关重要的，如不仔细想想未来的人脉如规划运行，你会发现自己只是在原地踏步。

(一) 进行人脉资源规划

你想五年后成为什么样类型的人，现在就应该开始布局，从现在开始开拓人脉，进而达成自己的目标。早一点规划自己的人脉网络，五年后，你会发现身边到处是可随时协助你的专业人士，一通电话即可解决令你烦恼的棘手问题。

1. 明确职业和事业生涯规划

要弄清楚以下几个问题：

(1) 我的职业方向是客户经理吗？

(2) 我准备在什么规模、什么类型的金融企业工作？

(3) 我准备在哪个领域或行业拓展业务？

(4) 我的职业和事业生涯大体分为几个阶段？

2. 弄清职业和事业的人脉资源需求

要弄清楚以下几个问题：

(1) 我目前的职业和事业进展得顺利吗？

(2) 如果顺利，是谁给了我最有力的支持和帮助？今后我还要得到他们什么样的支持？

(3) 如果不顺利，原因是什么？假如不是我的能力问题，那么，是谁没有给我最有力的支持？他们为什么没有帮助我？

(4) 为了实现我的职业目标，我需要哪些人脉资源的鼎力相助？我现在得到了吗？

（5）为了实现长远的职业目标，我还要开发哪些潜在的人脉资源？

3. 制定人脉资源行动计划

在制定人脉资源行动计划时，应注意以下几个问题：

（1）人脉资源的结构要科学合理。比如，性别结构、年龄结构、行业结构、学历与知识素养结构、高低层次结构、内外结构、现在和未来的结构等。不少职业经理人的人脉圈子结构太单一，导致人脉资源的质量不高。比如，有的人只重视企业内部的人脉资源，而忽视了企业外部的人脉资源，造成圈子狭窄、信息闭塞、坐井观天；有的人只重视眼前的人脉资源，而忽视了未来的人脉资源，结果随着职业和事业的发展以及环境的变化，造成关键时刻人脉资源缺位断档，临时抱佛脚往往效果不好。

（2）人脉资源要兼顾职业、事业和生活的需要。不能只顾职业的发展和事业的成功，而忽视生活的丰富多彩和应急需求。比如，有的人尽管在你的职业和事业上起不到什么作用，但却是你家长里短、日常生活的好帮手，你不应该忽视他们。

（3）人脉资源要平衡物质和精神方面的需要。你不能一头扎进追求名利的陷阱，而忘却了生命追求快乐和幸福的本义。比如，你要有一两个真性情的朋友，他们可以毫不留情地指出你的错误，让你有片刻的清醒。你还应该有一两个善于倾听的伙伴，他们是你倾诉的对象，成功时他们与你一起分享，挫折时他们与你一起分忧。你甚至还应该有一两个爱抬杠的家伙，他们总是与你的观点相左，但你总能从他们的荒谬言论中汲取必要的营养。

（4）人脉资源要重视心智方面的需要。比如，你应该结交一些专家、学者、教授、实战英雄、智者、小诸葛等，定期与他们交流，会使你受益匪浅。你百思不得其解的难题，他们的片言只语可能会给你指点迷津。

4. 注意人脉资源的深度、广度和关联度

在拓展你人脉资源的过程中，要注意人脉的深度、广度和关联度。人脉的深度即人脉关系纵向延伸的情况，达到了什么级别；人脉的广度即人脉关系横向延伸的情况，范围（区域与行业）有多广；人脉的关联度指人脉关系与个人所从事行业的相关性和人脉资源直接的相关性。人脉资源既要有广度和深度，又要有关联度，要利用朋友的朋友或他人的介绍等去拓展你的人脉资源，从长远考虑，千万不要有人脉“近视症”，需要关注成长性和延伸空间。

（二）遵守经营人脉资源的六大原则

1. 互惠原则

利人利己是一种双赢的人际关系模式，利人利己者认为，世界之大，人人都有立足的空间，他人之得不必视为自己之失。利人利己观念以品格为基础：诚信、成熟、豁达。豁达的胸襟源于厚实的个人价值观与安全感，由于相信有足够的资源，因此不怕与人共名声、共财势，从而开启无限的可能性，充分发挥创造力与宽广的选择空间。但是，有些人喜欢使用二分法，以为利人则必损己，利己则必损人。于是，为了一己之利，便置他人利益于不顾，最后往往落得一个损人害己、两败俱伤的下场。利己损人，世上多少争斗；利人利己，人间无限芳春。美国汽车大王亨利·福特曾说过："如果成功有秘诀的话，那就是站在对方立场来考虑问题，能够站在对方的立场，了解对方心情的人，不必担心自己的前途。""己欲立而立人，己欲达而达人"，只有这样，才能赢得人们的信任与好感，建立融洽的人际关系。互惠原则讲求利人利己，绝不是世俗的"互相利用"。利己的原始动机是在帮助别人的利他行为中得到心理满足，对方给予自己的帮助，只是自己利他行为的客观报偿，也就是说，利己的目的不是要索取什么，而是从给予中获得欣慰。

2. 诚实守信原则

一般人都喜欢与诚实、爽直、表里如一的人打交道。因此，在人际交往中应切记诚实守信的原则。信用的心理作用是给对方以安全感，人际关系是以互相吸引为前提，而这种吸引很重要的一点是双方必须在交往中达到心理上的安全感。因此，约定的聚会，要按时出席；承诺的任务，要力争完成；朋友托办的事，答应了就要办到；借别人的款项、物品，要如期归还。这些不是无关紧要的小节，而是影响个人信誉和人际关系的大问题，切不可掉以轻心。

3. 互赖原则

集思广益的合作威力无比。许多自然现象告诉我们，全体大于部分的总和，不同植物生长在一起，根部会相互缠绕，土质因此改善，比单独生长时更为茂盛。这一原理也同样适用于人类，但并非万无一失。只有敞开胸怀，以接纳的心态尊重差异，才能众志成城。"红花亦需绿叶来陪衬"，任何事业，都不是个人独力所能够完成的，有赖于同仁的互助合作，因此，我们要树立"合则彼此有利，分则大家倒霉"的意识。共同努力，一起来担负责任，才能共策共力，达到真正互依互赖的境界。

4. 分享原则

分享是一种最好的建立人脉网的方式，你分享的越多，得到的就越多。世界上有两种东西是越分享越多的：一是智慧、知识，二是人脉、关系。正如萧伯纳所说："我有一个苹果，你有一个苹果，交换一下每人还是一个苹果；我有一个思想，你有一个思想，交换一下每人至少有两个思想。"同理，你有一个关系，我有一个关系，如果各自独享则每人仍有一个关系，如果拿来分享，交流之后则每人拥有两个关系。我们来看一看李嘉诚的生意经："假如一笔生意你卖10元是天经地义的，而我只卖9元，让他人多赚1元。表面上看我是少赚了1元或者亏了1元，但是，从此之后，这个人还和我做生意，而且交易越来越大，而且会介绍他们的朋友与我做生意，朋友又介绍朋友来与我做生意。所以，我生意越来越多，越来越大，我的朋友圈子也越来越广。"如果你分享的东西是对别人有帮助的，别人会感谢你。你愿意同别人分享，有一种愿意付出的心态，别人会觉得你是一个正直的人，愿意与你做朋友，愿意与你打交道。

5. 坚持原则

只有坚持不放弃的人，才能有更多正面思考的时间、更深刻的屡败屡战的信念，从而赢得更多的成功机遇。在经营和开发人脉资源的过程中，很多人缺乏坚持的韧性，主要表现在：一是“三天打鱼，两天晒网”，一曝十寒；二是遭到拒绝之后，没有勇气坚持下来，结果错失“贵人”相助的良机。“骐骥一跃，不能十步；驽马十驾，功在不舍。”坚持就是胜利，你如果只坚持了三天、五天、一个月、两个月，当然无法做到“水滴石穿，绳锯木断”而到达胜利的彼岸。坚持，可以让我们在困惑时柳暗花明；坚持，可以让我们在人脉资源中游刃有余；坚持，可以让我们在贵人助力的竞争中脱颖而出。“古之立大事者，不惟有超上之才，亦必有坚韧不拔之志。”这正是胜利者对成功经验的高度概括，因为他们深知：对前途失去信心的人，永远也享受不到成功的喜悦，唯有不断奋斗，坚持到底，辛勤耕耘人脉的沃土，才会构建广袤的人脉天地网络，实现“振臂一挥，应者云集”的大成人生。

6. 用心原则

心与脉管相通，心气推动血液在脉管中循行，所以心气的强弱可以从脉象上反映出来。例如，心血充盈，心气旺盛，则血脉运行畅通，其脉象和缓有力、节律均匀为之正常；反之，心气虚弱，推动无力，则血脉运行不畅。“心主身之血脉”，血有营养周身的作用，脉为血液运行的隧道，但受心所统率，在心气推动下发挥作用。上述所说的是在人的生理血脉系统运行中，心的主导和推动作用。同样道理，在人脉资源的经营中，我们只有以心换心，付出诚心、真心、爱心，才能换来心心相印的人脉脉动效果。

（三）注重开发潜在的人脉资源

1. 熟人介绍：扩展你的人脉链条

美国人力资源管理协会与《华尔街日报》共同针对人力资源主管与求职者所进行的一项调查显示：95%的人力资源主管或求职者透过人脉关系找到了适合的人才或工作，而且61%的人力资源主管及78%的求职者认为，这是最有效的方式。前程无忧网也曾经做过“最有效的求职途径”调查，其中“熟人介绍”被列为第二大有效方法。所以，根据你的人脉发展规划，你可以列出需要开发的人脉对象所在的领域，然后你就可以要求你现在的人脉支持者帮你寻找或介绍你所希望的人脉目标了，接下来，创造机会，采取行动。

2. 参与社团：走出自我封闭的小圈子

参与社团可在自然状态下与他人互动、建立关系，从中学习服务人群进而创造商机并扩展自己的人脉网络。你所认识的人是否都和自己很像？背景相似？对于很多事情的看法也一致？如果你的回答是肯定的，那么你可要注意了，因为这表示你的生活圈子越来越狭窄，拓展人脉的机会也越来越少。如何扩展公司、单位以外的人脉，扩大交友范围，透过社团活动的开拓来经营人际关系是一种很有效的途径。平常太主动亲近陌生人时，容易遭受拒绝，但是参与社团时，人与人的交往在“自然”的情况下将更顺利。为什么强调自然？因为人与人的交往、互动，最好在自然的情况下发生，这样有助于建立情感和信任。透过社团里面的公益活动、休闲活动，产生人际互动和联系。如果你参加了某个社团，你最好能谋到一个组织者的角色，当然，理事长、会长、秘书长更好，求其次也要当一个干事之类，因为，这样你就得到了一个服务他人的机会，在为他人服务的过程中，你自然就增加了与他人联系、交流、了解的时间，你的人脉之路也就在自然而然中不断延伸。

3. 利用网络：廉价的人脉通道

随着网络技术的完善，通过网络平台和手机社交软件交友的功能越来越丰富。无论对方近在咫尺还是远在天涯，都能通过网络面对面地进行沟通和交流。网络是平等的，沟通的双方没有高低贵贱之分。网络就像一片自由的天空，双方可以坦诚相对。有一个小企业的销售部经理，建立了自己的博客地址，闲暇之余喜欢将自己在商场打拼的体会、经验、教训、甘苦贴在网上。有一次，在浏览博客网页时，他发现了一篇很精彩的文章，读完之后，他把自己的读后感以及对文章的肯定和赞美给作者留了言。就这样一来二去，他们建立了坦诚交流的“文缘”，很是投机。四个月后的一天，他突然接到这位网友的电话，说是在他所在的城市出差，问能否见上一面。由于他们在网上不设防的交流，双方对对方的价值观、思想、爱好、兴趣、处世原则、能力等有了比较透彻的了解，所以两人相谈非常融洽，一见如故。见面交谈了两个小时之后，对方才递上了自己的名片，并问他是否愿意到他的企业去工作。原来，这位网友竟然是自己所从事行业中全国有名的第二大企业的老板。从此，他的事业有了很大的起色。

4. 参加培训：志同道合的平台

参加与自己的工作或兴趣有关的各类培训班，有三大好处：一是走出去方知天外有天、人外有人；二是一学习才知道自己孤陋寡闻；三是培训班不仅是一个学知识、长见识、开思路的好地方，更是我们借此拓展人脉资源的好机会、好平台。当然，最主要的是你要积极主动，做一个有心人。

5. 参加活动：表现自己、结交他人的舞台

同学会、老乡会、战友会、联谊会、沙龙聚会、庆典会等，你若有时间还是尽可能地参加。有些人本能地厌恶或害怕参加闹闹哄哄的聚会，认为这些活动纯粹是在浪费时间和精力。而你如果想扩展你的职业和事业范围，这些活动对你来说是必不可少的，你需要做的是，分辨出哪些该参加，哪些该拒绝。一旦决定参加，你就肩负了一项任务，即问自己为什么参加这次活动。你必须从这次活动中有所收获，那就是有利于丰富你的人脉资源。当然，老人脉、老朋友之间的活动你可以轻松一些。

6. 处处留心：学会沟通和赞美

想成为一名成功的人士，你要善于把握机会，抓住一切机会去培育人脉资源与关系。

其实有许多机会就在你身边，但你可能总是平白地让它流失。如在婚宴场合，你可以在出发前，先吃点东西，并提早到现场，因为那是认识更多陌生人的机会；就是参加一次萍水相逢的会议，你也可以与你的前后左右五六个人交换名片，利用休会的间隙聊聊；在外出旅行过程中，要善于沟通与交流，主动与他人沟通等。所谓的沟通能力，其实就是了解别人的能力，包括了解别人的需要、渴望、能力与动机，并给予适当的反应。如何了解呢？要学会倾听，倾听是了解别人最妙的法宝。除了倾听，适时赞美别人也是沟通妙法。美国钢铁大王卡内基，在 1921 年付出 100 万美元的超高年薪聘请 CEO 夏布。当时许多记者访问卡内基时问为什么是他，卡内基说："因为他最会赞美别人，这也是他最值钱的本事。"甚至，卡内基为自己写的墓志铭是这样的："这里躺着一个人，他懂得如何让比他聪明的人更开心。"

7. 不怕拒绝：勇敢出击

历史上那些成大功、立大业的人物，有一个共同的特点：不轻易为"拒绝"所打败而退却，不达成他们的理想、目标、心愿就绝不罢休。客户经理在与客户交往的过程中，必须树立成功的信心，克服患得患失、害怕失败的心理，以百折不挠的勇气去面对客户、面对失败，只有这样才能走向成功。当发现目标时，要想办法与客户沟通，不能因遭受一次冷遇就放弃，而应分析失败的原因，通过各种途径争取客户的了解，力争使客户留下深刻的印象，建立起人脉关系。在事业上要想得到贵人相助，我们需要付出执着的努力，很多人既想得到贵人相助，又害怕贵人拒绝，说到底是其成功欲望不够强烈。其实，贵人也想结识像你一样的贵人，关键是你要勇敢地向前跨进一步。

8. 创造机会：善于把握机会

愚者错失机会，智者善抓机会，成功者创造机会。机会只留给准备好的人。"准备"二字，并非说说而已，更重要的是"做"，要去创造。同时，你还要把握每一个帮助别人的机会。红顶商人胡雪岩倒霉时，不会找朋友的麻烦；他得意了，一定会照应朋友。施比受更有福，虽然是老生常谈，但如果你一直秉持这个信念，不管往来人的阶层高低，总是尽量帮助别人，在你需要的时候，别人自然也会帮助你。要成大事，先要会做人；而会做人，即是善于在交往中积累人脉资源。

（四）管理人脉资源

1. 名片——人脉资源存折

名片是商务人士必备的沟通工具。不要小看了小小的名片，它可是你人脉管理中重要的资源。但是你是否对参加社交活动中收到的名片进行了有效的管理？首先，当你和他人在不同场合交换名片时，务必详尽记录与对方会面的人、事、时、地、物。交际活动结束后，应回忆并复习一下刚刚认识的重要人物，记住他的姓名、企业、职务、行业等。第二天或过个两三天，主动打个电话或发个电邮，向对方表示结识他很高兴，或者适当地赞美对方的某个方面，或者回忆你们愉快的聚会细节，让对方加深对你的印象和了解。其次，对名片进行分类管理。你可以按地域分类，比如按省份、城市；也可以按行业分类；还可以按人脉资源的性质分类，比如同学、客户、专家等。再次，养成经常翻看名片的习惯，工作的间隙，翻一下你的名片档案，给对方打一个问候的电话、发一条祝福的短信等，让对方感觉到你的存在和对他的关心与尊重。最后，定期对名片进行清理。将你手边所有的名片与相关资源数据作一下全面性整理，依照关联性、重要性、长期互动与使用概率、数据的完整性等因素，将它们分成三堆，第一堆是一定要长期保留的，第二堆是不太确定，可以暂时保留的，第三堆是确定不要的。

2. 建立你的人脉资源数据库

如果你的人脉资源十分丰富，建议你进行人脉资源数据库管理。你可以在网上下载一个名片管理软件，然后输入相关数据，如姓名（中英文）、工作数据（公司部门与职称）、地址（商务地址、住家地址、其他地址）、电话与传真及行动电话、电子信箱（公司与个人永久信箱）、网址等，甚至还可以输入更个人化的资料，如 QQ 号、微信号、生日、昵称、个人化称谓、介绍人、统一编号等其他字段。

3. 了解需求，满足需求

首先，你要像对待尊贵的顾客那样，了解人脉对象的基本情况，如家庭状况、收入状况、教育背景、兴趣爱好、价值观、工作生活习惯、职业事业理想目标、性格特点等各方面的细节，有必要的话还要在备忘录或数据库中记录备忘。其次，掌握人脉对象目前工作生活中最大的需求是什么，最看重什么，看看自己能为对方做些什么，能帮上什么忙，能提供些什么参考建议等。最后，无论对方的需求千差万别，但有一些基本需要是基本相同的，那就是被赞美、被尊重、被关心、被肯定、被同情、被理解、被帮助等。通过适当的赞美、尊重、关心、肯定、同情、理解、帮助等行为，让对方感到你对他的重视，他对你的重要，自然对方就会有一种满足感。

4. 用惊喜和感动创造人脉忠诚

经营人脉资源如同经营顾客一样，实现人脉忠诚才是人脉关系经营与管理的最终目的。为什么很多人人缘不错，认识的人也很多，但是在最需要帮助的时候，却“门前冷落车马稀”？这说明人脉关系经营的功夫不到，仍然停留在酒肉朋友、泛泛之交的较低的层次上。每一个人在工作和生活的不同时间，都可能出现最需要别人帮助、关心、支持、鼓励乃至同情的时候，他如果是你的人脉对象，在他最需要的时候，你应该就在他身边。或者是义不容辞地冲锋陷阵，或者是风急火燎地忙前忙后，哪怕是你默默地同他在一起，什么都不做，哪怕是你的一句鼓励的话语，一个同情的眼神，哪怕是你与他一起大笑，一起痛苦，一起着急，一起担忧，他都会感到真正友谊的存在，他都会深藏对你深深的感动。

5. 用“二八”法则经营人脉资源

企业经营管理中有一个著名的“二八”法则，通常的意义是说，在企业中 20%的产品在创造着企业80%的利润，20%的顾客为企业带来80%的收入，20%的骨干在创造着80%的财富等。“二八”法则告诉我们，要抓住那些决定事物命运和本质的关键的少数。经营人脉资源也是如此。也许，对你一生的前途命运起重大影响和决定作用的，也就是那么几个重要人物，甚至只是一个人。所以，我们不能平均使用我们的时间、精力和资源，我们必须区别对待，我们必须对影响或可能影响我们前途和命运的20%的贵人另眼相看，我们必须在他们身上花费80%的时间、精力和资源。

6. 日积月累，细心呵护

四通八达的人脉关系网络需要爱心的浇灌，需要精心的梳理，需要细心的呵护，需要耐心的期待。因此，你应该将人脉资源经营管理，纳入你的长期和短期的职业和事业规划计划之中，逐步养成经营人脉的习惯。根据不同层次的人脉资源分类，确定相应的联系、拜访、聚会等频次。在常规的节假日，或对方特殊的日子，比如生日，你不妨打一个问候的电话或发一条祝福的短信，或寄上一个精致的贺卡（或电子贺卡），或发一封E-mail，或通过QQ、微信等进行沟通交流。对于20%的关键的少数，你更要细心计划。

7. 友情投资宜走长线

友谊之花，须经年累月培养；做人做事，不可急功近利。善于放长线钓大鱼的人，看到大鱼上钩之后，总是不急着收线扬竿，把鱼甩到岸上。因为这样做，到头来不仅可能抓不到鱼，还可能把钓竿折断。他会按捺下心头的喜悦，不慌不忙地收几下线，慢慢把鱼拉近岸边；一旦大鱼挣扎，便又放松钓线，让鱼游窜几下，再慢慢收钓。如此一松一弛，待到大鱼精疲力竭，无力挣扎，才将它拉近岸边，用提网兜拽上岸。这也揭示出，求人交友要有长远眼光，尽量少做临时抱佛脚的买卖，而要注意有目标的长期感情投资。同时，放长线钓大鱼，必须慧眼识英雄，才不至于将心血枉费在那些中看不中用的庸才身上。求人也是一样，如果逼得太紧，别人反而会一口回绝你的请求。只有耐心等待，才会有成功的喜讯来临。

8. 广结善缘，广植善因

所谓结缘，就是和他人建立融洽的关系和良好的沟通。人生最可贵的一件事就是“结缘”，为了我们自己的生活愉悦，也为了大家的生命快乐，广结善缘实在重要。那么，怎么样才能广结善缘呢？过去，有人在路上点一盏路灯跟行人结缘，有人做个茶亭施茶与人结缘，有人造一座桥梁衔接两岸与人结缘，有人挖一口水井供养大众结缘，有人送一个时钟跟你结时间缘，这些都是很可贵的善缘。只要人有善心，自然善缘处处在，善门处处开。

从现在起，累积你的“人脉存折”，经营你的人脉资源吧！对于个人来说，专业是利刃，人脉是秘密武器，如果光有专业，没有人脉，个人竞争力就是一分耕耘、一分收获。但若加上人脉，个人竞争力将是一分耕耘、数倍收获。

四、目标客户选择的“机会—威胁”法

客户经理选择目标客户可采用“机会—威胁”法进行，即先确定机会因素和威胁因素，再通过分析来选择威胁小、机会大的客户作为目标客户。

（一）确定机会因素和威胁因素

1. 常见的机会因素

（1）技术进步带给客户经理的机会。

（2）银行专业技术方面的优势。

（3）客户经理能给客户带来的利益。

（4）客户行为方式的改变。

（5）客户服务需求的改变。

（6）银行的地理位置及带给客户的便利程度。

（7）客户经理的素质水平。

（8）良好的银行形象及声誉。

（9）与竞争银行相比，在服务产品、营业网点、资产规模、企业文化、经营机制、社会形象、营销策略等方面具有相对竞争优势。

2. 常见的威胁因素

（1）银行产品缺乏市场渗透力。

（2）银行存款的减少影响自身在市场上的信誉。

（3）银行贷款客户减少及不良资产增加。

（4）客户对客户经理的认知度下降。

（5）银行及客户经理对外宣传不充分或宣传效果降低。

（6）客户对银行服务的不满增加。

（7）银行工作程序相互冲突、贷款审批时间过长。

（8）其他银行的竞争压力。

（9）银行可利用的资金有限。

（10）客户对客户经理态度冷淡或表示不满。

（11）银行的市场影响力下降。

（12）银行产品和服务有局限性。

3. 综合分析目标客户的“机会—威胁”因素

对一个潜在客户列出所有的机会因素和威胁因素，经过分析总会出现下面四种情况中的一种：

（1）大机会、小威胁的客户。

（2）机会和威胁都较大的客户。

（3）小机会、大威胁的客户。

（4）机会和威胁都较小的客户。

上述四种情况中，第一种情况是最为理想的，可列为目标客户。

（二）收集目标客户基本信息并进行初步的价值评价

这里收集的信息只是基本的、初步的，目的在于加深对目标客户的了解，为制定开发计划准备基本的素材。

1. 了解目标客户的基本信息

（1）目标客户主要管理人员的情况，包括姓名、性别、年龄、文化程度、家庭情况、个人偏好、联系方式等。

（2）目标客户生产经营情况、市场占有情况、资金运作情况、企业发展历史、目前遇到的问题等。

（3）目标客户及关联企业的基本情况。

（4）目标客户与金融机构的业务开展情况。

（5）与客户所在行业有关的知识及该行业的历史与现状。

（6）与其他金融机构的合作情况及下一步对银行可能的业务需求。

2. 建立客户信息的获取渠道

（1）目标企业的宣传材料。

（2）政府主管部门。

（3）行业协会或学会。

（4）传播媒介或公开出版物、网站等。

（5）中介机构。

（6）与目标客户关系密切的其他客户。

（7）熟悉客户内部情况的人，尤其是客户主要决策人的“智囊”。

（8）目标客户的供应商或客户。

3. 客户价值初步评价

结合客户目前发展情况、现状及未来趋势分析，判断客户是否为有价值客户。对银行有价值的客户一般是资金量较大的客户，能够给银行带来较大负债业务，或者非常适合银行进入大额资产业务的客户。

（三）目标客户营销机会分析

1. 客户价值判断

（1）判断客户是否符合营销方向。如为信贷客户，是否符合信贷政策，判断客户是否有营销价值。符合信贷政策、客户营销政策、预计客户贡献度较高的客户可列为营销客户。客户必须符合本行信贷政策，否则很难获得批准。例如一家网络游戏公司，虽然资金量很大，但是这类项目很难获得银行批准。

（2）判断需求产品或服务的营销价值，含直接的价值和对客户关系影响的价值。很多小客户价值潜力非常大，比如钢铁经销商、药品经销商虽然规模小，但是现金流量非常大，如果服务方案设计得当，可以获得非常可观的存款。

2. 营销机会判断

分析判断客户需要哪些产品、哪些服务，可接受的价格范围、原因以及哪些银行可能提供服务。客户经理必须对产品非常熟悉，知道哪些客户需要通过哪些产品营销。比如钢铁经销商、煤炭经销商一定需要票据，建筑施工企业、投资公司一定需要银行保函，大型制造类企业一定需要工程机械按揭贷款，大型医院一定需要商业承兑汇票。

3. 营销时机判断

主要判断可能的时间限度、最佳营销的时间及原因。不是哪个客户都可做到一营销就立竿见影地取得效果。大部分中小授信客户对授信非常需要，但是有些中小客户缺少合适的风险抓手，需要客户经理精心设计授信方案。特大型垄断型客户营销则必须找准机会，找准时机，甚至找准介绍人，贸然营销，效果往往不会太好。

模块4 案例学习

“学”来的客户

李欣大学毕业应聘到一家商业银行工作，她感到十分惬意，这是她向往了许多年的职业。小时候，她家住在银行的隔壁，那时，每当看到银行的叔叔阿姨从里面走出来，她都会生出一种羡慕和神往。那个职业对她来说太向往了，她渴望有一天自己也能坐在高高的柜台里，像变戏法一样数着那些数不清的钱。

如今，她终于如愿以偿地走进了银行的大门。尽管远离家乡，但她依然觉得自己十分幸运，那股兴奋劲儿就甭提了。经过一个月的培训，她穿上了漂亮的行服走上了工作岗位，成为公司业务部的一名客户经理。这个时候，她的心里再没有了原来的兴高采烈，再也不觉得这份工作有多么高贵，甚至觉得有点低三下四。单说这个跑企业吧，那些财务人员像对待保险推销员一样对待她，一看到她来，就千方百计地找借口推脱。偏她不识趣，坐在人家办公室里就是不走。那些人索性不再理她，有时候在那里一晾就是半天。为了一笔业务，她跑断了腿，磨破了嘴，最后也没有办成。

一天一天地在外面跑，但一点点收获都没有。整整两个月过去了，一笔业务都没有做成。急得她向在同一城市工作的同学诉苦：“这份工作我是不打算再干了，现在跑市场一要有关系，二要有经验，这两条我一条都不具备，干脆‘跳槽’算了。”她这位同学在一家外企工作，听了她的话便劝道：“现在做什么都不容易，其实依我看啊，你还是比较适合做这份工作的。”她茫然地看着她的同学。“你在学校的时候就是有名的‘社交家’，能说能唱爱动脑子，人又热心，实在是个做客户经理的料，现在怎么会做不下去了呢?”她的同学笑着说。

“嗨，你不知道，现在银行的客户经理很难做的，我在这里没有亲戚朋友，同学也只认识你一个，到哪里去做业务啊?”李欣心事重重地叹了口气。

“谁说你没有同学没有关系，这可不是‘社交家’的风格。关系是可以创造的嘛，说起同学，我倒想起一个办法。我可以帮你搞一个校友聚会，咱们的大学也算得上名牌学校呢，在这个城市一定有好多校友。”

同学的一语提醒了李欣，对呀，自己怎么就忙迷糊了呢，这可是自己的拿手好戏啊。说干就干，第二天她就在报上登了启事。李欣在“一穷二白”的基础上，把校友聚会办得有声有色，尽管来的以年轻人居多，但仍有几个颇具实力的“师哥”“师姐”光临。

凭着这份校友录，李欣办出了第一笔业务。此后，她受到这次活动的启发，不停地参加各类培训班，如职业经理人培训、注册会计师资格考试培训、外语培训、瑜伽培训、美容培训、汽车驾驶培训等。

有一次，她甚至还混进了老年大学的钢琴班。因为她知道，凡是到这里来学钢琴的退休老人，必定有较好的家境，他们的儿女也一定会是社会的佼佼者。凭借自己小时候学钢琴的底子，她成了这些老人中间惹人喜爱的“小明星”，结交了许多“忘年交”。

其实，在每一次的培训中，她都“不务正业”地忙着做同学录、发名片、搞活动，一批又一批人进了她的客户资料库。她把这些人按照不同的职业、职务、年龄、性格、爱好等进行分类，确定了第一梯队、第二梯队、第三梯队……

接下来的工作就是每天穿梭在这些关系中间。她不再苦于没有关系，而是觉得时间不够用，恨不能多生出两条腿、两只手和一个脑袋来。

她的手机整天响个不停，还要忙着发 E-mail、发微信、QQ 聊天……天天忙得不亦乐乎，业务量也随之快速上升。不到一年，她已经成为一名高级客户经理。

资料来源：http：//detail. bookuu. com/0997461. html.

问题：

1. 李欣作为一名客户经理新手，成功秘诀是什么?
2. 假如作为一名未来的客户经理，你打算怎样去开拓自己的客户渠道?

模块 5 知识拓展

一、家庭生命周期与理财

家庭的生命周期是指家庭形成期（建立家庭生养子女）、家庭成长期（子女长大就学）、家庭成熟期（子女独立和事业发展到巅峰）和家庭衰老期（退休到终老而使家庭消灭）的整个过程。在生命周期的不同阶段，家庭有着不同的特征、理财需求与目标。比照家庭生命周期，可以按年龄层把个人生命周期分为 6 个阶段。每个人一般都会历经求学、就业、成家直至退休，每个人都希望对事业、家庭、居住和退休进行规划，围绕这些规划必然涉及财务问题。个人理财规划就是根据个人在生命周期不同阶段的特点（通常以 15 岁为起点），综合使用银行产品、证券、保险等金融工具，来进行财务安排和理财活动。各个阶段的特点和理财活动如表 3—5 所示。表中的分析建议仅供参考。

表 3—5　　个人生命周期各阶段的理财规划

期间	探索期	建立期	稳定期	维持期	高原期	退休期
对应年龄	15～24 岁	25～34 岁	35～44 岁	45～54 岁	55～60 岁	61 岁以后
家庭形态	以父母家庭为生活重心	择偶结婚、有学前子女	子女上小学、中学	子女进入高等教育阶段	子女独立	以夫妻两人为主
理财活动	助学贷款、提高收入	银行贷款（购房、购车）	偿还房贷、筹教育金	收入增加、筹退休金	负担减轻、准备退休	享受生活规划、遗产
投资工具	存款、信用卡、小额信贷	存款、股票、基金定投	自用房产投资、股票、基金	多元投资组合（预期收益高、风险适中）	降低投资组合风险（收益稳定、风险较低）	固定收益投资为主
保险计划	意外险、寿险	寿险、教育储蓄险	养老险、定期寿险	养老险、投资型保险	长期看护险、退休年金	领退休年金至终老

（一）探索期

每个人未来的财务状况并不只是从步入社会开始第一份工作、领取第一份收入开始，而应从学生时代尤其是大学时代开始准备。学生时代要为将来的财务自由做好专业上与知识上的准备，无论所学专业如何，都应学习掌握一些基本的理财知识，适当参与、尝试进行一些投资操作，或通过勤工俭学、科研开发等活动来获得一定的收入。在大学时代应培养良好的理财习惯，如财务记账、信用卡、基金定投、量入为出等，良好的理财习惯将使你在今后的理财活动中受益无穷。

（二）建立期

自完成学业开始工作并领取第一份报酬开始，真正意义上的个人理财生涯才开始。这个时期由于刚工作，收入基数较低，还没有足够的资金与经验从事投资，无法获得投资性收入。单身创业时代，是个人财务的建立与形成期，这一时期有很多理财目标，主要是筹备结婚、买房买车、继续教育支出等，如不科学规划，很容易形成入不敷出的窘境。因此，必须加强现金流管理，合理安排日常收支，适当节约资金进行适度金融投资，如债券、股票、基金、外汇投资，一方面积累投资经验，另一方面利用年轻人风险承受能力较强的特征博取较高的投资回报。

（三）稳定期

成家立业之后，两人的事业开始进入稳定的上升阶段，收入有大幅度的提高，财富积累较多，为金融投资创造了条件。此外，这一时期两人的工作、收入、家庭比较稳定，面临未来的子女教育、父母赡养、养老退休三大人生重任，这时的理财任务是要尽可能多地储备资产、积累财富，未雨绸缪。因此，这一时期要做好投资规划与家庭现金流规划，以防范疾病、意外、失业等风险。可考虑采用定期定额基金投资等方式，利用投资的复利效应和长期投资的时间价值为未来积累财富。

（四）维持期

经过十余年的职业生涯，个人对于自己未来的发展有了比较明确的方向，这一时期是事业发展的黄金时期，收入和财富积累都处于人生的最佳时期，更是个人财务规划的关键时期。在此阶段，个人开始面临财务的三大考验，分别是为子女准备教育费用、为父母准备赡养费用，以及为自己准备养老费用。同时，在这一阶段还需还清所有中长期债务。因此，这一阶段是个人和家庭进行财务规划的关键期，既要通过提高劳动收入积累尽可能多的财富，又要善用投资工具创造更多的财富；既要偿清各种中长期债务，又要为未来储备财富。这一时期，财务投资尤其是中高风险的组合投资成为主要手段。

（五）高原期

目前，在我国，通常男性 60 岁退休，女性 55 岁退休。这时，房贷等中长期债务已还清，子女一般也已经步入社会开始独立，因此，这个时期基本上没有大额支出，也没有债务负担，财富积累到了最高峰，为未来的生活奠定了一定的基础。在此阶段，个人的主要理财任务是妥善管理好积累的财富，主动调整投资组合，降低投资风险，以保守稳健型投资为主，配以适当比例的进取型投资，多配置基金、债券、储蓄、结构性理财产品，以稳健的方式使资产得以保值增值。

（六）退休期

一般来说，进入六七十岁的退休终老期后，主要的人生目标就是安享晚年，社会交际会明显减少。这一时期的主要理财任务就是稳健投资保住财产，合理消费以保障退休期间的正常支出。因此，这一时期的投资以安全为主要目标，保本是基本目标，投资组合应以固定收益投资工具为主，如各种债券、债券型基金、货币基金、储蓄等，因为债券本身具有还本付息的特征，风险小、收益稳定，而且一般债券收益率会高于通货膨胀率。

退休终老期的财务支出除了日常费用外，最大的一块就是医疗保健支出，除了在中青年时期购买的健康保险能提供部分保障外，社会医疗保障与个人储备的积蓄也能为医疗提供部分费用。为了使老年有充足的健康保障，除了社保与商业保险外，还要为自己准备一个充足的医疗保障基金。同时，退休终老期的一个重要任务是遗产规划以及与此相关联的税务规划。

二、客户风险承受能力评估与理财

鉴于理财业务的风险性，中国银监会和各家商业银行对理财客户的财富状况、风险承受能力均有一定的要求。银监会 2009 年 7 月 6 日颁布的《关于进一步规范商业银行个人理财业务投资管理有关问题的通知》中对客户有如下规定：商业银行应科学合理地进行客户分类，根据客户的风险承受能力提供与其相适应的理财产品。商业银行应将理财客户划分为有投资经验客户和无投资经验客户，并在理财产品销售文件中标明所适合的客户类别；仅适合有投资经验客户的理财产品的起点金额不得低于 10 万元人民币（或等值外币），不得向无投资经验客户销售。

各家商业银行根据自身理财产品性质、客户的风险偏好、客户的风险认知能力和风险承受能力分别设立了不同的客户准入标准。在理财产品性质方面，一般风险程度越高的产品其客户门槛越高。在客户的风险偏好方面，每个客户的性格、气质、教育背景不同，有的喜欢冒险，有的喜欢稳定，商业银行应根据不同客户的风险偏好定制各种产品。风险认知度反映了客户主观上对风险的一种量化的认识，这往往取决于客户的市场经验，能够体现客户的专业水平。

（一）客户风险属性

不同的客户具有不同的风险承受能力，客户的风险承受能力评估是理财业务的重要内容。业务人员在从事理财业务过程中，必须对客户的风险承受能力进行评估。

1. 客户的风险识别

客户的风险识别就是客户经理对客户在理财活动中所面临的各类风险进行系统的归类和鉴别的过程。只有在正确识别客户所面临的风险的基础上，才能够帮助客户选择有效的理财方案。在理财活动中，客户需要对自己所面临的现实的和潜在的风险进行评估才能制定出正确的理财需求。由于个人理财的复杂性，一些客户缺少足够的专业知识，需要客户经理帮助其识别理财活动所面临的各类风险。

2. 影响客户风险承受能力的因素

（1）年龄。一般而言，客户年龄越大，所能承受的风险越低。通常情况下，年轻人的人生与事业刚刚起步，面临无数的机会，他们敢于尝试，敢于冒险，偏好较高的风险；而等到了退休年龄，心态自然老成持稳，一般理财偏好趋于保守。从不同年龄的个人收入来看，刚刚进入社会的年轻人，虽然储蓄较少但未来预期的收入较多，因此可以承担较高的风险；反之，即将退休的人虽然储蓄较多，但未来预期的收入会减少，因此难以承受较高的风险。

（2）受教育情况。一个人与生俱来的东西很少，后天的学习和工作是知识和经验的主要来源。受教育程度对一个人的消费观念和生活态度影响巨大，进而影响个人对理财服务的需求。一般而言，风险承受能力随着受教育程度的增加而增加。掌握专业技能和拥有高学历的人，对风险的认识更清晰，管理风险的能力更强，往往能从事高风险的投资。而对那些对投资知识相对缺乏的人来说，高风险投资失败的可能性就要大得多。

（3）收入水平、职业和财富规模。

1）收入水平。收入的高低决定了个人及家庭的消费和积累，也决定了个人对待风险的态度。根据收入的高低，可将家庭分为高收入家庭、中等收入家庭和低收入家庭。一般而言，收入水平与风险承受能力成正相关。家庭收入的划分是随着居民财富条件变化而不断变化的，并没有统一的规则。一般而言，家庭收入的划分具有阶段性、区域性特征。

2）职业。职业与收入密切相关，高收入者一般为企业老板、高薪白领、演艺人员等。高收入者由于职业原因，工作繁忙，压力大，无暇顾及个人理财问题，但对个人理财有较强的需求；中等收入者多为社会公职人员、知识分子、个体老板、效益较好的企业管理人员，这些人收入较为稳定，对消费理财和投资理财有一定兴趣，多厌恶风险；低收入者消费较为谨慎，注重收支的合理安排，对储蓄存款的搭配感兴趣。

3）财富规模。收入的高低决定了财富的多少，个人生活理财的主要目标市场是财富较少的人，投资理财则把富人作为目标群体。资金充裕是否就意味着愿意承担更高的风险呢？这个问题要求我们首先区分绝对风险承受能力和相对风险承受能力这两个概念。绝对风险承受能力由一个人投入到风险资产的财富金额来衡量，而相对风险承受能力则由一个人投入到风险资产的财富比例来衡量。一般而言，绝对风险承受能力随财富的增加而增加，因为投资者将更多的财富用来投资，而相对风险承受能力则与财富多寡没有必然的直接联系。

（4）资金的投资期限。如果用于投资的一项资金可以长时间持续进行投资而无须考虑短时间内变现，那么这项投资可承受的风险能力就较强。相反，如果一项投资要准备随时变现，就要选择更安全、流动性更好的产品，那么这项投资可承受的风险能力就较弱。影响投资风险的主要因素有以下几个：

1）景气循环。金融市场的短期波动难以预测，盈亏很难通过技术操作来控制。若投资时间长，则可跨过几个循环周期，可选择景气周期高峰时卖出得利。

2）复利效应。短期的投资即使获利丰厚，若没有经过一定时期所产生的复利效应，其收益还是有限的，而一旦亏损就会导致短期理财目标无法实现，从而产生一定的风险。

3）投资期限。根据统计结果，发现报酬率上下限的差异随着投资期限的延长而越来越小，标准差也越来越小，这说明投资时间越长，平均报酬率越稳定。同一种投资工具的风险，可通过延长投资时间来降低，因此投资期限越长，越可选择短期内风险较高的投资工具。

（5）理财目标的弹性。理财目标的弹性越大，可承受的风险也越高。若理财目标时间短且完全无弹性，则采取存款以保本保息是最佳选择。如果某项投资是为了子女的教育或者父母的赡养，那么这笔资金就必须在保证安全性的前提下在特定时间内获得理想的收益，这样的理财目标既缺乏金额弹性又没有时间弹性，对理财工具的风险偏好较低。相反，如果个人计划一笔资金用于未来购车，则可以有较大的理财目标弹性，可根据收益状况来决定该笔资金的投资期限和购车的时机及档次。

（6）主观风险偏好。投资者主观上可以承受本金损失风险的程度是因人而异的。个人的性格、阅历、胆识、意愿等主观因素所决定的个人态度，直接决定了一个人对不同风险程度的产品的选择与决策。

（7）其他影响因素。除上述影响因素外，客户的性别、家庭情况和就业状况等都会影响其风险承受能力。

1）不同性别的投资者对风险的承受能力有显著不同。受中国传统文化的影响，中国年长的女性多厌恶风险，对投资不感兴趣，在消费观念上较为保守；年长的男性则较偏爱风险，愿意通过消费贷款来满足消费欲望，对风险投资有兴趣；年轻男女则在风险承受能力上差异不大。

2）在工薪家庭中，夫妻双方的风险承受能力高于未婚者，因为双方都有相当的经济独立能力，双份收入可以增加风险承受水平。但如果双方在经济上的依赖性比较大，负担较重，则单身的人承受风险的能力要强些。

3）工作是大多数人经济收入的来源，所以工作的安全性与风险承受能力的大小有很大关系。失业的可能性越大，职业风险就越大，专业人员的风险承受能力要大于非专业人员，风险承受能力随着知识和技能熟练程度的增加而增加。

（二）客户风险偏好和投资风格分类

根据对风险的态度的不同，可以将客户分为风险厌恶型、风险偏爱型和风险中立型三类。在实际理财业务中，一般采用五级分类模式（有些商业银行采用六级分类模式），将客户的风险承受能力及其投资风格进一步细分。

1. 客户风险态度分类

由于每个人的性格、社会经历、文化程度、判断能力等的不同，他们对风险与收益所持的态度必定会产生差异。根据客户对待投资中风险与收益的态度，可以将之分为三种类型，即风险厌恶型、风险偏爱型和风险中立型。

（1）风险厌恶型。风险厌恶型投资者厌恶风险，对待风险态度消极，不愿为增加收益而承担风险，非常注重资金安全，极力回避风险。他们多半是那些缺少时间和专业知识去打理投资事务的人，既想安全又不愿过多地烦心，即使有远远高于平均收益水平的投资机会，他们也不愿轻易涉及，在投资工具选择上以储蓄存款和政府债券为主。

对于风险厌恶型客户，边际收益对他们的满足程度可能不及边际风险带给他们的恐慌。比如老年投资者为自己准备的养老金，他们最在乎的是其安全性，如果用1%的风险换取100%的收益他们都不会动摇这部分资金的用向，则养老保险也许是他们最好的投资选择。因此，应为风险厌恶型客户选择储蓄、债券、保险等安全性高的投资工具。

（2）风险偏爱型。风险偏爱型投资者喜爱风险，对待风险投资较为积极，愿意为获取高收益而承担高风险，重视风险分析和回避，不因风险的存在而放弃投资机会。他们追求的目标是高收益，而不满足平均的投资收益，即使一笔投资失败，还可以通过其他的投资赚回来。这些客户一般有雄厚的资金、冒险的精神、乐观的心态、熟练的投资技巧、无后顾之忧的家庭。适合此投资模式的投资工具大多风险大、收益率高、投机成分重，如股票、期货等。采用这一模式时，要非常慎重，必须对自己的经济实力、心理承受能力和知识有一个较为客观的分析和估计。

风险偏爱型客户坚信高风险必定伴随着高收益，在为此类投资者设计组合时一定要了解投资者的资金情况，因为风险偏爱型客户往往会乐观地认为风险不会出现，夸大其风险承受能力，万一失败，可能会影响整个家庭当前和以后的生活。所以银行一定要对风险偏爱型客户列出所有可能的风险，以及损失程度，并叮嘱投资时一定要遵循组合设计的最大风险止损原则，不能因为一时的贪心而酿成大错。

（3）风险中立型。风险中立型客户介于前两类投资者之间。从其对资金安全的要求看，首先是收回等于或大于投入的本金数额，储蓄、债券等方式能实现这一目的；其次还要保持本金原有价值不变，也就是说收回的资金不会因通货膨胀的影响而导致实际购买力低于投入时本金的购买力。储蓄，虽然到期能收回本金和利息，但若在通货膨胀时期，通货膨胀率高于收益率，则所收回本息的实际价值已低于原来本金的价值。此类客户可以完全接受通货膨胀的风险。从其风险态度来看，他们有一定的冒险精神，但不满足于平均收益，一有机会，他们绝不放过，以期获得高收益。对于太高的风险，却也望而生畏。他们将一部分资金用于投资高风险高收益的项目，一旦投资失败，也不会对家庭正常生活产生影响。如果用优化模型来衡量此类投资者，单位风险的收益率最大化才是最适合他们的。

2. 根据风险偏好为客户分级

不同风险偏好的人对风险的承受能力各不相同，其所选择的理财业务也会不同。在实际理财业务过程中，商业银行往往按照人们的主观风险偏好类型和程度将投资者的理财风格分为五种类型：

（1）进取型。进取型的客户一般是相对年轻、有专业知识技能、敢于冒险、社会负担较轻的人士。他们敢于投资股票、期权、期货、外汇、股权、艺术品等高风险、高收益的产品与投资工具，追求更高的收益和资产的快速增值，操作手法往往比较大胆。同样，他们对投资的损失也有很强的承受能力。进取型客户可以投资包括高风险产品在内的理财产品或者投资工具。

（2）成长型。成长型的客户一般是有一定的资产基础和一定的知识水平、风险承受能力较高的人士。他们愿意承受一定的风险，追求较高的投资收益，但是又不会像进取型的人士那样过度冒险投资那些具有高风险的投资工具。因此，他们往往选择适合长期持有，既可以有较高收益、风险也较低的产品，如开放式股票基金、大型蓝筹股票等。成长型客户可以投资除了高风险理财产品外的其他理财产品和投资工具。

（3）平衡型。平衡型的客户既不厌恶风险也不追求风险，对任何投资都比较理性，往往会仔细分析不同的投资市场、工具与产品，从中寻找风险适中、收益适中的产品，获得社会平均水平的收益，同时承受社会平均风险。因此，这一类型的投资者往往选择房产、黄金、基金等投资工具。平衡型客户适合投资中等风险以下的理财产品或投资工具。

（4）稳健型。稳健型的客户总体来说已经偏向保守，对风险的关注更甚于对收益的关心，更愿意选择风险较低而不是收益较高的产品，喜欢选择既保本又有较高收益机会的结构性理财产品，往往以临近退休的中老年人士为主。因此，稳健型客户适合投资低风险的理财产品或投资工具。

（5）保守型。通常来说，步入退休阶段的老年人群，低收入家庭，家庭成员较多、社会负担较重的大家庭以及性格保守的投资者，往往对于投资风险的承受能力很低，他们选择一项理财产品或投资工具的首要考虑是能否保本，然后才考虑追求收益。因此，这类投资者往往选择国债、存款、保本型理财产品、货币与债券基金等低风险、低收益的产品。此类客户只适合投资极低风险的理财产品或投资工具。

（三）客户风险承受能力评估

快速、准确测定客户的风险承受能力，是一项理财方案能否得到客户认可的关键。现在的投资方式越来越多，基金、股票、银行理财、信托、私募、专户理财等投资方式逐渐被客户认可。客户在各家银行购买理财产品或基金时，都需要做风险承受能力的测试，以判断是否具备购买这种产品的风险承受能力。合适的风险评估可以引导客户认识自身的风险承受能力，避免盲目投资，有利于理财目标的实现。

1. 评估目的

风险承受能力是个人理财规划和投资风险管理的重要考虑因素。而现实生活中，客户往往不清楚自己的风险承受能力或风险厌恶程度，他们需要客户经理的专业指导与评估。风险承受能力的评估不是为了让客户经理将自己的意见强加给客户，可接受的风险水平应该由客户自己来确定，客户经理的角色是帮助客户认识自我，以作出客观的评估和明智的决策。

在牛市、熊市中分别进行投资所面临的投资风险也是相差甚远的。市场的变化会导致客户的风险承受能力发生变化。即使是同一个人，在不同的年龄、不同的经济状况、不同的市场环境下，其风险承受能力也是变化的。

2. 评估方法

（1）定性方法和定量方法。

1）定性分析主要是通过与客户面对面的交谈来基本判断客户的风险属性。但由于定性分析仅仅是凭客户经理的直觉，没有严格的量化关系，而且受客户经理的经验、技巧以及风险偏好的影响，不同的客户经理可能得出差别较大的结论，因此，我们在采用定性分析的同时还需要采用定量分析，综合运用两种方法以确定投资者的实际风险承受能力。

定性分析主要是通过对投资者年龄、财富、工作状况、受教育程度、家庭状况、性别等方面的信息进行分析，从而大致确定投资者的风险承受能力。一般而言，年龄是影响投资者风险承受能力的首要因素，年龄越大，风险承受能力越弱；个人财富越多，风险承受能力越强；工作越稳定，收入越高，风险承受能力越强；受教育程度越高，风险承受能力越强；未婚人士的风险承受能力高于已婚人士；男性的风险承受能力高于女性。在定性分析具体操作方面，可以参考以下做法：

例如，客户经理在提供理财服务时会询问客户更看重本金安全性还是盈利性，看重本金安全性的人很可能是风险厌恶者，而看重盈利性的客户可能是风险追随者。还可以要求客户回答关于投资资金的分配排序。例如，如果你获得一笔资金，在以下的投资产品中，你将如何分配：银行存款百分之几，国债百分之几，储蓄性保险产品百分之几，企业债券百分之几，基金百分之几，不动产投资百分之几，股票百分之几等。一般来说，人们对于虚构的资金的使用要大胆一些，客户经理可以据此对每类产品进行评级，不同级别代表客户不同的偏好程度。除此之外，关注客户现有资产结构和实际生活中的风险选择可以说是最直接的证据。例如，客户对当前的投资组合的满意程度、对负债的看法、在工作中是否愿意面对风险、收入变化的频率等，这些都是客户对待风险选择的结果，是支持客户风险态度评估最好的证据。因此，从以上几个方面进行分析就能大致了解客户对待风险的态度。

2）定量分析方法通常采用有组织的形式，如通过设计风险承受能力问卷调查表来收集客户的必要信息，进而将观察结果转化为某种形式的数值，进行分析，来判断客户的风险承受能力。一般而言，设计问卷调查表必须遵循三个原则：一是所设计的问卷调查表必须通俗易懂，尽量避免专业词汇；二是问卷调查表不能有影响投资者独立判断的信息；三是问卷调查表的问题在逻辑上前后需要保持一致。设计好投资者风险承受能力问卷调查表后，根据不同的回答赋予相应的分值，然后根据得分确定其风险承受能力。

准确评估客户的风险承受能力是一项非常复杂的工作，实务中一般采用定量分析与定性分析相结合的办法。

（2）概率和收益的权衡。

第一，确定/不确定性偏好法。向客户展示两项选择，其一是确定收益，其二是可能收益，让客户二选一。例如：（A）1000元的确定收益，（B）50%的概率得2000元。风险厌恶者会选择（A），风险追求者倾向于选择（B）。

第二，最低成功概率法。设计一个两项选择题，一个选项是无风险收益，另一个选项是有风险的，但潜在收益较高，同时列示5个成功概率，即10%、30%、50%、70%和90%，问客户在多大的成功概率下认为两个选项是无区别的。所选的成功概率越高，说明其风险厌恶程度越高。

第三，最低收益法。要求客户就可能的收益而不是收益概率作出选择。例如：一项投资有一半的可能损失 1/3 净资产，有一半的可能得到一笔收益，你愿意承担此项风险的最低要求收益是多少？要求的收益越高，说明其风险厌恶程度越高。

3. 设计评估问卷

根据银监会的相关规定，结合各行实际情况，中国银行业协会综合考虑了客户使用的易读性与便利性等因素，制定了商业银行理财客户风险评估问卷基本模板。该模板涵盖了客户财务状况、投资经验、投资风格、投资目的和风险承受能力五大模块，对应 10 道问题。10 道问题最高为 100 分，五个模块权重各占 20%。分值越高表示客户可承受的风险越高，依照客户风险承受能力由低到高（对应得分由低到高），客户依次被划分为保守型、稳健型、平衡型、成长型和进取型。商业银行理财客户风险评估问卷基本模板还依次列出了每一等级客户适合的产品类型。

商业银行理财客户风险评估问卷基本模板

以下 10 个问题将根据您的财务状况、投资经验、投资风格、投资目的和风险承受能力等对您进行风险评估，我们将根据评估结果为您更好地配置资产。请您认真作答，感谢您的配合！（每个问题请选择唯一选项，不可多选）

客户姓名：__________________ 联系方式：__________________

证件类别：__________________ 证件号码：__________________

一、财务状况

1. 您的年龄是？

□A. 18～30 岁（−2） □B. 31～50 岁（0）

□C. 51～60 岁（−4） □D. 61 岁以上（−10）

2. 您的家庭年收入为（折合人民币）？

□A. 5 万元以下（0） □B. 5 万～20 万元（2）

□C. 20 万～50 万元（6） □D. 50 万元～100 万元（8）

□E. 100 万元以上（10）

3. 在您每年的家庭收入中，可用于金融投资（储蓄存款除外）的比例为？

□A. 小于 10%（2） □B. 10%～25%（4）

□C. 25%～50%（8） □D. 大于 50%（10）

二、投资经验（任一项选 A 客户均视为无投资经验客户）

4. 以下哪项最能说明您的投资经验？

□A. 除存款、国债外，我几乎不投资其他金融产品（0）

□B. 大部分投资于存款、国债等，较少投资于股票、基金等风险产品（2）

□C. 资产均衡地分布于存款、国债、银行理财产品、信托产品、股票、基金等（6）

□D. 大部分投资于股票、基金、外汇等高风险产品，较少投资于存款、国债（10）

5. 您有多少年投资股票、基金、外汇、金融衍生品等风险投资品的经验？

□A. 没有经验（0） □B. 少于 2 年（2）

□C. 2～5 年（6） □D. 5～8 年（8）

□E. 8 年以上（10）

三、投资风格

6. 以下哪项描述最符合您的投资态度？

□A. 厌恶风险，不希望本金损失，希望获得稳定回报（0）

□B. 保守投资，不希望本金损失，愿意承担一定幅度的收益波动（4）

□C. 寻求资金的较高收益和成长性，愿意为此承担有限本金损失（8）

□D. 希望赚取高回报，愿意为此承担较大本金损失（10）

7. 以下情况，您会选择哪一种？

□A. 有 100%的机会赢取 1000 元现金（0）

□B. 有 50%的机会赢取 5 万元现金（4）

□C. 有 25%的机会赢取 50 万元现金（6）

□D. 有 10%的机会赢取 100 万元现金（10）

四、投资目的

8. 您计划的投资期限是多久？

□A. 1 年以下（4） □B. 1～3 年（6）

□C. 3～5 年（8） □D. 5 年以上（10）

9. 您的投资目的是？

□A. 资产保值（2） □B. 资产稳健增长（6）

□C. 资产迅速增长（10）

五、风险承受能力

10. 您的投资出现何种程度的波动时，您会呈现明显的焦虑？

□A. 本金无损失，但收益未达预期（—5）

□B. 出现轻微本金损失（5）

□C. 本金 10%以内的损失（10）

□D. 本金 20%～50%的损失（15）

□E. 本金 50%以上的损失（20）

评估结果：________________（客户风险等级）

[客户确认栏]

本人保证以上所填全部信息为本人真实的意思表示，并接受贵行评估意见。

客户签名：________________

评估人：________________

评估日期：________________ 银行签章

4. 划分客户风险承受能力的类型

客户经理销售理财产品前，务必使用风险评估问卷评估客户的风险承受能力，向客户解释风险评估结果的含义。可以采用当面、信函、网络或对已有的客户信息进行分析等方式对客户的风险承受能力进行调查，向客户及时反馈评价的结果，并由客户本人签字确认，避免风险评估不到位。

根据问卷调查结果计分，按照不同的分值划分的客户标准见表3—6，不同类型的客户可以投资不同类型的理财产品或投资工具。

表3—6　客户分级评估标准及可以购买的产品类型

分值范围	客户类型	适合的产品类型
≤20	保守型	极低风险产品
21～45	稳健型	极低、低风险产品
46～70	平衡型	极低、低、中等风险产品
71～85	成长型	极低、低、中等、较高风险产品
86～100	进取型	极低、低、中等、较高、高风险产品

5. 推荐风险类型匹配的理财产品

客户经理应熟悉、掌握理财产品的各项要素，向客户推荐风险类型匹配的理财产品，准确向客户说明产品要点，充分向客户揭示各项风险，不故意误导客户。

（1）部分理财工具风险和收益特征：

1）国债：公认的最安全的投资工具，收益往往略高于定期存款，但是流动性往往不佳。

2）证券：主要指股票，典型的高风险、高收益、高流动性投资工具。

3）基金：介于证券与储蓄之间的一种投资工具，具有中高收益、中低风险、流动性一般的特征。基金的预期收益率远高于存款但风险相对低于股票，赎回期资金到账一般是一周，故流动性要比存款和股票低。

4）外汇：既包括手中持有的各种外汇资产，也包括以外汇为主要投资对象的外汇实盘交易、虚盘交易、杠杆交易等。

5）房地产：流动性较差，变现能力弱，变现周期长，受宏观经济政策影响大，收益不确定性较大。

6）金银等贵金属：安全性高，收益性中等，但是流动性低，变现能力较差。

7）期货、期权：可以说是所有投资工具与产品中风险最高的，但是收益率也是最高的。

8）投资型保险产品、收藏品、艺术品、古董等其他理财工具。

（2）个人资产配置中的典型风险收益组合：

1）低风险、高流动性产品组合。个人的资产结构中一定要配置部分安全性高、流动性好而不追求收益的投资工具与产品组合，包括定（活）期存款、货币基金、国债等，作为自己与家庭的储蓄组合，以应对日常的必要生活开支、短期债务支出、突发的意外支出等。

2）中风险、中收益产品组合。由于低风险、高流动性产品组合收益率低，不能对抗通货膨胀，而高风险、高收益产品组合风险太大，对于一些中长期的生活需要，如子女教育费用的储备、退休养老费用的储备、未来房产购买的准备、赡养父母的资金储备等，可以通过基金、蓝筹股票、指数投资等建立核心的投资组合，这类投资的风险可控、收益较高，在可承受的风险范围内可获得超过通货膨胀的投资回报。

3）高风险、高收益产品组合。个人与家庭在组建了前述产品组合后，如果还有多余的闲置资金，就可以适当配置高风险、高收益产品组合，通过期权、期货、金融衍生品、外汇宝、对冲基金、彩票等高风险、高收益的投资工具，博取尽可能高的投资回报，帮助自己早日实现财务自由的梦想。投机组合中配置的资产通常是闲置多余资产，一般不超过个人或家庭资产总额的10%，因为万一这一高风险的投资组合发生损失，也不会影响家庭的正常生活。

理财产品的风险等级划分

根据中国银行业协会印发的《商业银行理财客户风险评估问卷基本模板》的说明，理财产品风险分类有以下几种：

1. 极低风险产品：经各行风险评级确定为极低风险等级产品，包括各种保证收益类理财产品，或者保障本金，且预期收益不能实现的概率极低的产品。

2. 低风险产品：经各行风险评级确定为低风险等级产品，包括本金安全，且预期收益不能实现的概率较低的产品。

3. 中等风险产品：经各行风险评级确定为中等风险等级产品，该类产品本金亏损的概率较低，但预期收益存在一定的不确定性。

4. 较高风险产品：经各行风险评级确定为较高风险等级产品，存在一定的本金亏损风险，收益波动性较大。

5. 高风险产品：经各行风险评级确定为高风险等级产品，本金亏损概率较高，收益波动性大。

由于客户风险承受能力的影响因素是在不断变化的，因此，客户风险类型的评估也应根据实际情况进行调整。考虑操作可行性与客户便利性，一般商业银行评估有效期限为一年，即每年重新对客户进行一次风险评估。

模块6 团队项目实战训练

一、实训项目

个人客户投资风险承受能力评估实训。

二、实训目的

使学生在了解个人投资者风险承受能力不同类型的基础上，掌握个人客户投资风险承受能力评估的基本方法，并学会根据客户的风险承受能力推荐更适合客户的投资理财产品。

三、实训内容

1. 了解个人投资者风险承受能力的典型类型。

2. 掌握个人客户投资风险承受能力评估的问卷调查基本方法。

3. 学生分组讨论，模拟某一银行客户经理，设计一份个人客户投资风险承受能力评估的调查问卷。

4. 学生分组对客户进行投资风险承受能力评估问卷调查，并根据回收的问卷对客户的个人投资风险承受能力进行评估，明确客户风险承受能力的类型，并根据客户的风险承受能力推荐更适合的理财产品。

四、过程评价

1. 各小组互相交流调查情况，教师进行点评。

2. 教师根据团队表现打分。

3. 小组间学生根据团队表现相互打分。

4. 各小组对实训过程进行总结，上交实训报告。

项目四
客户开发流程

学习目标

了解金融客户开发的目标和流程，明确客户开发过程中的注意事项，掌握拜访目标客户前的准备工作事项，掌握约见客户、与客户沟通、介绍金融产品、业务谈判、与客户达成合作的技巧，初步具备在满足客户金融需求的基础上开发金融客户的能力。

知识目标

1. 掌握金融客户开发的目标和流程
2. 掌握拜访目标客户前的准备工作事项
3. 掌握约见客户、客户沟通、介绍金融产品的技巧
4. 掌握业务谈判、与客户达成合作的技巧

技能目标

1. 能制定目标客户开发的计划
2. 能约见客户、与客户进行良好沟通
3. 能依据客户的金融需求介绍金融产品
4. 能通过业务谈判与客户达成合作意向

模块1 大家来讨论

跳广场舞的大妈成了各银行争夺的客户

每晚8点，北京东直门来福士广场都有一群大妈上演红色经典舞蹈。伴随着《红色娘子军》《大刀进行曲》《地道战》等老歌，大妈跳舞，大叔伴奏。表演者中，有个20岁出头的小伙子格外显眼。他一会儿敲架子鼓，一会儿戴上钢盔、贴上胡子扮演日本鬼子。哪位大妈跳累了要喝水，他接过大刀就能接着跳。不难看出，他对整场表演非常娴熟，每个角色都能“无缝切入”。演出结束，他又忙活着将乐器和服装搬上车。老人们对他也照顾有加，有大妈为他递毛巾，有大叔给他递烟。原来，他是某银行的客户经理小季，来跳广场舞主要是为拓展客户。如今，舞蹈队里1/4的队员都是他的客户，其中不乏金卡客户。“观众中什么人都有。一位以前做房地产的阿姨常来看演出，慢慢被我发展成客户，现在在我们行有上千万元存款。”小季介绍说，“看中这支舞蹈队的银行不止一家，离老人们活动场地20米开外的另一家银行，曾出资赞助舞蹈队部分乐器。作为交换条件，舞蹈队则在活动时打出与该行有关的横幅——‘某某银行与您共舞财富人生’，但他们并没坚持多久。现在，好多叔叔阿姨拿我当干儿子，邀请我去他们家里玩，我回老家还送我东西。销售做到这个份儿上，挺有成就感的。”舞蹈队一位大妈告诉记者，小季这孩子“挺好的”，待人热情，推荐的理财产品也很适合老年人。一位大叔表示，自从几家银行与他们“接上头”后，大家买理财产品都会想着这几家银行。

资料来源：http：//news. ifeng. com/a/20140815/41588360 _ 0. shtml.

思考讨论：

1. 为什么跳广场舞的大妈成了银行争夺的理财客户？
2. 客户经理小季独特的做法给了你什么启示？

模块2 基本知识

一、拜访金融目标客户的准备工作

拜访客户的目的是向目标客户介绍本金融企业的情况、收集客户的信息、了解客户的需求，以便能达成双方合作的意向。拜访前要做好一些必要的准备工作，以便对目标客户的拜访更有针对性，确保拜访能达到预期效果。

（一）制定拜访计划

根据对潜在的目标客户进行初步价值评价的结果，确定具有开发价值的目标客户。对这些目标客户，客户经理应进一步决定如何寻找切入点、拟投入何种开发资源，并据其确定拜访的方式，制定相应的拜访计划。在对重点的目标客户进行拜访前，应该根据该客户的实际情况，研究和拟订有针对性的、具体详细的客户拜访计划表（见表 4—1），内容主要包括访问对象、访问目的、时间地点、访问策略、工具准备等。

表 4—1　　客户拜访计划表

<table>
<tr><td>客户名称</td><td>拜访时间</td><td>拜访地点</td><td>出行方式</td><td>拜访情况</td></tr>
<tr><td></td><td></td><td></td><td></td><td></td></tr>
<tr><td>客户基本情况</td><td colspan="4"></td></tr>
<tr><td rowspan="2">客户长处与短处</td><td>长处</td><td colspan="3"></td></tr>
<tr><td>短处</td><td colspan="3"></td></tr>
<tr><td>竞争对手有关情况</td><td colspan="4"></td></tr>
<tr><td>本次拜访预期目的</td><td colspan="4"></td></tr>
<tr><td>会谈主题</td><td colspan="4"></td></tr>
<tr><td>客户可能需要的服务</td><td colspan="4"></td></tr>
<tr><td>准备提供的产品和服务</td><td colspan="4"></td></tr>
<tr><td>拟向目标客户介绍的情况及提供的宣传资料</td><td colspan="4"></td></tr>
<tr><td>需进一步了解的问题</td><td colspan="4"></td></tr>
<tr><td>拜访开始的策略</td><td colspan="4"></td></tr>
<tr><td rowspan="2">客户可能会提出的问题及解答</td><td colspan="2">提出的问题</td><td colspan="2">相应的回答</td></tr>
<tr><td colspan="2"></td><td colspan="2"></td></tr>
<tr><td rowspan="2">可能出现的异议及对策</td><td colspan="2">异议</td><td colspan="2">对策</td></tr>
<tr><td colspan="2"></td><td colspan="2"></td></tr>
<tr><td>客户合作态度不明确时的对策</td><td colspan="4"></td></tr>
<tr><td>客户拒绝时的对策</td><td colspan="4"></td></tr>
<tr><td>所需的支持</td><td colspan="4"></td></tr>
</table>

（二）拜访预约

事先预约有利于节约时间，可避免出现吃闭门羹的尴尬局面，也有助于提高拜访效率。面谈的前奏、约见的内容取决于面谈的需要及客户的具体情况，预约的主要内容包括：

1. 确定参与洽谈的人员

（1）要约见有决策地位的人，最起码也应该是对决策有影响力的人，避免在无权人或无关人身上花费过多的时间和精力。

（2）尊重客户方相关人员，包括秘书、助手、接待部门经理、负责联络的人员等。为了能顺利地约见到主要人物，尊重相关人员是必要的，他们有时甚至是能否约见到决策者的关键。

（3）确认对方参加人员。这一点不必过分强求客户告知。如果客户告知了，客户经理应注意对方的人员配置。

2. 阐明拜访的事由和目的

虽然每次拜访的基本目的都是营销金融产品和服务，但应视每次的具体情况确定不同的重点。比如与客户很熟悉就可直接探讨实质问题，如果不是很熟就只能先联络感情。每次拜访的事由不宜过多，以免冲淡会谈主题。

3. 确定拜访的时间

尽量为客户着想，最好由客户来确定或由客户主动安排时间，但尽量不能说“您看我什么时候来拜访”这样的话，因为如果客户回应说“我最近很忙”就等于把客户经理的后路给堵死了。而应说“您看我能否本周五下午去拜访”这样的话。如客户说周五没时间，则应该再说出比周五更近而不是更远的日期。确定拜访时间的原则包括：

（1）根据客户的特点确定拜访时间，避免在客户最忙的时候前去拜访。对习惯于加班加点工作的客户来讲，在加班时间去拜访会使客户感觉到客户经理很敬业，在心中产生“该客户经理与我是一类人”的感觉，从而拉近双方的心理距离，便于双方更进一步的会谈。对同业客户来讲，一般不宜在月末、季末和年末这段时间去拜访，因为这些时间对方会很忙，可直接在电话中谈业务。应该注意客户的上下班时间、日常活动规律及近一段时期业务繁忙的程度。

（2）根据不同的拜访目的决定会谈时间。如正式商谈合作事宜，则以上班时间为宜；如目的在于联络感情，则临近中午吃饭时间或者下班之后要更好一些。周一一般不要约上午会谈，因为各单位一般在周一上午开会以布置本周的工作；周五一般不要约下午会谈，因为周五下午各单位一般要对本周工作进行总结，即使不进行总结，很多人员也着急准备外出度周末，此时去商谈公务会给对方留下“不识趣”的印象。确定会谈时间的另一层含义是“会谈时间的长短”，应根据会谈内容的复杂程度及客户的时间宽松程度确定会谈时间的长短，并将拟会谈的时间长短事前告知客户，便于客户在这段时间内不再安排其他活动。

（3）见面的时间应充分考虑交通、地点、天气等因素。如果遇到刮风、下雨等恶劣天气或交通非常拥堵，客户经理应充分考虑在途时间，以便能在约定的时间到达客户那里。按时到达能表现客户经理诚信守约、敬业爱岗的职业道德，有利于接近客户、感动客户。

（4）当客户确定的时间与客户经理的时间安排有矛盾时，应尽量迁就与尊重客户的意图，并应将“我本来有非常重要的事，因为要见你这个客户而把其他重要事情给推掉了”这层意思委婉地告知客户。如客户经理与另一客户有约在先，应选择一个合适的理由诚恳地向客户说清楚。至于客户经理去拜访哪个客户，应根据客户的重要程度和营销成功的可能性大小综合考虑，但需注意不能因营销一个客户而得罪另一个客户。

4. 确定洽谈地点

应照顾客户的要求，方便客户。最经常使用也是最主要的洽谈地点是客户的办公地点。其他地点如餐厅、饭店、展览会、酒吧、咖啡馆、网球场或高尔夫球场等公共场所也可作为洽谈地点。

（三）收集客户基本信息

要有针对性地访问和开发客户，其基础准备工作是对客户信息和行为进行恰当的收集、分析，只有这样才能有针对性地设计产品和服务，提高客户开发的成功率。客户经理在拜访客户前所收集的目标客户信息，一开始只是一些基本的、初步的信息资料。随着访问客户的深入以及和客户关系的加深，所收集的目标客户信息可逐渐完善、系统和详细。目标客户信息主要涉及以下内容：

（1）目标客户基本信息，如名称（姓名）、所在地、规模、人数、所有制、产品服务种类。

（2）目标客户的生产经营状况、销售量的变化情况和产品、服务质量状况。

（3）目标客户与其他金融企业的业务关系状况。

（4）主要人员的姓名、年龄、性别、宗教信仰、学历、爱好、社会活动、联系方式等。

（5）与客户的关系现状和对客户的评价。

（6）其他需要收集的相关情况。

（四）把握目标客户进入时机

（1）当客户发生重大体制变革时。客户机构的合并或分离、资产的重组、行政管理体制的变革等都是进入该客户寻求合作的最佳时机。

（2）当客户经营管理方式发生重大变革时。一些系统性、集团性客户对所属分支机构资金实行“收支两条线”管理，一些大企业集团对所属企业的销售资金实行集并式管理，这些都为客户经理进入这些大客户并与其建立战略性、长期性、紧密型合作关系提供了契机。

（3）当客户筹备上新的项目时。客户上新的技改项目、新的生产线以及电脑系统升级换代，都可能为金融企业的市场营销带来契机。

（4）当客户发生重大人事变动时。当客户的主要负责人、分管财务的负责人、财务或资金管理部门负责人发生变动时，都是金融企业进入该客户并对其进行公关的最佳时机。

（5）当客户与本金融企业的竞争对手发生重大矛盾时。当客户与本金融企业的竞争对手发生重大矛盾的时候，客户经理一定要学会当“第三者”，实施“钻空子”策略，为客户提供比竞争对手服务质量更优、产品性能更佳、科技含量更高的产品和服务。与客户建立新的金融合作关系，把竞争对手的客户变成自己的客户。不过在营销过程中千万不要采取不正当竞争手段，只能用高品质的产品和服务来战胜对手，赢得客户。

（6）当客户筹备组建开业时。客户开始筹备组建或开张营业之初，正是需要金融服务的时候，客户经理如果比同行提前介入，伴随客户一同成长，客户定会非常感谢，公关成功的机会就大得多。

（7）当客户举办重大庆典活动时。当客户举办工程竣工、大楼奠基、厂庆等重大庆典活动的时候，客户经理如果代表本金融企业以祝贺的名义上门访问，并参加庆典活动，客户一定会非常高兴。这将为以后针对该客户开展公关活动打下一个良好的基础。

（8）当天气恶劣时。通常情况下，人们不愿在暴风雨、严寒、酷暑、大雪冰封的时候拜访客户。但许多经验表明，这些时候正是客户经理上门拜访的绝好时机。因为在这样的环境下前往拜访，往往会感动客户，给客户留下深刻的印象，为下一步的公关工作做好铺垫。

（9）当客户代表遇到喜事吉庆或家庭事务为难时。当客户代表，如客户的主要负责人、分管财务的负责人、财务或资金管理部门负责人遇到晋升提拔、获得某种奖励、子女上大学或出国留学、婚庆、家庭举办其他重大喜事的时候，客户经理不妨借机去祝贺一番，联络一下感情，可为今后争取该客户提供良机。当客户代表为家庭事务如子女上学、父母看病、购房而困惑的时候，客户经理如果有能力提供帮忙，对方定当感激不尽。

（10）当客户生产经营遇到暂时的重大困难时。当客户生产经营遇到暂时的重大困难，急需金融企业帮助的时候，客户经理如果能急客户之急，主动为客户排忧解难，客户定当铭记在心，长期难忘。

（五）接触客户的心理准备

由于客户的情况不同，加上实际机会和情况变化多端，即使访问没有达到目的也很正常，应有失败及打持久战的准备，因此在拜访客户前，客户经理应当做到：

1. 具备“不惧失败”的心理

恐惧对人的成功而言是一种致命的缺陷，由于害怕失败和恐惧心理，会使得客户经理丧失更多的机会。一般来说，很少有客户经理在第一次接触客户时就促成交易成功的，所以要跨越“害怕失败”的心理。若客户经理没有信心，就难以获得成功。

2. 抛弃“理亏心怯”的心理

“这个产品真的能给客户带来那么多的好处吗？”

“他上次已经买过我们的产品了，我怎么好意思再找他呢？”

类似上面这样的话，我们经常可以在客户经理口中听到。乍听起来，他们说得似乎挺有道理，可是仔细斟酌分析，就会发现其实说这话的客户经理，他们心中的真正出发点并不是为客户的利益着想，而是自己对于接触客户或对于成交底气不足，换句话说就是“理亏心怯”。

其实，这些客户经理没有真正理解自己企业的产品的价值，没有真正理解客户经理这个职业。客户经理接触客户，推荐金融产品和服务，这对客户和金融企业来说是互利互惠的正常业务活动，主动向客户营销也是为了帮助客户了解金融产品和更好地消费金融产品。因此，作为客户经理首先要表现出对金融产品和服务的绝对信心，坚信自己的产品和服务一定能为客户带来更大的利益。身为客户经理，你完全可以理直气壮，因为你是来帮助客户解决问题和实现他的期望的。

3. 始终诚信友善

访问客户前，客户经理在心里要不断告诫自己：在任何情况下，面对任何客户，我们都始终由内到外表现出最大诚意，尽量微笑地和客户交流。当客户不便或表现出不友好的态度时，也不忘记感谢客户并和客户友善告别，以便为将来保留拜访机会。

二、实地拜访金融客户的流程

（一）出发前的准备工作

（1）整理客户信息，如姓名、性别、年龄、职务、习惯、爱好等，以免出错。

（2）穿统一制服，注意保持良好的仪表和精神状态；如果没有制服，而且穿着又与客户不相同，就应在见面的头几分钟里努力协调与客户的距离。去拜访客户最好穿统一制服，但也不是绝对的，如果客户经理事前已经知道客户穿着很随便，自己就不必穿得很严肃，因为反差太大反倒不易拉近距离。

（3）细心准备好必要的用品器具，如客户经理身份和职业证明文件、名片、手机、便携式电脑、文具、金融产品资料、合同协议书等，给客户留下细致稳健、精心准备的印象。

（4）携带宣传材料、产品说明、已展开合作的客户名单及简况、专门针对被拜访客户所设计的金融服务方案及其他必备材料。如果此行主要是介绍产品或服务方案，应事前制作好 PPT，并询问客户能否准备好投影仪。如果客户没有投影仪，则客户经理可自行携带。如果该客户是第三方推荐的，还需带好介绍函及第三方让转交的物品。

（5）适宜礼品。要根据客户一方参加会谈人数的多少准备相应的礼品。礼品不必贵重，应实用、有纪念意义，与自己所在金融企业有关联，尤其是要保证品质。常用礼品如宣传画册、纪念品、生日礼品、庆典花篮、应节礼品，以及本金融企业对特别客户的专门礼品。

（6）提前知会客户有关访问事项，如时间、路线、有关人员等，以便客户做必要的准备和安排，防止匆忙和出错。如果随同领导一起去拜访客户，这点尤为重要。

（二）到达后的注意事项

（1）提前几分钟到达，千万不能迟到；由于特殊情况而迟到，要提前打电话告知客户（到达后还要表示歉意，并再次解释迟到的原因）。到达后，应先整理一下服装仪容，并酝酿一下情绪，保持微笑、开朗、向上的表情，力求自然，给客户留下好印象。

（2）拜访从到达客户前台时就已开始了，要给前台人员留下良好的印象。面带微笑，但不要过分。离去时向前台人员表示感谢。

（3）树立坚定的信念，确信访问一定能够成功，相信自己的到来能给客户带来有益的东西，因而会很受欢迎，切忌以失败者的形象出现。

（4）在客户引领人员的引领下到达会议室（洽谈室）后，向引领人员表示感谢。进入会议室后，尽量坐在靠近门口的位置上，以便客户进来时能够马上起身寒暄。

（5）在会议室中注意不要交头接耳，更不能大声喧哗，应耐心地等待。即使在等候室抽烟，客户到来后如果不抽烟，客户经理最好也不要问"我能不能抽烟"之类的话，因为客户即使不愿意也不好意思拒绝，答应后心里也会产生对客户经理不满的感觉。

（6）对会议室的摆设进行观察，尽量从会议室布置中归纳出客户的特点。因此，客户经理平时应注重观察能力的培养，在等待时，还可利用这段时间拟订腹稿、筹谋对策。

（7）有时客户会把他们的宣传材料放置在会议桌上，客户经理应利用等待时间尽快阅读。

（8）将随身携带的礼品放在自己座位旁边。

（三）拜访的基本程序

1. 拜访的启动阶段

（1）寒暄与介绍。通过寒暄与介绍，营造有利于业务开展的气氛，应在确认对方的身份后再寒暄。双方寒暄与介绍的正式程度和时间长短等，应根据双方关系的性质而定。寒暄时不能含糊其辞，应力求幽默。力求在见面的头几分钟就使客户建立起良好的第一印象。声音有磁性、散发出自信魅力的客户经理最容易被客户所接受。常用的寒暄语言有："近来工作忙吗，身体怎样？""您气色真不错！经常去健身吗？""您这件衣服真漂亮！""您办公室的布置真雅致！""这附近真是商业旺地啊！贵公司选址真有眼光！""我听过您的演讲，棒极了，今天终于见面了！""我好像在哪见过您！"……

寒暄本身并不表达特定的意思，这种交谈只不过是一种礼节上或感情上的互相沟通而已，但这种沟通又是任何拜访必不可少的。在拜访过程中，寒暄能使单调的气氛活跃起来，尤其是初次见面时，能使与你不相识的人尽快接受你。为建立起良好的第一印象，客户经理应该：

1）开心诚恳地微笑。

2）注视对方的眼睛，但不必过分紧盯着对方。

3）亲切地说出"您好"或其他问候语。

4）充满自信地与客户握手，短暂而有力，但不能太紧。方法如下：双腿立正，上身略为前倾，伸出右手（对方主动伸出手时，应两手接触），四指并拢，拇指张开与对方相握，上下稍微晃动三四次，随之松开手来，恢复原状。

5）寒暄虽然没有特定的内容，但不能与环境及对象的特点不相称，应该做到“到什么山上唱什么歌”。

6）互道姓名。客户经理应正式地介绍自己和同事，同时要记住对方的名字。

（2）交换名片。

1）名片制作得要新颖别致，一般用金融企业统一印制的名片即可，切忌印很多头衔在上面。

2）事前要将名片准备妥当，以便随时从名片夹中取出，切忌直接从衣袋中掏出来递给对方。

3）不能将弄脏、卷角的名片交给客户。

4）取出名片时先郑重地握在手中，然后态度真诚、恭敬、从容、自然地递到对方手上。

5）双手递送名片，以示尊重，且名片的文字要正向对方。

6）接名片要恭敬，应用双手接受，并说声“谢谢”；接到手后应马上细看一眼，看完后应立即说“您就是×总啊”，以示过去就非常崇拜他。遇到名字中不认识的字时要请教对方，对方会认为你尊重他。

7）与多人交换名片时，要依次进行，或由近而远，或由尊而卑。

8）初次见面接到多张名片时，可按对方座位的顺序依次摆好名片，以免记混。

9）不可将名片压在笔记本下或放进口袋（会谈结束时，要谨慎地把名片收起、装好）。

10）接受别人的名片就要递送自己的名片，否则就是无理拒绝、修养不高的表现。

（3）介绍与称呼。

1）初次见面要注意称呼。对新客户，如果对方只讲姓氏而未提供名字，则应采取正式的称呼，如“某先生”“某小姐”“某女士”；如果对方提供名字，则意味着对方有意向与你接近，但此时称呼对方时仍要称呼其职务。

2）在社交场合，一般称呼对方的职务（如“王总”）、职业（如“陈律师”）、职称（如“刘工”）、学衔（如“张博”）。如果对方是副总经理，则可把“副”字省略，但不可把“总”字省略而只称呼“经理”。

3）与客户关系很熟且地位与对方相当时，可直呼其名以示亲切。但无论关系多熟悉，在正式场合都要称呼职务；称呼对方时不能一带而过，在称呼对方后要暂停一下，以引起对方的注意。

4）如果客户对本金融企业或客户经理不太熟悉，应简单介绍本金融企业的业务。

5）称呼客户避免吐出“哎”“喂”等字眼。

（4）拉近同客户的距离。通过谈论一些与此次拜访无关的话题来与客户套近乎。话题应该是客户感兴趣的，可根据对方从事的专业、工作等方面引出对方可能感兴趣的话题。客户经理平时应锻炼自己在这方面的判断能力，也可事前了解一下该客户的爱好、习惯，以关心客户的方式入题。话题一般有社会、家庭、孩子教育等。当然在谈论上述问题时，客户经理不要探询客户的隐私，除非客户自己谈起，否则不必随意发表评论或建议。

1）套近乎的内容要简练，时间不宜过长，过长会给客户一种虚伪的感觉。

2）套近乎可通过赞美对方、求教对方，谈论对方熟知的人、谈论办公室的摆设等方式进行。

3）客户经理与客户套近乎时，一定要显示出虔诚、认真的样子，语言要幽默。

4）开门见山地把能给客户带来的利益说清楚，或者以新奇的金融产品引起客户的好奇心。

5）间接接近客户的方法："我是××介绍来的，我想他一定打电话给您了吧。"或者说："某客户买了我们银行的理财产品，现在收益率已超过10%了。"

6）以实际问题接近客户的方法："听说最近您这里要进口一批设备，可能缺些资金。"

7）故意说错话，待对方批评指正时再借题发挥。

8）通过地域感与亲情感来拉近距离。

（5）简要说明此行的原因及目的。客户经理成行的原因可以是：第三者的介绍、报纸上宣传客户的文章、拜访前的约定、本金融企业最近推出新产品特来专门告知等。介绍成行原因的目的在于引入拜访的最重要部分——向客户介绍本金融企业的服务及产品。

1）目的可以是直接而具体的，如就贷款事宜进行具体商谈或介绍金融企业的服务，从中发现可以进一步合作的空间。

2）陈述的出发点是给客户可能带来的利益。只有客户意识到能给他们带来利益时，才有可能进行下一步的商谈。

3）在谈到可能给客户带来的利益时，应注意锁定客户的利益期望水平，做到既能唤起客户的兴趣，又不会引发客户产生过高的期望值。利益最好能够具体化，可将新产品与传统产品进行比较，算一笔账，看看新产品相对于传统产品来讲，可以给客户节约多少成本或增加多少收益。

4）注意客户对所陈述目的的反应，如果对方认可，则进入通过提问来了解客户需求的阶段。

5）通过客户可能感兴趣的话题来衬托拜访目的的阐述。客户可能感兴趣的话题主要有：能改善客户的生产经营状况及市场形象的产品和服务；有利于客户采用的新技术；能帮助客户解决现存的问题，提供给客户避免风险和损失的机会；对客户有益的信息。

6）如果对方显然想回避某个话题，即使你认为这个话题是他的专长，你也最好不要追根究底，强人所难。对方不感兴趣的话题，你即使很感兴趣，也不能自顾自地畅谈不休。当对方对某个话题失去进一步畅谈的兴趣时，你要适时地转移话题；当自己对对方的谈话失去兴趣时，你可通过提出一个富有启发性的问题，或抓住对方的某一句话，自然地转移到另一个双方都感兴趣的话题上，这样双方的自尊和谈兴都不会受到损害。

(6) 通过过渡性问题进入正式洽谈阶段。

1) 从寒暄到进入正式洽谈需要做些铺垫，可通过过渡性问题来进行。

2) 选择过渡性问题时应同拜访的目的相联系，例如：推销贷款，则从讨论客户的资金需求开始；推销银行的顾问业务，可从客户需借助外来智力谋求发展谈起。

2. 拜访的主题阶段

(1) 认清客户需求、了解客户动机。在此阶段，应注意把握客户显露出来的需求、兴趣，目的在于帮助客户确定或解决他们的问题，以便为讨论本金融企业产品打下基础。客户经理应主动通过提出问题，鼓励客户谈论他的业务、存在的问题、所关心的东西、经营状况、目前的业务关系、内部的管理问题、今后的打算等，从中梳理出客户的需求。当客户对目前的产品或服务不满意时，就意味着客户经理的机会来了。客户经理应告诉客户他能提供更具价值的产品或服务。

此阶段需要提问、观察、倾听和综合技能，同时也需要耐心和自制力，它意味着提出问题后要拿出5～15分钟或更长时间来倾听客户回答，并从中挑选出关键问题加以分析。要了解以下问题：客户已有什么，还需要什么？在已得到的服务中客户最喜欢什么？客户想对目前得到的服务做何改进？等等。

(2) 阶段性确认。客户经理可通过检测客户认可、理解的情况，并深入研究客户的反应，评估将金融产品与客户需求联系起来的成功程度，来确定下一步的行动：是否继续重复某一问题的讨论；是否继续进行问题调查；对拜访做总结还是开始启动产品销售等。如果客户在某些领域存在不满意、不理解、缺少兴趣或尚未意识到可能带来的利益，客户经理应当场作进一步的解释，以消除客户的疑虑。此阶段的目的在于：

1) 确定客户对所传递信息的认可及接受程度。

2) 提高客户经理与客户在业务洽谈过程中思考的同步性。

3) 增强客户经理调整营销方法、产品重点、内容、节奏的灵活性。

4) 使客户经理处于主动地位，以便推动产品启动。

5) 发掘问题，找出双方产生分歧的原因，并提供解决问题的机会。

6) 维持对话的进行，在提出产品启动时降低客户反对的可能性。

(3) 正式启动产品销售。有时，产品销售的启动需要通过多次拜访才能开始。当每次拜访达不到产品启动的目标时，客户经理应对每次拜访都做总结，以便尽快进入产品启动阶段。不同产品的启动程序是不同的，客户经理应明确理解每一项金融产品的启动步骤，并向客户做介绍。如果客户反对产品启动，客户经理可有礼貌地询问客户反对接受该产品的原因，或通过其他方式努力找出客户反对产品启动的原因。产品销售启动后，客户经理应该进一步收集目标客户的资料及其他相关目标客户的信息档案。

3. 拜访的结束阶段

(1) 决定结束拜访。以下情况意味着客户经理应该适时结束拜访：客户通过明示或暗示等途径表示已无意继续洽谈；事前约定的会谈时间已到而客户又有其他已安排好的事情（客户同意继续洽谈的情况除外）；达到了洽谈目的，已决定进入下一步工作阶段。

拜访结束时通常有三种结果：最好的结果是达成了一致意见，双方都满意；其次的结果是部分有成效，剩下的问题下次再谈；最差的结果是没能达成任何共识。无论是何种情况，客户经理都要以积极和专业的方式面对拜访结束，都应为下次会谈留下余地。切忌草草收场，不了了之，或者拖泥带水，含糊其辞。

对不同类型的客户，创造再访机会的方法也有所不同：

1）对优柔寡断型客户，可明示再访日期和时间："我下周二 10 点左右再来进行更详细的会谈。"如果客户没直接反对就表示默认了。如果客户说："不行，下周二我没时间。"你就应该说："那么，我下周一再来。"对此类客户不能这样问："您看我下次什么时候来比较方便？"

2）对自主果断型客户要由他决定，可试探性地相约，以免客户的自主权被侵犯，如说："我下星期再来做一次说明，您看是否可以？"

3）如果客户明确表示不需要再进行约谈了，客户经理也不要信以为真，应留下有机会再来拜访的暗示。

（2）向客户索要有关资料。尽管客户资料的收集一般在会谈结束后通过调研工作专门进行，但客户经理还是应该在此时尽可能地多获得一些资料。如果当时时间紧迫，也应使客户高层决策者明确一下谁负责提供资料这件事，以便拜访结束后找到此联络人进行资料收集工作。

（3）向客户告辞。即使本次会谈没能取得成效，客户经理也要表示感谢。告辞前，客户经理应将带来的礼品交给客户。如果客户经理是陪领导来的，则客户经理应将礼品先交给领导，再由领导交给客户。告辞时要和来时同样有礼貌。在离开门口时，应倒退着到门口并再一次表示礼貌的态度。尤其要注意关门的动作应温文尔雅，争取给客户留下"难忘的背影"。

（四）进行拜访总结

客户经理在拜访结束后，应填制拜访总结表，如表 4—2 所示，对拜访过程进行总结，以积累客户开发经验。同时，对于重要客户的拜访应尽快撰写拜访报告，就目标客户的基本情况和应该采取的相应对策提出建议。拜访报告的组成要素主要有：拜访对象、参加人员、会谈地点、会谈要达到的目标、为会谈而做的各项准备工作；会谈的主要情况，包括内容、方式、达成的共识；下一步的工作重点、工作方式等。

拜访报告主要是提交给上一级客户经理做参考，或为上一级客户经理做考核客户经理工作之用。拜访报告也可采取会谈纪要的方式撰写。但无论用何种方式，都应力求简洁。

表 4—2 **拜访总结表**

被拜访客户的名称		我方参加人员	
第几次拜访		对方接见人员	
拟达到的目标		拜访时间	
实际达到的目标		收集到的资料清单	
如未达到拜访目标，请分析主要原因		派发了哪些资料，有何效果	
拜访过程中的主要收获与经验		最后总结	
应改进的地方		下一步工作计划	

拜访总结人员及参与人员签字

三、与金融客户商谈阶段

（一）介绍金融产品

客户经理在市场营销中的很多功夫是花在本金融企业产品介绍上的。因为金融企业经营的商品看不见、摸不着，有些还不能让客户试用，所以就靠训练有素的客户经理去对客户进行讲解。成功的产品介绍，能让客户认识他所存在的问题，同时认同你这个客户经理提供的产品或服务能解决他的问题或满足他的需求。

1. 金融产品介绍的含义

一般而言，正式的金融产品介绍是指客户经理在与客户建立关系后，向目标客户说明他提供的金融产品及服务能带给目标客户何种利益，期望客户能购买，也就是客户经理有系统地通过一连串需求确认（Needs Confirmation）、特性（Feature）、优点（Advantage）及特殊利益（Specific Benefit）的陈述，引起客户产生购买的欲望（Desire）。

金融企业客户经理在营销实践中总结出这样一条成功经验：金融产品说明的关键点，是客户经理如何熟练地将金融产品的特性转换成对客户别具意义的特殊利益。只有给客户带来特殊利益的金融产品才能打动客户，让客户产生“想要”的欲望；没有“想要”的欲望产生，就不会有购买的行为发生。

2. 金融产品介绍的目的

客户经理向客户介绍金融产品的目的主要有四个：唤醒客户对现状问题点的重视；让客户了解能获得哪些改善；让客户产生想要购买的欲望；让客户认同你的产品或服务，能解决他的问题及满足他的需求。

一次成功的金融产品介绍有三个显著特征：能毫无遗漏地说出你对客户解决问题及现状改善的效果；能让客户相信你能做到你所说的；能让客户感受到你的热诚，相信你愿意站在客户的立场，帮助客户解决问题。

3. 金融产品介绍的技巧

(1) JEB介绍法。JEB介绍法的步骤：首先说明产品的事实状况（Just Fact），其次将这些事实中具有的性质加以解释（Explanation），最后阐述它的好处及带给客户的利益（Benefit）。熟悉这种介绍商品的三段论法，能让客户经理变得非常有说服力。JEB的商品说明三段论法，看起来非常简单，实际上，能把商品介绍得很成功的客户经理都是经过了长期的练习。

第一步：Just Fact。

JEB中的J（Just Fact）是指产品的设计、规格等，可以说明产品的一些特性，特别是产品本身所有的事实状况或特性。客户经理在这个阶段应让客户充分了解金融产品的特性及价值的含义所在：特性是指金融产品特有的性能及功能；价值是指金融产品给客户带来的利益能满足客户本身特殊的需求。

产品本身所有的事实状况或特性，不管你如何说明，都很难激起客户的购买欲望。例如当我们推销一种信用卡时，若我们对客户说："这种信用卡是信用金卡，因此是最好的信用卡。""不错吧！请申请办一张卡！"像这样只停留在介绍商品的性质上是很难把金融产品营销出去的。

第二步：Explanation。

为什么信用金卡就好呢？对这一点，客户经理要详细地加以说明，这个步骤就是JEB的E（Explanation）。经过阐述后，就能很清楚地让客户了解构成金融产品的每个性质或特征，其所具有的意义或功能。客户经理要注意从探讨客户购买金融产品的理由中找出客户购买的动机，发现客户最关心的利益点：金融产品的整体印象，成长欲、成功欲，安全、安心、安定、安康，人际关系，便利，系统化，兴趣，嗜好，价格，服务等。例如上面营销信用金卡的例子，若是客户经理能将信用金卡的特征转换成"因为信用金卡是贵宾卡，享有高额透支、多项特殊权益"等较有意义的话语，就能引起客户的兴趣。

第三步：Benefit。

接下来的步骤，是要说明利益（Benefit）这部分。金融产品的特性及价值是金融企业在对市场进行细分后，针对某些目标市场客户层的需求而设计开发的。但不可否认的一个事实是，每位客户有不同的购买动机，客户绝对不是因为商品价值和特性加起来最多而购买。一家金融企业的产品有再多的特性与价值，若不能让客户知道或对客户无用，都不能称之为利益。反之，若客户经理能发掘客户的特殊需求，能找出金融产品的特性及价值，满足客户的特殊需求，或解决客户的特殊问题，这个特点就会产生利益，这也是客户经理存在的价值。而客户经理对客户最大的贡献，就是能够满足客户的特殊需求或帮助客户得到最大的需求满足。如何让客户的需求得到最大的满足呢？客户经理给客户累积的特殊利益越多，客户的需求越能得到最大的满足。

将金融产品的特性转换成客户的利益应注意下面的步骤：从事实调查中发掘客户的特殊需求；从询问技巧中发掘客户的特殊要求；介绍金融产品的特性（说明金融产品的特点）；介绍金融产品的优点（说明金融产品的功能及特点和优点）；介绍金融产品的特殊益

处（阐述金融产品能满足客户的特殊需求）。例如信用金卡这个例子，客户经理可从金融产品的使用方式着手强调，它是一种可通过网上银行（电话银行、互动银行、自助银行、流动银行）办理业务的工具；从金融产品的使用功能看，它是一种货币组合存款账户，可实现多种货币存款账户的综合；从金融产品的使用空间看，它是一种全球通用的信用卡，可以在世界上100多个国家和地区使用；能帮助客户实现自己购房、购车或提供子女教育经费的理想；透支额度高，便于客户灵活使用银行资金，随时提用，以保证生意之需；多项特殊权益如环球购物保障、全面旅游保障、全球紧急医疗支援服务能满足客户多方的需求，能彰显客户尊贵的身份。这样一说明，客户就对使用信用金卡后给自己带来的利益、好处有一个清晰的了解了，从而激发其购买欲望。

（2）利益营销法。询问的技巧，能让客户经理了解客户的现状及掌握客户的想法、需求及重视的优先程序，接下来便可以进行金融产品的介绍工作了。在做产品介绍前，客户经理需先熟练掌握如何将产品或服务的特性转换成利益的技巧。

第一步：了解特性及利益的含义。

1）特性（Feature）代表的含义。特性是指金融产品设计上给予的特性及功能。客户经理可从各种角度发现金融产品的特性。

2）优点（Advantage）代表的含义。优点是指金融产品特性的有利点。如贷记卡能透支，综合理财账户能实现银行产品的增值等。

3）特殊利益（Specific Benefit）代表的含义。特殊利益指的是能满足客户本身特殊需求。例如，目标存款能为客户量身定做存款品种，帮助客户实现自己购房、购车或提供子女教育经费的理想。

第二步：将特性转换成利益。

如何让客户得到最大的需求满足呢？客户经理给客户累积的特殊利益越多，客户越能得到最大的需求满足。如何将金融产品的特性转换成客户的利益？请注意下面的方法：

1）从事实调查中发掘客户的特殊需求；

2）从询问技巧中发掘客户的特殊要求；

3）介绍金融产品的特性（说明金融产品的特点）；

4）介绍金融产品的优点（说明金融产品的功能及特点和优点）；

5）介绍金融产品的特殊利益（阐述金融产品能满足客户的特殊需求）。

（3）事实证明法。“请拿出证据来！”许多客户会这样对客户经理说。证据是最能让别人相信的。向目标客户提供有力的金融产品使用证明是客户经理营销活动中不可缺少的一个步骤。因此，金融企业客户经理在拜访客户前往往需要事先充分准备好最有利的证明方法。但金融产品又是一种特殊的商品，大都具有无形性的特征。那么，金融企业的客户经理又是如何提供证据来说服目标客户的呢？请看下列方法：

1）产品演示：产品演示是最好的一种证明方式，金融产品本身的许多功能，都可通过产品演示得到证明，如投影片、幻灯片及电脑操作演示等。

2）专家的证言：客户经理可收集有关专家发表的言论，证明自己的说辞。

3）视角的证明：照片、图片、产品目录等都具有视角证明的效果。

4）推荐信函：其他知名客户的推荐信函也是极具说服力的。

5）保证书：保证书可分为两类：一类为金融企业提供给客户的服务保证；另一类为品质的保证，如获得 ISO9000 品质认证。

6）客户的感谢信：有些客户由于对你这家金融企业的服务或帮助客户解决特殊的问题而深表感谢，而致函表达谢意，这些感谢信都是一种有效的证明方式。

7）统计及比较资料：一些数字统计资料及与竞争者状况的比较资料，能有效地证明客户经理的说辞。

8）成功的案例：客户经理可提供一些客户运用本金融产品带来效益增加、形象提高的案例，证明本金融企业的产品受到别人的欢迎，同时也提供了目标客户求证的情报。

9）公开报道：报纸、杂志等刊载有关本金融企业及产品服务的报道，都可以当作一种证明资料，让目标客户对本金融企业产生信赖。

（二）提出合作方案

对目标客户作出科学、合理的价值评价后，客户经理应针对客户的具体情况和需求对金融产品和金融技术进行有机、有效的组合设计，并将这种组合以恰当的方式递交给客户，获得客户的认可。

1. 提出合作方案需明确的问题

（1）要建立什么样的合作关系？是长期合作、短期合作还是临时合作？

（2）从哪些方面合作？是全方位合作（即从开立基本账户到发展各种风险业务和非风险业务），还是单项合作（如存款或结算业务）？

（3）用什么方式合作？是让客户来本金融企业办理业务，还是利用计算机网络等技术手段提供服务？

（4）从什么时候开始合作？

2. 起草方案文本的注意事项

一个完整的方案一般由下列要素构成：方案名称（标题）；方案签订者的名称、地址和法人代表姓名；签订方案的出发点（依据和目的）；合作的基本内容；各方的权利与义务；经济责任和违约责任；争议的解决方法；方案的有效期限；方案的份数与保存；履约地点与方式；未尽事宜或附加条款；方案的签章、日期。

（1）语言要规范、准确、严谨、具体，违约责任中对各种可能出现的情况都要预料到。

（2）起草方案时应保持同客户的经常沟通，避免一方独揽，在内容设计上要体现公平互利和诚实信用原则，要遵循法律法规，既体现原则性又体现灵活性。

(3) 如果对某些具体内容有异议，那么就仅将共识写入方案，其余未达成共识的事项待协商后再补进方案。

(4) 非本金融企业标准格式的方案文本在签署前应经内部法律部门或专业人员进行法律审查，并签署书面意见。报有权签字人签字并加盖公章后方可同客户签署。其他任何同客户签署的方案合同都要征求专业律师的法律意见。

(5) 对方案进行认真审核，包括：

1) 合法性审核，即审核方案约定的事项是否为合法行为，方案内容有无违法或前后矛盾之处。

2) 有效性审核，即审核双方代表是否有签署方案的权利，有关手续是否完备。

3) 文字性审核，切忌使用模棱两可的文字，重点审核关键语句。

(6) 签约之前需注意保密，尤其是要对竞争者保密。

(7) 起草完方案之后应尝试着回答：这个方案达到目标了吗？对方会认可这个方案吗？对方案中所列的各项义务己方能不折不扣地执行吗？对方的履约能力能达到你的期望值吗？对方能真正执行方案中的有关条款吗？

(8) 在总方案框架下，有时尚需根据业务开展的具体需要起草专项方案，如结算服务方案、进行战略研究方案、聘请法律顾问方案、顾问服务方案、成立联合合作机构方案及其他专项产品服务方案。

3. 向客户提交合作方案时需注意的问题

(1) 采取什么形式提交给客户？客户经理一般采取合作建议书或业务合作方案的形式将拟合作的项目内容传递给客户。

(2) 向什么人提交方案？客户经理要将合作建议书或业务合作方案提交给客户的最高决策层或领导班子。

(3) 选择什么时机提交？要在双方经过实质性的接触之后，并且客户经理已经对客户进行了比较深入全面的调查之后的一段时间提交。时间适当推后再提交，意味着这是客户经理深思熟虑的结果。

4. 提交合作方案的结构和内容

(1) 名称。一般采取“向某公司提供的服务清单”或“与某公司合作建议书”等名称，客户经理应该将名称放于具体的建议的顶部。

(2) 缘起。从回顾双方的接触入手，对客户作出基本判断与评价，引出提此合作项目的必要性。

(3) 金融企业基本情况介绍。介绍本金融企业时，不应泛泛而谈，应主要侧重于产品和服务的优势，写出企业的特色。

(4) 详细介绍拟提供的金融产品和服务。对一家金融企业来讲，按成熟程度可将其产品分为标准化产品和服务、创新产品和服务、尚不能提供的产品和服务三种类型。

1）标准化产品和服务，即名称、内容、模式都符合行业标准化规范的金融产品和服务。对于一些需求单一或者对创新产品和服务没有需求的客户，主要提供此类产品和服务。标准化产品和服务往往比较成熟，不存在缺陷和风险，也不存在太多的争议。

2）创新产品和服务，即满足客户独特需求的个性化金融产品和服务，此类产品和服务可以为客户提供额外的利益。创新产品和服务的设计往往需要产品部门、会计部门、风险控制部门、技术部门和营销部门协同完成。

3）尚不能提供的产品和服务。对于客户有需求，而企业目前又不能提供的产品和服务，客户经理可采取外购和外协的方式，通过本企业的外部战略合作机构来提供。但是这些外购和外协产品和服务也是通过客户经理的设计和组织协调来运作的。

（5）展望合作前景。要突出阐述本金融企业提供的金融产品和服务可以对客户持续发展起到什么样的推动作用并展望双方合作的良好前景。

（三）与客户进行商谈

1. 与客户沟通

（1）了解客户的沟通风格。与客户商谈的过程，就是与客户沟通的过程。沟通不仅使客户经理能够更深入地了解客户的需要，而且可以发现目标客户的潜在需求，帮助客户形成解决问题的合适方案，并且帮助客户解决这个问题。更为重要的是，良好的沟通可以在客户经理和客户之间建立起信任的关系。对于与人打交道的客户经理而言，沟通有时是比技能更为重要的能力。客户经理必须成为一名技能型的沟通者，不但能将专业知识融会贯通，更重要的是会运用恰当的语言和行为，与客户进行有效的沟通，唯此才能更加胜任你的工作。

沟通是关系营销的润滑剂，将营销中的双方聚集在一起。尽管每个人都有自己的理想、价值观与生活经历，但是有效的沟通使得人们彼此了解与理解，将原先相对独立的个体吸引并聚集在一条价值链中。沟通风格与人的个性、价值观、认识、文化背景等有一定的联系，而且逐渐成为一种习惯性的行为。尽管每个人身上都具有一种独特的沟通风格，但是对大多数人而言，其沟通风格都是以下四种类型的混合体：

1）分析型。具有这种沟通风格的人擅长推理，一丝不苟，具有完美主义倾向，严于律己，对人挑剔，做事按部就班，严谨且循序渐进，对数据与情报的要求特别高。他们不愿抛头露面，不善于与他人合作，喜欢单枪匹马。他们往往在营销过程中沉默寡言，不大表露自己的情感，动作小，节奏慢，面部表情单一。

与这种类型的客户沟通时，必须以专业水准与其交流，必须表达准确且内容突出。准备的资料要齐全，逻辑性强，最好以数字或数据说明问题，以自己的专业性去帮助其作出决定。切忌流于外表的轻浮与浅薄，避免空谈或任其偏离沟通的方向与目的。对这种客户需长久交往，保持极大的耐心。

2）驾驭型。具有这种沟通风格的人比较注重实效，具有非常明确的目标与个人愿望，并且不达目标誓不罢休。他们处事当机立断，独立而坦率，常常会根据情境的变化而改变自己的决定。他们往往以自己的事为中心，要求沟通对象具有一定的专业水准和深度。在与人沟通中，他们精力旺盛，节奏迅速，说话直截了当，动作非常有力，表情严肃，但是有时因过于直率而显得咄咄逼人，往往会忽略他人的情感。

与这种类型的客户沟通时，首先要刺探其想法，提供各种备选方案，若提议不合适，可以提供其他方案，投其所好，提出新点子。若直接反驳或使用结论性的语言，啰啰唆唆，这样的沟通注定是低效甚至是无效的。要与之勤交往，站在他的立场上考虑问题，配合他，不可触怒他。注意市场行情，随时比较，以情义说服他。利用其自尊心使其高兴，然后快速进行商谈。注意对方的反应和相关动作，不必说话太多。

3）平易型。这种类型的人具有协作精神并常常助人为乐。他们富有同情心，为了搞好人际关系，不惜牺牲自己的时间与精力，支持他人，喜欢与人合作，擅长外交，对人真诚，珍视已拥有的东西。这种类型的人做事非常有耐心，肢体语言比较克制，面部表情单纯，但对于涉及营销中敏感的问题，往往会采取回避的态度。

与这种类型的客户沟通时，应该了解其内心的真实观点，多谈主题内容，多提封闭式问题，并以自己的观点适度影响他。与其沟通应尽可能少地提开放式问题，不要过多地增加自己的主观意识，给对方的压力过大。同时要避免跟着此人的思路走，因为这种类型的人不愿对一些棘手的事作出决策。

4）表现型。具有这种沟通风格的人显得外向、热情、生气勃勃、魅力四射，喜欢在营销过程中扮演主角。他们干劲十足，不断进取，具有丰富的想象力，对未来充满憧憬与幻想，总喜欢与人打交道并愿意与人合作，也会将自己的热情感染给他人。他们富有情趣，面部表情丰富，动作多，节奏快，幅度大，善用肢体语言传情达意，但是往往情绪波动大，容易陷入情感的旋涡，可能会给自己及他人带来麻烦。

与这种类型的客户沟通时，首先应该成为一个好观众或好听众，少说多听，热情反馈，给予支持与肯定，加之适度的引导。切忌将自己的观点强加给他，冷漠或无动于衷，都会影响与这种类型的人的有效沟通。同时，不要被其社交手腕所蒙骗，必须发挥更强的社交技巧折服他。运用“三勤”——手勤、脚勤、口勤，快速与之交谈，千万不可忘记幽默。不可惹对方生气，避免辩论，做个好听众并适时称赞对方。

（2）选择适当的时机。沟通一定要选好恰当的时机，这样有助于洽谈的顺利进行，因为有良好的开端就等于成功了一半。根据谈话对象的偏好选择合适的时间、地点，营造良好的气氛，就会使沟通的整个过程显得顺畅而自然。如果客户属于内向、严谨型，最好选择一个比较安静的、没有旁人的场合，采取一对一的会谈方式；如果客户属于外向、开朗型，他会比较乐意与你交谈，那么在谈话的场合、时间的选择上会相对宽松。此外，怎样开始谈话，也应视客户的不同个性而定，可以比较直接地奔向主题，也可以先聊一聊家常，在气氛显得轻松一点以后才开始正式的交谈。在向客户提供咨询时，要创造一种彼此信任的和谐气氛。有效的咨询不仅能解答客户的疑问和解除他们的后顾之忧，而且会加深与客户之间的感情，使工作的开展更为有效。

（3）自如地运用语言技巧。大部分的沟通都是通过语言来进行的。生动、简洁、富有感染力的语言，会给谈话者留下良好的印象，但是对于语言的把握并非一件十分容易的事。只有长期的磨炼与体会，才能不断进步。怎样自如地运用语言的技巧来达到与客户的顺利沟通，是客户经理所必须思考的问题。一般来说，有以下几个方面需要注意：

1）简洁明了，切忌复杂。语言过分烦琐，甚至在谈话中喋喋不休，很容易让人产生厌烦的情绪，你也不能很好地让客户领会你谈话中的要点。要实现与客户高效率的沟通，谈话用词就需要简单明了，切忌口若悬河、滔滔不绝，你拐弯抹角地说了一大通，客户可能还不知道你所表达的意思。客户经理必须经常自问："我和他人沟通的主要目标是什么?"只有以简洁明了的方式传递信息，并为客户所了解，才能使沟通有效，万万不可使你传递的信息过分复杂。

2）注意说话的语气。你在谈话中使用的语气，是你情绪的直接流露，任何急躁、不安或缺乏自信的语气都会对沟通产生负面的影响；反之，平和、亲切又充满自信的语气会让人不自觉地产生安全感与信赖感。

3）肯定客户的观点。一次成功的沟通，并不意味着你与客户达成了绝对的一致，但你必须学会在交流中肯定客户的某些观点。任何人都希望自己的观点和想法得到认同，你对客户的想法所作的正面评价，不仅会让客户感觉到你对他的尊重，从而对你心生好感，有利于你树立通情达理的形象，更易于达成顺利的合作，而且有助于创造洽谈的和谐气氛。

4）不轻易承诺。对于客户经理而言，最糟糕的莫过于在客户面前失去信任，究其根源往往是你的承诺经常无法兑现，只承诺而不以行动兑现你的承诺，还不如不承诺。假设有一位女客户向你抱怨，在公司订阅的投资咨询传真不及时、不连续，如果你答应替她解决这个问题，但却没有办到，你就会发现客户对你以后的承诺更加没有信心。

5）避免争论。许多服务性行业都将"永远不要与客户产生冲突"作为经典的信条。的确，即使你在与客户的争论中占据完全的优势，但是争论本身带给客户的不快以及给谈话制造的不愉快气氛会让你得不偿失。因为你的目的是争取客户，而争论是不会给客户留下良好的印象的。举一个最简单的例子，当你觉得客户的看法不对时，如果你很直接地说"你的看法是错的"，则有可能会使交谈一下陷入僵局，或是引起客户的情绪反弹，以致无法再心平气和地沟通。如果你换一种说法："您的看法是否可以再斟酌一下?"则一定不会一下子就破坏交谈的气氛。所以，即使你的想法和观点与客户有所不同，或者在某个问题上一时难以与客户达成一致，你可以以比较委婉的方式向客户表达你的看法，或是从侧面向他说明你认可的理由，切记不要冲动地与客户产生争执。

6）学会感激。我们在日常生活中会发现许多人羞于表达自己的感谢，但学会致谢对于沟通而言是很有必要的。礼貌的致谢不仅会融洽你与谈话者的气氛，也显示了你良好的修养。尤其应该注意的是，即使客户没有与你达成协议，你也应同样真诚地向他表示感谢。比如，感谢他接听你的电话或是抽出时间与你见面，感谢他听取你的介绍，甚至感谢他让你认识到工作中的不足。这样做会为你们以后的谈话打下良好的基础，也会提升客户的自我肯定度，让他觉得自己很有价值，从而乐意与你再次沟通。

2. 与客户商谈

客户经理的工作就是与人打交道。开发客户的主要方法是商谈，通过商谈了解客户的需求，向客户推介现有的金融产品或开发新的金融产品，从而满足客户的需求。

询问在客户经理的营销技巧中扮演着极为重要的角色，客户经理能利用询问的技巧获取所需的情报、确认客户的信息并能引出与客户谈话的主题。询问还是沟通时最重要的手段之一，它能促使客户表达意见并产生参与感。

需要注意的是，与询问同样重要的是倾听，只有在二者相互沟通的状况下，才能使你更接近客户的内心。询问、倾听和应答是客户经理打开客户内心购买决策“黑箱子”的钥匙，是务必掌握的三种技巧。

(1) 掌握不同询问的方式。通过询问，客户经理能引导与客户的谈话，同时取得更明确的信息，支持所营销的产品或服务。

1) 开放式询问。开放式询问是指能让目标客户充分地阐述自己的意见、看法及陈述某些事实的询问方式。例如：“您理想中的理财服务是什么?”“您对金融理财有什么样的看法?”“您目前的授信使用状况如何?”

开放式询问的目的有两个：一是取得信息；二是让客户表达他的看法、想法。开放式询问范例如表4—3所示。

表4—3　　开放式询问范例

使用目的		开放式询问
取得信息	了解目前的状况及问题	目前贵公司外汇资金结算状况如何？有哪些问题想要解决？
	了解客户期望的目标	您期望新的外汇结算方式能达到什么样的效果？
	了解客户对其他竞争者的看法	您认为B银行的外汇结算网络有哪些优点？
	了解客户的需求	您希望拥有什么样的外汇结算服务？
让客户表达看法、想法	表达看法、想法	对外汇结算内容的方法，您认为有哪些还要再考虑？您的意思是？您的问题是？您的看法是？您看，外汇这样结算怎么样？

2) 封闭式询问。封闭式询问是指让客户针对某个主题明确地回答“是”(Yes)或“否”(No)的询问方式。例如：

a. 你是否认为每一个人都有金融理财的需要?

b. 你是否认为购买投资基金一定要找信誉好的银行?

c. 你是否认为存款的安全最重要?

封闭式询问的目的主要有：获得客户的确认；在客户的确认点上发挥自己的优点；引导客户进入你要谈的主题；缩小主题的范围；确定优先顺序。封闭式询问范例如表4—4所示。

表 4—4 封闭式询问范例

使用目的	封闭式询问
获得客户的确认	实时结算已成为外汇交易的必备工具，不知道陈处长是否同意？ 您希望银行的外汇结算系统既安全又快捷，对吧？
在客户的确认点上发挥自己的优点	陈处长希望银行的外汇结算系统既安全又快捷。本银行新建的外汇结算系统既能做到实时清算，又能与 80 多个国家的银行外汇清算中心联结，还有严密的安全系统。您一定也了解吧？
引导客户进入你要谈的主题	现在外汇市场交易非常活跃，我想陈处长在考虑选择银行外汇结算系统时，也会将结算的实时化、自动化作为考虑的一个重点吧？
缩小主题的范围	您对银行结算手续费的考虑是在 0.5%以内吧？ 您要的外汇结算系统是 7 月份开通吧？
确定优先顺序	您选择银行外汇结算系统是以快捷还是安全为优先考虑？

3）澄清式询问。澄清式询问是指针对对方的答复，重新提出问题使对方作出证实，或补充原先答复的一种询问方式。例如："您刚才所说的结算中遇到的问题可能是由其他一些原因造成的，能不能让我来向您解释一下？"

4）探索式询问。探索式询问是指针对对方的答复、要求，作出引申或说明的一种询问方式。即客户经理为了了解客户的态度，确认他的需要，可以向客户提出问题。例如："您刚才说到双方网络信息时有中断的问题，究竟是一种什么情形？""在使用这套企业银行系统时您曾经遇到过什么问题？""您是怎么想的？""您认为我们的网络理财产品怎么样？"客户经理应用这种方法向客户提问后，要耐心地等待，在客户说话之前不要插话，或者说些鼓励的话，使客户大胆地告诉你有关信息。

5）诱导式询问。诱导式询问是指对答案具有暗示性的一种询问方式。这种提问技巧旨在引导客户的回答符合客户经理预期的目的，争取客户的同意。在这种提问方式下，客户经理会先向客户提出一些问题，将客户引到所需解决的问题上，并借客户的回答完成营销调查任务。例如："现在股票市场风险很大，而黄金理财产品收益比较稳定，您认为怎么样？""您单位总共需要多少银行贷款？这次需要多少贷款？""您将如何使用这笔贷款？""您何时才能偿还这笔贷款？""您用何种方式来偿还这笔贷款？"

6）选择式询问。选择式询问是指在提问的问题中，已包括两个或两个以上的选项，对方须从这些选项中选出一个作为回答的一种询问方式。在营销面谈时，为了提醒、督促客户购买，最好采用这种提问方式。例如，客户经理进行信贷营销时，效果较好的提问方式应该是："您今年的信用额度是维持去年的总量不变，还是增加或者减少？"选择式提问技巧是营销面谈中最为重要的技巧，只要运用得当，就会产生非常好的效果。

7）解决式询问。解决式询问是指询问有关问题解决方案的价值和实用性的一种询问方式。例如："除了采用这种解决方法，是否还有更好的方案？"这类问题可以让客户来告诉客户经理金融产品与服务的利益所在。通过营造一种良好的沟通氛围，让客户自己说服自己。

8）多重式询问。多重式询问是指含有多重主题的一种询问方式。例如："您可以谈谈您的家庭、爱好和工作经历吗？"

（2）积极倾听。大多数的人喜欢“说”而不喜欢“听”，特别是没有经验的客户经理，认为只有“说”才能说服客户购买。但是，客户的需求、客户的期望都是由“听”获得的。你若不了解客户的期望，又如何能达成你取得签约的期望呢？为了改进人们的沟通，真正准确地把握客户的需求，客户经理一般采取“积极倾听”的方法。所谓积极倾听，就是积极主动地倾听对方所讲的事情，掌握真正的事实，借以解决问题，并不是仅仅被动地听对方所说的话。

积极倾听有三个原则：

1）站在对方的立场，仔细地倾听。每个人都有自己的立场及价值观，因此，客户经理必须站在对方的立场，仔细地倾听他所说的每一句话，不要用自己的价值观去指责或评断对方的想法，要与对方保持一致的态度。

2）要能确认自己所理解的是否就是对方所讲的。客户经理必须重点式地复诵对方讲过的内容，以确认自己所理解的意思和对方一致，例如：“你刚才所讲的意思是不是指……”“我不知道我听得对不对，你的意思是……”

3）要能表现诚恳、专注的态度。客户经理倾听客户谈话时，最常出现的问题是只摆出倾听客户谈话的样子，内心却迫不及待地等待机会，想要讲他自己的话，完全将“倾听”这个重要的武器舍弃不用。如果客户经理听不出客户的意图，听不出客户的期望，其营销就犹如失去方向的箭。

（3）应答客户。商谈是由一系列的问题所构成的。有问必有答，“问”有问的艺术，“答”也有答的技巧。客户经理不仅要向客户提出问题，还要答复客户所提出的各种问题。答复问题与提出问题一样重要。即使客户经理提出的问题无懈可击，但答复失策，同样会坐失营销良机。

客户经理应时刻准备回答客户提出的各种问题，至于什么时候回答和怎样回答只能随机应变。回答对方的提问，必须注意把握三要素：何时回答，如何回答和回答什么。

1）要在听清对方的问题并了解对方的提问目的后再回答。

2）对对方的问题，可以全部回答，也可以回答一部分；可以立即回答，也可以暂缓回答。

3）对对方的问题，可以很清楚地回答，也可以避实就虚或顾左右而言他。

3. 与客户谈判

在客户培育的过程中，客户经理往往需要同客户就产品品种、产品价格、附加利益等事项进行谈判。只有通过谈判就上述事项达成一致意见后，双方才能以协议形式把合作内容固定下来。

（1）为谈判做准备。有些客户经理并没有完全认识到多花时间和力气对谈判进行充分准备的价值，他们认为准备工作是一项单调乏味的工作。其实，准备工作对谈判来讲至关重要，有备则赢，无备则败。即使是谈判经验再丰富的老手，也应该郑重其事地牺牲一定的时间来进行谈判前的准备工作。准备的内容包括：

1）制定谈判目标。谈判的目标不应过于抽象，应尽可能用数据表达，避免模棱两可。目标的制定应坚持挑战性及可及性原则。

2）收集关于客户的一手资料并进行研究，做到知己知彼。

3）回忆上一次谈判的情况，记住不要再犯已经犯过的错误。

4）解决价格难题，确定本金融企业能接受的最低价格标准。最低价格标准是客户经理同客户进行谈判的底线。客户经理可通过咨询信贷部门、计划资金部门及查找相关规章来确定服务价格。

5）确定谈判人选，明确首席代表和一般代表，审核来宾名单，并安排好己方的记录人员。有时候客户经理可独自与客户进行谈判，有时候则需邀请一些来宾共同与客户进行谈判。在确定来宾名单时，可注意如下事项：不必要的人士不必邀请；女性主帅比男性主帅更易受到谈判对手的包容。在某些情况下，客户经理还可以选择谈判对手。

6）列出谈判内容清单，安排谈判议程。能制定谈判议程，表明客户经理已经占据了谈判的优势，这是因为客户经理已经掌握了谈判内容的主动权。在安排谈判议程时，客户经理应注意：制定书面的而非口头的谈判议程；删去你想谈、想知道但没摸清底细的内容；删去你不想讨论或还没有准备的话题；按谈判顺序列出拟谈判的具体内容；多印几份谈判议程，除参会者人手一份外，还应为那些想参加谈判但不能参加或不准备参加的人士准备几份。

7）了解谈判对手，包括谈判对手的性别、职务、资历、权限、性格、特长、爱好等。

8）安排谈判场所。有时在客户经理自家地盘上谈判，客户经理可占有一定的心理优势；有时客户经理需到客户安排的地点进行谈判。无论在哪个地方谈判，客户经理都应注意座位位次的安排。客户经理应注意以下几点：尽量坐在能迅速进行私下请教的人身旁；坐在对方主谈判手对面；不要坐在靠窗或靠门的位置，避免阳光耀眼导致烦躁；坐在能使对方听清楚的位置上。

9）制定谈判方案，拟订谈判议程，做好文字、财务等方面的准备工作。在正式谈判前，进行模拟谈判。

10）为了达到最佳谈判状态，客户经理要休息好。在出发前，要注意穿着打扮和精神状态。谈判一般要着正装。无论多么疲惫、多么心烦、多么沮丧，只要一迈进谈判大厅，就必须提起精神，显示出朝气蓬勃和自信的样子。在开始谈判前，可以去一趟洗手间，整理一下仪容，并对镜子进行微笑练习。

（2）谈判的基本过程。

1）导入阶段。谈判伊始，要力争创造合适的谈判氛围，使谈判双方在幽雅的环境和友好的气氛中相互介绍，彼此相识。此阶段的时间不宜过长。

2）概说阶段。各自介绍谈判意图和目标，确定谈判的议题、日程、时间。这一阶段属于投石问路阶段，不宜将自己的真实意图和盘托出。应倾听对方的发言，从中找出差距所在。

3）明示阶段。各方就分歧问题表明立场与态度。此时，谈判进入实质性问题阶段。各方应及早确认自己可能获得的利益、让步的范围、条件等，并判断对方的所求、底线。

4）交锋阶段。各方据理力争，处于对立和竞争状态。这是谈判最紧张、困难和关键的阶段。应本着合作的精神，摆事实，讲道理，发挥谈判技巧与能力，坚定信心，尽量说服对方。

5）妥协阶段。本着真诚求实、求同存异、依法办事的精神，根据自己的谈判目标，在基本利益需求得到满足的情况下，寻求达成协议的途径，使谈判得以继续进行。

6）协议阶段。双方达成共识、握手言和。在达成一致意见或签署协议后，谈判即告结束。

（四）处理客户的异议

1. 客户异议的内涵

异议或拒绝是指客户经理在营销过程中的举动遭到客户的质疑或拒绝。例如：要去拜访客户，客户说没时间；询问客户需求时，客户隐藏了真正的动机；向客户解说金融产品时，他带着不以为然的表情。这些都称为异议或拒绝。

在拜访期间，客户提出异议是再正常不过的。异议或拒绝是人的一种习惯性的反射动作，这可以说是一种自我保护。一般来讲，客户提出异议，并不一定代表客户将完全不与金融企业合作，而只是表示有些顾虑。由此可以看出，异议不仅不会阻碍市场营销，还可以使我们通过客户的异议找到合作的途径。这个途径既复杂又简单，归结起来就是“扩大利益”。客户提出的每一个问题都是在进行自我保护，是自我利益的保护，他总是把得到的和付出的进行比较。客户通过一次次的异议，不断地流露出他心中的疑虑、不安、不满，更进一步说，他是通过异议，从侧面提出了自己的需求和难题。这时客户经理若唤起并扩大客户利益，就会大大消除客户拒绝的心态。相反，若客户无动于衷，不作出反应，不提出异议，那才是最可怕的。因为营销是客户经理和客户互动的一个过程，如果营销中只有客户经理的解释说明，客户对客户经理的陈述毫无反应，或者只是不置可否地随意敷衍，就无法形成客户经理和客户的互动，客户经理就无法了解客户的真正需求，也就无法掌握更多的信息。

因此，市场营销是一个说服客户从不愿意合作到决定合作的过程，每化解一个异议，就排除了与客户之间的一个障碍，就越接近客户一步。实际上，市场营销往往是从客户的异议开始的。突破异议是客户经理成功营销的关键，客户经理应该分析客户出现异议的原因，并尽可能地当场解决客户的异议。有时，可以忽视客户的异议；有时，客户的异议其实是一种购买条件。应尽量避免与客户发生争论，更不能冒犯客户。一名成功的客户经理不应对异议感到挫折与恐惧，因为异议中往往包含着机会的信息，客户经理应善于发现隐含在异议中的机会：

（1）从客户提出的异议，能判断客户是否有需要。

（2）从客户提出的异议，能了解客户对建议书接受的程度，从而能迅速修正营销战术。

（3）从客户提出的异议，能获得更多的信息。

2. 分析客户异议产生的原因

（1）原因在客户方面：

1）拒绝改变。大多数的人对改变都会产生抵触情绪，客户经理的工作，具有带给客户改变的含义。例如，从目前可用的所得中拿出一部分购买未来的保障等，都是要让客户改变目前的状况。

2）情绪处于低潮。当客户的情绪正处于低潮时，没有心情进行商谈，容易提出异议。

3）没有意愿。客户的意愿没有被激发出来，没有能引起他的注意及兴趣。

4）无法满足客户的需要。客户的需要不能充分被满足，因而无法认同客户经理提供的金融产品。

5）预算不足。客户预算不足会产生价格上的异议。

6）为试探客户经理的诚意、能力或所在金融企业的竞争力，故意提出一些相反的意见或刁难的问题。

7）害怕作决定或担心作出错误的决定，逃避决策的责任。

8）缺少相关的技术知识而又不愿承认这种现实，善于自我表现的客户易提出此种异议。

9）由于客户的既有经验或成见，如客户经理的讲话与其行动不符，客户会据此提出异议。

10）少数客户为牟求私利而故意设置障碍。

（2）原因在客户经理方面：

1）客户经理无法赢得客户的好感。客户经理的举止态度让客户产生反感。

2）做了夸大不实的陈述。客户经理为了说服客户，往往以不实的说辞哄骗客户，结果带来更多的异议。

3）使用过多的专业术语。客户经理说明产品时，若使用过于高深的专业术语，会让客户觉得自己无法理解，从而提出异议。

4）事实调查不正确。客户经理引用了不正确的调查资料，引起客户的异议。

5）不当的沟通。说得太多或听得太少都无法确实把握客户的问题点，从而产生许多异议。

6）展示失败。展示失败会立刻遭到客户的质疑。

7）姿态过高，处处让客户词穷。客户经理处处说赢客户，让客户感觉不愉快，从而提出许多主观异议。

3. 分析客户异议的基本类型

（1）可转化异议与不可转化异议。“你们银行的产品与其他银行的产品差别不大”属于前者；“我们刚从其他银行获得贷款”属于后者。只要还没有确定客户提出的异议是不可转化的，客户经理就应该将洽谈进行下去。

（2）真实异议与虚假异议。真实异议：客户经理表达了客户是否愿意成交及关心的问题，客户表达目前没有需求或对本金融企业的产品不满意或对本金融企业的产品抱有偏见。例如，他从朋友处听说该银行的服务设备容易出故障。面对真实的拒绝，客户经理必须视状况采取立刻处理或延后处理的策略。虚假异议：多为拒绝的借口。虚假的拒绝有两种：一种是客户用借口、敷衍的方式应付客户经理，对商谈缺乏诚意，不想与本金融企业合作；另一种是客户提出很多拒绝，其原因主要是对客户经理还不太信任。

（3）需求异议、产品异议、时间异议、价格异议等。例如，客户希望降价，就对服务的品质、收费标准等提出异议，从而达到降价的目的。

4. 处理客户异议的基本步骤

（1）事前做好准备。“不打无准备之仗”，这是客户经理战胜客户异议应遵循的一个基本原则。客户经理在走出公司大门之前就要将客户可能会提出的各种拒绝罗列出来，然后考虑一个完善的答复。面对客户的拒绝，事前有准备就可以心中有数、从容应对；事前无准备，就可能张皇失措、不知所措。编制标准应答语是一种比较好的方法，具体步骤如下：

步骤1：把每天遇到的客户异议写下来。

步骤2：进行分类统计，依照每一异议出现的次数多少排列出顺序，出现频率最高的异议排在最前面。

步骤3：以集体讨论的方式编制适当的应答语，并整理成文章。

步骤4：大家都要记熟。

步骤5：由老客户经理扮演客户，大家轮流练习标准应答语。

步骤6：对练习过程中发现的不足，通过讨论进行修改和提高。

步骤7：对修改过的应答语进行再练习，并最后定稿备用。最好是印成小册子发给大家，以供随时翻阅，达到运用自如、脱口而出的程度。

（2）仔细聆听，尊重客户异议。客户经理要摆正对客户异议的态度，对客户提出异议首先要表现出欢迎的姿态，对客户提出的大大小小的异议表示尊重，不要急于回应客户说的每句话，应给客户时间，不打断客户，鼓励客户说出整个异议及异议产生的背景。

（3）认真、准确地分析客户异议。客户经理应借助自己的知识与经验，对客户提出的异议进行认真分析和深入考察，找出隐藏在异议背后的真正原因。如果客户经理对客户的异议不能完全把握，就应通过重复他的异议来寻求更多的信息，直至确定客户真正所关心的问题。

（4）选择最佳时机处理客户异议。一般要在做好处理准备的基础上答复客户的异议。一般来说，着手处理异议的最佳时机是在客户提出异议之后，但在某些特殊场合和特殊情况下，在客户尚未提出异议之前，或者在客户提出异议之后一段时间再作解答也不失为最佳时机。无论什么时候解答，客户经理都应充满自信。答复结束后，客户经理应重复强调一次："问题解决了，是不是？"

优秀的客户经理对客户提出的异议不仅要能给予一个比较圆满的答复，而且要能选择恰当的时机进行答复。懂得在何时回答客户异议的客户经理会取得更大的成绩。对于客户经理来说，对客户异议答复的时机选择有以下四种情况：

1）在客户异议尚未提出时解答。防患于未然是消除客户异议的最好方法。客户经理觉察到客户会提出某种异议，最好在客户提出之前就主动提出来并给予解释，这样可使客户经理争取主动、先发制人，从而避免因纠正客户看法或反驳客户的意见而引起的不快。

客户经理是完全有可能预先揣摩到客户异议并抢先处理的，因为客户异议的发生有一定的规律性，如客户经理谈论产品的优点时，客户很可能会从最差的方面去琢磨问题。有时客户没有提出异议，但他们的表情、动作以及谈话的用词和声调却可能有所流露，客户经理觉察到这种变化，就可以抢先解答。

2）异议提出后立即回答。绝大多数异议需要立即回答，这样既可以促使客户购买，又是对客户的尊重。

3）过一段时间再回答。以下情况的异议需要客户经理暂时保持沉默：异议显得模棱两可、含糊其辞、让人费解；异议显然站不住脚、不攻自破；异议不是三言两语可以辩解得了的；异议超过了客户经理的议论和能力水平；异议涉及较深的专业知识，解释不易被客户马上理解；等等。急于回答客户此类异议是不明智的。经验表明：与其仓促错答十题，不如从容答对一题。

4）无须回答。一些异议不需要回答，例如：无法回答的奇谈怪论；容易造成争论的话题；废话；可一笑置之的戏言；异议具有不可辩驳的正确性；明知故问的发难；等等。客户经理不回答时可采取以下技巧：沉默；装作没听见，按自己的思路说下去；答非所问，悄悄扭转对方的话题；插科打诨幽默一番，最后不了了之。

四、与客户达成合作阶段

（一）捕捉成交良机

许多客户经理往往有这样的一种观念，认为成交应该是水到渠成的自然结果，也就是说，他们觉得成交必定是在与目标客户商谈基本完成之后才有可能进行的。然而目标客户的购买欲望更多的表现为一种激情，也就是说，成交的机会随时都有可能出现。关键是作为客户经理的你，能否及时敏锐地捕捉到这些时机。

对于那些拥有良好业绩的客户经理来说，他们深深懂得：善于捕捉和抓住一切成交的机会往往比一个完美的推介展示来得更为直接和有效，因为它很可能带来实际的销售成果——对于金融企业销售金融产品来说，我们追求的是结果而绝非过程。捕捉成交良机要把握成交的三大时机：排除重大异议时、认同重大利益时、发出成交信号时。

1. 排除重大异议时

客户经常会对金融产品提出异议，那么，在克服了异议，消除了客户的购买障碍后，通常也就是提请成交的合理时机了。因为排除重大异议之后，正是客户最为满意的时候，客户经理应该趁热打铁，有技巧地提出成交的请求，自然也就能获得成功。

2. 认同重大利益时

如果客户对客户经理介绍的某种利益表现出强烈的兴趣与肯定，这时最适合的反应就是提请成交。也就是说，如果客户赞同金融产品的价值，这时就是提出成交请求的最佳时机了。

3. 发出成交信号时

客户的购买激情或成交机会的到来往往伴随着一些信号和迹象，以各种方式流露出来，可能表现为表情、动作或语言等。有时候，这种信号是下意识发出的，客户自己并没有强烈地感觉到或者感觉到了但不愿意承认自己已经被说服，但他的语言或行为已经告诉客户经理可以提出成交请求了。

对于客户经理来说，准确地把握时机是非常重要的。一旦发现客户发出成交信号，就应该快速反应，立即中断介绍与推介，趁势推出成交请求，以免客户因厌烦和不满而热情陡降，丧失成交机会。但如果客户还没有发出任何购买信号，那就说明客户经理的工作还没有做到位，还应该进一步刺激其购买欲望而不宜过早地提出成交请求。

（二）巧用成交策略

1. 直接请求法

直接请求成交是最简单也是最常见的成交方法，是指客户经理得到客户的购买信号后，直接提出交易。使用直接请求法时要尽可能地避免操之过急，关键是要得到客户明确的购买信号。不过，客户经理在直接提出成交请求时，必须看准成交时机的确已经成熟，并要十分注意自己的言辞和态度，语言恰当易于被客户接受，态度恳切可加深客户对自己的信任。

（1）直接请求法示例：

1）“既然我们对所有问题都已达成共识，我们下周就签订合作协议吧！”

2）“既然您同意合作，那我们什么时候办理贷款手续？”

当你提出成交的要求后，就要保持缄默，静待客户的反应，切忌再多说话，因为你的一句话很可能会立刻引开客户的注意力，使成交功亏一篑。

（2）直接请求法的适用条件：

1）性格直爽的客户经理。性格直爽的客户经理往往不喜欢拐弯抹角，这种性格使得他们在运用其他方法成交时容易出现一些无法控制或者避免的问题，比如耐心不足等。直接请求法能让性格直爽的客户经理在提出成交建议时得心应手，而且这种爽快的个性很可能感染客户，从而让客户对与客户经理交易更放心和更踏实。

2）与熟人交易。客户经理已经与这类客户建立了良好的人际关系，了解其需求，而客户也曾经接受过这种产品。因此，老客户或熟人一般不会反感客户经理的直接请求。

3）与内行交易。当与一位内行的人员接洽时，也可以运用直接请求法来争取成交。

4）发出购买信号的客户。如果客户对商业银行的产品有好感，也流露出了购买的意向，但一时又拿不定主意，或者不愿意主动提出成交的要求。这时，客户经理就可以用直接请求法来促成客户作出购买的决定。

5）需要提醒考虑成交问题的客户。有时候客户对产品或服务表示兴趣，但思想上还没有意识到成交的问题。这时客户经理在回答客户的提问，或详细介绍完产品或服务之后，可以接着说："清楚了吗？您看什么时候办理手续？"

2. 二选一法

二选一法是巧妙利用人类微妙的心理促成交易的方法。当别人问你要选择 A 还是 B 时，表面上是尊重你的选择，事实上是缩小了选择的范围，促使你作出二选一的回答。因为当被人问及"要选择 A 还是 B"时，人们会产生一种错觉，忘了 A 和 B 之外，还有其他选择。客户经理运用二选一法，能够促使正处于选择中的目标客户作出决定性的行动。二选一法的问话方式如下：

（1）"您喜欢您的分公司从下至上将销售资金汇划给总公司，还是由总公司直接从分公司账上扣划资金？"

（2）"您喜欢哪一种贷款方式，是保证方式还是质押方式？"

（3）"您要签订全面合作协议，还是专门就资金结算网络合作签订协议？"

（4）"您是准备将这笔钱全部投资华夏大盘精选基金，还是购买一半的博时主题基金？"

3. 利益汇总法

客户经理把先前向客户介绍的各项产品利益，以及特别获得客户认同的地方，一起汇总，扼要地再提醒客户，加重客户对利益的感受，同时要求达成协议。利益汇总法是客户经理经常用到的技巧，特别是在做完产品介绍时，可运用利益汇总法向关键人士提出成交的要求。另外，在书写建议书做总结时，也可以运用这项技巧。可以通过以下三个步骤，进行利益总结。

（1）提炼重点内容、关键要点。当你做完了所有的产品介绍之后，可再用短短的几分钟时间，把刚才向客户介绍过的产品所有优点，从头到尾复述一遍，以加深客户的印象。

（2）对重要内容多次重复，与客户不断探讨。一般洽谈合作，内容往往较为繁复，有时会涉及多个主题，即使仅是一笔融资，有时也会在贷款期限、贷款金额、贷款利率上反复讨论。客户经理一定要记住，要不断地进行总结，理清谈话的要点。并且，在做总结时要把 80%的注意力一直放在一种或两种最主要的购买利益上面，并且不断地重复。

（3）对于重要的银行产品，用相关的案例反复加深客户印象。介绍银行产品一定要用案例，案例会给客户留下非常深刻的印象。银行产品给客户带来的好处一定要用具体的数字来说明，要用公式算出相应的金额。

4. 优惠成交法

又称让步成交法，是指客户经理通过提供优惠的条件促使客户立即购买的一种方法。在使用优惠政策时，客户经理要注意三点：

（1）让客户感觉他是特别的，你的优惠只针对他一个人，让客户感觉到自己很尊贵、很不一般。

（2）千万不要随便给予优惠，否则客户会提出更进一步的要求，直至击穿你的底线。

（3）表现出自己的权力有限，需要向上级请示："对不起，在我的处理权限内，我只能给您这个价格。"然后话锋一转："不过，因为您是我的老客户，我可以向经理请示一下，给您些额外的优惠。但我们这种优惠很难得到，我也只能尽力而为。"这样，客户的期望值就不会太高，即使得不到优惠，也会感到你已经尽力而为，不会怪你。

这种技巧只有在别的技巧都失败的时候才能使用。当客户经理已发现其产品对客户一点吸引力都没有时，千万不要使用该办法，因为客户若碰到这种情况，以后就再也不会买这种产品了。

5. 本杰明·富兰克林法

该成交方法是由本杰明·富兰克林发明的，多年来已经有无数的销售人员成功地运用过。这种方法简单、清晰、易于理解，所以每个人都能理解它的效力。步骤如下：将金融产品或服务给客户带来的所有利益和客户所必须付出的代价分别罗列，并让利益尽可能超过代价，从而促使客户下决心成交。客户消费金融产品主要关注的是利益，这些利益必须是能满足他的需求的。若能让客户认为自己获得的利益高出了自己的期望与付出，那么他对于成交就会非常主动了。可以用利弊分析来显示结果是利大于弊，例如，你可以列出购买你的产品的风险和利益，写出正反两方面的意见。这是利用书面文字比较利弊，促使客户下决心购买的方法。准备纸笔，在纸上画出一张"T"字形的表格。在左边写出正面意见，即该买的理由，在右边写出负面意见，即不该买的理由。具体做法是：

（1）"先生/小姐，我知道要作一个决定不容易，我们在这张纸的左边写出您购买这种产品的理由。"一边写一边说出这些项目的内容，至少 8 项。

（2）写完后告诉客户："好了，现在到了由您写出购买这种产品可能带来的坏处的时候了。"接着将这张纸和手中的笔一并给客户，让他自己写出如果买了这种产品可能会造成的一些损失或者坏处。

（3）通常我们会发现，客户写出来的损失或坏处不会超过 5 项。当客户写完了那些损失或坏处后，你问他："还有没有其他的呢？"当他说"没有"时，你就可以直接要求他购买了。

本杰明·富兰克林法是一种非常有效的方法，特别是在你与关键人士有多次接触，彼此间建立了一些人际关系时，采用此法能让客户更容易坚定地下决心。当你用书面文字写下这些信息时，客户会感觉到你只是代表他把他的评估写在了上面。

6. 推定承诺法

在不管成交与否的条件下，客户仍然稍有疑问时，便以对方当然会购买的说法迫使他成交，这就是推定承诺法。例如，客户经理可以与客户进行如下的沟通：

（1）“我们就按照建议的组合办理，请问您的家庭住址是？”

（2）“麻烦您把身份证给我一下，我帮您填写资料。”

（3）“这份保险计划的受益人填您太太呢，还是写您孩子？”

填写合同时不要跟客户的眼神接触。如果你抬起头，客户可能会告诉你，他还不准备购买，需要再考虑。如果你低头填合同，这时客户就必须采取行动干涉才能阻止你。

合同填妥后，交给客户说：“请检查一下。”同时将笔递过去，以这个行动告诉客户：“请在这里签名。”所有行动都要冷静、若无其事地进行。因为在成交时刻，客户的情绪十分敏感，客户经理要保持自信、冷静的态度，让交易很自然地完成。

7. 建议尝试法

这种方法是让客户先购买一部分、投资一点，试用看看效果。有的客户优柔寡断，他想要购买你的产品，可又对产品和自己的判断力没有信心。在这种情况下，与其让他始终下不定决心，不如先敲定一笔小交易再说，可建议对方先尝试一下。由于只是少量尝试，客户会比较容易接受，当他逐渐熟悉、了解和喜爱上这个产品时，自然会大量购买跟进。只要客户经理做好后续的服务工作，帮助客户实现需求，客户就会变得越来越有“价值”。例如，客户经理可以与客户进行如下的沟通：

（1）“您可以选择我行的产品进行尝试。一是考察我们银行的服务，二是在合作过程中我们加深对您的了解，以便我们改进产品，细化供应链融资合作方案。”

（2）“您可以在部分地区试用我们的产品，我们共同观察实施的效果。”

8. 讲故事法

在客户初步表现出一定的购买意向，但还处于犹豫、担心阶段的时候，一定要想方设法让客户下决心。这时候，应当介绍一个已经与本行合作的客户，详细描述客户的情况，介绍客户使用产品后的效果，使目标客户感到身临其境，产生想要的感觉。最好能带客户去实地考察已经签约合作的客户，这样的效果最好。

大家都爱听故事。如果客户想买你的产品，又担心你的产品在某方面有问题，你就可以对他说：“先生，我了解您的感受。换成是我，我也会担心这一点。去年有一位王先生，情况和您一样，他也担心这个问题。但是没过几个星期，他就发现这个问题根本不算什么。”强调前一位客户的满意程度，就好像是让客户亲身感受一样。

9. 现场演练法

由于金融产品看不见、摸不着，客户如果对这些产品不太了解，就不容易接受它们。因此，客户经理应尽可能将这些金融产品“实证化”。例如，营销网上银行时，客户经理可以在客户面前现场演示，客户也会比较感兴趣。

10. 以退为进法

当第一套方案遭到拒绝后，及时提出第二套方案。大型企业客户一般不会在银行第一次提出方案后就答应合作，会存在反复讨价还价的过程。

（三）打破僵局

在营销过程中，商谈双方时常会为信贷条件、服务方式、存贷款利率、资金结算等问题各执一词，互不相让，使营销活动陷入僵局。任何商谈都不是一锤定音。对于甲方和乙方来说，在面对僵局时作出的让步是达成协议所不得不采取的步骤。如何才能达到退一步、进两步的良好效果？如何才能以很小的让步换得对方更大的让步而且让对方满意地接受？有的客户经理在商谈过程中一退再退，连连让步，即使如此也未必能赢得对方的好感，更别指望商谈成功了。因此，为了达到自己预期的目的和效果，必须把握好让步的尺度和时机。

客户经理要有健康、成熟的心态，保持诚恳的态度，抱着为客户服务的心态，找到解决问题的方法。用自己的诚恳去征服对方的心，而这种诚恳的态度，不仅是克服僵局的有效手段，也是今后谈判的基础和继续合作的条件。

面对僵局，客户经理应及时识别并加以排除。要巧妙地运用各种商谈技巧，使商谈走出僵持的误区，走进和谐的氛围，达成双方都能接受的协议，而主动跨出一步就是打破僵局最有效的技巧之一。

1. 僵局出现的征兆

（1）洽谈中已经达成共识的事项要被推翻。

（2）客户已经流露出不想继续会谈的态度。

（3）洽谈中间主要人员离席而只留下不太主要的人员。

（4）洽谈的内容越来越没有针对性，越来越一般化。

（5）洽谈中听到越来越多的赞美其他金融机构的言论。

（6）当提出合作的关键问题时，客户以各种理由回避。

（7）感觉到对方对合作没有信心，在决策上存在迟疑与不安。

（8）讨论过多的与合作无关的话题。

（9）谈到具体期限时对方会巧妙地避开话题。

2. 打破僵局的方法

（1）主动改变协议类型。在双方都犹豫不决或沉默不语时，客户经理最好能主动跨出一步，如主动给对方一个下台阶的机会：主动提出改变商谈中心或话题；主动寻找一个中间调停人；主动改变协议的有关条款。如果对方不同意签订全面合作协议，可以尝试换单项合作协议。

（2）变换商谈方式。可以变换一种商谈方式，比如由正式会谈改为非正式沟通，变集体商谈为个人之间的私下交流，变中层接触为高层接触等。

（3）变换商谈话题。面对商谈僵局，可巧妙地变换话题，有时候，一个小笑话、一个小动作都可以引起形势的转变。消除商谈双方沟通的心理障碍，可以改变紧张的商谈氛围，使双方在和谐的气氛中重新讨论有争议的问题，达成商谈的协议。

(4) 改变商谈时间表。改变商谈时间表，推迟双方暂时无法达成共识的议题。

(5) 适当作出让步。客户经理需要在商谈中适当作出一些让步，有些条款对于金融企业来说可能比较困难，但也不得不接受，因为整个协议对于金融企业来说是很有价值的。在作出让步时，既不能损害与对方的关系，也不能击穿自己的底线。

(四) 签订合作协议

洽谈本着互利、平等的原则进行。如果双方就洽谈达成了一致意见，则需要用协议的方式确定下来。对有专项服务需求的客户来讲，需签订专项服务协议；对有综合性服务需求的客户来讲，还需要在总的合作协议项下签订一系列的专项合作协议。

1. 合作协议的基本构成要素

一个完整的协议一般由下列要素构成：协议名称（标题）；协议签订者名称、地址和法人代表姓名；签订协议的出发点（依据和目的）；合作的基本内容；各方的权利和义务；经济责任和违约责任；争议的解决；协议的有效期限；协议的份数与保存；未尽事宜；协议的签章、日期。

2. 签订合作协议的准备工作

客户经理与客户就协议的具体条款进行详细的沟通，并报本银行法规部门审核。审核批准后，客户经理应同客户就协议签署的有关事宜进行洽谈。一般来讲，客户经理为签订合作协议需做好以下准备工作：

(1) 协议上的任何文字以终稿为准，协议文本不得涂改，确需变动时须经双方同意，改动的地方要加盖公章。协议需用钢笔或毛笔签订。

(2) 订立协议的当事人必须具备完全的缔约能力和合法资格，必要时应对协议的签署进行公证。

(3) 与拟签约客户进行联系：

1) 确认客户方关于签约事项的联络人。

2) 商讨签约时间、地点。

3) 确认客户方签约人员姓名、性别、职务。如果签约人不是法人代表，应出具法人代表的授权书。

4) 确认客户方参加签约人员的名单及各自的性别、职务。

(4) 确认己方签约人员姓名、性别、职务，确认己方参加签约人员名单及各自的性别、职务。

(5) 联系签约地点。一般在本银行办公地点或某个宾馆进行签约活动。如果在宾馆进行签约，应与其就费用、会议室的使用、摄像、礼仪人员、条幅制作等问题进行协商。

(6) 联系新闻单位，协助新闻单位起草新闻稿。

（7）起草领导讲话稿。

（8）准备好赠送给客户的礼物并届时由参会领导进行交换。

（9）确定是否邀请第三方人士参加。

（10）确定所有参会人员的出行方式及出行时间。

（11）确定主持人，安排签字仪式程序。

（12）如果在宾馆签约且需要住宿，需预订好房间。

（13）在签约前1～2天到签约地点进行实地考察，确定签约参加人员的座位位次（制作座位牌并摆放好）、条幅的悬挂等会场布置事宜。

（14）协助礼仪小姐引领领导入座及签字后退席。

（15）安排好来宾携带的文件包及其他物品。

（16）根据财务标准安排宴席，确定参会者的座次（届时应有专人引领）。

（17）安排好参加人员的接站、到达时车位的引领及接待工作。

（18）如果在外地签约，应为参加人员预订好往返车票或机票。

（五）成交后的注意事项

签订合作协议之后，客户经理还有一系列的善后工作需要认真、谨慎地完成。

1. 对客户表示感谢

客户经理在交易达成后，仍应保持冷静，不要得意忘形，要用诚挚的语言对客户的合作表示感谢。避免说“谢谢你的信任，我真的对此表示感谢”之类的话语。因为客户经理与客户实际上刚完成了一个完全的协商过程，客户经理所提供的金融产品、服务介绍是针对客户的需求，客户购买了能满足其需求的东西，感到非常高兴。如果仅为客户的订单而去感谢他，则很可能突出了这样一个事实，即客户经理对客户的销售成功了，而不是客户自己作出了购买决定。

客户经理应该利用这个机会说上几句利于巩固销售的话。例如：“陈先生，你作出了非常好的决定，这将有利于你……”寿险销售人员可以说：“我很欣赏你对财务规划的认识，只有睿智的人才懂得为将来打算。”在与客户成交以后，一定不要忘了和客户说，他们的选择是明智的。对此，客户很可能报以这样的回应：“谢谢你！”

2. 请客户转介绍

转介绍是获得客户来源并获得转介绍客户信任的最好办法，因此，成交后，客户经理一定要请客户进行转介绍。例如：“如果您对我们的服务感到满意的话，可不可以把您周围的朋友介绍给我，让他们也享受这样好的服务，您看这样好吗？”

3. 及时与客户握手告别

成交后要懂得转换话题。为了避免客户反悔，要引开客户的思维，聊一些生活或其他方面的事情。成交后继续聊交易的话题是画蛇添足的做法。在交易达成之后，不要滞留太久，要走得自然，走得合理，应及时与客户握手告别。

4. 真正的销售始于成交之后

有一句名言："营销活动真正的开始是在成交之后，而不是之前。"营销是一个连续的过程，成交既是本次营销活动的结束，又是下次营销活动的开始。在和客户成交之后，并不是将他们置于脑后，而是继续关心他们，并恰当地表示出来。客户经理在成交之后继续关心客户，既能赢得老客户，又能吸引新客户，使业务量越做越大，客户越来越多。

（1）不要尝试去做过多的新客户，挖潜现有老客户是最好的营销思路。看看老客户还有哪些潜力没有挖掘，还能销售什么。

（2）每月都提前给过生日的客户寄去一张贺卡。正因为我们没有忘记客户，客户才不会忘记我们。

（3）发放一笔贷款后，要问问客户的资金使用情况。如果客户需要，可以提供银行汇票、电子银行、银行支票等服务。

（4）认真评估现有客户的业务量，在合作一段时间后，认真分析是否有深入交叉销售的机会，如果有可能，应当有意识地深入销售。

5. 未达成交易的注意事项

有的客户经理费了九牛二虎之力，也没能与客户达成交易，在与客户告辞时需要注意以下几点：

（1）正确认识失败。一些客户经理面对失败，心中感到沮丧，并在表情上有所流露，失魂落魄，言行无礼。没谈成生意，不等于今后不会再谈成生意。古人讲"买卖不成仁义在"，虽然没谈成生意，但与客户沟通了感情，留给客户一个良好的印象，这也是一种成功——为赢得下次生意的成功播下了种子。因此，客户经理要注意与客户辞别时的言行。

（2）友好地与客户告辞。要继续保持亲善的表情，真诚地道歉，例如说："百忙中打扰您，谢谢。"

模块 3 操作指导

一、约见客户的技巧

（一）电话约访

电话最能突破时间与空间的限制，是目前最经济、最有效的接触客户的工具。客户经理通过各种渠道，能方便地获得不少人名和电话。金融企业客户经理运用电话约见客户，一般分为五个步骤。

1. 准备

打电话前，客户经理一般应先备妥下列信息：目标客户的姓名及职称；公司名称及营业性质；打电话给目标客户的理由；准备要说的内容；目标客户可能提出来的问题；如何应对客户的拒绝。最好能将重点写在纸上。

2. 接通电话

一般而言，第一个接听电话的是总机小姐，客户经理要用有礼貌的、坚定的语气说出要找的目标客户名称。接下来接听电话的是秘书，秘书多半负有一项任务——回绝老板认为不必要的电话。因此，客户经理必须简短地介绍自己，要让秘书感觉你要和老板谈论的事是很重要的，记住不要说得太多。客户经理打电话的主要目的是争取见面的机会，所以要注意言简意赅、点到为止。

3. 引起兴趣

当目标客户接起电话时，客户经理在简短、有礼貌地介绍自己后，应在最短的时间引起目标客户的兴趣。

4. 诉说电话拜访的理由

依据对目标客户事前准备的资料，对不同的目标客户诉说不同的理由。记住，客户经理一般不应在电话里谈生意，因为没有人愿意被营销，也没有人喜欢在电话里跟素不相识的人长篇大论。

5. 结束电话

客户经理在电话拜访时一般应注意运用谈话的技巧，在达到目的（如定好约会时间、寄发资料等单纯目的）后，立刻结束电话的交谈。在约见客户时，客户经理一般应提出二选一的方案，让客户感觉是自己作出的决定，如说："请问您是今天下午 3 点方便，还是明天上午 10 点方便？""请问是在您办公室，还是在××酒店？"

电话约见示例：

客户经理："王总您好！我是××行客户部经理，我叫王新。请问刘伟红是您的老朋友吗？"

目标客户："是的。你认识他？"

客户经理："他也是我的好朋友。是他介绍我来找您的。他一直对您在事业上的成就赞不绝口，说您待人和善，是个白手起家的优秀企业家。"

目标客户："其实，我也是个很平常的人。"

客户经理："您太谦虚了！前一阵子，通过我的介绍，他的公司与我行签订了全面合作协议，把基本账户转到了我行，我行为他的公司还提供了 2 亿元的授信额度。他认为我行实力强大，管理规范，服务优质，科技先进。同时认为我这个客户经理够专业，服务也好，很乐意支持我的工作。他觉得像您这样优秀的企业家所领导的优良企业也应拥有这样的金融服务，就介绍我与您联系。请问您是今天下午 3 点还是明天上午 10 点方便？我到您的办公室去拜访您好吗？"

目标客户："好，就今天下午三点半吧！"

注意：上面这段电话对话是运用客户关系法（介绍法）来约见客户的。客户经理借助那位介绍人的关系拉近了双方的距离，又向客户传递了“我朋友已经与××行合作”的信息，还十分恰当地恭维了客户，更重要的是运用二选一法与客户约定了见面时间。

（二）直接拜访

直接拜访有两种形态：一种形态是事先已和客户约好会面的时间，我们将这种拜访称为计划性的拜访，拜访前因为已知和谁见面，所以能充分地准备好拜访客户的有关资料；另外一种形态是不预先通知客户，直接到客户的地方去拜访，香港银行称此种做法为“洗楼”或“扫街”。“洗楼”或“扫街”的目的在于找出目标客户，并设法与关键人士会谈，收集目标客户的资料。成功的“洗楼”或“扫街”能给客户经理带来许多好处：能亲自判断目标客户的市场潜力，能在极短的时间内收集客户的资料，建立目标客户卡，以供日后拜访用；能有效地了解自己所处区域市场的特性；能锻炼客户经理的营销技巧。

下面介绍“洗楼”或“扫街”的技巧。要想成功地“洗楼”或“扫街”拜访，必须突破一些关口，如客户的接待员、秘书等关键人士。

1. 面对接待员的技巧

面对接待员，作为客户经理的你要用坚定、清晰的语句告诉对方你的意图。举例来说，你要想办法打听准备接触的客户代表的姓名，但由于是突然拜访，如何知道财务处处长的姓氏呢？你可以伺机询问进出的员工，问问财务处王处长的办公室是不是在这里。对方会告诉你财务处处长姓陈不姓王。同样，你也可以用这种方法告诉接待员，你要找财务处的王处长，接待员会说财务处只有陈处长，此时你可以说自己记错了。如果你知道拜访对象的姓名及职称，最好说出是哪个部门的哪个处长，或是直接叫名字，让接待员认为你和受访对象很熟。有时你要找的关键人士不在办公室，因此你要事先准备好几个拜访的对象。在与拜访对象完成谈话离开公司时，一定要跟接待员打招呼，同时请教他的姓名，以便下次见面时能立即叫出他的名字。

2. 面对秘书的技巧

向秘书介绍自己，并说明来意。向秘书说明来意可用简短、抽象性的字眼或用一些较深奥的技术专用名词，让秘书认为你的拜访是很重要的。或者有意地提出一些关键人士或你认识的重要人物，表明你与关键人士的关系不一般。若发现关键人士不在或正在开会，你可以用下列步骤处理：请教秘书的姓名；将名片或资料留下，请秘书转交给拜访对象，同时在名片上写上“×月×日拜访未能谋面，拟于×月×日再专程拜访”；尽可能从秘书处了解一些关于关键人士的个性、作风、个人爱好等信息；向秘书道谢，并请他提醒关键人士有关下次拜访的时间。

3. 会见关键人士的技巧

在会见关键人士时，你可以使用接触客户的谈话技巧，重点在于同关键人士结束谈话后，你要诚恳地感谢对方抽出时间会谈，提示对方应准备的事项，以备下次再会谈。退出门前，轻轻地向对方点头，要面对关键人士将门轻轻扣上，千万不可背对关键人士反手关门。

注意：须尊重客户方相关人员，包括秘书、助手、前台接待人员及接待部门经理、负责联络的人员、客户的主要关系人等。为了能顺利地约见到主要人物，尊重相关人员是必要的，他们有时甚至是能否约见到决策者的关键。做过客户经理的人都有体会：一个前台服务员的一句"我们老板不在"或"我们老板要开一天的会"，就会使客户经理白跑一趟。

（三）信函约见

营销信函主要用在客户经理接触目标客户前，先寄发有关资料给计划拜访的客户，目的在于引起客户的兴趣，让客户愿意与客户经理会面。用信函开发目标客户，其特点是主动性强、覆盖面广。而且因为不是面对面地谈话，心理压力会小很多。

在营销信函当中，可以写上很理性的观点，可以提供很感性的实例。由于收信人是在你不在场的情况下拆阅你的信，因此无论他作出怎样的反应，都不会影响你。约见信函应包含以下基本内容：寒暄、自我介绍、赞美肯定、提出拜访要求、约定拜访时间等。撰写营销信函要注意三点：

（1）要简洁，有重点。

（2）要引起客户的兴趣及好奇心。

（3）不要过于表露希望拜访的迫切心理。

信函约见示例：

尊敬的孙处长：

您好！我是××行客户部经理，我叫王新。

请原谅我冒昧地给您写信。虽然我们素昧平生，但您的大名和为人早已如雷贯耳。一直企盼有机会与您相识。

您知道韩冰这个人吗？他对您的成功人生非常敬佩，说您是一个总走在时代前列的领潮人，特别是对网络经济有较深的研究，对网络金融新产品很感兴趣。韩先生有您这么明智的朋友，我为他感到高兴。我和韩先生也是多年的老朋友，我们都十分佩服您的远见卓识。

最近，我行推出了一种新的公司客户理财服务产品，我把它介绍给像您这样优良的大型集团公司，他们都很欢迎。我就此产品怎样让您的公司使用草拟了一个方案，先寄给您了解一下。我很想下个星期去登门拜访您，再给您作详细的介绍，您看行吗？如果您觉得方便的话，请您定个时间，让您的秘书电话通知我。我的手机号码是×××××××××××。

祝您新年行大运，事业兴旺，家庭幸福！

王新

（四）中介约见

中介约见即委托中间人代为约见，如留函代转等。这种方法主要选择对目标客户有影响力的中间人和中介部门，如有威望的长者、上级、导师、亲友、主管部门、重要客户、合作者等。

二、商谈的技巧

（一）发现客户潜在需求的技巧

客户经理一般通过熟练掌握“状况询问法”“问题询问法”等询问方法，找出目标客户的潜在需求。人们购买金融产品和服务是因为有需求，就客户经理而言，如何掌握这种需求，使需求明确化，是最重要的也是最困难的一件事，因为有时候客户本身也无法知晓自己的需求是什么。发掘客户潜在需要最有效的方式就是询问。客户经理可在拜访目标客户时，借助有效的提问，刺激客户的心理状态。客户经过询问，可能将潜在需求逐步从口中说出。

1. 状况询问法

日常生活中，状况询问用到的次数最多。例如：“你在哪里上班？”“你有哪些爱好？”“你打高尔夫球吗？”这些为了解对方目前的状况所做的询问都称为状况询问。客户经理提出状况询问的主题必须和要销售的金融产品和服务有关。例如：“你目前参与了哪些银行的金融理财？”状况询问的目的是经过询问了解目标客户的事实状况及可能的心理状况。

2. 问题询问法

问题询问是客户经理在得到客户的状况后，为了探求客户的不满、不平、焦虑及抱怨而进行的提问，也就是探求客户潜在需求的有效询问。例如：

“您目前主要的理财方式是储蓄吗？”（状况询问）

“是投资炒股。”

“是自己亲自操作还是雇请操盘手呢？”（状况询问）

“是自己操作，增加经验啊！”

“总的炒股收益情况如何啊？”（问题询问）

“不行，和周围同事差不多。要是有专家可以咨询就好了。”

以上是问题询问法的一个简单例子，通过问题询问，客户经理能找出客户不满意的地方。知道客户有不满之处，客户经理就能够利用这一点机会去发掘客户的潜在需求。

3. 暗示询问法

当客户经理发觉了客户可能的潜在需求后，接着可用暗示的询问方式，提出对客户不平、不满问题的解决方法。例如：

“云溪山庄有绿地、空气又好，您认为怎么样?”（暗示询问法）

“很想在这里居住，只是难下决心，一次性付款资金不足，做按揭利息负担重。”

客户经理通过熟练地交叉使用以上三种询问方式，客户的潜在需求便不知不觉地表露出来了。

（二）倾听的技巧

在现实人际交往中，多听少说、善于倾听别人讲话，是一种修养。因为认真倾听别人讲话，表现出对说话者的尊重，人们也往往会把忠实的听众视作可以信赖的知己。倾听自然也是客户经理必备的一种修养，能够发现客户的需求，加深对客户的了解。如果只顾在客户面前表现自己，往往达不到与客户沟通的目的，甚至引起对方的反感。客户经理应注意从以下五个方面进行积极的倾听：

1. 培养积极倾听的技巧

站在客户的立场专注倾听客户的需求、目标，注视对方双眼，表情随对方谈话内容有相应的变化，恰如其分地点头、微笑、赞许、附和，适时地向客户确认你了解的是不是就是他想表达的。这种诚挚、专注的态度能激起客户讲出他更多内心的想法。

2. 让客户把话说完，并记下重点

不要打断客户，让客户把话说完。客户经理必须记住：你是来满足客户需求的，你是来带给客户利益的，让你的客户充分表达他的状况以后，你才能正确地满足他的需求。就如医生要听了病人述说自己的病情后，才开始诊断。记下客户谈话的重点，既能表达对客户意见的重视，也有利于提高精神集中度和抓住客户谈话的要点。

3. 秉持客观、开阔的胸怀

不要心存偏见，只听自己想听的或是以自己的价值观判断客户的想法。

4. 对客户所说的话，不要表现出防卫的态度

当客户所说的事情对客户经理的营销可能造成不利时，客户经理听到后不要立刻驳斥，可先请客户针对事情作更详细的解释。例如：客户说这家银行的服务态度不好，客户经理可请客户更详细地说明是什么事情让他有这种想法。客户若说只是听说，无法解释得很清楚，客户经理可适当地做一些解释工作；若是客户说得证据确凿，客户经理可先向客户致歉，并答应他写明此事的原委。记住，在没有听完客户的意见之前，不要和客户讨论或争辩一些细节问题。

5. 掌握客户真正的想法

客户有客户的立场，他也许不会把真正的想法告诉客户经理，他也许用借口或不实的理由搪塞，或为了达到别的目的而声东击西，或别有隐情，不便言明。因此客户经理必须尽可能地听出客户真正的想法。掌握客户内心真正的想法不是一件容易的事情，客户经理最好在听客户的谈话时，自问下列的问题：

（1）客户说的是什么？代表什么意思？

（2）他说的是一个事实，还是一个意见？

（3）他为什么要这样说？

（4）他说的我能相信吗？

（5）他这样说的目的是什么？

（6）从他的谈话中，我能知道他的需求是什么吗？

（7）从他的谈话中，我能知道他希望的购买条件吗？

（三）应答的技巧

（1）要对客户的问题表示理解。对客户表现出同情心，意味着客户经理理解他们的心情，并明白了他们的观点，但并不意味着完全赞同他们的观点，而只是了解了他们考虑问题的方法和对金融产品的感觉。客户对金融产品提出异议时，通常带有某种主观情感。所以，要向客户表示已了解他们的这种情感，可以通过下面的回话来表达这种意思："我明白您的意思了"，"很多人就是这么看的"，"这个问题您提得很好"，"是的，这一点很重要"，"我知道了您的具体要求"，等等。

一定要尊重客户的意见，说几句表示理解的话，这样能使客户认识到客户经理是在为他分忧，并且表明客户经理很重视他们提出的问题。客户经理对客户作出的这些积极反应，也会促使客户产生信任感。

（2）回答问题之前应有短暂停顿。回答问题前，给自己一些思考的时间。俗话说："说出去的话，泼出去的水。"话一旦脱口而出，便很难再收回。在对方问话之后，客户经理可用喝水、翻笔记本等动作来延缓时间，考虑对方的问题，但时间不宜太长。这个停顿很重要，因为客户会更加认真地听取答复。为了争取更多的思考时间，客户经理还可采用一些方法拖延答复。例如，请求客户澄清自己所提出的问题，或说"这次资料未带全"。

（3）复述客户提出的问题。为了向客户表明自己已经明白了他的意思，可以把客户提出的问题复述一遍。

（4）要准确判断。在弄清对方提问的目的和动机以前，不应随便答复。在对方动机复杂的情况下，应在准确判断对方用意的基础上回答对方。

（5）可以局部回答。如果某个问题包括几个方面，可以选择其中若干方面作回答；一时难以说清楚的，就不必勉强去说。

（6）可以答非所问。当客户提出的某个问题自己很难直接从正面回答，但又不能拒绝回答时，客户经理最好跟客户讲一些与此问题若即若离的问题。

（7）对于有些复杂的问题往往采用安慰式来答复。即先肯定和赞扬客户提问的重要性、正确性、适时性，然后合情合理地强调问题的复杂性、马上回答的困难程度，答应以后再专门讨论这个问题。

（8）答复要有分寸。正确的答复未必是最好的答复。答复的技巧在于掌握什么应该说，什么不应该说，而不完全在于答复的对与错。答复要既不言过其实，也不弄虚作假，答复应得体巧妙，赢得客户的好感和信任。

（9）答复问题不要绝对化。有些答复要有弹性，不要把话说得绝对化。对于金融企业需高度保密的信息资料，应绕过不作正面回答，或者委婉地说明并表示歉意。

（四）谈判过程中的技巧

拜访客户过程中的倾听、提问、拒绝等技巧在谈判过程中同样适用，但谈判毕竟不同于一般的洽谈，故还有一些事项需要特别注意。

（1）“暂停”策略。当出现以下情况时，客户经理应要求谈判暂停：客户经理准备让步或谈判对手胁迫客户经理让步以及客户经理感到心烦意乱的时候；谈判时间过长而没有实质性进展，谈判人员已精疲力竭；谈判进入交锋阶段，面临破裂的可能性；对方出其不意，提出一个新的方案，使己方措手不及；谈判各方分歧意见较大，一时难以磋商；到了吃饭或休息的时间。常用的策略有：“我可以去趟洗手间吗?”“我需要和领导商量一下。”“我得考虑考虑。”等等。

（2）“让步”策略。运用此策略需把握如下原则：不要做无谓的让步，力争每次让步都能得到恰当的回报；让步要恰到好处，在对方的让步已经明朗化的情况下己方也应让步；不要做同幅度、对等的让步；在重要问题上力求对方先让步；让步的速度不宜过快，要“三思而后行”；避免追溯性让步。

（3）“出其不意”策略。通过出其不意地提出某种方案，以测试对方的反应，探测对方的谈判底线。但不能盲目使用该策略，以免使谈判陷入难以进展的局面。

（4）在心理上坚定能够成功的信念。客户经理应克服一切畏惧和气馁情绪，坚定而自信地进行谈判。坚决不要因为取得了一些小胜利就溢于言表，或遇到一点小挫折就灰心丧气。要清楚地表达自己的意思，恰当地控制谈判局面。

（5）在谈判过程中，不该说的话坚决不说。有些话在谈判中千万不能说，以免引起对方误解或造成不良印象，如“愿不愿意随你”，“我对此不太有把握”，以及任何诋毁对方或第三方的话。应尽量避免出现不得不向对方道歉的局面，也不要过分地谦虚。

（6）控制情绪，学会忍耐。以缓制急，以静制动，保持冷静，避免过早地同意谈判条件，要使客户确信他占了很大的便宜。当对方难以听懂你的话时，你可试着放低声音、减慢语速、利用手势，要有耐心。在谈判过程中要控制好自己的情绪，不应宣泄个人情感。

（7）以柔克刚。谈判过程中如果对方咄咄逼人，客户经理可以采取以柔克刚的策略，以静制动，挫其锐气。在谈判的过程中始终保持轻松、自信、友好的微笑。

（8）不要让谈判陷入僵局。当谈判陷入僵局时，可以先谈一些次要问题以引起客户的注意力来促使客户对主要问题的关注。要善于采取迂回战术，但要坚持自己的立场，不能在对方的强烈攻击下有所动摇。

（9）恰当利用“缺席”策略。有意安排一位领导人物缺席，以便己方能在谈判中有回旋的余地。但应用此策略时需注意：把缺席安排得天衣无缝；把缺席位置安排在显眼的位置；安排的缺席人员不能超过两个；处于不利局面时，要恰当地利用缺席。

（10）追求双赢的目标。谈判即将结束之际，客户经理更应少安毋躁，还须审时度势，用自己的诚意与智慧，充满激情地追求自己的目标，切忌草草收场。达到双赢，才是谈判应当达到的目标。谈判结束后，如果双方都很满意，就应该庆祝一下。庆祝的方式视对方的需求而定。此外，谈判结束后，客户经理应该进行自我反省，总结谈判成功的经验或失败的教训。

（11）避免犯一些谈判中容易犯的错误。例如：未进行充分准备就仓促上阵；不接受合适的建议，钻牛角尖；谈判时感到力不从心，害怕失去对谈判的控制；游离了谈判目标而未察觉；总是苛求完美的表达。在达成交易时不要得意忘形，不要流露出轻松的表情，要保持戒心。

（12）善于排除谈判中遇到的障碍。谈判过程中经常遇到障碍，客户经理应该善于排除。排除的方法有：暂时停止谈判，让大脑休息一下；检查谈判技能的运用情况；找出问题的症结所在；站在对方的角度，考虑一下对方的建议。对那些不“友好”的人，客户经理可以采取以下策略予以应对。

1）对付难缠的人的策略：

a. 不要驳斥对方的言论，可使用不直接的反击。

b. 对那些含有事实成分但易使人受伤害的言辞，客户经理应予以接受，比如对方指责你粗心大意，你就应该表示歉意。

c. 对方言辞过激，客户经理可将大家的注意力引向他。

2）对付专横跋扈的人的策略：

a. 站在第三者的立场上陈述对发言人的意见和要求。

b. 询问大家的意见，引导大家来反对他。

c. 以客观性的阐述参与争执，让众人知道道理在你这儿。

3）对付说话不着边际的人的策略：

a. 牢记谈判的中心议题。当对方说的话已游离主题时重申时间限定的紧迫性，让对方明确不应该在无谓的问题上浪费过多时间。

b. 向其他与会人员发问并将人们的注意力拉回正题。

4）对付故意唱反调的人的策略：

a. 让他们将意见或想法说给大家听。

b. 停顿一下并直视唱反调的人。

c. 重申谈判主题的重要性与严肃性。

5）对付爱争辩的人的策略：

a. 使他暴露在众目睽睽之下。

b. 及时将话题拉回。

c. 事先向这种人打招呼，用解释的方法表示出你对他的话是如何理解的。

d. 重申谈判已达成的共识，将讨论扣回正题。

三、处理客户异议的技巧

（一）处理客户异议的基本方法

1. 忽视法

忽视法主要应用于客户的异议表现为非重点因素或者与销售无关的因素上。对此我们只要面带笑容同意他的观点就好了。所谓忽视法，顾名思义，就是当客户提出一些反对意见，且并不是真的想要获得解决或讨论时，所采用的不予理会的方法。例如：客户对产品的广告语或者代言人或者你的衣着等产生异议，这些意见和眼前的交易扯不上直接的关系，你只要面带笑容地同意他就好了。对于一些“为反对而反对”或“只是想表现自己的看法高人一等”的客户的意见，若是你认真地处理，不但费时，还有旁生枝节的可能。因此，只要让客户满足了表达的欲望，就可采用忽视法，迅速地引开话题。

忽视法常使用的策略有：微笑点头，表示同意或表示听了对方的话；说“您真幽默”“嗯！真是高见”；等等。

2. 补偿法

补偿法主要应用于客户对于产品的某个短处提出异议，我们对此要看到事物的另一面，告诉客户短处也有好处。例如，客户可能说：“这个理财产品到期前不能取，灵活性太差了。”此时我们可以说：“灵活性差也不全是坏处呀，起码钱不会乱花，理财的一个很重要的目的就是让钱尽可能长期地属于你，尤其是重要的钱。”世界上没有一样十全十美的产品，当然要求产品的优点越多越好，但真正影响客户购买与否的关键点其实不多，补偿法能有效地弥补产品本身的弱点。

3. 太极法

太极法取自太极拳中的借力使力。回力棒就具有这种特性，用力投出后，会反弹回原地。太极法用在销售上的基本做法是当客户提出某些不购买的异议时，客户经理能立刻回复说：“这正是我认为您要购买的理由！”也就是客户经理能立即将客户的反对意见直接转换成他必须购买的理由。太极法主要应用于客户对于一个实际行为产生异议时，我们需要借力使力，告诉客户这个行为对于客户是有利的，从而消除异议，与客户站在一个平台上。例如，客户说：“你的基金如果少花点钱做广告，我们客户的分红就会更多些。”此时我们可以说：“做广告的目的不是花掉你的分红，而是汇集更多的资源关注我们的基金，这样对于我们的实际运作会有很好的辅助作用。运作好了，分红自然也会水涨船高，其实这是有利于你的好事。”

4. 询问法

询问法主要应用于客户对于产品的异议比较笼统的时候，我们需要通过询问找到根本问题，然后有针对性地解决。例如：

客户：“你们代销的基金太差了，不如某行。”

客户经理：“能说一下是哪个方面吗?”（深入询问）

客户：“某行的基金手续费比你们低多了。”

客户经理：“原来是这样，你为什么买基金呢?”

客户：“当然希望有多点收益。”

客户经理：“收益由什么决定呢?”

客户：“基金运作呗!”

客户经理：“那就是了，所以选择基金是最重要的，而不是基金的手续费。在我们行我不敢保证手续费是最低的，但我会根据你的实际情况为你推荐适合你的基金产品，这对于你来说才是需要重点了解的。你认为自己适合什么基金呢?”

客户经理的字典中，有一个非常珍贵、价值无穷的词——“为什么”。不要轻易地放弃这个利器，也不要过于自信，认为自己已能猜出客户为什么会这样或为什么会那样，应该让客户自己说出来。

当客户经理问为什么的时候，客户必然会作出以下反应：

（1）他必须回答自己提出反对意见的理由，说出自己内心的想法。

（2）他必须再次检视他提出的反对意见是否妥当。

此时，客户经理能听到客户真实的反对原因及明确地把握住反对的项目，也能有较多的时间思考如何处理客户的反对意见。

5. “是的……如果……”法

这种方法的好处就是能够委婉地解决客户的异议，它的基本构成是：用“是的”同意客户部分的意见，用“如果”表达在另外一种状况下是否这样比较好。例如，客户说：“这个产品太贵了，我不能支付。”客户经理则可以说：“是的，很多客户都曾经谈过这个想法，如果我们采用分期付款的方式就不会有问题了。我们年底在奖金发放时多付些，平常每月少付些，不到一年，这个问题就解决了。这样就让我们在不知不觉中拥有了一件对我们有很大帮助的物品。”

6. 直接反驳法

大部分时候我们不要直接反驳，但特殊情况下还是要这样做。所谓特殊情况，就是客户对企业的服务、诚信有所怀疑时或者客户引用的资料不正确时。

（二）金融客户常见异议的处理

1. 价格异议

表现："贷款利率太高了！"

处理陷阱："我们也必须实现利润啊！""我无能为力呀！成本是我们不可选择的。""其他银行也是这个价格啊！""您说得不错，但我们银行就是这个价格。""我们可以降一降。""我无权改变这个价格。"

正确的处理办法：

（1）客户经理不应仓促地为价格辩护，也不应指责市场、客户、竞争对手，或仓促地改变价格，而是应该倾听并了解客户的价格异议，同客户一起研究、评估。

（2）找出客户认为价格过高的参照所在，然后将本金融企业的产品与参照的产品作比较，找出并帮助客户认识到本金融企业产品的比较价值。

（3）比较一般从产品特性、执行保障、专门技术、创新性、未来潜力等方面进行。

（4）客户经理应对本金融企业产品的价值优势及其满足客户需求的能力充满信心，在提出价格时语气要自信。

（5）花时间和精力研究竞争者的产品，如果本金融企业产品的竞争力的确比较弱，就应注重改进。

2. 创伤异议

表现："两年前，我们找到你们……我们不会再和你们打交道了。"

处理陷阱："我们可以重新开始合作啊！"或知难而退。

正确的处理办法：

（1）客户经理应当表现出理解、关心，并对客户这段经历的具体情况进行了解，确定需要付出多少努力才能补救。

（2）比较得体的回答是："听您这么讲，我感到很抱歉，能告诉我具体情况吗？""完全可以理解您的这种心情，对于发生的事情我深表遗憾。当时，我们……今天的管理层已认识到这一点。这次我的具体任务就是来……或许我可以……您认为怎么样？"

3. "万一……怎样"异议

表现："万一你们银行倒闭了怎么办？"

处理陷阱："不可能发生那种情况。"

正确的处理办法：客户经理用已经做成的案例和曾经发生过的事例来证明承诺。这对新开发的客户或潜在客户尤其重要。

4. 不愿改变现状

表现：对现状比较满意而反对客户经理的提议。

处理陷阱：贸然说可以给客户带来更多利益，或比竞争对手做得更好。

正确的处理办法：先了解客户的现状，再将自己的产品和竞争者的产品进行比较，然后指出自己的产品能给客户带来更多的利益。

5. 烟幕弹异议

表现："让我们考虑一下吧。"这是一个最古老的烟幕弹。

处理陷阱：等着让客户考虑。

正确的处理办法：以顾问咨询的方式处理，可以这样回答："这对贵公司来讲的确是一件重要的事情，您需要哪方面的产品呢？或许我可以提供一些更详细的信息。"

6. 含糊不清的异议

表现：异议过于一般或宽泛。

处理陷阱：草率地给予回答。

正确的处理办法：多问几个"为什么"。

7. 金融企业形象异议

表现："你们的网点太少了！""我怎么没听说过你们呢？"

处理陷阱：立即反驳客户的异议。

正确的处理办法：介绍本金融企业的定位和努力，以及成功的案例。

8. 不能立即回答的异议

表现：客户经理不知如何回答。

处理陷阱：硬充知识渊博，贸然回答。

正确的处理办法：承诺稍后会对客户的问题进行回答。推迟答复并不是不答复。

9. 无法克服的异议

表现：本金融企业目前的确无法提供客户需要的服务。

处理陷阱：继续就此异议进行洽谈。

正确的处理办法：果断结束此话题，并保持与客户的关系，以有利于增加今后合作的机会。

（三）处理客户异议的策略

1. 使用有效的语言调节气氛

重要的是要表示理解说话者的感情，例如："我能理解您所说的。""我知道您的感受，我能理解您为什么会有这种感受。""我能理解这件事为什么会使人恼火。""我能看出您为什么会感到不满。""对不起，这些给您造成了不便。"上述这些语言都可以有效起到调节交谈气氛的作用。

2. 尊重客户的感受

这种处理问题的方法是承认客户的感受，并且提供一种客户能听得进去的说明。例如："我理解您为什么会有这样的感受。""也许是我的理解错了。"在尊重客户感受的基础之上，我们才有机会向他进一步解释，有一些规定和做法是为了保护他们的利益。

3. 努力和客户形成团队

让客户知道，他与本金融企业的合作是非常重要的，并且最终会导致双方受益。假如客户与本企业形成了一个团队，就不是双方之间的对立，而是两个人来协商共同努力解决问题。

4. 学会有技巧地回避尴尬场景

假如客户经理发现自己被激怒了，想要对着客户叫嚷或者发怒，就要让自己离开片刻，暂时避免接触客户，给自己一个冷静的机会，然后回来处理问题。有技巧的借口有："对不起，我要离开一会儿，去核对一下这方面的规定。""关于这个问题我要去征求一下我的上司的意见。""我要去补充一些资料，然后我们共同探讨如何最好地解决您提出的问题。"记住，最好的借口就是永远表现出自己愿意为客户服务，即使暂时离开也是为了更好地服务。

5. 控制自己的情绪

不满的客户有时会说出一些伤人的话，但无论他做些什么，你都不要忘记控制自己的情绪，保持职业风度。如果发现自己已经哭了，就说声对不起，然后到一间无人的办公室或屋子里去，让自己平静下来。

6. 让客户自己寻找解决办法

假如与客户一时达不成一致意见，可以用如下的言论让客户一同寻找解决办法："现在您想要我做什么?""您认为什么是解决问题的公平办法?""怎样才可以使您感到满意呢?"

7. 赢得张嘴说话的机会

当客户不停地慷慨激昂地诉说或大声嚷嚷时，你可能连开口说话的机会都没有。可以在想说话之前叫对方的姓名，大多数人在听到自己的姓名时会停下来倾听。

8. 使用有礼貌的重复

假如客户一直坚持某种无礼或办不到的要求，应当告诉他本金融企业所能够做到的地步（注意：不是告诉愤怒的客户不能做到什么）。可以礼貌地重复这一做法直到客户听懂了你的意思，只是注意不要用不友好的态度或是大声嚷嚷。总之，切记：争辩是销售的第一大忌！不管客户如何批评我们，客户经理永远不要与客户争辩，因为争辩不是说服客户的好方法，与客户争辩，失败的永远是客户经理。用一句销售行话来说就是："占争论的便宜越多，吃销售的亏越大。"

四、识别成交信号的技巧

所谓成交信号，是指客户在洽谈过程中通过语言、行动、表情泄露出的各种成交意向。对于客户经理来说，准确捕捉成交信号，及时把握成交时机是十分重要的。客户没有发出成交信号就说明客户经理的工作还没有做到位，还应该进一步洽谈而不宜过早地提出达成交易的要求。如果客户已经发出成交信号，但客户经理却疏于接收，则会坐失成交良机，有可能造成难以弥补的损失，与销售的最后成功失之交臂。

我们如果关注客户购买心理的阶段性变化，如注意、发生兴趣、产生联想、激起欲望、比较、下决心及提出异议，就可以发现，以上每个阶段都可能出现达成协议的时机。我们要随时关注成交的信号，客户产生了购买欲望常常不会直言说出，而是不自觉地表露其心志。因此，客户经理必须了解和解读客户成交信号的种种表现及其含义，以便及时捕捉它，把握住成交的黄金时机，为自己的辛苦努力画上一个圆满的句号。客户表现出来的成交信号主要有语言信号、行为信号和表情信号等。

（一）语言信号

客户询问金融产品和服务有关详细情况（利率、手续费、服务方式、运行效率、今后的服务保证等）；对银行提出的银企合作方案给予一定程度的肯定或异议；讲述一些参与意见；提出合作协议的具体条款……这些都表明客户产生了购买意图，成交已近在咫尺。当客户有心购买银行的金融产品与服务时，从其语言中可以得到判定，例如：

（1）“你们多长时间可以拿到银监会的批文？”

（2）“你们的贷款多长时间可以批下来？”

（3）“你们的利率可以降下来吧？”

（4）“可以提前还贷吗？”

（5）提出对金融产品和服务有关的问题。

（6）对银行提出的供应融资方案给予一定的肯定或赞许。

（7）打听有关金融产品与服务的详细情况。

（8）请教具体产品的使用方法。

（9）提出研究合作协议的具体条款。

用语言表露出这些内容，说明客户在尝试下决心，这时候客户经理一定要趁热打铁，就客户最关心的问题，认真作出老老实实的回答。不要说大话，当然也不能过于谨慎，让客户感觉你根本没有自信。

（二）行为信号

细致观察客户的行为，并根据其变化的趋势，利用相应的策略、技巧加以诱导，在成交阶段十分重要。通常，行为信号表现为：

（1）客户频繁点头；

（2）客户身体前倾；

（3）客户再次看产品说明书、银企合作方案；

（4）客户开始讨价还价。

以上是客户表示要认真考虑合作内容的行为，或者是购买决心已定，紧张的思想松弛下来，表示一种“基本接受”的态度。客户经理要及时捕捉客户身体行为信号，不断调整话题。只要客户流露出希望合作的意向，客户经理就应顺藤摸瓜，持续加大营销的力度，让客户进一步下决心。

（三）表情信号

面部表情和一举一动，都在表明客户的想法。从客户的表情上，也可以判断出他们是急于购买，还是拒绝购买。以下是客户可能成交的表情信号：

（1）微微兴奋；

（2）开朗地一笑；

（3）紧锁的双眉分开、上扬；

（4）深思的样子，神色活跃，态度更加友好，表情变得开朗，自然微笑；

（5）眼神、脸部表情变得很认真。

一旦发现客户表露出以上信息，客户经理应当及时跟上，试探性地提出合作的建议。客户经理应当非常敏锐、细心，能够察言观色。

模块 4　案例学习

一次没有成功的销售沟通

经过休眠客户激活——电话约访后，客户苏先生和客户经理小王约定在星期三上午10：20到银行换芯片卡。

星期三早上10：15，小王的手机响了，苏先生准时到了银行。小王出去一看，一个穿运动服的男士正站在大堂里，看样子30来岁，很白净，文质彬彬的，正四处打量，斜挎着一个包，上面印着四个字“四季健身”。“请问，是苏先生吗？”小王忙轻快地问。（小王先调整好了自己的状态，希望能给客户留下良好的第一印象。她还可以多做一点什么吗？）“啊，你好，是我！”“苏先生，您好，我就是小王，总算和您见面了！您跟我来这边吧！您这是准备去锻炼吗？”“啊！哈哈，是的，去跑跑步！”（健身话题是沟通的桥梁，可以拉近和客户的距离。）说话间，小王带苏先生到了工位。

“苏先生，您身份证带了吗？”“带了！”“好的，那么您先坐坐，我已经帮您排了个贵宾号，还有两个人就到了。您喝点什么，水还是茶水？”“都可以！”（小王提前做了准备，给苏先生排了号，节省了时间，争取给客户留下良好的第一印象。）

“苏先生，正好您闲着，我们这儿有个理财产品最近销得特别好，我给您介绍一下吧！”（小王直接介绍产品，态度热情，苏先生会接受这份好意吗？）

“谢谢！我都是在××银行买！不用了！”

“啊……我们的收益比××银行要高，年化能达到……”（小王介绍产品的优势，尝试说服客户，这种方式怎么样？）

“谢谢，我真的已经没钱了！”（苏先生拒绝的是产品，还是小王个人，或者两者都在拒绝？）

兴冲冲的小王被泼了一盆冷水，心情指数一时下降，说不下去了。苏先生感到自己很直接地拒绝了小王，也有点尴尬，两人只好期待着赶紧被叫号，一时竟无话可说……（小王的希望变为失望，说不下去，客户拒绝了小王，自己也尴尬，为什么会出现双输的局面呢？）

资料来源：苏卫宏：《银行客户经理的销售关键对话》，北京，北京联合出版公司，2016。

问题：

1. 请你从顾问式销售的角度，剖析小王与客户的销售沟通没有成功的主要原因。
2. 请分析此次客户营销沟通的过程中小王应该怎样改进。

模块 5　知识拓展

一、如何塑造良好的第一印象

面对初次见面的客户，客户经理能否立即获得客户的好感与注意，是一个非常重要的技巧。当你对一个人有好感时，你一定会以好意回应他，双方的会谈便如沐春风。是哪些因素影响了第一次会面的印象呢？客户对客户经理的第一印象好与坏，有些是无法控制的，如先入为主的暗示效果等；有些是可以努力改善并学习的，如外表、谈话的方式、表情及动作。下面逐一介绍金融企业客户经理的一些做法。

（一）先入为主的暗示效果

客户经理的形象在初次见面前就可营造，例如初次见面前电话订约表现出的专业电话接近的技巧。电话订下的约定的日期若间隔 3 天以上，可先寄出营销信函，在见面前再确认会面时间及感谢客户抽时间见面，也可先寄上一份本金融企业简介让客户先了解自己的企业，这些动作都能给客户留下你是专业人士的印象。客户往往会依据以往接触的经验而判断初次见面的人的信用。虽然都知道凭印象判断是不客观的，可是却少有人完全不受影响。因此，塑造客户经理的可信赖形象是让客户产生好感的一种有效方式。

（二）注意客户的“情绪”

感情、工作压力都会影响一个人的情绪，每个人都有高潮期及低潮期，客户情绪的变化是客户经理无法事先掌握的。因此，客户经理初次面对客户若是感觉到客户陷于低潮，注意力无法集中，最好能体谅客户的心境，相机另约下次会面的时间后，迅速、礼貌地告退。

（三）给客户留下良好的外观印象

客户经理的外观也会给人暗示的效果。因此，客户经理要尽量使自己的外观给初次会面的客户留下好印象。一个人的眼、鼻、嘴及头发都会给人留下深刻的印象，虽然每个人的长相是天生的，但是你也能经由你自己的注意而进行相当程度的修饰。例如，有些人的眼神冷峻或双目大小不一或眼白大而眼球小，都会给人较不愉悦的观感，此时，可以利用眼镜把这些不好处修饰好。洁白的牙齿能给人开朗、纯净的好感。鼻毛露出鼻孔给人不洁感，同时让人感觉不礼貌。头发散乱不整让人感到落魄且不值得授予重任。但实际上，客户购买一种商品的决定往往是感性的因素左右着理性的因素，否则“营销商品前先营销自己”这句话就不会成为一句指导营销的金玉良言了。

（四）要记住并常说出客户的姓名和称呼

名字的魅力非常奇妙，每个人都希望别人重视自己，重视自己的名字和称呼。了解名字的魔力，能让客户经理较容易地获得别人的好感，千万不要疏忽了它。客户经理在面对客户时，若能流利地以尊重的方式称呼客户的名字和称呼，客户对你的好感也将越来越浓。资深的客户经理会密切注意，目标客户的名字有没有被报纸杂志报道，他们常带着有报道目标客户名字的剪报一同拜访初次见面的客户，客户因此被感动，从而对客户经理心怀好感。

（五）让你的客户有优越感

每个人都有虚荣心，让人满足虚荣心的最好方法就是让对方产生优越感。但是并不是每个人都能功成名就，使自己的优越感得到满足；相反，大部分的人都过着平凡的日子。每个人在平时都承受着不同的压力，往往有志不能伸，处处听命于人。虽说常态如此，但是绝大多数的人都想尝试一下优越于别人的滋味。因此，这些人会比较喜欢那些能满足自己优越感的人。若客户的优越感被满足，初次见面的警戒心也就自然消失了，彼此距离拉近，能让双方的好感向前迈进一大步。

（六）替客户解决问题

客户经理在与目标客户见面前，若是能事先知道客户面临哪些问题，有哪些因素困扰着他，并能以关切的态度站在客户的立场上表达对客户的关心，让客户感受到客户经理愿意与他共同解决问题，客户必定会对客户经理立刻产生好感。

（七）自己需快乐、开朗

快乐是会传染的，没有一个人会对一位终日愁眉苦脸、深锁眉梢的人产生好感。客户经理常以微笑迎人、快乐待人，客户因此也会产生愉快的情绪。这也是最容易争取客户好感的技巧之一。

（八）利用小赠品赢得准客户的好感

应懂得赠送小礼物的奥妙。大多数金融企业都会费尽心机地制作一些小赠品，供客户经理初次拜访客户时赠送。小赠品的价值不高，却能发挥很大的效力，不管得到赠品的客户喜欢与否，相信每个人受到别人尊重时，内心的好感必然会油然而生。

以上八种方法都是客户经理让目标客户立即产生好感的技巧，若能把这八种方法学到手，并当作立身处事的方式，让它们成为一种自然的习惯，相信你在哪里都会成为一位受欢迎的人。

二、微笑的技巧

微笑是无声的语言。中国有句老话："无笑不开店。"深知此道的客户经理十分提倡亲情管理、微笑互动。香港某大公司墙上贴的激励标语是："今天，你对别人笑了吗?"可见这一很平常的情绪状态在当今社会是多么举足轻重。金融企业的客户经理在营销实践中有一个非常深切的感受：作为客户经理，每天都必须去面见客户，得通过对客户的服务来营销金融产品进而获取自己的酬劳。因此，微笑是客户经理的一项重要基本功，学会了笑，就等于掌握了与人交往的通行证。通过微笑让客户喜欢你，使客户感到快乐，也是让自己享受快乐。它不会花掉你任何东西，却可以让你赚到任何股票都分不到的红利。

微笑是客户经理最重要的武器之一。微笑不但令人温暖，而且可以消除与客户初次见面的紧张心情。客户经理若带着微笑去与目标客户商谈，即使是很棘手的问题，也会变得容易多了。客户经理微笑时的关键要点如下：

（一）根据自己的笑容特点来改变和调整自己的表情

经常照照镜子，观察一下自己微笑时的神态。在微笑中，眼睛的作用十分重要，眼睛是心灵之窗，具有传神传情的特殊功能。只有笑眼传神，微笑才能扣人心弦、情真意切。要看看自己微笑时的关键部位，包括眼角是否下垂，口型是否好看，是半张好还是抿合着好，牙齿露出多少适度。找出最适合自己特点的微笑，勤加练习，就会收到理想的效果。

（二）展露自己真诚的笑容，才会获得别人的真心喜欢

真心的笑容是最美丽的。当你被快乐、感激和幸福包围时，流露出的笑容是自然的。而当你心中有温和、体贴、慈爱等感情时，眼睛就会露出微笑，给人以诚心诚意的感觉。这样的笑容和这样美好的心境便能够增强你办事的效果。

（三）笑容要能够收放自如

微笑也是要讲究技巧的，有节制的微笑才更能够表现你的魅力。有的人笑起来就一发不可收拾，搞得别人莫名其妙，这样会使自己的形象大打折扣。办事毕竟是一件严肃的事情，没有节制的笑肯定会影响办事的效果。办事时，如果遇到令人发笑的事情，要适宜地露出自己的笑容，要笑得既不张狂也不做作，还要能够表现出倾听的热情，这样就能够为自己的形象加分。

三、赞美的技巧

赞美是现代交际所不可缺少的，更是客户经理所必须掌握的技巧。俗话说："美言一句三冬暖，恶语伤人六月寒。"赞美的效果常常出人意料。几句简单的赞美，能让人感到心理上的满足。几句适度的赞美，可使对方产生亲和心理，为沟通提供前提。马克·吐温曾说："一句精彩的赞辞可做我的十天口粮。"莎士比亚也说："称赞，即是我的薪俸。"可见，喜欢赞美是人的天性。人既想客观地了解自己，又想得到别人的好评。如果一个人的长处得到别人的肯定，他就会感到自我价值得到确认，产生"自己人效应"。

客户经理在营销实践中有一个很深的体会，就是那种无所不知、表情冷漠的客户经理是最令人讨厌的。试想，连称赞别人几句这种最简单的奖赏都不肯付出，谁还相信你"奉献爱心"的大话呢?

（一）赞美的注意事项

应当承认，无论是谁，都喜欢听好听的话。但是千万别以为由于赞美对方的原则是"逢人减岁，逢物加价"，于是见到客户就一个劲地恭维。真正的赞美是要学会发现对方引以为荣的长处，并恰到好处地把它表达出来。因此，在表达赞美之意时，要注意以下几点：

1. 因人而异

要根据不同的人的具体特点，有针对性地运用不同的赞美语言。长相有美丑，能力有高低，年龄有长幼，要因人而异，突出对方的个性，独到的赞美更让人欢欣。俗话说："男人以事业为重。"因此，在称赞男士的时候应集中在他的工作能力和成就上。对于年轻的男士，可以称赞其"前途无量""你的能力太强了"等。如果是稍上年纪的男士，他们一般喜欢别人称赞他的努力过程、社会地位以及个人成就等，可以说"不知道哪天我才可以像您一样这么有成就""能不能向您请教一下，您是怎样才有今天的成就的"等。

女士一般比较注重外在和细节方面的感觉。因此，要从对方的外貌出发进行赞美。对于年轻的女士，可以夸她的长相、气质、品位等，如"你真漂亮""你很有气质"等。而对稍上年纪的中年妇女，可以说"你真有品位""你很显年轻"等。

2. 语气真诚

赞美他人只有基于事实、发自内心，才能增强赞美的可信度。只有恰当的赞美，才会使对方开心；相反，不切实际、胡编乱造的赞美，不仅不会收到好的效果，反而会让对方觉得你油嘴滑舌，甚至讥讽对方。例如，有一位其貌不扬的小姐，你见到她时，却说："你真是太美了。"对方会觉得你是在讥讽她的长相，这样会刺激她的自尊心，令她对你产生非常坏的印象；相反，如果你从她的内在修养出发，夸她有素质、有修养、举止得体、有气质等，她肯定会欣然接受，并对你的印象很好。所以，在日常交际中，一定要善于发现对方的优点，并且发自内心地赞扬对方，这样你和对方的关系会更加和谐。

3. 恰如其分

恰如其分、点到为止的赞美才是真正的赞美。掌握分寸，不要弄巧成拙。使用过多的华丽辞藻，过度的恭维、空洞的吹捧，只会令对方感到不舒服、不自在，甚至难受、肉麻、厌恶，其结果往往适得其反。假如你的一位同事歌唱得不错，你对他说"你的歌声真是全世界最动听的"，这样赞美的结果只能使双方都难堪。但若换个说法，说"你的歌唱得真不错，挺有韵味的"，你的同事一定会很高兴。所以，赞美之言不能滥用，赞美一旦过头变成吹捧，赞美者不但不会收获交际成功的微笑，反而要吞下被置于尴尬地位的苦果。古人说得好，过犹不及。

4. 借人之口

在一般人的观念中，"第三者"所说的话大多比较公正、实在。因此，聪明的赞美方式是以"第三者"的口吻来赞美，如此更能赢得被赞美者的好感和信任。在现实中，多在第三者面前赞美你想赞美的人，是你与那个人融洽关系、增进交往的最有效方法。如果有位陌生的人对你讲："某某经常与我谈起你，说你是位了不起的人。"相信你的愉悦心情一定会油然而生。也就是说，我们要想让对方感到愉悦，就应经常在第三者面前赞美他，这种赞美要比一个魁梧的男人站在你的面前说"我是您忠实的崇拜者"，来得更让人舒坦。

5. 间接赞美

间接赞美就是从侧面赞美，赞美的对象不一定是对方本人，也可以是对方的家庭、工作等方面。男客户经理面对女客户，为了避免误会与多心，不便直接赞美她。这时，可以赞美她的爱人及小孩，这比赞美她本人还要令她高兴。母亲对孩子怀有特别的爱，也希望别人能喜欢自己的孩子。关心和喜欢孩子，实际上就是对其父母的尊重。每个孩子都有自己的优点和特色，可以在孩子身上动一点脑筋，一样能获得对方的好感。

6. 投其所好

对大多数人来说，最有兴趣的话题就是他自己，或者是自己最喜欢、最引以为豪的事情。如果你想在谈话中引起对方的注意、好感，就必须谈他们感兴趣的话题。当他们在感兴趣的问题上强化了共同感受，甚至有了知遇之感时，那么沟通和合作就水到渠成了。沟通对象在谈到他们认为得意的事情时，往往希望得到热烈的回应。此时，不妨给予适当的赞美。好的赞美就是选择对方最心爱的东西、最引以为豪的事情加以称赞。

7. 虚心求教

人往往希望自己显得比别人有知识、有涵养，因此，虚心请教是一种高超的赞美方法。如果想与他们结识相交，采取谦虚求教法，让自己显得外行一些，是最有效的切入点。当一个人的爱好变为众所周知的长项时，你的赞美和恭维，对他来说会毫无感觉。但是，如果你虚心讨教、毕恭毕敬，他一定会耐心地向你传授其中的“秘诀”。

8. 大方得体

赞美要根据不同的对象，采用不同的赞美方式和口吻。对年轻人，语气上可稍带夸张；对德高望重的长者，语气上应带有尊重；对思维机敏的人，要直截了当；对有疑虑心理的人，要尽量明示，把话说透。

（二）培养赞美的习惯

1. 关注他人、欣赏他人

有些人无法赞美别人，最主要的原因就是太关注自己。因此，要想学会赞美，第一步就是要学会把注意力从自己身上转移到他人身上，否则，你不可能发自内心地去赞美别人，因为你根本就发现不了别人的优点。没有欣赏，就没有发现；没有发现，就没有赞美。学会欣赏，是成功人士的习惯，欣赏一个人的执著，欣赏一个人的优点，欣赏一个人的才情。一个不懂欣赏的人，绝对是一个不善于赞美他人的人。

2. 提高洞察力，判断对方的需求

人人都有自己的长处，都有自己的闪光点。要善于从对方身上捕捉可赞美之处。有些人对他人很少赞美，一个重要的原因就是他们看不到他人值得赞美的地方。其实，只要细心观察，就不难发现值得赞美的东西实在太多了。

3. 提炼对方的亮点

大多数人常以笼统的方法赞美别人，这样容易稀释赞美的功效。很多人在说别人的优点时，常说外表以及与工作无关的事情，如酒量很大、很会穿衣服，或者用一些笼统的字眼，如心地善良、工作认真、活泼好动。客户经理要善于找到对方真正的闪光点。闪光点是对方独一无二、无可比拟的优势，赞美对方的闪光点，才能讲到别人心坎里面去。而且，闪光点越具体，效果越好。比如，你赞美对方很漂亮，就显得空洞。究竟漂亮在哪里？是眼睛还是身材？眼睛又是如何漂亮？

生人看特征，熟人看变化。第一次见面，寻找对方最闪光的特征；第二次见面，学会寻找对方的新变化。这样赞美对方，表示你对对方的每一点改变都很关注、看得见，对方会非常感动。逢物加价，遇人减岁。赞美对方的物品时，适当地提高价钱，表示物超物值，听者会觉得自己有眼光，没有吃亏。而如果一味地贬低对方的物品，对方会觉得你不尊重他。对于成人，适当地把对方讲得年轻一些，听者感觉自己年轻，会特别舒服。

赞美对方最得意而别人却不以为然的事，让对方获得认同感非常重要。如果对方把你看成知音，表示你的赞美非常有效。

4. 组织语言

（1）要精确组织语言。赞美要通过我们组织自己的语言，以一种自然而然的方式，非常自然地表达出来。如果用非常华丽的辞藻来说明一件在生活和工作中经常遇到的事情，就太做作了，对方对你的话的信任感就会打一些折扣。

（2）要使用刺激性语言。赞美别人时，不要使用模棱两可的表述，像“嗯，有点儿意思”“挺好”和“没那么糟”。含糊的赞美往往比侮辱性的言辞还要糟糕。侮辱至少不会带有怜悯的味道。一定要知道自己要赞美什么，并准备好详细描述。不要仅仅因为想不出其他可说的话而去赞美别人。一些人似乎认为，含糊其辞的赞美比沉默要好，其实不然。

5. 找准时机，表达及时

交际中认真把握时机，恰到好处地赞美，是十分重要的。当你发现对方有值得赞美的地方时，就要善于及时大胆地赞美，千万不要错过机会。在别人成功之时，送上一句赞语，犹如锦上添花，其价值可“抵万金”。考了好成绩，评上先进，受到奖励，这时，人的心情格外舒畅，如果再听到一句真诚的夸赞，其欣喜之情可想而知。赞美是有有效期的，过期作废。当一个人正做着你希望他做的事情时，你给予了赞美与鼓励，那么他的行为肯定会得到强化。赞美一种有益行为的最佳时间，就是在那种行为正在发生的时候。

6. 采用适当的方式

赞美的方式包括语言、欢呼、握手、拥抱、掌声、击掌、鲜花、跷拇指等。赞美不一定总用一些固定的词语，见人便说“好”。有时，投以赞许的目光、做一个夸奖的手势、送一个友好的微笑也能收到意想不到的效果。

赞美不一定局限于对个人，也包括对他所从事的职业，所属的民族、籍贯、国家以及他工作的单位、就读的学校。这种对群体的赞美，在现代的集体社交活动中，具有特殊的公共关系效果。

模块6 团队项目实战训练

一、实训项目

客户开发流程模拟实训。

二、实训目的

使学生在了解客户开发流程的基础上，掌握约见客户、接近客户、沟通商谈的基本方法，并初步具备在有效处理客户异议的基础上达成交易的技巧。

三、实训内容

1. 学生分组讨论，自主设计客户开发流程场景，小组成员分别扮演客户和客户经理进行演练。

2. 根据客户的背景和需求，设计电话约见客户开场白、主题内容和处理客户异议，引发客户见面的兴趣。

3. 通过寒暄与介绍，拉近同客户的距离。

4. 运用沟通与商谈的技巧，仔细询问，认真倾听，准确把握客户的理财需求，并结合客户投资风险承受能力及类型，为客户推荐合适的理财产品或方案。

5. 运用FAB法将金融产品的特性和优点转换成客户的实际利益，在有效处理客户异议的基础上达成交易。

四、过程评价

1. 各小组互相表演交流，教师进行点评。

2. 教师根据团队表现打分。

3. 小组间学生根据团队表现相互打分。

4. 各小组对实训过程进行总结，上交实训报告。

项目五
金融产品及营销

学习目标

了解金融产品的类型，明确各类金融产品的功能及特点，掌握金融产品营销的流程，掌握各类金融产品的营销技巧，初步具备在了解和满足客户金融需求的基础上，通过产品组合制定金融服务方案的能力。

知识目标

1. 掌握金融产品的类型
2. 掌握各类金融产品的功能及特点
3. 掌握金融产品营销的流程
4. 掌握各类金融产品的营销技巧

技能目标

1. 能明确各类金融产品的功能及特点
2. 能了解和分析客户的金融需求
3. 能依据客户的金融需求，通过产品组合制定金融服务方案

模块 1　大家来讨论

招行推出“伙伴一生”金融计划

如何在激烈的市场竞争中留住客户，最大限度地培育客户的忠诚度，对银行来说是一大课题和一大考验，已成为各商业银行零售业务制定市场营销策略之关键。为此，招商银行零售银行部组建了专门的课题小组，在对客户人生成长不同阶段的理财趋向和行为特征进行深入研究和分析的基础上，面向全国客户推出了“伙伴一生”金融计划。

该计划按人生各阶段的生活消费特征、投资风格和理财需求，具体设计出“炫彩人生”“浪漫人生”“和美人生”“丰硕人生”和“悠然人生”五大主题理财大餐，将招行现有证券、保险、基金、医疗等产品整合打包为“核心产品”“附属产品”“主推功能及服务”和“主要服务渠道”。设计出不同主题的理财套餐，提供给处于不同人生阶段的客户群体，形成了一系列变革服务和一整套完善的金融解决方案，使客户可以一次性终身选择一整套金融服务计划，是名副其实的“金融伙伴，一生相伴”。

按人生阶段进行金融产品组合销售，这在内地银行界尚属第一次。“伙伴一生”金融计划采用精准的产品组合策略，以差异化的服务方式和完善的服务渠道，可以最大限度地满足客户人生不同时期的金融需求。从这个意义上说，“伙伴一生”金融计划的推出，也代表着内地商业银行在营销模式上的一次创新与突破。

资料来源：http：//www. china. com. cn/chinese/zhuanti/resource/1170179. htm.

思考讨论：

1. “伙伴一生”金融理财产品有什么特色？
2. 招商银行推出“伙伴一生”金融计划的营销依据是什么？

模块 2　基本知识

一、金融产品的内涵及特征

金融产品亦称为金融工具，是金融市场的交易对象，即金融机构向金融市场提供的能满足市场某种需要的、与货币资金融通连接在一起的一切服务项目，以及与资金融通的具体形式相联系的服务载体。具体来说，金融产品有两方面的含义：从金融服务方面来说，是与货币资金融通连接在一起的一切服务；从金融工具方面来说，是与货币资金融通相联系的服务载体。金融产品不同于一般工商企业的产品，亚瑟·梅丹将金融产品定义为：以特定市场为目标、由一种金融服务企业为用户所提供的一整套服务。

（一）金融产品的内涵

1. 金融产品的层次

金融产品由核心产品（利益产品）、形式产品与扩展产品（附加产品）三个基本层次组成。

（1）核心产品。核心产品是指金融产品提供给客户的基本利益或效用，是顾客希望得到的主要服务，居于核心地位。核心产品体现了金融产品的使用价值，如果核心产品不能满足顾客的需求，那么即使形式产品与扩展产品再丰富也不会吸引顾客。金融产品的核心利益是多样的，包括利息、股息、分红、透支、保险、价值、地位、自尊和各种预期心理等。不同的金融产品有不同的核心利益，金融企业应该注重开发具有多种核心利益、能够满足顾客多种需要的金融产品。例如，银行信用卡应注重开发转账结算、存取现金、透支消费三种功能。

（2）形式产品。形式产品是金融产品的具体形式，体现核心产品的外部特征以满足不同消费者的需求。金融产品多是无形产品，通过提供服务的质量与方式来体现。金融企业在进行市场营销时必须注重它的形式产品，设计出形式多样的产品和服务来突出自己的特色，让顾客有更多的选择，以增强金融企业对客户的吸引力，从而建立起品牌形象。例如，广东发展银行银行卡部门专门为吸引女性顾客设计并推出了紫色半透明的“女人卡”和可以做项链的“迷你卡”。

（3）扩展产品。在满足顾客的基本消费需求之外，为顾客提供更多的服务与额外利益，是金融产品的延伸与扩展。由于金融产品具有较大的相似性，金融企业要想使自己的产品区别于其他金融企业来吸引更多的客户，就必须在扩展产品上多下工夫。20 世纪 60 年代以来，随着金融业的不断发展，金融业务呈现出系列化趋势，即在某一产品中往往附加其他各种服务项目以解决客户的多种问题，从而为客户提供更大的便利。可见，能否为客户提供灵活多样的附加服务将直接影响金融营销的有效性。扩展产品是银行间业务差异化的新型武器，它要求银行加快创新步伐，为客户提供更全面的服务。

2. 广义的金融产品

金融产品的层次理论是从企业的角度来描述金融服务产品，忽略了服务过程的基本特性，顾客对服务过程的感知不能从服务组合中分割出来。广义的金融产品（如图 5—1 所示）是金融服务企业向市场上的顾客提供的一切服务，包括存款、贷款、转账结算、财务管理等，它在基本的产品组合中还包含了顾客对金融产品营销过程的感知。

顾客对金融服务过程的感知体现在三个方面：金融服务的可获得性、顾客与金融组织的互动性、顾客的参与情况。

（1）金融服务的可获得性。金融服务的可获得性取决于以下几个方面：1）员工的数量及技术的熟练程度；2）营业时间的长短、营业时间的选择及用来完成不同工作的时间；3）渠道的分布情况；4）营业机构的设计；5）信息技术是否方便顾客接受服务；6）参与服务过程的顾客的数量和知识水平。

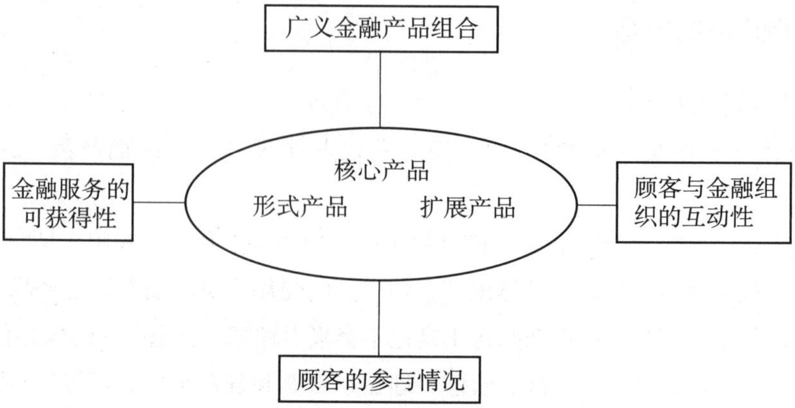

图 5—1　广义的金融产品

（2）顾客与金融组织的互动性。顾客与金融组织的互动性包括如下几个方面：1）顾客与员工的关系；2）顾客与企业各种有形资源和技术资源（如自动取款机）的互动；3）顾客与服务系统（如等候系统、信息沟通系统、顾客抱怨处理系统）的互动；4）顾客之间的互动。所有这些与人、有形资源和系统的互动构成了顾客对服务过程感知的有机组成部分。

（3）顾客的参与情况。顾客的参与情况是指顾客是否愿意访问网站、浏览有关服务的信息或使用自动取款机等。如果顾客不积极参与，金融组织的服务质量就可能会有所降低。

（二）金融产品的特征

1. 无形性

顾客在购买金融产品时无法看到，也无法感觉到，金融企业只能通过文字、数据等与顾客进行交流。金融产品在自然形态上经常是无形的，不具备某些鲜明的物理特性，这使得金融产品在扩展方面有比较广泛的想象空间。所以，如何通过某些有形的形式与特点设计，让金融产品具有吸引客户的强大魅力，是金融产品开发的关键因素。

2. 不可分割性

金融产品的销售与服务的提供具有同时性，两者不能分开。金融产品的销售过程与服务过程需要联系起来，从而使得金融产品具有不可分割性，在整个营销过程中要注意各个环节的相互关联。

3. 累加性

一般产品仅具有某种特殊的使用价值，如粮食可以满足人们对食物的需求，衣服可以使人们抵御寒冷，它们的使用价值往往比较单一，而获得金融产品的客户可以享受多种多样的金融服务。例如，某企业申请贷款获得批准后，银行可以为其提供汇划转账、提取现金、账户管理、不同币种兑换、期货交易、期权交易以及投资咨询等多种服务项目。

4. 差异性

金融产品的质量因地、因人而异。不同的金融企业，甚至同一金融企业的不同分支机构，其所提供的金融产品或服务亦不尽相同。例如，同为信用卡，中国银行的“长城卡”除了具有消费、储蓄等基本功能外，还提供“95566”金融电信服务；而招商银行的“一卡通”则具有消费、储蓄、异地汇兑、划转股票交易保证金，甚至还有公交充值等功能。

5. 易模仿性

金融产品容易被模仿，且模仿速度快。由于金融产品大多数为无形服务，它们不同于工业企业所提供的一般产品可以向有关方面申请专利，使本企业的产品权益受到法律的保护，因此金融产品没有专利可言。

6. 增值性

一般产品在使用过程中会逐渐消耗直到完全报废，而金融产品却能为客户带来比购买的产品本身更大的价值。客户购买一般产品是为了获得产品的使用价值，而购买金融产品（如基金、保险等）的最主要目的是使产品增值。在购买和使用金融产品的过程中，其价值和使用价值不仅不会消耗，相反还能带来直接或间接的盈利以及其他难以度量的便利。例如，储蓄存款给客户带来利息的直接盈利，使存入银行的资金增值；住房贷款、汽车贷款则是使客户在获得资金后，提前享受某种便利与幸福。

二、金融产品的分类

金融产品可以从不同的角度加以分类。按产品形态的不同，可分为有形产品和无形产品；按发行者的性质不同，可分为直接金融产品和间接金融产品；按信用关系存续时间的长短不同，可分为短期金融产品和长期金融产品；按营销目标群体的不同，可分为个人金融产品、企业金融产品、机构金融产品。从提供者的角度看，可分为银行类金融产品和非银行类金融产品。银行类金融产品又因生产者的不同分为中央银行类金融产品、政策性银行类金融产品、商业银行类金融产品、投资银行类金融产品。非银行类金融产品可分为保险类金融产品、证券类金融产品、信托投资类金融产品、租赁类金融产品以及财务类金融产品。

（一）银行产品

20 世纪 70 年代以来，国际金融创新热潮使得各种新型金融工具层出不穷。根据有关统计，目前在市场上交易的银行产品已有数百种。按照业务的性质，可以分为资产业务、负债业务和中间业务三大类。

1. 资产业务

资产是银行过去的交易或事项形成的，由银行拥有或控制，预期会给银行带来经济利益的资源。因此，资产业务是商业银行运用资金的业务，也是商业银行的主要收入来源。主要包括：贷款类业务、票据类业务、债券投资类业务、金融同业、贷款证券化业务、融资租赁等。其中贷款是银行最主要的资金运用业务，也是银行盈利的主要来源。按照不同的标准，银行贷款产品有不同的分类：①按期限划分，贷款产品可以分为短期贷款产品和中长期贷款产品；②按贷款保障程度划分，贷款产品可以分为信用贷款产品、保证贷款产品、抵押贷款产品和质押贷款产品；③按贷款质量划分，贷款产品可以分为正常贷款产品和不良贷款产品；④按贷款的风险等级划分，贷款产品可以分为正常贷款产品、关注贷款产品、次级贷款产品、可疑贷款产品和损失贷款产品；⑤按贷款的偿还方式划分，贷款产品可以分为一次性偿还贷款产品和分期偿还贷款产品。

2. 负债业务

负债业务是商业银行形成资金来源的业务，是商业银行的传统业务，也是商业银行资产业务和中间业务的重要基础。商业银行的负债业务主要由存款和借款业务构成。存款包括人民币存款和外币存款两大类。人民币存款又可分为个人存款、单位存款和同业存款，外币存款又可分为个人外汇存款和机构外汇存款。借款包括短期借款和长期借款两大类。短期借款是指期限在一年或一年以下的借款，主要包括同业拆借、证券回购协议和向中央银行借款等。长期借款是指期限在一年以上的借款，一般采用发行金融债券的形式，具体包括发行普通金融债券、次级金融债券、混合资本债券、可转换债券等。

3. 中间业务

中间业务是银行无须运用自己的资金，代客户承办支付和其他委托事项而收取手续费的业务。中间业务又称表外业务，其收入不列入银行资产负债表，主要包括支付结算类、银行卡、代理类、担保类、承诺类、交易类、托管类、咨询顾问类和电子银行业务等。近年来，中间业务已成为商业银行激烈竞争的创新领域。随着我国金融体制改革的深入和社会经济的发展对金融需求的推动，我国各商业银行现在越来越注重中间业务的创新，积极探索新的服务方式，倡导新的服务理念，利用现有资金、技术、网点、结算等方面的优势发展各项中间业务，得到了很大的发展。

（1）支付结算类业务：指为客户办理因债权债务关系引起的与货币支付、资金划拨有关的收费业务。按照结算范围不同可以分为国内结算业务和国际结算业务。国内结算是以“三票”（银行汇票、银行本票与支票）、“三式”（汇兑、委托托收与委托承付）为主的结算方式；国际结算是指银行办理不同国家的企业或个人之间的债权债务清偿与货币的收付，主要有汇款、托收和信用证三种方式。

（2）银行卡业务：由商业银行向社会发行的具有消费信用、转账结算、存取现金等全部或部分功能的信用支付工具。银行卡根据使用对象不同可以分为公司卡和个人卡；根据清偿方式不同可以分为借记卡和贷记卡；根据持卡人的资信状况不同可以分为金卡、银卡与普通卡。

（3）代理类中间业务：指商业银行接受客户委托，代为办理客户指定的经济事务，提供金融服务并收取一定费用的业务，主要包括代理政策性银行业务、代理中国人民银行业务、代理商业银行业务、代收代付业务、代客理财业务、代理融通业务、代理证券业务、代理保险业务、代理其他银行银行卡收单业务等。

（4）担保类中间业务：指商业银行为客户债务清偿能力提供担保，承担客户违约风险的业务。主要包括银行承兑汇票、备用信用证、各类保函等。

（5）承诺类中间业务：指商业银行在未来某一日期按照事前约定的条件向客户提供约定信用的业务，包括贷款承诺、备用信用额度、回购协议等。其中最主要的是贷款承诺，包括可撤销承诺和不可撤销承诺两种。

（6）交易类中间业务：指商业银行为满足客户保值或自身风险管理等方面的需要，利用各种金融工具进行的资金交易活动，主要包括远期合约、金融期货、金融期权、金融互换等金融衍生业务。

（7）基金托管业务：指有托管资格的商业银行接受基金管理公司委托，安全保管所托管的基金的全部资产，为所托管的基金办理基金资金清算款项划拨、会计核算、基金估值、监督管理人投资运作。

（8）咨询顾问类业务：指商业银行依靠自身在信息、人才、信誉等方面的优势，收集和整理有关信息，并通过对这些信息以及银行和客户资金运动的记录和分析，形成系统的资料和方案，提供给客户，以满足其业务经营管理或发展的需要的服务活动。主要包括评估业务、顾问业务、现金管理业务、投资银行业务等。

（9）电子银行业务：指商业银行利用面向社会公众开放的通信通道或开放型公众网络，以及银行为特定自助服务设施或客户建立的专用网络，向客户提供的银行服务。主要包括利用计算机和互联网开展的网上银行业务，利用移动电话和无线网络开展的手机银行业务，通过电话等声讯设备和电信网络开展的电话银行业务，以及其他利用电子服务设备和网络，由客户通过自助服务方式完成金融交易的银行业务。

（二）保险产品

保险是一种分散风险的手段。保险产品是一种劳务性商品，各个保险公司的保险险种以保险单的形式表现出来。保险产品的特殊性在于它仅仅是对保险消费者的一种承诺，而且这种承诺的履行只能在约定的事件发生或约定的期限届满时。因此，保险产品是一种承诺，是无形的保障服务。保险产品按照保险标的可以划分为人身保险、财产保险与投资型保险产品几大类。

1. 人身保险

人身保险是以人的身体和寿命作为保险标的的一种保险。人身保险的投保人按照保单约定向保险人缴纳保险费。当被保险人在合同期限内发生死亡、伤残、疾病等保险事故，或达到人身保险合同约定的年龄、期限时，由保险人依照合同承担给付保险金的责任。人身保险又可以细分为人寿保险、意外伤害保险、健康保险等。

2. 财产保险

财产保险是指以财产及其有关利益为保险标的，保险人对保险事故导致的财产损失给予补偿的一种保险。需要特别注意的是，保险标的及相关利益必须可用货币衡量，保险标的必须是有形财产或经济性利益。财产保险又可以细分为物质财产保险、责任保险、保证保险、信用保险等。

3. 投资型保险产品

投资型保险产品同时具有保障功能和投资功能，能够满足个人和家庭的风险保障与投资需要。与普通的保障型保险产品相比，该类产品的保险费中含有投资保费，这部分保费进入投资账户，由保险人的投资专家进行运作，保单持有人可以根据资金运用情况获得有关投资收益并承担有关投资风险。投资型保险产品又可以细分为寿险类投资型保险产品和非寿险类投资型保险产品。投资型保险产品的最大特点就是将保险的基本保障功能和资金增值的功能综合起来，其给付的保险金由两部分组成：一部分是风险保障金，当合同规定的保险事故发生时，保险公司即按照事先约定的标准给付保险金；另一部分是投资收益，收益水平取决于投资账户中资产价值总额的高低，这部分的保障水平通常无法事先确定，具有不确定性。

表 5—1 为保险产品种类表。

表 5—1　　保险产品种类表

人身保险	人寿保险	生存保险
		死亡保险
		生死两全保险
	意外伤害保险	意外残疾及身故保险
		意外医疗保险
	健康保险	疾病保险
		医疗保险
		收入补偿保险
财产保险	物质财产保险	家庭财产保险
		货物运输保险
		运输工具保险
		工程保险
		农业保险
	责任保险	公众责任保险
		产品责任保险
		雇主责任保险
		职业责任保险
		环境责任保险
		个人责任保险
	保证保险	产品质量保险
		忠诚保证保险
	信用保险	一般商业信用保险
		投资保险（政治风险保险）
		出口信用保险
投资型保险产品	寿险类投资型保险	分红型寿险
		万能型寿险
	非寿险类投资型保险	投资连结型寿险
		投资连结型财产保险

（三）证券产品

证券公司的核心业务是在证券发行市场上的承销业务和证券流通市场上的经纪业务（代理证券买卖）。随着资本市场的完善，目前证券公司的业务领域已延伸到包括自营、承销、经纪及项目融资、公司理财（并购）、资金管理、资产证券化在内的全面投资银行业务。从我国监管部门的认定看，从事证券代理买卖、代理证券还本付息、证券代保管、鉴证、代理登记开户等经纪类业务的证券公司属于经纪类证券公司；既从事经纪类证券业务，又从事证券自营买卖、证券承销、证券投资咨询和受托投资管理等业务的证券公司属于综合类证券公司。目前证券公司主要的业务种类有以下几类：

1. 经纪业务

经纪业务又称代理证券买卖，是接受客户委托、代理客户交易的业务。通常，客户根据自己的兴趣、对市场的了解、对证券公司资历和信誉的测度，采取不同方式委托证券公司开展代理证券买卖业务。按权利分，委托方式有授权委托和停止损失委托，前者赋予经纪人充分权利，而后者则较为保守。按价格分，委托方式有限价委托和市价委托。按期限分，委托方式有限期委托和无限期委托，限期委托包括当日委托、一周委托、一月委托等，无限期委托则是客户对信誉度较高的经纪人所采取的一种长期的委托方式。按具体形式分，客户还可以有口头委托、电话委托、书面委托、网上委托等。证券公司不得接受客户的全权委托而决定证券买卖、选择证券种类、决定买卖数量或者买卖价格，不得以任何方式对客户证券买卖的收益或者赔偿证券买卖的损失作出承诺。

2. 证券承销及保荐业务

（1）证券承销业务。指证券公司依照协议包销或代销发行人发行的股票以及证券监管部门核准的其他具有股票性质、功能的证券，包括承销首次公开发行、上市公司向原股东配售（即配股）和向全体社会公众发售（即增发）等形式。证券公司以包销方式承销，须在承销协议所规定的承销期结束后，按发行价认购未售出的证券；以代销方式承销，须在承销协议所规定的承销期结束后，将未售出的证券全部退还给发行企业或包销商。如果承销拟公开发行或配售证券的面值总额较大，则应组织承销团。承销团中除主承销商、副承销商以外的证券经营机构为分销商。证券发行价格或配股价格是承销能否成功的重要因素，该价格由承销商与发行企业共同商定。证券公司承销或增发证券，可按包销证券总金额的一定比例收取佣金。作为承销商，证券公司不能以透支、回扣等不正当手段诱使他人购买证券，也不得进行虚假承销；对采取包销方式认购的未售出的证券，证券公司应在该证券上市之日起逐步卖出，并不得买入，直到达到自营业务有关规定的要求。

（2）保荐业务。证券公司履行保荐职责应按规定注册登记为保荐机构。当发行人申请公开发行股票、可转换为股票的公司债券，依法采取承销方式的，或者公开发行法律、行政法规规定实行保荐制度的其他证券的，应当聘请具有保荐资格的证券机构担任保荐人。保荐机构负责证券发行的主承销工作，依法对公开发行募集文件进行核查，向中国证监会出具保荐意见。保荐机构及其保荐代表人应当遵守法律、行政法规和中国证监会的相关规定，恪守业务规则和行业规范，诚实守信，勤勉尽责，尽职推荐发行人证券发行上市，按照中国证监会对保荐机构尽职调查工作的要求，对发行人进行全面调查，充分了解发行人的经营状况及其面临的风险和问题，持续督导发行人履行规范运作、信守承诺、信息披露等义务。

3. 证券自营业务

证券自营业务是指证券公司为本机构买卖上市证券以及证券监管部门认定的其他证券。上市证券包括在证券交易所挂牌交易的人民币普通股、基金、认股权证、国债、公司或企业债券。综合类证券公司开展自营业务，应严格遵守有关法律法规，并将自营业务与代理业务的资金、账户和人员分开管理，把自营资金以公司名义设立专门账户单独管理核算。

4. 证券投资咨询业务

证券投资咨询业务是指证券公司以口头、书面、网络或者证券监管部门认定的其他形式，就证券市场、证券品种的走势以及投资证券的可行性，向公众提出分析、预测或建议的业务。提供该业务，证券公司及其执业人员必须客观公正、诚实信用，不得以虚假信息、内幕信息或者市场传言为依据向客户或投资者提供分析、预测或建议；预测证券市场、证券品种的走势或者就投资证券的可行性进行建议时需有充分的理由和依据，不得主观臆断；证券投资分析报告、投资分析文章等形式的咨询服务产品不得有建议投资者在具体证券品种上进行具体价位买卖等方面的内容。执业人员在向公众提供证券投资分析报告、投资分析文章等形式的咨询服务时，须先行取得所在机构的同意或认可。为避免误导投资者，监管部门要求证券公司执行执业回避制度，如证券公司的自营、受托投资管理、财务顾问和投资银行等业务部门的专业人员在离开原岗位后的6个月内不得从事面向社会公众开展的证券投资咨询业务；证券公司或其执业人员在知悉本机构、本人以及财产上的利害关系人与有关证券有利害关系时，不得就该证券的走势或投资的可行性提出评价或建议；证券公司应将咨询业务与自营、受托投资管理、财务顾问和投资银行等业务进行分离，从事面向社会公众开展的证券投资咨询业务的人员必须专职在研究咨询部门工作。

5. 证券资产管理业务

证券资产管理业务是指证券公司作为受托投资管理人，在法律法规许可的范围内，根据投资委托人的投资意愿，与委托人签订受托投资管理合同，把委托人委托的资产在证券市场上从事股票、债券等金融工具的组合投资，以实现委托资产收益最优化。委托人委托管理的资产必须是货币资金或者在合法的证券托管登记系统中的证券（包括股票、债券和其他有价证券），受托投资则只能投资于在证券交易所上市交易的证券及其衍生品种。证券公司应以委托人的名义设置股票账户和资金账户，并通过委托人的账户进行受托投资管理。证券公司要保证受托投资资产和其自有资产及不同委托人的资产相互独立，对不同的受托投资资产分别设立账户、独立核算、分账管理，确保不同委托人之间在名册登记、账户设置、资金划拨、账册记录等方面相互独立。在该业务中，资产管理业务的投资风险由客户自行承担，证券公司不得以任何方式对客户资产本金不受损失或者取得最低收益作出承诺。证券公司可依合同规定收取受托投资管理佣金，但同时应当遵循诚实信用的原则，以专业技能管理受托投资，保护委托人的利益，及时向委托人提供准确、完整的受托投资管理情况、证券交易记录、受托投资管理业务报告及资产组合评估报告等信息，及时妥善处理委托人的查询，不从事任何有损委托人利益的活动。

三、金融产品创新

20 世纪 70 年代以来，金融竞争日益激烈。随着科学技术的迅速发展，在瞬息万变的金融市场中，金融企业想要站稳脚跟并获得持久性的业务增长，就必须不断进行产品开发和创新，及时为客户提供最新的金融服务。

（一）金融产品创新的意义

1. 满足客户需求，提升企业形象

金融企业应在以客户为中心的营销理念指导下，对原有产品进行功能的扩张和优化，迎合客户新的需求，使新的金融产品能够为客户解决某一领域中的新问题，满足客户的需求，提高客户对金融产品的满意度。同时，金融企业应在产品上不断创新，在社会上形成一定的影响力，展示给客户的是善于创新的形象，吸引更多的客户。例如，招商银行本着“因您而变”的经营理念，通过产品与技术创新打造了“一卡通”和“一网通”两个知名品牌，并由此在业界树立了技术领先银行和新锐银行的形象。

2. 拓展新市场

当新的金融产品开发出来后，如果这个产品的确能够给客户带来更多的利益和方便，就会吸引其他潜在的客户和其他金融企业的客户。例如，建设银行与著名高校联合发行的龙卡凸显名校特征，使客户在每一次刷卡时都能彰显其独特身份。建行这种另辟蹊径与著名高校联合发卡的创新做法吸引了许多高校的师生及已毕业的校友。

3. 赢得竞争优势

金融业竞争日益加剧，企业只有不断推陈出新，才能把握主动，获得超过竞争者的连续竞争优势，从而提高在金融市场上的竞争力。花旗银行由于积极创新，推出了诸如自动提款机、全国性银行业务、信用卡、浮动优惠利率等服务，在银行界享有创新领先者的美名。

4. 提高市场占有率

一方面，金融企业通过产品的开发和创新，使原有的金融产品满足客户更多的需求，客户的使用率会越来越高，购买金融产品的数量会越来越大；另一方面，金融企业通过产品的开发和创新会吸引一部分新的客户，新形成的客户群带来了市场份额的增加。这两种手段都能够扩大金融产品的销售量，使企业的收益增加。

（二）金融新产品开发的策略

1. 创造新金融产品

随着人们金融需求层次的日趋多样化，金融企业传统的产品和服务已不能满足客户千变万化的需求，因此必须积极开发新的产品和服务，这样才能吸引更多的客户，扩大市场范围，在同业竞争中取得优势。具体而言，金融企业可以根据客户需求，在金融产品服务的收益率、期限、附加服务、流动性和转让性等构成要素上进行组合，开发出新的金融产品。创造新金融产品的基本要求是：

（1）开发的新产品必须有足够的市场。

（2）开发的新产品必须有自己的特色。

（3）开发新产品必须具备足够的技术及能力。

（4）开发的新产品必须与顾客的社会文化、价值观念、消费习惯、金融法规等相适应。

（5）开发的新产品必须产生经济效益和社会效益。

2. 改进原有金融产品

金融企业对原有金融产品的性能进行改进和提升，通过对原有金融产品的重新组合和包装，或模仿市场上其他金融企业的同类产品推出的改进型新产品，从而实现开发新产品与完善、提升原有金融产品功能相结合，降低新产品开发成本，提高开发效率。

（1）包装策略。金融企业为迎合某些客户群的需求，对原有产品进行重新包装，使其更加独特。例如，广东发展银行的“广发真情卡”、华夏银行的“华夏丽人卡”等在版面设计上突出了女性特色。这些产品的创新主要是针对某种特定的客户群而进行的，成本低，生产速度快，是中小规模银行理想的产品创新方法。

（2）延伸策略。在原有金融产品的服务和功能的基础上延伸、增加一些新的服务和功能。例如，招商银行携程旅行信用卡除了具备传统信用卡的功能外，还提供酒店预订、机票预订的服务，还可在近3000家特约商户消费，并享有七折以上的优惠。

（3）组合策略。为了向客户提供更加方便的金融产品，金融企业在产品创新中普遍采用了组合产品的做法，将两种或两种以上的产品组合在一起，以套餐的形式销售给客户。例如，工商银行上海市分行推出的“幸福快车”贷款不仅包括传统的乘用车贷款，也包括各类公务车、营运车、工程车和二手车贷款。后来，该行结合客户的需求又推出了覆盖“幸福快车”贷款、个人助业贷款、“留学通宝”等诸多产品系列的“幸福贷款”。这个“幸福快车”贷款不仅包含个人消费领域的各类基本融资需求，更能通过细分产品使客户得到更细致的服务。这种组合方法比较简单，易于操作，只要找准市场需求，一般都能收到很好的效果。

(4) 移植策略。金融企业可以通过将其他金融机构和一般企业的一些服务项目移植到银行经营中来，并根据本企业的经营特点进行改造，在不改变它们根本特征和性能的前提下而略加改变，形成模仿新产品。例如，近年来，各家银行争相推出的“理财业务”就是借鉴一些大的企业财务公司为中小企业提供理财服务的做法，并增加了一些金融理财功能。

3. 提供差异化、个性化的产品

根据客户个性化的需求，为目标客户量身定做金融产品和服务方案，充分运用交叉营销、整合营销战略，为客户重新设计“一体化”的金融服务方案，提供个性化、差别化、系列化的金融服务。这样做的目的是使客户感到一种金融产品与服务在这家金融企业与其他企业有所不同，或者提供服务的质量和效率不同，或者办理这种金融产品与服务给客户的主观感受不同。因此，客户经理在进行市场营销时，要根据不同客户的特点，提供特色服务，尽量满足客户个性化的金融需求，努力搞好客户资源的深度开发，提升客户的满意度。例如，由客户经理、理财专家、理财顾问等构成的理财专家团队，为客户提供专业的理财规划服务；实现公司金融产品与个人金融组合营销以及公司金融业务与投行业务组合营销。

(三) 金融产品创新的内容

1. 银行产品创新

进入21世纪以来，我国已经具备了与美国20世纪70年代类似的金融创新快速增长的经济基础，利率和汇率市场化等金融改革正在逐步推进。银行业依靠增长红利、政策倾斜和利差保护的经营模式将会面对越来越大的挑战。面对市场需求多样化的环境和机遇，商业银行加强金融产品创新是应对经济、政策环境变化的重要举措。

(1) 资本业务创新。为解决我国商业银行资本充足率较低，尤其是附属资本过低的问题，除了让效益较好、经营稳健、规模较大的银行通过公开上市、增资扩股或购并等资本营运方式增加股本外，更主要的是通过发行中长期金融债券增加附属资本，补充资本金的不足。

(2) 存款业务创新。一是开发新存款业务品种，使存款在安全性、流动性、效益性的前提下更具灵活性。加大科技投入，不断提高存款业务的科技含量，推出高品位、多元化的金融工具，如自动转账服务、货币市场存款账户、货币市场存单、可转让定期存单、定活两便存款、通知存款、住宅存款、个人退休存款等。另外，可以开发使用个人支票、旅行支票、多功能的银行卡，大力发展自助银行、电话银行、网上银行等服务手段。二是注重存款的可转化性。既增加客户的收益又增强流动性，推行存款证券化，发行大额可转让定期存单。存款证券化是将银行的存款凭证变成能够在金融市场上流通交易的有价证券，对于商业银行来讲，这是银行的主动性负债，其中大额可转让定期存单、银行本票和回购协议都属于存款证券化的内容。

（3）贷款业务创新。一是大力创新发展消费信贷和住宅放款。消费信贷在金融工具上必须不断创新，更加适应消费者的需求，主要有几种方式：采取活期透支形式的一次性偿还的消费信贷；以非抵押为基础，分期偿还的消费信贷，如医疗和教育费用贷款；信用卡透支信贷。住宅放款创新主要有：浮动利率抵押放款、可调整抵押放款、住房反向抵押贷款（以房养老）等。二是推广票据贴现业务、并购贷款和保理贷款（应收账款抵押贷款）等新型贷款形式，发展供应链融资、中小企业融资等金融服务。商业银行应将票据贴现贷款作为工商企业流动资金贷款的主要形式。并购贷款是为企业兼并收购等资本营运活动提供的贷款，这种贷款用于企业资本重组，实现企业规模的低成本扩张。保理贷款对于促进国内外贸易的发展，具有十分积极的作用。三是试行贷款证券化和证券抵押贷款。商业银行可将一部分贷款资产证券化，或试行债权转股权、不良资产证券化等形式。证券抵押贷款也是我国政策所允许和导向的一项业务创新。

（4）中间业务创新。商业银行应充分利用其在信息网点和人员等方面的优势，积极创新中间业务品种，扩展业务范围，大力开展租赁业务、信托业务、担保业务、代理业务等中间业务的创新，自动出纳机、电子付款系统、销售点电子转账等支付方式创新，互换业务、期货业务、期权业务等衍生金融工具创新，以及跨境人民币结算业务、贸易融资、担保承诺等离岸银行业务的创新。例如：与券商合作，代理发行政府和企业债券；根据实际情况开展融资租赁、经营租赁、杠杆租赁等业务；探索债务重组、本外币项目融资、特许SOT项目融资等融资安排业务；充分发挥信息、人才、专业优势，开展有关资产管理、负债管理、资产并购、风险控制、个人家庭理财、私人银行等多种咨询服务，给客户提供全方位、高质量的金融服务。

2. 保险产品创新

随着保险业竞争的日益加剧，如何提供有竞争力的保险产品，逐渐形成自己的产品特色，建立具有特色的客户群体，成为保险公司面临的主要问题。如何区分不同风险因素，针对不同客户群以及不同的地区合理规划新产品开发与管理，有效地实施保险新产品开发与管理策略，成为保险公司核心竞争能力的重要组成因素。保险产品创新主要有以下几个方向：1）由“同构”向“细分”发展；2）由“列明风险责任”转向“一切险”；3）由单一险种保障转向一揽子保险保障；4）由大一统向专为某类型客户设计的个性化保单转变；5）网上投保产品的开发和老产品的上网改造成为今后一个时期的创新方向；6）由纯保险合同转向保障及服务相结合的合同；7）保险标的由有形财产转向无形财产或有关利益；8）由提供风险保障向资产管理方面转变，“泛保险”产品诞生。

（1）人身保险业务创新。人身保险业务创新的战略，一是市场和客户细分战略和差异化战略，主要是人群和区域细分，服务的进一步差异化；二是集成创新战略（组合或综合），主要是各保险功能的综合和一揽子服务捆绑。寿险产品应向更广泛的产业链延伸。大力发展年金保险业务，确立商业养老保险在社会保障和家庭金融理财规划中的地位和作用。积极开拓健康保险市场，落实商业健康保险对基本医疗保障的配合、补充和服务功能。积极参与养老、健康保险创新。养老不受经济周期的波动，可以为保险公司带来持续稳定的现金流，养老产业将是保险业新的增长点，保险公司可以通过设计全新的养老保险产品来锁定高档养老客户群。

(2) 财产保险业务创新。通过借鉴国外的成功经验，引进比较成熟的险种和经营方式，并根据中国的国情加以改造，使之符合中国多样化的市场要求。如借鉴英美综合责任保单，为企业设计一揽子责任保险计划，采取菜单的形式，让企业选择投保的项目，以利于责任保险的推广。针对不同行业、不同单位、不同地域的需要，积极创新有特色、个性化的责任险产品，特别是关系到人民群众生产、生命安全的产品。努力开拓一些新的责任保险领域，如在财产险的主险中附加责任保险，包括计算机系统保障责任险、环境污染责任保险等新的责任险种。关注民生，大力开发事关公共生产、生活安全保障的责任保险产品。以技术创新为手段，拓展信用保证保险的新兴市场。机动车辆险的创新主要是加强服务创新，扩大服务范围，提高服务质量。企业财产保险产品创新在设计上应考虑一揽子保险，实行"配餐式"服务，针对不同行业设计出不同的"一揽子保险单"或"伞式保险单"。家庭财产保险要重视附加险的创新，在保险费率、赔偿责任限额不变的条件下，适当扩展附加险有利于提高产品的竞争力和生命力。积极推动工程保险产品和货物运输保险产品的创新。通过服务创新和产品创新，不断满足农民在财产、健康、意外伤害等方面的保险需求，为"三农"提供覆盖面更广、保障性更高的保险服务。在进行短期意外和健康保险创新时，应遵循人性化和个性化的设计理念，尽量设计成一揽子保单，让消费者通过选择、组合，得到自己需要的产品。针对不同的细分市场，实行不同的产品供给策略，如针对老年人和儿童开发意外伤害保险和短期健康保险，针对家庭开发幸福家庭意外伤害保险，等等。

3. 证券产品创新

随着我国改革开放和资本市场改革不断深入，越来越多的国外证券公司进入我国，我国证券公司原有的较为单一的业务已不能满足市场需求，传统业务的窘境日渐显现，经纪业务佣金费率的持续下降、缺乏做空机制和市场的大幅波动使自营业务限于保守，资产管理业务相比于基金短期内还缺乏竞争力，证券公司盈利空间进一步缩减。随着银行、信托等金融公司的迅猛发展，我国证券公司传统业务的发展空间日渐萎缩，开展创新型业务已刻不容缓。

(1) 证券经纪业务创新。营业部经纪业务由相对单纯的通道服务向理财中心、销售平台和综合财富管理业务平台转变。未来经纪业务收入来源将呈现多样化，由单纯的代理交易佣金收入向交易佣金收入、融资融券利息收入、金融产品销售收入、财富管理、投资顾问等增值业务收入并重转变。证券营业部业务范围将进一步放宽，成为代销银行、保险、信托理财产品等各类金融产品的销售平台，营业网点的主体资格限制和地域限制将会进一步放宽，营业部组织结构由相对单纯的物理网点向物理网点加虚拟网点转变，营业部的业态创新（如巨型化、缩微化、连锁化等）以及各种虚拟界面和人力界面的功能整合创新成为可能。竞争力的体现不再是有多少销售人员、网点渠道、开户与交易量，而是专业的金融销售能力、资源组合能力、产品创设能力以及综合服务能力。

（2）投行业务创新。随着多层次资本市场建设及股票发行注册制改革的不断推进，我国投资银行业务必将摆脱单一、高度依赖 IPO 的传统业务模式，以客户为中心延伸投行业务链条。提供公募股权融资、私募股权融资、新三板场外市场、公开市场债券融资、中小企业私募债券融资、抵押融资服务、市值管理、股权激励、并购重组、财富管理、投资顾问等全方位的资本服务业务体系，使直接融资市场真正做大做强。

（3）自营业务创新。证券公司应在控制风险的前提下积极开展与自营相关的创新业务，如债券质押式报价回购业务、转融通业务、股票期权期货业务、推进多层次场外市场业务、开展跨境并购、扩大现金管理业务、股票约定式回购、跨境跨市场 ETF 创新产品、定向资产管理计划、企业年金基金投资管理计划、分级资产管理计划、成立产业并购基金等方面，进一步拓展盈利空间。

（4）另类投资业务创新。以期权期货等衍生产品为主的另类投资业务是证券公司开展业务创新的一个重要领域。证券公司自有资金可以通过套利、市场中性、股票多空等对冲基金交易策略在境内外市场获取超额收益，还可以在资产证券化、结构化融资、香港人民币债等创新业务领域尝试突破，特别是在量化投资方面积极拓展。

模块 3 操作指导

一、金融产品营销流程

金融产品营销流程是指金融企业的金融产品和服务的营销全过程。当今金融企业竞争异常激烈，没有一个科学、系统、周全的流程策划是很难成功的。因此，营销流程策划也受到了各金融企业前所未有的重视，各金融企业纷纷改造和优化自身的营销流程，按照统一、高效的标准去开展营销工作。

（一）金融产品营销流程的选择

金融产品营销流程的选择直接制约和影响着整个金融产品营销计划和策略的制定和执行效果。金融企业选择营销流程一般应考虑以下因素：

（1）产品因素。金融产品的类别、金融产品的服务对象和金融产品的价格等。

（2）市场因素。主要考虑金融产品消费者的服务需求，即市场需求量、市场分散程度和售后服务等。

（3）金融企业自身的条件。包括金融企业的类型、金融企业规模与实力、金融企业对市场是否熟悉等。

（4）营销成本和效益的评价。这是营销流程选择的最终因素。金融企业在作出选择之前，对各种可供选择的营销流程的费用、风险和利润都要进行详细的分析、评价和比较。

（二）金融产品营销流程的设计

金融产品营销流程的设计是一项艰巨复杂的系统性工程，不能简单行事。尽管如此，我们还是可以总结出一套金融产品营销的基本流程，为金融产品的营销工作作些简单的指导。

金融产品营销流程设计，主要应该遵循三个原则：一是创立有价值的营销流程，能为公司带来利润，提高客户的忠诚度和满意度；二是注重异质化的流程建设，体现公司的差异化；三是创建难以模仿的营销流程模式，例如使流程的畅通具备一定的专业技能和管理知识、品牌忠诚度或市场控制能力等。

金融产品营销一般要经过以下几个步骤：营销环境分析，金融产品购买者行为分析，目标市场选择，确定金融产品营销的价格、渠道和促销策略，营销流程效果评估。下面对这一基本流程进行具体说明。

1. 营销环境分析

在这一步骤中，主要是分析金融产品的营销环境，包括宏观营销环境和微观营销环境。这一步的核心是比较本公司与目标竞争对手在同等市场形势下，在公司品牌、产品特色、政策灵活性、市场占有和成本变动趋势等方面的差别。

2. 金融产品购买者行为分析

在设计流程的时候，不能光盯着自身现状，而应该把目光对准终端客户，多从他们的角度去考虑和设计流程。在这一步骤中，金融企业要分析购买者需求，找出影响购买者行为的因素，以及掌握购买者决策的过程。

3. 目标市场选择

根据不同客户群体对特定服务项目重要程度的认识进行客户细分，并为每个细分群体确定能否为其提供最优服务。之后，对各类客户进行比较，选择目标客户群。

4. 确定金融产品营销的价格、渠道和促销策略

比较不同营销策略，判断不同营销策略组合的收入、成本和资金需求情况。包括营销价格的客户接受度，营销渠道在运转过程中所能达到的覆盖率以及促销队伍的规模和成本等。

5. 营销流程效果评估

营销流程效果评估的主要工作内容是了解营销流程工作是否按时、保质地完成，是否达到了预期的效果等；还要根据工作中的问题，确定是否需要对营销流程进行调整或者重新规划。

（三）金融产品营销计划

金融产品营销计划是指对企业在计划期内的营销目标、战略措施、行动方案以及计划实施和控制的筹划。营销计划主要用于描述使用营销资源达到营销目标的方法，听起来简单，实际上很复杂。资源和目标在金融企业之间会有变化，即使在同一个金融企业当中，也会因为时空的变化而有所不同。营销计划是一个不断重复的过程，执行当中，应该不断地检讨与修正。

1. 金融产品营销计划的分类

金融产品营销计划一般可以分为专项营销计划和营销组合计划。专项营销计划是指针对某一特殊问题和销售某一特定的金融产品而编制的单项计划，具有较强的灵活性，在某一特定时期可能成为金融企业营销的重要任务。营销组合计划是指金融企业为了满足目标市场的需求，综合运用各种可以控制的营销手段以实现金融产品营销目标而制定的计划。

金融产品营销计划也可以按照计划的时间，分为长期营销计划（一般时间跨度在 5 年以上）、中期营销计划（一般时间跨度在 1～5 年）和短期营销计划（一般指年度营销计划或季度营销计划）等。还可由按照计划的地域，分为全国性的营销计划和区域性的营销计划。

2. 金融产品营销计划的内容

营销计划的内容，随着决策层需求的不同而不同。大多数营销计划，特别是金融产品计划和品牌计划，主要包括下列内容：计划实施摘要、当前营销状况、机会和问题分析、营销目标、营销战略措施、行动方案、营销预算、计划实施的控制。

（1）计划实施摘要。计划的开头部分应该有一个关于本计划的主要目标和措施的概括说明。金融产品市场营销计划需要提交上级主管或有关人员审核。由于他们不一定有充足的时间阅读全文，因此可以通过摘要，把计划的核心内容描述出来，便于他们迅速了解、掌握要求，迅速抓住计划的要点。

计划的摘要主要是简单描述目前的形势、选择的战略、制定的目标、主要的行动步骤和可能的财务结果。这个部分一般有 2～3 页，占整个计划篇幅的 10%左右。

（2）当前营销状况。在摘要之后，营销计划的一个主要内容是提供该金融产品当前营销状况的简要而明确的分析，包括：

1）市场状况。这部分要列出为其服务的市场的数据，包括：市场的范围有多大，包括哪些细分市场，各细分市场近几年营业额有多少，顾客需求状况以及影响顾客购买行为的各种环境因素如何等。

2）竞争状况。这部分是对主要竞争对手进行辨认，并逐项描述各个主要竞争对手在规模、服务质量、定价、分销、营销策略等方面的特征，并恰当地分析他们的意图和行为。通过与竞争对手营销活动各环节的详细对比，发现自己与竞争对手之间本质的差异，对本企业的营销活动进行有针对性的调整以赢得竞争优势。

3）产品状况。列表表述主要金融产品近几年来的业务量、收入、贡献毛利和净利润，以了解影响产品销售和利润增长的主要问题及今后努力的方向。

4）分销状况。说明各个分销渠道的金融产品销售数量以及每个渠道的发展变化趋势。要注意各渠道销售和成本的变化，以明察其效益和存在的主要问题。

5）宏观环境状况。这一部分描述宏观环境的主要变化趋势，如人口环境、经济环境、技术环境、政治法律、社会文化等，因为它们与金融企业产品的前景有千丝万缕的联系。

（3）机会和问题分析。是指对金融产品计划期营销中所面临的主要威胁和机会以及自身的优势和劣势进行分析。通过分析，以确定在计划中必须注意的主要问题。对于这些问题的讨论，将决定金融企业的计划目标、战略和行动方案。

1）机会/威胁分析（O/T 分析）。机会和威胁是指影响企业发展的外部因素。机会是指营销环境中存在的对公司产品销售的有利因素；威胁是指营销环境中存在的对产品销售的不利因素。计划中指出这些因素以便提出一些可能采取的措施，此外还应对机会和威胁在重要性和可能性上进行分类。

2）优势/劣势分析（S/W 分析）。优势和劣势是指企业内部因素，如产品组合、服务质量、营销能力、管理能力、价格、成本、企业形象等。优势是指企业可以充分在战略中应用的一些因素；劣势是指企业需要加以改正的一些不足之处。

（4）营销目标。营销目标也就是在本计划期内要达到的目标，主要有财务目标和营销目标。财务目标，即计划期的任务完成以后必须实现的赢利性目标，如投资报酬率、利润率、现金流量等。财务目标必须转化为营销目标才能实现。营销目标可以是营业收入、市场占有率、品牌知名度、分销网点数目、实际价格等。

确定目标时应注意：每一个目标应该有一个既明确又能测量的形式，并且有一个应该完成的规定期限。各个目标应该具有内部的统一性。各类目标应有轻重缓急之分，且具有层次性。这些目标具有激励性和可行性，既有足够的挑战性，又能激发员工的最大努力。

（5）营销战略措施。即达到上述营销目标的基本途径或手段，包括目标市场、营销组合中的主要决策。

1）目标市场。在营销战略措施中应首先明确企业的目标市场，即企业准备服务于哪个或哪几个细分市场。确定目标市场主要包括市场定位、对市场的有效细分和对目标市场的界定等内容。在制定这一决策时应充分考虑本企业所拥有的资源条件。

2）营销组合。企业准备在各个细分市场采取哪些具体的营销策略，主要包括产品、渠道、定价和促销等方面的策略。在制定这一决策时应始终围绕营销目标，形成一套整体化的营销组合方案。

（6）行动方案。营销策略还需要转化成具体的活动程序，即要做些什么？何时开始，何时完成？由谁负责？需要多少成本？按上述问题把每项活动都列出详细的程序表，便于执行和检查。

要通盘考虑市场营销战略实施过程中涉及的各种因素、每个环节以及所有内容，把具体的战术或行动用图表形式描述出来，标明日期、活动费用和责任人，使整个战术行动方案一目了然，便于执行和控制。

（7）营销预算。制定营销预算必须明确了解市场情况，能够制定正确的营销目标，根据金融机构的促销目标和任务来准确估计所需的营销活动费用。它将成为有关部门、有关环节安排和进行采购、生产、人力资源以及市场营销管理的依据。

（8）计划实施的控制。是计划书的最后一部分，用以监督计划的进程。典型的做法是将计划规定的目标和预算按季度分解，以便金融企业的上层管理部门进行有效的监督检查，及时了解各个阶段的销售实绩，掌握未能完成任务的部门、环节，分析原因，督促未完成任务的部门改进工作，以确保营销计划的完成。此外，还要制定和附列应急计划，目的是事先考虑可能出现的重大危机和可能出现的各种困难。

××银行中秋国庆营销方案

一、活动主题

本次活动以“金秋营销”为主题，旨在向中高端客户和大众客户表达银行与之分享耕耘硕果、共创美好未来的真诚愿望，传播银行个人银行业务以客户为中心、致力于实现银客“双赢”的经营理念。各行可在此基础上，根据本行的活动特色，提炼活动主要“卖点”作为副题。

二、活动时间

2010年9月26日—10月31日。

三、活动目的

以中秋佳节、国庆节为引爆点，以个人中高端客户和持卡人为重点目标群体，以巩固和发展客户、促进储蓄卡使用、提高速汇通手续费等中间业务收入为主攻目标，重点拓展购物、旅游、餐饮、娱乐市场及其相关市场，同时扩大产品覆盖人群，促进客户多频次、多品种使用，带动个人银行业务全面发展；同时通过“金秋营销”宣传活动的开展，确立我行品牌社会形象，增强客户对我行个人金融三级服务（VIP服务、社区服务、自助服务）的认知和感受，提高电子渠道的分销效率，切实提升经营业绩。

四、活动内容

（一）“金秋营销·产品欢乐送”优惠促销赠礼活动

为鼓励持卡人刷卡消费和无纸化支付，促进银行卡和自助设备各项业务量的迅速增长，同时保持和提升速汇通业务的竞争优势，促进汇款业务持续快速发展，特开展以下优惠促销赠礼活动：

1.“金秋营销·自助服务送好礼”活动

（1）活动期间持我行储蓄卡在全省范围内的自助设备上缴纳2次费用的客户，可持缴费凭证及存取款凭证，到所在地的营业网点兑换价值200元的礼品一份，先到先得，送完为止。凭证必须是同一储蓄卡的缴费凭证，礼品兑换后，我行将收回缴费凭证。

（2）凡在活动期间办理签署代缴费协议的客户，可获得价值200元的礼品一份。签约即送，一户一份，先到先得，送完为止。

活动礼品由各行自行购置。

2.“金秋营销·卡庆双节”活动

(1) 活动期间申请卡免收当年年费。

(2) 刷卡消费达到一定标准，可凭消费交易POS单据和银行卡到当地我行指定地点领取相应标准的礼品，领完为止。

刷卡消费达1000元(含)以上，赠送价值100元礼品；

刷卡消费达5000元(含)以上，赠送价值150元礼品；

刷卡消费达10000元(含)以上，赠送价值200元礼品；

刷卡消费达20000元(含)以上，赠送价值300元礼品。

礼品应充分迎合客户节日期间消遣购物的心理，刷卡消费5000元以下的建议为动物园门票、公园门票、商场周边麦当劳等用餐环境幽雅的快餐机构套餐票等，具体由各行自行确定。

各行应根据当地实际情况，积极筛选3～4个大型商场、高档宾馆、高档饭店等消费交易量大的特约商户，对当天消费达到标准的客户采取现场赠礼的方式，提升活动的轰动效应。

由于活动时间为期一个多月，各行应合理安排礼品投放节奏，确定每天各档次礼品投放数量，当天礼品送完即止；同时各行应积极做好异地卡客户消费赠礼工作。

3.“金秋营销·速汇通优惠大放送”活动

活动期间，速汇通汇款手续费优惠20%幅度。

(二)“金秋营销·产品欢乐送”网点个银产品展示及优质服务活动

以营业网点为单位，开展“金秋营销·产品欢乐送”优质服务及个银产品的展示活动。活动主要内容有：

(1) 营业网点统一悬挂宣传横幅，张贴和摆放省分行下发的营销活动海报以及活动宣传折页(近期下发)，以新颖、丰富的视觉感染力，吸引客户关注。

(2) 网点柜员统一佩戴工作胸牌，增强员工亲和力，突出我行员工热情、亲切的服务形象。

(3) 活动期间，网点须设专门的宣传咨询台并配备导储员，加强动态推介，引导客户使用我行提供的自助渠道办理普通存取款和缴费业务，积极做好相关兑奖工作。

(4) 积极开展网点优质服务工作，提高速汇通等业务的柜台服务质量，加强柜台人员与客户的交流，切实提升网点服务形象。

(5) 切实做好对客户的绿色通道服务，严格按照有关要求向客户提供优先优惠服务，为客户营造良好的节日服务环境。

(三)“金秋营销·产品欢乐送”社区活动

1. 扩大社区营销渗透面，密切社区关系，按计划稳步推进社区营销工作抓住中秋节和国庆节的有利时机开展“金秋营销·产品欢乐送”社区营销活动，稳步推进第二阶段社区营销工作。通过社区金融服务网点优质服务、户外展示、社区金融课堂、营销小分队社区宣传等各个方面密切结合，全方位树立我行的社区服务形象，加强社区金融服务网点与目标社区的各项联系，密切网点与社区客户的感情，稳步推进社区营销工作。

2. 结合活动促销内容，确定社区目标客户，积极拓展相关业务量，切实提升社区营销经营业绩

（1）积极拓展速汇通业务。9月、10月为学生入学或新生报到高峰期，各行可以开展凭学生证或录取通知书享受汇款优惠的营销活动，吸引学生客户群体，拓展教育社区市场业务；对城市中汇款频率较高的人群，如商业社区经商人员、外出务工群体等，积极开展社区营销活动，提高营销活动的有效性；对潜在的汇款大户及有异地代发工资需求的全国性、跨区域企业，各行可以通过公私联动进行一对一营销，争取异地代发工资等批量汇款业务。

（2）切实促进个人储蓄存款业务。9月、10月个人存款的目标社区应确定为校园社区和批发市场等商业社区，切实抓住学生学费缴纳以及商业交流频繁的季节特点，大力吸收储蓄存款。抓住国庆节期间股市休市的商机，重点营销“个人通知存款”；抓住新生入学的时机，重点营销“教育储蓄存款”，营销宣传中要注意突出我行通知存款助理财、教育储蓄可只分两次存入的创新优势。国庆节期间，各行要做好安排。活动期间，各行要安排专人值班，妥善处理客户投诉或满足客户的特殊需求。

（3）有效发展个人汽车贷款业务以及各项个人消费信贷业务。活动期间，各行应在汽车经销市场、家电批发市场、住房装修市场等商业社区加强对汽车消费信贷以及我行各项个人消费信贷业务的宣传和营销。加强对中高端客户的营销力度，推进集团客户购车服务合作；同时加强与人保财险公司以及汽车经销商的沟通合作，加大对集团客户资源的拓展力度，促进个人汽车贷款业务稳步增长。

在活动期间，各行要加快业务受理的效率和审批速度，在规范操作的基础上力求为客户提供便捷高效的服务。

（四）“金秋营销·产品欢乐送”理财服务活动

以本次活动为切入点，通过建立客户回访制度，了解客户节日需求，充分利用合作单位的服务功能，向客户提供全方位贵宾增值服务；同时抓住高端客户国庆节期间有闲暇考虑个人或家庭的财务规划问题的有利时机，向他们推介个人理财业务，进一步提高乐当家理财服务的吸引力。主要内容有：

（1）活动期间，各行采用信函方式或人工送达方式向客户发送省分行统一制作的一张节日贺卡，同时准备一定金额的礼品。礼品袋由省分行统一制作下发，礼品由各行自备。

（2）联合本地餐饮、娱乐等行业的高档合作机构，在活动期间向持有我行卡的客户提

供打折优惠；联合机场、车站等交通部门，向我行客户提供贵宾服务。

（3）国庆节期间，客户外出较多，各行要确保理财中心、理财专柜和客户专窗正常营业；同时组织营业网点、个贷中心等经营机构切实落实客户绿色通道服务和各项优先优惠服务，为客户营造良好的节日服务环境；另外要密切协作，严格执行“漫游服务”标准，确保总行V客户在全国范围内能够得到专门服务，兑现乐当家的品牌承诺。

五、活动目标

通过本次系列活动，全行个人银行业务力争在10月份实现以下目标：

（1）客户新增超过历史同期最高水平，并使客户结构得到改善，质量得到进一步提高。

（2）银行卡社会知名度和使用率得到进一步提高，当月刷卡消费交易额比去年同期和今年9月份都有较大幅度增长，同业占比在9月份基础上有所上升。

（3）速汇通竞争优势得到巩固和提高，促进业务持续快速发展，手续费收入新增创历史同期最高水平。

（4）自助设备存取款及其他代理业务交易量比9月份增长10%。

（5）圆满完成各项业务指标。

资料来源：http：//www.docin.com/p-885657589.html.

3. 金融产品营销计划的执行

执行金融产品营销计划，是指将营销计划转变为具体营销行动的过程，即把金融企业的经济资源有效地投入企业营销活动，完成计划规定的任务、实现既定目标的过程。金融企业要有效地执行市场营销计划，必须建立起专门的市场营销组织。营销部门在开展营销工作时的有效性，不仅依赖于营销组织结构的合理性，还取决于营销部门对营销人员的选择、培训、指挥、激励和评价等活动。只有配备合格的营销管理人员，充分调动他们的工作积极性和创造性，增强其责任感和奉献精神，把计划任务落实到具体部门、具体人员，才能保证在规定的时间内完成计划任务。可见，高效合理的营销组织和德才兼备的营销人员是执行计划的必备条件。

（1）制定行动方案。必须明确金融产品营销计划中的关键性环境、措施和任务，并将任务分配到个人或小组。方案还应包括具体的时间表，即每一项行动的确切时间。

（2）调整组织结构。组织结构与计划的任务相一致，同金融企业自身的特点、环境相适应。也就是说，必须根据企业战略、金融产品营销计划的需要，适时改变、完善组织结构。现在最为流行的是客户经理制营销组织模式。

（3）形成规章制度。必须明确与计划有关的各个环节、岗位、人员的责权利，各种要求以及考核评价、奖惩条件。

（4）协调各种关系。为了有效实施营销计划，行动方案、组织结构、建章立制、人力资源管理和企业文化五大要素必须协调一致、相互配合。

二、金融产品营销技巧

（一）推销产品的方式

1. 直接推荐

这种方式比较适合关系较为融洽的客户，是在一种互相信任的基础上进行的。具体做法有：当客户发现原产品的性能有缺陷时，客户经理应直接推荐其他替代产品；当客户经理发现客户不习惯使用原产品时，应根据客户偏好，推荐一种比较适合的金融产品或服务；当原产品不能给客户带来方便和利益时，客户经理应主动向客户推荐其他产品。金融新产品推出后，客户经理应及时告知客户，向客户提出使用建议。直接向客户推荐产品，要基于诚信的原则，既要介绍产品的优势，也要讲明产品的弱点。

2. 引导式推销

这种方式适合在客户关系不太密切或客户主管人比较有主见，但双方互为尊重的情况下使用，同时也适用于向准客户营销。具体做法有：发放客户需求调查表，根据产品的性能制定调查内容，引导客户发现自己的潜在需求；根据欲推出的产品性能模式为客户解决问题；邀请客户参加新产品首发式；编制产品使用案例，让客户了解其他客户使用该产品的情况；为客户举办金融产品知识讲座；为客户示范产品的使用过程，引起客户的兴趣。在引导推销的过程中，要着重宣传产品和服务性能的优势，培养客户和准客户对产品的兴趣和消费需要。

3. 一对一推销

这种方式是在客户提出需求的前提下进行的，是为客户量身定做的金融产品或金融服务。具体做法有：对客户提出的需求，及时向上级主管人或主管部门反映，以期尽快开发产品或服务项目；与客户共同对产品或服务的性能和可行性进行研究分析，鼓励客户直接参与产品开发过程；在产品或服务的创新过程中不断与客户进行沟通，延续客户对新产品的兴趣和需求；举行隆重的新产品合作仪式，满足客户的精神需求；引导客户推广和宣传新产品和服务。

4. 广告式推销

这种方式适合适用范围广、同业竞争较强的金融产品和金融服务。具体做法有：反复在媒体、公众场合播放广告，吸引公众的注意；散发产品宣传单，宣传单应通俗易懂，且有趣味性，将专业术语“翻译”成漫画、小品、故事等，让客户一目了然；搞大型的路演活动，路演活动一定要请媒体作深入宣传，否则效果较差；开展社区金融咨询服务，可选择周末或假期在社区开展咨询活动，使产品直接贴近大众，也可选择在业务集中的区域或行业开展局部广告宣传活动。

5. 促销活动

促销活动是金融企业全方位开展的，为提高产品知名度，使更多的人接受并使用金融产品的活动。具体做法有：馈赠促销，通过向客户赠送一些礼品和允许客户享受金融企业的某种特殊权益或方便，鼓励客户使用金融产品；关系促销，通过推出长期关系优惠政策，促进客户与企业保持一种长期的关系；联合促销，与企业或商家联合，配合生产和流通部门的经营提供金融服务；公关促销，结合公益事业开展促销活动，如美国运通信用卡的客户每发生一次交易，银行会捐赠给美国反饥饿基金会 2 美分，在扩大销售的同时，也提升了企业的形象；组合促销，通过广告、公共关系、销售推广等方式的有机组合，开展促销活动。

（二）不同金融产品的营销技巧

1. 个人理财业务营销技巧

在西方发达国家，个人理财业务一直是金融业的一个重要利润来源点。随着我国经济的发展，百姓对理财的需求越来越大，个人理财业务也成为我国商业银行竞争的一个焦点。目前由于我国金融业仍采取分业经营模式，因此还不能使客户的资产大幅度增值。但理财业务市场前景较好，潜在利润较大，银行应以占领市场为目的，以理财业务为手段，稳定一批客户。

（1）确定目标客户群。起步阶段的个人理财业务应以有一定资产的个人和私营企业主为主要目标。

（2）成立“个人理财中心”或以银行个人名字命名的“个人理财工作室”，打造理财品牌。

（3）选择目标客户，向目标客户发放个人理财问卷，定期举办个人理财小课堂。

（4）在媒体上连续刊登或播放个人理财方案，通过产品创新带动个人理财业务。

（5）以帮助客户获利为根本出发点。客户的存款到期时，应积极介绍新的存款种类，或者能够增加收益的理财产品。

（6）根据客户的性格特征，推荐不同的投资组合方式。向客户提供的不仅仅是一种产品，而应当是一整套理财方案。

2. 个人消费信贷业务营销技巧

随着个人信用和资金实力的日益增强，消费信贷以其资金额度小、风险分散的优势，成为商业银行新的利润增长点，也成为各商业银行竞争的焦点之一。各商业银行纷纷投入信贷资金，扩大消费信贷规模，使业务的品种越来越多。客户经理拓展这一部分业务的策略是：

（1）加大宣传力度，提高居民的消费信贷意识。

（2）以具有消费信贷意识且个人信用良好的人群作为目标客户。

（3）银行自身转变观念，开发适销对路的个人消费信贷品种，方便客户。根据不同居民的需求特点、经济能力，开设多种形式的贷款偿还方式。

（4）简化贷款手续。客户经理通过内部营销，内化贷款的前期调查、信用证明、审贷等环节，使贷款像商品一样出售。减少各环节的无效因素，降低成本，在保持盈利的情况下，实行薄利经营，让客户享受更多的实惠。

（5）与商家联合推出消费信贷业务品种，定点使用，集中体现效果，并扩大影响，吸收实效客户，降低营销成本。

（6）跟踪客户使用情况，降低风险。

3. 公司业务营销技巧

（1）做客户的财务顾问。通过为客户提供公司理财方案，直接参与客户的融资、运营、战略制定、评价、财务分析与策划等行为，可以更深入地渗透到客户的整个经营过程中，使客户对银行产生依赖性。

（2）实行综合服务。通过综合授信，实行贷款、开证、银票、贴现、贸易融资、保函等综合信贷服务。多为客户提供解决问题的方案，不要就产品营销而营销，要了解市场经济的发展趋势，多进行行业分析，对客户的经营和融资中存在的难题提供解决方案，而不仅仅局限在某一种产品或某一笔业务上。

（3）提供增值服务。主要是对一些较大规模的优质客户在实行优质服务的基础上，提供增值服务，如营销结算、企业顾问信息服务等。

（4）关注价格差异。公司业务的市场拓展要从传统的产品定价方式中走出来，根据客户的价值确定产品的价格，在原有定价的基础上考虑客户对银行的贡献度，使同一产品的价格对不同的客户有所差异。产品价格差异可以通过标价直接表现出来，如下浮利率、减免手续费等，也可以通过其他方式进行价格补偿，如提供无偿服务等。例如，当客户贷款业务达到一定规模、信用度有了一定的积累时，给予客户减息、延长还款期限等优惠政策。

（5）加强促销组合，使客户产生偏好。丰富银行产品和服务品种，把公司业务从单一的解决信贷需求中释放出来，向客户提供多种产品和服务，资产、负债、中间业务等多管齐下。通过宣传、推销、形象造势等方式把产品植入客户的潜意识中，使客户对银行的产品和服务产生偏好和依赖。

（6）提高效率。客户的耐心和业务需求的时效都是有限的，客户经理应在最短的时间内解决客户的业务需求，使客户满意。目前，我国商业银行效率较低的最大原因是部门之间和上下级之间协调不好，如授信业务的营销和后台审查之间的矛盾等。

（7）注意科技手段的应用。随着现代科技手段的快速发展，银行业务的分销渠道越来越多元化。因此在公司业务的营销中，银行所处的位置显得并不重要，资产、负债、结算等很多业务的具体操作都可以通过网络来完成，电话银行、网上银行等现代化的结算工具是公司业务营销的一项重要内容。

（8）确定名牌客户为服务重点。银行名牌客户的概念，不是以社会的名牌效应为标准的，它是以客户的贡献度和影响力为主要界定指标的。一方面，银行要对名牌客户实施名牌营销策略，在业务关系中，实行时间优先、条件优惠，提供特殊服务。另一方面，银行的客户也不是一成不变的，随着行业的发展变化和经济周期的变化，客户对银行的边际贡献也在不断地变化。客户经理要经常进行综合分析，逐步退出劣质和次优质的客户，选择优质客户或发展潜力较大的客户作为营销的重点目标。

4. 银行卡业务营销技巧

（1）在目标客户范围内努力扩大发卡量。发卡不能盲目追求量的增加，应在目标客户的前提下实现量的最大化增长。银行卡金卡的目标客户是收入较高且稳定的人群，普通卡的主要目标客户是在银行有代理业务的大型企事业单位或政府部门。

（2）用卡的营销比发卡的营销更重要。盲目发卡会造成睡眠卡的增多，从而加大银行的成本，因此银行卡的营销要把重点放在提高持卡人的用卡意识上。

（3）联合促销。与大型购物网站、购物中心、超市、商家、宾馆以及影响力较大的企业或单位联合，设计和发行联名卡、专用卡，并联合开展刷卡优惠等活动，刺激人们购卡、用卡的积极性。

（4）提供免费服务。在发卡过程中按照客户的分类，分别实行上门送卡、邮寄资料等免费服务，减少客户在办卡和用卡的过程中的障碍。

（5）让持卡消费者直接感受增值。定期送礼物给持卡人，新卡发行限期优惠，刷卡免年费和送积分，鼓励客户多用卡消费。

（6）功能延伸。努力开发银行卡的使用功能，存取款、打电话、购物、缴费代理、股票买卖、异地通存通兑、网上银行服务等，集多功能于一身，广泛涉猎不同领域的客户需求，以达到吸引客户、稳定客户的目的。开发银行卡客户的商用价值，鼓励和引导商户在内部使用银行卡。

（7）实行品牌战略。为银行卡的新品种起一个好名字，通过综合性的服务和功能开发，使之成为银行卡中的精品，如招商银行的“一卡通”，就是创造品牌的最好例证。品牌战略的关键在于优质的服务和产品功能的顺利畅通。

（8）自助机器及电子渠道分销。通过增添自助设备，保证现有自助设备的畅通，不断完善电话银行、网上银行、手机银行等电子银行渠道，降低持卡客户对银行网点的依赖，体现银行卡的多元化优势。

5. 网上银行业务营销技巧

网上银行是一种基于互联网的新型虚拟银行，为各类个人及企业客户提供实时、全空间的金融服务。只要充分利用自身优势和不断创新，网上银行的营销是极有潜力的。

（1）积极向客户介绍网上银行有关知识。在传统思想观念的影响下，部分客户对网上银行抱着怀疑的态度。客户经理要经常向客户介绍网上银行的功能和优势，让客户从思想上接受网上银行的理念。与客户交流中尽量使用现代信息工具，培养客户的科技进步意识。网上银行不仅是一种新型的金融服务模式，还是一种全新的观念。客户经理在与客户的日常交往中，要注意把这种新的观念潜移默化地传输给客户，大到手续费的支付，小到发一封 E-mail，让客户在不知不觉中跟上科技进步的步伐。

（2）向客户提供免费或较低开户费用的网上银行基本账户。对于客户来说，打破传统观念的第一步总是十分困难的，银行有必要降低进入门槛和使用风险。客户经理要做好现场辅导，用“一对一”的方式教会客户使用网上银行。

（3）简化网上银行的操作步骤。通过技术处理，使网上银行的访问更容易、操作更方便，不至于花费客户太多的精力。

（4）提供更好的网上银行服务。网上银行以其“3A”的良好服务著称，在这之外还要向客户提供其他特色服务，如个人理财、企业财务管理、电子商务和手机银行 APP 客户端的服务定制等。

（5）增加多种与客户联系的网络渠道。网上银行与客户的沟通与交流相对要少，所以银行要创造性地开设与客户联系的方式和渠道，如在网上开设专题栏目，开设 BBS 论坛，通过网络与客户进行实时交流，搜集各种金融信息在网上提供给客户，吸引客户浏览网站。

（6）充分利用价格优势。网上银行由于没有网点的费用开支，降低了经营成本，应在盈利的前提下尽可能地给客户优惠的价格和免费服务项目。如通过网上购物多种网银优惠活动，诱导客户访问银行网站，增强客户尝试使用网上银行产品的欲望，并具体实施。在业务宣传时，要重点宣传网上银行的价格优势，改变客户“高科技高收费”的习惯思维。

6. 保险产品营销技巧

（1）熟悉保险产品，建立自己的专家形象。保险品种很多，如果不能熟悉掌握每个险种的特点就不能更好地营销给客户。因此，客户经理对所营销的保险品种知识应了如指掌，要有扎实的业务知识。既要掌握主要业务知识，又要熟悉较为冷门的业务知识；既要有较高的政策理论水平，又要能具体介绍各种业务的操作流程；既要熟悉传统业务，又要及时掌握新兴业务。一个优秀的客户经理不仅应储备专业的保险知识，还要掌握由保险衍生出来的金融、法律、财税、医学等多方面的知识，以此建立自己的保险专家形象，取得客户的信任。

（2）选择营销对象，找准目标客户。当人们的保险意识还不那么强，经济收入还没有那么高的情况下，选择投保对象很重要。当获得潜在客户的名单后，应衡量一下他们是否具备潜在客户的条件。评估潜在客户可以从购买需求、购买能力、购买决策权、投保资格等方面进行。首先要清楚潜在客户对保险有着怎样的需求，是自身利益的需求、家庭利益的需求，还是企业利益的需求，这一点营销人员必须分析清楚，对症下药，站在客户的立场上分析他们的需求，帮助对方提高风险意识。只有双方对保险需求有了认同感，才能成功促成客户投保。此外，还要进一步从购买能力、购买决策权、投保资格等方面进行评估，以便更有效地、更有针对性地去寻找更多的潜在客户。

（3）为客户着想，帮助客户解决问题。要把客户的切身利益放在第一位，不能私心太重，总想着把佣金最大化。一个优秀的保险营销人员应该具备这样的能力，即站在客户的立场上，根据客户的个人财务状况、家庭经济结构等实际情况，帮助客户分析保险需求、制定计划、选择产品，其身份是参谋、理财规划师。只有真正为客户利益而非为佣金着想，真正给客户解决问题、带来保险利益，客户才能得到满足。客户得到了满足，会随时想到你，甚至向你推荐客户，帮助你在工作中形成良性循环。

(4) 对待客户和营销工作要“诚、勤、细、新”。所谓“诚”，就是要讲诚信。诚信是现代市场经济的基石，是与客户相互沟通的桥梁，在与客户打交道时只有真诚相待，言行一致，急客户所急，想客户所想，才能赢得客户的一份信赖，换取客户的一份诚心。所谓“勤”，就是要勤谈，勤跑。只有与客户进行经常性的沟通与交流，了解客户的动向，知晓客户的所思所欲，才能及时调整营销策略，捕捉商机，在激烈的商战中抢占先机。所谓“细”，就是要细致入微。工作从细微处入手，在营销前要对客户有充分的了解，要知道自己的客户看重的是什么，需要的是什么，发掘合作的广阔天地，同时要细心观察，见人所未见，想人所未想，捕捉隐藏在事物背后的新商机。所谓“新”，就是要创新服务方式，营销不能停留在传统的习惯思维和做法上，要将新的营销理念和服务方式有机地结合起来，最大限度地满足客户日益提高的服务需求。在营销保险时就要求我们注重产品间业务特点的比较，要与客户的特点相结合，与产品的特点相结合，改变过去粗放式的宣传营销模式，创造一种“以理财方式进行宣传营销”的新思路。

(5) 提高心理素质，完善服务技巧。要做好保险营销工作，营销人员心理要成熟、健康，要经受住磨炼，能理智地对待挫折和失败，还要有积极主动和开拓进取精神。同时，要有较强的交际沟通能力，跟前辈学习如何去跟客户沟通、解释保险条款的话术。在语言、举止、形体、气质等方面要富有魅力，在性格上要热情开朗，在语言上要风趣幽默，在处理棘手问题上要灵活变通，在业务操作上要谨慎负责。

7. 证券业务营销技巧

证券的供给者和证券的需求者是券商营销活动中重要的两极，交换活动主要在它们之间进行。券商是保证交换顺利进行的重要机构，并在买卖双方的交易活动中抽取佣金。实际业务中，券商不仅充当中介，还参与证券的设计、发行活动的各个过程。因此，券商的实际功能更加广泛，券商的营销工作应该从证券交易活动向前延伸到证券发行前的调查、分析、设计等准备工作，一直到发行、交易乃至二级市场上的证券投资分析、咨询等服务工作。

(1) 制定券商营销策略。为了确保营销的成功，券商必须根据自身的业务许可范围、自身资源状况和面临的经营环境状况，系统地制定经营策略，以达到扬长避短、趋利避害的目的。总的来讲，券商的营销策略包括服务定位策略、市场开发策略、形象策略、产品组合策略、价格策略、促销策略、渠道与网点策略。但是，不同的券商可以根据其业务的性质和特征，制定相应的符合自己特点的营销策略。

(2) 加强信息管理。这是券商营销的一项基本工作，信息管理应围绕做好券商营销工作提供各种所需信息，包括客户信息、宏观经济信息、经济政策信息、法律信息、消费信息、产业发展信息、竞争者信息、国际金融市场信息、内部监管信息和其他各种信息等。券商作为证券服务的中介机构，应特别重视信息的收集和管理，并不断采用科学的手段，为营销工作提供快捷便利的服务。当今社会已经步入信息时代，计算机管理、网络化服务已在各国的金融界得到广泛深入的使用，这对改进券商的服务质量，提高券商的营销效率发挥了极其重要的作用。券商应适应时代的要求，加快信息管理现代化的步伐，不断提高竞争力。

（3）善于分析客户需求。要不断研究各类客户的金融服务需求及其动态变化情况，并从中把握商机，寻求券商盈利和发展的机会，这要求券商不仅掌握老客户的需要，而且善于掌握大量潜在客户的证券运作欲望。为了及时把握商机，必须随时了解不同客户群的收入状况、消费特殊证券服务的偏好、投资倾向、风险意识，了解企业股份制改造的动态情况，善于发现商机和培育客户企业，并结合宏观经济状况的变化，分析其证券服务需求的动态变化情况。也可以随时关注同业竞争者的经营行为，了解其目标市场定位信息。

（4）加强证券产品创新。这是在对客户分析的基础上，针对不同目标市场的客户需求特征，开发相应的证券产品满足其需求的行为。在券商的经营过程中，有些产品是长期一贯提供的，也有许多产品是相继开发的，券商可根据实际情况，运用金融工程开发出多种多样的证券产品。券商在营销过程中，不仅要不断提高服务质量，扩大那些一贯产品的使用深度，也要根据市场需求的变化，及时开发满足新的需求的新产品，发现新的市场，拓展新的业务。

（5）提高服务质量，维护券商信誉。券商属于服务性机构，所以不断提高服务质量是券商营销工作的根本任务，也是维护券商信誉的基本方式。各个券商的服务一般来说没有较大的差异性，客户在决定对某家券商的认可程度时，信誉往往发挥着主导作用。所以，券商要向人类爱护自己的眼睛一样维护自身的形象和信誉。树立“信誉至上”“信誉就是市场”“信誉就是生命”“信誉就是成本、利润”的思想，搞好信誉管理。

（6）注重防范金融风险。证券行业是高风险行业，券商所经营的任何业务都存在不同程度的风险，所以券商应将风险防范作为营销的一项重要任务，不仅要将自身经营的风险控制在最低限度，以确保经营的安全性，也要使客户所承担的风险与获得的收益相匹配，减少客户不应有的损失。这要求在证券产品开发环节就明确产品可能存在的风险，合理地安排收益与风险的匹配关系，制定必要的风险防范预案，并在营销全过程的各个环节加强风险的防范和管理。券商要加强对市场的风险研究，科学评估投资风险，业务扩展必须量力而行，遵循证券市场规律，防止风险的发生。

模块 4　案例学习

零售银行的营销妙招

经营和维护大众客群是客户经理小邵的主要工作之一，这既是低成本储蓄存款的重要来源，也是价值客户群持续快速增长的基石。但网点的基础客户群从何而来呢？不会从天上掉下来。小邵是这样想的：作为一家定位于零售业务的专业银行，必须拓展和经营网点步行半小时路程内的大众客户群。经营客户群，必先经营商圈，先舍后得，就要加强网点周边步行半小时内优惠商户的拓展与维护。小邵把这个想法对行领导进行了汇报，得到了行领导的大力支持，行领导让他负责策划本次营销活动。

小邵通过对网点周边商圈的调查走访和大众客户群消费喜好的分析，很快便有了一套巧妙的营销活动计划。

一、目标商户

网点周边一两千米范围内，商户类型包括大中型商场、超市、电影院，以及刷卡量较大的餐饮、服饰、酒店等。

二、优惠形式

一是在合作超市、百货类商户开展刷卡赠礼活动，叠加“刷借记卡单笔满 99 元赠纸巾 1 盒”活动。

二是在网点附近的餐饮、蛋糕坊商户开展“5 折美食”或“非常周三，非常五折”活动。商户以具有小资情调、中档、客流量大的茶餐厅、牛排馆、咖啡店、烧烤店、蛋糕坊为主。在商户的选择上，主要遵循“选择写字楼附近商户、选择人均消费较高商户（商户让利空间大）”的原则。

三是在影院开展“两人同行 5 折看电影或 10 元观电影”活动。

四是联合其他类商户开展折扣优惠等。如五一到了，小邵所在银行的信用卡客户在越界餐厅（市府店）刷卡消费即可享受 9 折优惠。通胀年代，在节日期间，给予客户折扣让其省钱是硬道理。越界餐厅作为当地有装修和菜品特色的小资情调餐厅，又在网点边上，挺合客户的胃和心。

三、活动宣传

活动落实了，还需要加大活动的宣传力度。

一是在其每周外出开卡一次时，以及上门驻点开卡时，对代发企业进行拓展和维护，将各类活动折页带入代发企业进行发放，把本次活动的信息宣传进企业、服务进企业。

二是管理营销平台对客户发送刷卡促销活动短信，还建立相应模板，重点对非活跃客户、非有效客户进行宣传，提升刷卡活跃度和有效客户数量。

三是保证宣传物料（包括台卡、展架、海报等）在商户内有效展出，对行内合作商户进行检查，包括商户员工对活动内容是否明确及宣传物料是否有效展示等。

四是在银行网点厅堂进行营销氛围的布置，进行礼品的推投、宣传物的摆放，网点 LED 屏、小黑板内容及时更新等；对前来网点办理业务的客户进行宣传折页的双手递送，并明确告知活动内容。

五是微时代的到来，宣传已经实现了线下和网络宣传的结合。线上，在官方微信平台，对本次活动进行宣传，针对办信用卡年轻、活跃客户群体，全行人员微信进行转发；官方微博宣传；EDM和电子账单发送。线下，整合性宣传单页、商户店面的展架，整合各种资源对活动进行宣传。

在五一假期，本次活动影响力越来越大，刷卡数据日益走高，银行增值服务活动的社会效果和口碑传播非常明显，真正实现了银行、客户、商家三方的共赢。那么，这共赢的基础和原理在哪里呢？银行的优质客户群和高消费流量对商户是赢；客户群获商户优惠折扣是赢；银行提升刷卡活跃度和有效客户数量是赢；自媒体和网络活动品牌推广和口碑传播是赢。

资料来源：http：//blog. sina. com. cn/s/blog _ 6139befd0101jm7i. html.

问题：

1. 请结合材料分析此次零售业务的营销活动为什么会取得较好的效果。
2. 此次成功经验对于银行网点进一步推广零售业务有什么启发？

模块5 知识拓展

一、制定企业金融服务方案的步骤

金融服务方案是银行在诊断客户需求的基础上，运用市场营销组合策略，使用银行产品及服务，通过书面形式向客户提供的满足其需求的建议书。对大客户营销忌讳提供标准化银行产品，应该提供综合金融服务方案设计。在制定金融服务方案之前，充分的前期准备工作是必要的。客户经理应该贯穿从宏观到微观的思路，对客户所处环境进行必要的调查分析，把握客户所在行业的共性需求，对同业对该客户的营销竞争情况也应该有必要的了解。鉴定客户基本特点、客户决策出发点以及客户关系类型的特征，挖掘出客户的个性需求，以便提出有针对性、差异化的金融服务方案。以下介绍构思金融服务方案的三个基本步骤。

（一）认知客户基本特点，确定客户需要什么

准确鉴别客户特点在制定金融服务方案时非常重要。不同的客户特征、不同的运作模式，决定着不同的需求特点。客户基本特点的鉴别可以从以下几个方面考虑：

1. 所处行业及地位

处在不同的行业，客户经营特点差别会很大，需求也不尽相同，这决定了银行提供的产品与服务也应不同。例如，连锁商贸客户、工业企业客户、政府机构客户的经营特点差别很大，银行提供产品与服务也就会有很大差别。在工业企业中，生产低值易耗品的企业与生产大型机械设备的企业，其需求有很大差别，因此银行提供的产品与服务也不尽相同。

2. 所属分类

根据银行对客户的了解和判断以及客户选用不同银行产品的决策点，可将客户分为关系中心型、质量中心型、价格中心型三种。不同客户特点不同，是制定金融服务方案时应考虑的重要因素之一。

(1) 关系中心型客户。其特点是比较“感性”，重视感情、关系和信任度，将“关系”密切程度放在首位。这类客户看重的是与银行之间深厚的历史渊源，或者良好的个人关系等因素，对产品类型、价格高低等因素不是很敏感。这部分企业非常讲感情、讲人脉，对它们困难时候的滴水之恩，经常以涌泉相报。

(2) 质量中心型客户。其特点是重视银行实际能力，银行能否提供最好的产品，银行服务人员是否专业，是否将“服务质量”放在首位。这类客户决策时对产品属性最为关注，重视产品的应用效果，将对价格与形式的考虑放在最后。这类客户在不同银行之间比较选择时最认可品牌，合作银行伙伴一定要是大银行，有较高的品牌知名度。

(3) 价格中心型客户。其特点是产品质量和银企关系达标即可，但不会支付溢价。客户决策时将“价格”放在首位去考虑，注重低投入高回报，对方案的认同采用“低价优先”。这类客户认为银行承兑汇票的保证金比例越低越好，贷款利率越低越好。客户决策时应将银行能够给予的“融资量”放在首位去考虑，对产品的形式、程序等不敏感。

(二) 梳理客户需求，确定营销目标

1. 梳理客户需求

梳理客户需求是银行营销产品与服务的基础工作，只有找准需求，才能提供合适的产品。换句话说，客户需求梳理不到位，银行就不可能为客户提供应该营销的所有产品，也可能未将最合适的产品营销给客户，还有可能脱离客户需求向其推荐产品。

(1) 深入分析客户的问题。深入分析客户是准确诊断客户需求、提出专门解决方案的必由之路。客户的问题常常是表象化的，需求也是表象化的，不一定直接表现为对银行产品的需求，如果不深入分析原因，往往找不对满足客户真实需求的解决方法。而找出需求背后的真正原因后，则可以使用多种办法、多种产品来解决客户的问题。

(2) 全面挖掘客户的需求。客户需求的梳理是在需求挖掘的基础上进行的。全面挖掘需求的目的是完整测算客户的业务潜力，分析测算可能对客户提供的产品与服务的品种、数量以及预期的盈利。从客户的角度看，客户需求可以划分为管理类金融服务需求和经营类金融服务需求。

管理类金融服务需求包括：资金归集与分配，现金管理，财务顾问、职工住房建设，职工工资性支付、差旅报账等所需的金融服务。管理类需求主要是企业强化系统内资金管理，降低人员工作量。

经营类金融服务需求包括：原材料采购、产品生产、产品销售、仓储运输、售后服务、新建改建项目等所需的资金服务。经营类需求主要是企业采购和销售环节，银行帮助

企业降低采购成本，扩大销售规模，改善销售模式。

客户经理要善于透过现象看本质来分析客户需求的关键点。客户需求的关键点应该是银行关注的重点，既是银行综合金融服务方案中要放在首要位置的服务方向，也是专项金融服务方案的着眼点，只有满足客户关键需求的金融服务方案才能真正打动客户。因此，在全面分析客户需求的基础上要找出客户最主要的需求和目前最急迫的需求。但是应该注意，客户的关键需求一定是最希望银行满足的。抓不住客户的关键需求就不可能给客户提供最合适的金融服务方案。

1）关注客户的延伸需求。客户需求的延伸分析是指客户经理不要把眼光只盯在客户的直接需求上，而应从客户上下游去挖掘客户的需求。客户延伸需求的分析有助于银行在营销时独辟蹊径，满足客户延伸需求常常是银行独辟蹊径的法宝。如某分行在营销国内一家大型汽车生产客户的过程中，为客户开发提单质押贷款和周转车贷款产品，帮助客户的经销商融资，扩大了企业的汽车销售，得到了客户的好评，密切了与该客户的关系。

2）关注客户员工的可能需求。客户员工的需求也是金融服务方案中的一个重要部分，如个人储蓄账户、个人理财、银行卡、个人消费贷款、个人家庭保险等，客户高管的个人需求如贷记卡、金卡、个人额度贷款等。一家产品销售遍布全国的大客户，常年有数十名销售人员在全国各地奔波，客户经理向客户财务部门推荐银行的贷记卡加财务 POS，有效地减轻财务部门收付现金的工作量，从而通过绑定客户的员工需求成功地绑定了该客户。

3）分析客户需求可能的潜在风险。客户的需求有些是银行不能满足的，有些是银行不愿满足的。客户风险分析的目的是找出在制定金融服务方案时的“雷区”，明确银行应该回避哪些需求、防范哪些需求，以及应该注意的事项。

2. 制定营销目标

在客户需求分析完成之后，需要根据客户的不同营销阶段，制定相应的营销目标，从而确定金融服务方案的相应内容。营销目标可以分为战略性目标和销售目标。

战略性目标：对于一家新设立的大型企业集团，银行在最初的营销目标可能仅仅是建立合作关系、传输服务理念以及介绍银行产品，往往难以有具体量化的营销目标。

销售目标：对于与银行已经建立合作关系的客户而言，营销目标更重要的是银行具体产品与服务的量化营销。这时，就需要大致估算出客户对银行的业务潜力。

通过以上测算，制定出一个银行可以实现量化营销的目标，包括存款增加量、贷款增加量、结算增加量、中间业务量以及市场占比等。这样，就可以预测该客户的未来综合收益来制定营销预算。周密制定方向正确、目标具体、可操作性强的计划是营销成功的第一步。

（三）确定方案策略

1. 产品组合策略

产品组合就是银行对客户提供产品的宽度与深度有一个最优化组织，以充分利用银行各种资源，取得最大经济效益。同时，多产品应用也可以避免风险。产品组合宽度，即银行所提供的产品和服务的大类数。产品组合深度，即产品大类中细化产品的个数。

（1）熟悉产品。对于服务方案制定人员而言，熟悉银行产品与挖掘客户需求一样重要，客户经理不熟悉银行产品就好比战士不熟悉手中的武器。如果说挖掘需求不到位就选不好产品，那么在不熟悉产品的情况下，即使需求挖掘到位，同样也选不准产品。客户经理不仅要熟悉银行产品的核心、特点、功能、流程、价格、关联等，还要熟悉不同产品之间的区别。这其中最重要的银行产品就是授信产品，它是客户经理最应该下大力气学习的产品。

（2）根据客户需求特点选择产品。首先，将银行产品与客户需求相对接。客户一个需求可能会对应多个银行产品，一个银行产品也可能满足多项客户需求。客户项目建设长期贷款需求，银行既可以采用固定资产贷款，也可以采用银团贷款、项目融资等；客户流动资金需求，银行既可以采用流动资金贷款，也可以采用额度借款、国内信用证、法人账户透支、国内保理、银行承兑汇票、贴现等其他产品。其中，银行保理可以满足客户融资、避险、降低成本、美化财务报表四个方面的需求。

其次，确定双方都认为最合适的产品，即产品功效足以满足客户的需求，同时可以为银行带来理想效益。实际操作中，产品取舍只有综合考虑价格、渠道、成本、费用等因素才能完成。一方面要为银行算账，看看是否有盈利；另一方面要替客户算账，根据客户经营具体特点向客户推荐合适产品，让客户感觉到银行提供的是专业服务，而不是在进行简单销售。对于客户流动资金需求问题，要分析不同需求特点，针对铺底流动资金，可以推荐使用额度借款产品、中长期流动资金贷款；针对临时资金不足的问题，可以根据客户具体情况推荐选用短期流动资金贷款、法人账户透支、银行承兑汇票、票据贴现、信用证、保理等业务组合。既不能只使用流动资金贷款，也不能不加鉴别地所有产品都混用，而是要有一个合理组合。

（3）根据客户购买偏好选择产品。不同购买偏好的客户对产品要求不同，应该区别对待。质量中心型客户：对产品最敏感，重视产品核心内容和实际应用功效是否满足需求，往往要在几家银行之间对比产品质量。对于此类客户的产品营销，一定要“看准、打稳”，推荐产品不一定是客户成本最低的，但一定要是质量最好的。资金饥渴型客户：由于客户资金紧缺，在缺乏竞争情况下，银行可选用价格较高的产品。价格中心型客户：选择能够满足客户需求而价格相对较低的产品。关系中心型客户：选择性价比适中的产品。

（4）产品组合中应该注意的几个问题。一是交叉销售不够，“老三件”——存款、贷款、结算依然是许多客户经理的思维定式，中间业务产品和个人银行产品、供应链融资、动产融资、贸易融资、票据等新产品交叉销售没有引起客户经理的足够重视，没有从根本上树立改善收入结构、联动交叉的销售观念。新产品的拓展有利于提升客户贡献度，可以对公司业务起到推动作用。

二是贷款局限于中长期流贷与固贷，而银团贷款、额度借款、法人账户透支、国内保理、国内信用证等新的替代产品和衍生产品使用不足。固定资产贷款的衍生产品有银团贷款、项目融资，积极拓展银团贷款业务，有利于提高竞争地位，如果仅局限于提供固定资产贷款，可能会陷于被动。新颖的额度借款、法人账户透支、国内保理、国内信用证等产品威力远远超过现有的流动资金贷款，客户经理应当高度重视。

三是不管客户有没有需求，全盘推荐银行所有产品。例如给无外汇业务的客户推荐衍生交易工具产品。我们最害怕的是过于简单的销售，将本行的所有产品简单地罗列，就如同餐馆的菜单，任凭客户点菜。

四是客户经理在营销过程中，产品不能满足客户需求时，提出产品改进或创新的建议不够多。

2. 价格策略

（1）组合产品定价。价格策略是银行最难决策的营销组合要素之一。银行报价既要考虑政策规定，也要从银行自身出发考虑业务成本、风险与必要利润，又要从客户角度出发，使价格能够被客户接受，还要经常研究竞争对手的价格策略。银行报价策略将直接关系到与客户交易的成败，关系到银行产品的销售数量与经营效益。建议在定价时尽可能避免单一报价，而应当组合形成套餐，就如同肯德基，单一产品贵，套餐便宜。虽然单一产品价格下降了，但是由于多销售了几个其他的产品，银行总收入还是上升了。例如：某企业仅使用流动资金贷款，价格上浮30%；如果将代发工资交给银行，价格上浮20%；如果将全额保证金银行承兑汇票交给银行，价格上浮10%；如果介绍供应商在银行办理贴现，价格执行基准利率。

（2）测算报价底线。测算价格底线有综合定价与单一定价两种方法。第一，综合定价法。只限于对银行重要客户价格底线的测算，即统算资产业务、负债业务和中间业务后的综合贡献度，在确保考虑经济及资本成本后综合贡献度大于零的情况下，来确定产品价格。第二，单一定价法。如果银行提供单一产品，其报价必须考虑成本、费用、风险、利润等因素后确定。

3. 突出方案重点

客户需求有轻重缓急，方案提供产品套餐也应主次分明。制定方案时，银行应立足于换位思考，即要分别对客户需求、银行产品与服务进行归类分析，分清什么是客户主要需求，什么是客户次要需求，什么是客户近期需求，什么是客户远期需求；什么是银行主打产品，什么是银行次打产品。

因此，在对客户提供建议时，要有的放矢，突出重点，提出最能打动客户的建议进行重点介绍。非重点内容建议，可以采取简要列表的方式进行概述。如果我们去客户那里简单地罗列介绍银行的产品，没有重点，效果显然不会太好。

4. 突出差别，体现银行竞争优势

不同银行产品与服务的同质化趋势越来越明显，那么，不同银行产品与服务方案的差别化就越来越重要。“知己知彼，百战不殆”，制定方案前要了解竞争对手，预测同行的可能方案，在产品的概念包装、流程设计、功效宣传、配套服务等方面与对手有所区别且更高一筹，深深打上本行烙印，这样才能赢得客户青睐。银行产品与服务是不可分割的，因此，每家银行提供的产品可能相同，但提供产品的过程、提供产品的过程中伴随的服务内涵与外延却是不尽相同的，为客户带来的价值也不同。不同银行相同产品营销竞争结果最终取决于服务创造的附加值。

突出差别化主要有两个方面：一是在内容和形式上与其他银行有明显区别；二是与其他银行产品和服务相比较时，要强调本行产品与其他银行产品的本质差别，不仅突出产品的概念、品牌、形式、流程、功能的“本行特色”，最重要的是突出服务方面的“本行特色”，让客户充分感受到本行的产品与服务带来的预期价值增值。

5. 客户优先，追求双赢

金融服务方案是否有效，最终取决于客户是否接受。因此，在方案制定过程中，要充分尊重客户意愿，优先考虑客户的现实条件、变革能力与承受能力。在大客户、大项目营销中，一家银行往往不能包揽客户全部业务。此时，就要考虑本行应该拓展或保持适度市场份额，不夸大承诺业务能力，实事求是的态度往往会取得客户的好感。

银行与客户经营的最终目标都是盈利。但银行盈利的前提是客户盈利在前，在服务方案中只有体现出客户获得利益，才能够引起客户的兴趣，才能得到客户的积极响应和认同。现在的银行众多，客户可以选择的范围较大，只有能够给其带来利益的银行，客户才会选择与其合作。

二、制定个人理财规划的步骤

理财规划是以人的不同生命阶段的财务需求为导向，由专业人员提供的一种全方位、多层次、个性化的综合金融服务。理财规划就是运用科学的方法和特定的程序制定切合实际、具有可操作性的综合方案，在达成个人生活目标的同时不断提高个人生活品质，最终达到终生的财务安全、自由。理财规划既涵盖了个人一生的综合财务计划，也是个人理性的价值观和科学的理财方法的集中体现。银行理财客户经理为客户进行理财规划的标准流程可以分为以下几步：

（一）收集客户信息

收集信息是理财规划的基础，即了解客户的财务信息、非财务信息和期望目标。理财经理应通过电话、互联网、书信、面对面交谈等方式与客户建立良好的沟通。

财务信息包括：固有资产、负债情况，每月收入、支出、结余情况等。

非财务信息包括：社会地位、年龄、家庭成员状况、职业发展潜力、投资偏好等。

期望目标包括：预期投资收益率、消费支出的金额和时间计划等。

（二）分析客户财务状况

在提出理财规划之前，要客观分析客户现行的财务状况并对未来的收入、支出及财务状况进行预测。要对客户的资产负债状况、现金流量状况和基本的财务比率进行分析。需要分析的财务比率包括：结余比率、投资与净资产比率、清偿比率、负债比率、即付比率、负债收入比率和流动性比率等。

（三）明确客户风险特征

风险是对预期的不确定性，是可以被度量的。同样的风险在不同的主体那里会有不同的感受，因此每个客户对待风险的态度都是不一样的。客户的风险特征是进行理财顾问服务要考虑的重要因素之一。客户的风险特征涉及以下三个方面：

1. 风险偏好

反映的是客户主观上对风险的态度，也是一种不确定性在客户心理上产生的影响。产生不同的风险偏好的原因较复杂，但与其所处的文化氛围、成长环境有很深的联系。比如我们常说美国人喜欢冒险，而中国人强调平安是福。

2. 风险认知度

反映的是客户主观上对风险的基本度量，这也是影响人们对风险态度的心理因素。同一个风险，每个人对其认知的水平是不一样的。人们对风险的认知水平往往取决于其个人的生活经验。比如房地产市场和股票市场都具有很高的风险，但是几年前我国股票市场持续下跌而房地产市场持续增长，结果有为数不少的人未能正确评估房地产市场和股票市场的风险。

3. 实际风险承受能力

反映的是风险客观上对客户的影响程度。同样的风险对不同的人影响是不一样的。例如，同样的 10 万元炒股票，其风险是客观的，但对于一个仅有 10 万元养老金的退休人员和一个有数千万元资产的富翁来说，产生的影响是截然不同的。

上述三个方面对每个人都是不一样的。综合上述三个方面就构成了一个人的风险特征。对待不同风险特征的人当然应当采用不同的理财方式。由于每个人的性格、社会经历、文化程度、判断能力等的不同，他们对风险与收益所持的态度必定会产生差异。根据客户对待投资中风险与收益的态度，可以将之分为三种类型，即风险厌恶型、风险偏爱型和风险中立型。

当然，银行理财经理在实际个人理财业务中为客户进行投资组合设计时，除了考虑客户风险特征外，还要考虑其他因素，如利率趋势、当时市场状况、客户投资目标等。

（四）分析客户理财目标

理财规划的目标可以归结为两个层次：实现财务安全和追求财务自由。实现财务安全是理财规划首先要解决的问题。所谓财务安全是指个人或家庭在人生的各阶段能够保持收支基本平衡，并且还有足够的财富用来应对实现生活目标的财务支出。追求财务自由是理财规划最终要达到的目标。所谓财务自由是指个人可以从被动的工作中解脱出来，主动投资产生的收入成为个人或家庭收入的主要来源，家庭已经拥有的财富成为创造更多财富的工具。当投资收入可以完全覆盖个人或家庭发生的各项支出、完成个人生活目标时，我们认为就达到了财务自由的层次，这是理财规划要达到的理想状态。客户在与银行理财经理接触的过程中会提出其所期望达到的目标，这些目标按时间的长短可以划分为：

（1）短期目标（如休假、购置新车、存款等）。

（2）中期目标（如子女的教育储蓄、按揭买房等）。

（3）长期目标（如退休、遗产等）。

具体情况可根据不同的客户加以区别。以上这些目标相对比较宽泛，银行理财经理必须在客观分析客户财务状况和目标的基础上，将这些目标细化并加以补充。以下是客户可能提出的其他要求：

（1）收入的保护（如预防失去工作能力而造成的生活困难等）。

（2）资产的保护（如财产保险等）。

（3）客户死亡情况下的债务减免。

（4）投资目标与风险预测之间的矛盾。

在确定客户的理财目标与要求的过程中，银行理财经理需要特别注意的是，由于客户本身对于投资产品和投资风险的认识往往不足，因此客户很有可能会提出一些不切实际的要求。针对这个问题，银行理财经理必须加强与客户的沟通，增加客户对投资产品和投资风险的认识，在确保客户理解的基础上，共同确定一个合理的目标。

（五）制定理财方案

理财方案要综合考虑每一个具体项目的规划，提出的方案要具备完整性，满足个性化需求。理财规划具体包括以下八个方面的内容，这些内容对应了我们所要达成的各种生活目标。

1. 现金规划

现金规划是理财规划的核心部分。它的宗旨就是按计划时间，满足个人或家庭对现金的需求金额。为了满足个人或家庭的短期需求，要确定日常的现金及现金等价物（活期储蓄、各类银行存款、货币市场基金等流动性强的金融资产）的额度，也可以设计通过短期融资达成现金需求目标的方案。而满足中长期现金需求，则要通过储蓄和投资来完成。

2. 消费支出规划

消费支出规划主要是基于一定的财源，对个人的消费水平和消费结构进行规划，以达到适度消费、稳步提高生活质量的目标。消费支出规划是理财业务重要的内容，如果消费支出缺乏计划或者消费计划不得当，很可能支付过高的消费成本甚至产生财务危机。个人或家庭的消费模式可以归纳为以下几种类型：收大于支、收支相抵、支大于收。收大于支的消费模式，可以认为达到了财务安全的目标，如果用结余资金进行的投资得当，随着积累的增加，可以实现财务自由。收支相抵的消费模式达到财务自由就相当困难，而支大于收则有可能使家庭陷入财务危机之中。所以，在进行消费支出规划之前，要调整消费模式，只有理顺了收支关系才可能实现财务安全，进而早日达到财务自由。消费支出规划主要包括住房消费规划、汽车消费规划、信用卡与个人信贷消费规划等。

3. 教育规划

教育规划可划分为个人教育规划和子女教育费用规划两种。对大多数家庭而言，子女教育费用支出是最不容忽视且数额越来越大的一笔支出。因为子女受教育的目标不同，所以教育费用额度具有弹性，但是却具有时间刚性。正因为教育规划的以上特点，在选择教育理财产品时，应该首先考虑安全性，不能大量投资风险过高的理财产品。其次要考虑收益性，进行提前规划，建议采用定期定额的方式长期投资。具体的教育规划理财工具，可以根据家庭风险收益的偏好选择教育储蓄、教育保险，或者国债、信托、基金等。

4. 风险管理和保险规划

人在生命的各个阶段都会承担不同的责任，同时会面临不同的风险。在没有充分保险的情况下，一旦家庭主要经济支柱发生风险，将给个人或家庭带来重大的经济损失。风险管理和保险规划的目的是，通过对个人经济状况和保障需求的分析，选择最适合的风险管理措施以规避风险。在理财规划方案中，购买保险的保障性需求大于投资性需求。购买保险的主要目的是针对自身可能面临的风险进行风险转移。保险规划的理财工具可以选择各种不同类型的商业保险，以规避人身风险、健康风险和财产风险。

5. 税收筹划

出于对自身利益的考虑，纳税人往往希望将自己的税负减到最小，因此，在合法的前提下尽量减少税负就成为每个纳税人十分关注的问题。个人税收筹划是指纳税人在符合国家法律及税收法规的前提下，按照税收政策法规的引导，在纳税义务发生前，通过对经营、投资、理财等经济活动的事先筹划和安排，充分利用税法提供的优惠和差别待遇，以减轻税负，达到整体税后利润最大化的过程。对于个人来说，可以采用合理利用税收优惠政策、推迟收入实现时间、投资免税理财产品等税收筹划方式，来实现“合理避税”的目的。

6. 投资规划

投资是实现资产增值的重要手段。投资规划是根据个人的财务目标、可用投资额和风险承受能力等实际情况，来确定投资目标、制定合理的资产配置方案、构建投资组合的过程。专业人员要对市场上可以选择的投资工具进行分析，综合运用各种投资组合技术，确定投资比例，确定合适的股票投资组合、债券投资组合、基金组合等，最终形成一个完整的投资组合。投资规划方案中既要考虑收益性又要考虑稳健性。目前市场上可用的投资工具主要有：

（1）实物资产投资。实业、不动产、艺术品、收藏品投资等。

（2）金融资产投资。股票，包括A股、B股、H股；债券，包括国债、企业债、金融债、可转换债券等；集合投资，包括证券投资基金、集合资金信托、私募基金等；衍生产品，包括期货、权证等；其他，包括外汇、黄金等。

7. 退休养老规划

退休养老规划是为保证人在老年时期有自立、尊严、高品质的退休生活而实施的规划方案。合理而有效的退休养老规划不但可以满足退休后漫长生活支出的需要，保障自己的生活品质，抵御通货膨胀的影响，而且可以显著提高个人的净财富。退休规划的核心在于进行退休需求的分析和退休规划工具的选择。退休需求因个人对生活目标的不同而有相当大的差异。对于个人的养老规划来说要考虑以下几个方面的问题：

第一，确定合适的退休年龄。退休后日常收入的大幅度削减降低了我们的生活水平和质量。因此，为了平衡退休前后两段时期的不同生活，我们需要结合自身的财务、身体等状况，为自己确定一个理想的退休年龄。

第二，根据自身经济状况，合理安排退休后所需要的生活费用。在综合考虑家庭收入和支出的情况下，对自己退休后的生活方式和生活质量进行恰当评估和合理安排。一方面要尽量维持较高的生活水平，不能降低生活质量；另一方面要考虑到自己的实际情况，不能盲目追求超标准生活。

第三，选择适当的养老投资工具。可供养老的资金渠道有：社保养老金保险、企业年金保险、商业保险。

第四，根据资金使用情况和风险承受能力选择市场上合适的投资工具。可以在理财经理的指导下适当进行高风险的投资工具的配置，来满足高品质的生活支出的需求。

8. 财产分配与传承规划

财产分配与传承规划是个人理财规划中不可或缺的部分。财产分配规划是指为了将资产在家庭成员之间进行合理分配而制定的财务规划。财产传承规划是指当事人在其健在时通过选择遗产管理工具和制定遗产分配方案，将拥有或控制的各种资产或负债进行安排，确保在自己去世或丧失行为能力时能够实现家庭财产的代际相传或安全让渡等特定的目标。财产分配与传承规划为个人和家庭提供了一种规避风险的保障机制，当个人及家庭在遭遇现实中存在的风险时，这种规划能够帮助他们隔离风险或降低风险带来的损失。在实际生活中，个人及家庭可能遭遇的风险主要有：家庭经营风险、夫妻中一方或双方丧失劳动能力或经济能力的风险、离婚或者再婚风险、家庭成员去世的风险。以上种种家庭及个人遭遇的风险一旦发生，就会对个人及家庭的经济能力产生不利影响。如果能够在风险发生之前采取相应措施，就可以最大限度地消除或减少其可能造成的不利影响。通过理财规划，可以根据个人及家庭状况，制定财务方案，选择避险工具，进行有针对性的风险规避安排，最大限度地消除上述风险带给个人及家庭的不利影响。

（六）执行理财计划

理财方案要得到顺利的实施，首先要确定理财计划的实施步骤，然后根据理财计划要求确定匹配资金的来源，最后要确定具体的实施时间表。金融市场往往是瞬息万变的，在实施理财计划的时候，要注意对选择的投资商品进行紧密的跟踪，在偏离客户的期望时要做详细的记录，以期望能够最大限度地控制风险，减少不必要的损失。

（七）理财规划方案的绩效跟踪

客观经济环境是不断变化的，每个人的财务状况和未来的收支水平也在不断变化，因而理财目标也会发生变化。如果理财方案不相应变化，会导致方案的最终效果与当初的预定目标产生较大差异。正确的方法是，在做好理财规划方案以后，定期作投资绩效的回顾，不断调整理财规划，使之更好地适应客观环境，只有这样才能达到财务安全、资产增值和财务自由的境界。

模块 6　团队项目实战训练

一、实训项目

金融产品市场推广方案策划实训。

二、实训目的

使学生在了解金融产品营销流程和方法的基础上，训练对金融产品营销策略的综合掌握及灵活运用的能力，学会制定金融产品市场推广活动计划。

三、实训内容

1. 了解商业银行的各类产品及服务、各类营销组合策略。
2. 介绍相关金融产品市场推广活动计划书模板，以供学生参考。
3. 组织学生上银行的网站搜集产品资料并进行分组讨论，模拟某一银行客户经理，在对环境进行调查分析的基础上，根据大学生客户的金融需求特点，改进或设计一款金融新产品，针对目标市场，策划一个金融产品市场推广活动方案。

四、过程评价

1. 各小组用 PPT 汇报交流策划书，教师进行点评。
2. 教师根据团队表现打分。
3. 小组间学生根据团队表现相互打分。
4. 各小组对实训过程进行总结，上交实训报告。

项目六
客户关系维护

学习目标

了解金融客户关系维护的含义及内容，明确金融客户关系维护的目标及影响因素，了解客户关系管理信息系统，掌握客户关系维护的方法和技巧，掌握客户忠诚度管理的基本方法，初步具备灵活运用客户关系维护的方法，合理处理客户投诉，初步具备灵活运用客户关系维护的各类方法的能力，能合理处理客户投诉，具备提高客户满意度及忠诚度的能力。

知识目标

1. 了解金融客户关系维护的含义及内容
2. 明确金融客户关系维护的目标及影响因素
3. 了解客户关系管理信息系统
4. 掌握客户忠诚度管理的基本方法
5. 掌握客户关系维护的方法和技巧

技能目标

1. 能灵活运用客户关系维护的方法
2. 能合理处理客户投诉
3. 能提高客户满意度及忠诚度

模块1 大家来讨论

特别的爱给特别的你

一般来说，客户在银行办理银行卡时，卡号都是随机的。但是，对于一些有价值的目标客户，客户经理和银行不妨借鉴手机号码和车牌选号的做法，在能力范围之内，使其在卡号上有所选择，将对客户有特别意义的“靓号”送给客户。

客户经理小邵将新开发的重要客户刘先生资料中有关数字的信息一一列出：生日是0724，爱人生日是0607，结婚纪念日是0928，家庭住址的房间号是2203，手机尾号是450818，最近比较关注的电影是《2046》……熟悉制卡的银行员工都知道，银行卡的号码并不是简单连号，通常最后一位都是前面各位数字的校验码，所以想找到一个特定的号码还要费点时间。不过，在分行卡部的支持下，小邵终于找到一张尾号是2203的银行卡。

第二天，刘先生应约来小邵所在的支行开户，当他拿到尾号2203的银行卡时，小邵给他作了这样的解释：“刘先生，上次到您府上打扰，一直记得您家是在22楼03号房间，这可是一个非常好的数字哦！22嘛，成双成对，3在咱们方言里和‘升’是一个发音呢，2203代表着好事成双、步步高升。因此，我们特地给您挑选了一张尾号是2203的卡，一来方便您记住卡号，二来也是对您表示祝愿和衷心的感谢。”

听了小邵这番讲话，刘先生对这张特别的银行卡爱不释手，这张卡也成为刘先生最主要的个人账户。

资料来源：马蔚华：《银行个人业务营销技巧》，北京，清华大学出版社，2008。

思考讨论：

1. 客户经理小邵为什么要为客户刘先生精心挑选特殊尾号的银行卡？
2. 客户经理小邵有效提高客户忠诚度的做法对你有什么启发？

模块2 基本知识

一、客户关系维护

客户关系维护是金融企业及其客户经理的一项重要工作。能否正确认识客户关系维护的意义、形式和内在要求，能否掌握各种维护客户关系的技能和方法，是金融企业提升客户满意度及培养忠诚客户的关键，更是金融企业立足市场的根本。在客户关系维护过程中，金融企业通过合理运用客户关系管理（Customer Relationship Management，CRM）系统，对客户信息资源进行整合及分析，能为客户提供更快捷、周到的产品和服务，保持和吸引更多忠诚客户，最终实现双方利益最大化。

（一）客户关系维护的内涵及目标

1. 客户关系维护的内涵

在激烈的市场竞争中，目标客户不仅是营销的目标和对象，而且是参与者。目标客户是企业最为重要的战略资源，是企业利润的源泉。对目标客户关系进行维护，其目的就在于帮助金融企业与目标客户建立一种双向互动的友好关系，把目标客户培养成能够给企业带来价值的忠诚顾客。所谓客户关系维护，就是金融企业客户经理为了保持与目标客户建立的良好合作关系，通过采取各种措施对目标客户进行全程跟踪维护，以获得双方合作基础上的最大利益。

2. 客户关系维护的目标

（1）吸引一大批忠诚的客户群体。金融企业与客户签订合作协议后，必须提供优质的客户维护工作。如果后续服务工作跟不上，客户就很容易流失。因此，客户经理必须通过优质的客户关系维护，巩固、维系存量优质客户，吸引一大批忠诚的客户群体，避免客户流失。如果客户经理使客户满意地得到了其所需要的产品和服务，那就犹如在客户的“账户”上存放了一大笔款项，在可预见的将来，客户经理便可从其“账户”中连本带利地不断提取。否则，客户每一次的不满意，就是从“账户”中撤走一笔款项，长此以往最终“销户”。金融企业要求生存、谋发展，就必须高瞻远瞩，不仅要看到今天，还要看到明天，实施“今天—明天—后天”的营销战略。

（2）提高客户的利润贡献度。客户是金融企业的重要资源，是企业利润的源泉。只有通过优质的客户关系维护，才能更好地把握客户的真正需求，深度挖掘营销机会。客户在一个金融企业中得到的服务越多，其转向其他竞争对手的兴趣则越小。所以，当客户决定选择本企业后，客户经理应充分挖掘客户的潜在需求，努力争取为这个客户提供尽可能多的金融服务，从而提高客户对金融企业的利润贡献度。

（3）树立良好的企业形象。一家金融企业如果能广泛地赢得客户的信赖，获得公众支持，其信誉和形象便是它在市场竞争中的一柄利剑。只有优质的客户服务，才能树立良好的金融企业形象。如果客户对服务满意，对金融产品认同，就会乐意推荐新客户，为企业进行宣传。反之，客户若对服务不满，其负面影响是难以估量的。有社会学家专门进行过试验：每一位不满意的客户会转告 8～10 人，产生相关群体效应，一个负面的印象需要 12 个正面印象来纠正；吸引一个新客户所花费的精力和成本是维护一个老客户的 5 倍多。因此，从某种意义上讲，开发客户、营销产品固然重要，但客户关系维护更为重要。

（二）客户关系维护的内在要求

1. 互利互惠

现代金融企业经营的使命不在于获取利润而在于创造价值。它视利润为创造价值的自然结果。满足客户的需求，发展并保持客户是金融企业的基本目的之一。利润和股东财富是金融企业从客户满意与客户忠诚中获得的报酬。因此，金融企业在进行客户关系维护时，要本着互利互惠的原则，谋求双方共同发展。

2. 信息支持

金融企业为使客户达到最大的满意度，在相互关系的维护过程中，必须互动和进行相互信息支持，这是由“以客户为中心、以市场为导向、以满足客户需求为经营项目”的经营宗旨所决定的。

3. 优化程序

现代金融企业的经营活动是在开放式的环境中进行的。为使客户达到最大化的满意度，金融企业必须围绕客户服务的便捷化和高效化，将业务程序朝最优化的方向推进。如通过全员柜员制和班台服务，使金融企业和客户原有的窗口服务转移到面对面的班台维护。这种做法既高度方便了客户，提高了金融企业的工作效率，也真正体现了金融企业以客户为中心的经营宗旨。

4. 谨慎承诺

与客户交往的客户经理是整个金融企业的代表，如果不能向客户兑现承诺，将会影响金融企业在客户心中的形象，降低客户经理在客户心中的地位。尤其是在许多受政策严格约束的业务方面，客户经理是不能自作主张的。对于承诺了的事，客户经理就要会同公司有关部门想办法做到。

5. 风险监测

客户经理制的一个重要的内容就是管理客户。客户经理直接面对每一位客户，不仅可以提供全方位、多项目的金融维护，而且能及时、准确地掌握市场信息和客户的经营变化。一旦出现拓展业务的机遇或市场风险，客户经理要能综合分析、灵敏反应，及时采取必要措施。这样才能有效地防范风险，及时推进业务的发展。

6. 协调管理

同一家金融企业的客户经理不仅是竞争上的对手、工作上的朋友，更应是配合默契的伙伴。对于每一位新客户，客户经理应事先分析各种情况，针对其特点，群策群力制定战略方案，派出最有力的客户经理挖掘突破口。对企业在电脑技术方面要求高的，派出擅长电脑业务的客户经理进行追踪。如果企业有理财要求，派出理财高手与其接洽。总之，完全从客户需求出发，有针对性地为客户服务，可使市场拓展工作收到事半功倍的效果。

（三）客户关系维护的方法

1. 价值维护法

老客户相对于客户经理，正如已经签订婚书的伴侣一样，如果不加以维护，也会有分手的一天。在平凡的婚姻生活中，一方应时时制造某种氛围，让对方感觉到一点惊喜。应用在客户维护上，就是价值维护法。

（1）提供差异化产品和服务。如果金融企业所提供的金融产品与其他金融企业提供的差不多，那么老客户就很容易流失，因此金融企业要在产品的差异性上下工夫。当金融企业所提供的产品是特别的，替代品比较少的时候，已有的老客户就比较容易留住。因为，一方面，转换金融企业具有一定的机会成本和时间成本；另一方面，一些金融企业提供的产品可能其他金融企业没有办法提供，客户会一直倾向于享受差异化的产品。如在银行代理的基金产品中，如果有基金公司新发行基金，对以往购买本基金公司产品的老客户提供申购费打六折的优惠，银行应及时向老客户提供这项优惠服务。

为客户提供差异化的服务也是留住老客户的重要途径。客户经理可以利用自己的专业知识，充分发挥成本优势、连锁优势、网络优势，为重点客户提供超出其价值的服务。差异化服务遵循的是“二八”原则，强调客户群具有各不相同的客户关系价值，如果对客户一视同仁，则有价值的客户就可能被竞争对手抢走。金融企业需要在行销和服务行为的方向以及在资源的分配上作适当的配置，最终目的在于巩固优质的客户群。差异化服务原则就是对有不同价值贡献的客户提供不同的服务和行销策略。差异化服务的实施要点有：

1）理清客户群带来的客户关系价值，以客户的价值贡献为基础加以分群。

2）对客户实行不同的服务模式，使服务成本和服务收益成正相关。

3）把资源和重心放在特定的、贡献度高的客户群上。凭借服务资源的有效分配来争取和留住价值较大的客户，从而取得企业利益的最大化。

4）合适的人员。针对优先维护的客户，要搭配合适的客户经理以及高级主管，主动联系以稳定与客户的关系，并维持业务的开展；对于要优先做产品渗透的客户，配合产品经理做积极的规划，加强搭售行销以强化与客户的关系；对于比较不重要、次要的客户，可安排客户经理助理来服务。

（2）超值维护。超值维护是向客户提供超出其心理预期的、具有人情味的服务。超值维护的形式包括：

1）使客户能够体验到金融企业及客户经理所提供的服务与众不同，体验到深厚的文化品位。如良好的敬业精神、高超的业务技能、深厚的文化修养等。

2）加重对客户的感情投资。在常规的金融维护之外，关注并随时解决客户日常生活中遇到的问题，把情感的力量渗透到客户中去，从而与客户建立起长期、稳定的朋友关系，以收到投桃报李的效果。如帮忙订购比较紧张的机票、联系名医、联系学校等，记清楚客户的生日或其他有纪念价值的日期，适时地有所表示。

3）通过维护使客户享受到超额收益，使客户感受到金融企业在通过开办业务、自身积聚财富的同时给客户带来的利益。

4）开展知识维护，提升服务档次，运用新知识、新产品赢得客户的尊重。

（3）顾问式营销维护。顾问式营销维护，就是站在专业角度和客户利益角度提供专业意见、解决方案以及增值服务，使客户能作出对产品或服务的正确选择并发挥其价值，在顾问式营销的过程中培养客户对产品或服务的品牌提供者的感情及忠诚度。顾问式营销维护要求客户经理在以专业的营销技巧进行业务营销的同时，能运用分析、综合、创造、说服等能力，满足客户的需求，并能预见客户的未来而提出积极的建议，以求达成双方长期合作的业务关系并实现双方的互利互惠。顾问式营销的核心是发挥客户经理对客户的顾问、咨询、维护功能，谋求双方的长期信任与合作。

表6—1为顾问式营销维护与推销维护方式的对比。

表6—1　　　　顾问式营销维护与推销维护方式的对比

区别	顾问式营销维护	推销维护
观念导向	客户导向	产品导向
营销目的	长期互惠互利的合作关系	短期利益，甚至损人利己
方式类型	解决问题型 咨询营销型 系统营销型	一厢情愿型 强制说服型 承欢乞求型
沟通方式	解决问题的双向沟通	掩盖分歧的单向沟通
营销手段	建议、指导、咨询、说服与演示	说服与演示

金融企业客户经理开展顾问式营销时必须做到：第一，客户优先，促成双方都满意的双赢格局；第二，对客户实行业务指导；第三，为客户提供有价值的信息。

对于老客户，客户经理不仅要建立完整的、有效的客户档案，掌握有用的客户信息，还要在日常生活中给予客户关心和帮助。例如，平时通电话、聊天是维护关系的手段，其目的是保持与客户的沟通渠道，在渠道畅通的情况下，客户经理能够进一步发展与客户的关系，进而提供意见和建议。此外，还需要妥善处理客户的抱怨，对客户抱怨要持认真负责的态度，站在客户的立场看问题，要及时反应，解决问题，不让问题蔓延。

（4）交叉销售维护。金融企业稳定客户的基本方法有两种：一是通过提供高质量的服务来维护；二是通过交叉销售银行的产品来维护。所谓交叉销售是指借助CRM系统，发现客户的多种潜在需求，并通过满足其需求而销售多种相关服务或产品的一种新兴营销方式。交叉销售是在同一个客户身上挖掘、开拓更多的需求，而不是只满足于客户某次的购买需求。调查结果显示，客户购买本企业的产品和服务越多，客户流失的可能性就越小。一方面，通过增加客户的转移成本，可以增强客户忠诚度；另一方面，可以降低边际销售成本，提高客户利润贡献度。实践证明，将一种产品和服务推销给一个现有客户的成本远低于吸收一个新客户的成本。因此，交叉销售作为一种发现客户需求并满足其多种需求的营销方式，已成为现代金融企业巩固和发展客户关系、改善和提高综合效益的最佳手段之一。

客户经理要善于利用CRM系统，摸清所管贵宾客户的基本情况并查询出目前贵宾客户已使用的重点产品，以及交易记录、账户交易习惯等；对新增贵宾客户，客户经理要做好沟通交流或调查问卷工作，深入了解和挖掘客户潜在需求。通过这些方式对贵宾客户的潜在需求进行预判，然后按照便利结算需求、资产保值增值需求、融资服务需求等需求方式对存量及增量贵宾客户进行分类，根据不同客户类别、群体特征、金融资产等，确定满足其主要需求的产品为主打产品，并以此作为针对该群体交叉销售的切入点和突破口，选择与主打产品有内在关联的其他重点产品进行优化组合，向客户营销集核心服务、基础服务和配套服务于一体的综合性套餐服务，从而将产品组合与目标客户有效对接，挖潜客户价值，提升贵宾等级，延长客户价值链。

2. 追踪维护法

追踪维护法就是与客户保持不间断的联系，保持与客户沟通的渠道畅通。作为客户经理，不应该只在办公室整理客户信息，而应该拜访客户。有时，与老客户见面，不一定要谈及具体业务，见面聊天也是联络感情的方式。当然，南北方由于地域不同，风俗习惯也有所差异。在北方，与客户喝酒聊天；在南方，与客户品茶神聊。事实上，和客户在一起，客户经理应该有敏锐的头脑和灵敏的反应。每次见面应该有一个聊天的主题，大致有以下几个方面：

（1）信息更新。经常向客户提供各种有用的信息和建议，随时将金融企业的业务开展、产品开发和内部管理的最新消息告知客户。注意，有用的信息不是客户经理主观认为有用的，而是客户认为有用的，这样客户才会感兴趣。

（2）表示感谢。通过电话、书信，温情感谢客户的信任，保持沟通渠道畅通，通过拜访和交往活动保持经常联系。每逢节假日，客户经理应当适时以电话、贺卡或 E-mail 的形式表达对客户持续合作的感谢，要通过个性化的方式给客户留下深刻印象。因为对于客户来说，如果每家金融企业都采取千篇一律的方式，就不会留下深刻的印象。

（3）征求意见。征求客户对金融企业服务质量、效率的意见，力求让客户满意。对于一些老客户、有价值的高端客户，定期发放征求意见表是常规的做法。客户经理最好能够登门拜访，或组织举办小型联谊会、座谈会等征求意见。

（4）根据客户的经营活动，安排追踪活动。处在不同的行业，客户经营特点差别会很大，需求也不尽相同，这决定了金融企业提供的产品与服务也应不同。因此客户经理应与老客户保持密切联系，追踪其现金流，及时发现客户的需求，提出专业性建议。如在客户现金充裕的时候，提供短期理财产品使客户资产保值增值；在客户现金短缺的时候，在衡量风险的前提下，提供信贷产品，让客户保持正常的经营。

（5）联谊活动。金融企业应通过与客户举办的联谊活动来强化客户关系。如可以借助合作单位的场地、开发商的楼盘举办酒会等各种活动，还可以冠名举办音乐会、茶话会等。每到年终岁尾，这类活动让人应接不暇。客户经理要善于把握企业与客户举办的联谊活动，密切与客户的关系。与客户联谊，不仅应邀请自己管理的客户和潜在的目标客户参加，对于客户方面的内部活动，客户经理也应找机会参加。

3. 事件维护法

对于老客户而言，当发生交易或其他行为的时候，或者产品到期的时候，或者因外部事件而受影响的时候，都是客户经理营销维护的大好机会。这种方法称为事件维护法。事件的类型包括：

（1）行为事件，如老客户的大额存取款，消费行为变化，要求销卡、提前还款等。

（2）产品事件，如存款到期、基金赎回、新开账户、提高信用卡最高透支额度等。

（3）外部事件，如利率变更、股市下挫、黄金上涨、楼市上涨、央行存款准备金率上浮、节假日、新政策法规出台等。

（4）生命周期事件，如客户结婚、生子、工作变更、提职加薪、周年纪念、退休等。

每个事件的背后都有相应的应对方法，但是，万变不离其宗，第一步是探究事件原因及带来的影响，第二步是寻找推荐满足客户需要的产品。

4. 文化感召维护法

文化感召维护法是利用金融企业特有的品牌、企业文化和人文精神吸引客户，加大对客户的感情投资，关注并帮助客户解决日常生活中遇到的问题，以高超的技术、规范的动作、团队的精神，使客户体会到与众不同的管理水平，以文化素养、敬业精神、人格力量，形成个人魅力和有人情味的服务，感召客户。现代企业的竞争，归根结底是品牌的竞争和企业文化的竞争。金融企业的品牌形象和企业文化除公益活动、产品营销外，一定会通过其员工的一言一行、举手投足而展现出来。每一家金融企业的形象在公众眼中有可能是截然不同的。例如，某大银行在公众心目中的形象是中年男子，老成持重，稳健经营，一般国有企业或大型事业单位是其天然的客户；某股份制商业银行在公众心目中的形象是30岁左右、年轻、有朝气、干练的帅哥，自然会吸引年轻的社会力量和中小企业客户。形象的打造与其自身的宣传和产品的推介口径有直接关系。

客户经理应该充分了解自己所在的金融企业的企业文化和品牌形象所代表的意义，利用优势，维护与老客户的关系，进而挖掘新客户；同时，塑造自己的品牌形象，从而更好地为客户提供服务。客户经理要严格履行对客户的承诺，这也是宣传企业及个人形象的一个重要方面。对客户承诺的履行包括服务品质的控管、客户期待的价格、预订期限的完成等。客户经理应确定团队密切合作及内部沟通的顺畅，以便履行对客户的承诺。首先，建立以客户为中心的组织和制度并形成以客户价值为主的客户服务文化和纪律。其次，构建内部作业完美的合作和优质资讯系统的搭配。另外，应避免事先过度的承诺。客户经理应彻底了解本企业的基本策略、授信额度、产品范围及技术能力。

（四）客户关系维护质量的影响因素

如何评价客户关系维护的质量，是客户经理非常关心的一个问题。客户经理希望建立一套质量指标可以反馈客户接受其提供金融服务后的信息，用以评估自身的工作成果并及时调整自己的营销方案。金融企业究竟应如何建立客户关系维护质量指标体系？尽管目前难以找到若干个明确的量化指标来直接评估，其影响因素也很多，但仍可以从以下几个方面着手：

1. 客户满意度

客户满意度是金融企业客户关系维护质量体系的核心指标。在发达国家，客户满意原则已经在金融领域得以广泛运用，它是留住老客户、获得新客户的基本策略。客户满意度主要是从客户和客户行为的角度来考察，可以从三个基本标准入手：一是回头客户比率；二是客户持之以恒、自始至终地使用本企业的产品和服务，即忠诚度水平；三是客户对金融产品的认知度，一个不了解和不认可本金融企业产品和服务的客户是不稳定的，也谈不上客户满意度。

2. 金融产品和服务及其质量

金融产品和服务及其质量与客户维护质量密切相关。现代工商企业和居民个人金融需求越来越多，需求层次的差异也越来越大，质量要求也越来越高。任何一家金融企业如果不能面对复杂的市场需求建立较为完善的金融产品体系，不能提供优质的金融服务，都难以真正做到高效优质的客户关系维护。金融产品和服务的质量维护又可以分为两类：执行核心功用的质量维护和执行支持核心功用的附加服务。

（1）核心功用（主要是指金融产品的增值功用）是客户关系维护成功与否的决定因素。例如，共同基金、VIP 业务最有力的竞争武器是投资回报率，回报率高的基金或 VIP 业务，即使收费高也能取得有效的客户维护。

（2）附加服务与金融企业的主营业务有时仅有微弱的联系，但当与竞争对手提供的核心服务差别甚微时，附加服务就可能决定客户的选择。例如，对于结算服务业务，目前，在我国各商业银行都能为客户开立基本账户，并均能办理同样的现金、支票、转账、往来结算等业务的情况下，如果哪家银行能够提供更便利的移动互联查询系统服务，哪家银行就更具有竞争力。

3. 系统与网络的支持

随着 IT、网络应用的发展，金融业对系统、网络的依赖性越来越强，系统与网络的支持对客户关系维护质量好坏的影响也越来越大。很难想象，一家现代金融企业如果没有形成完整和科学的银行业务流程，没有高效的客户关系管理系统的支持，其客户关系维护的质量能够达到较好的水平和高度。

4. 客户经理的素质与能力

客户经理是金融企业和客户之间的桥梁和纽带，肩负着开发客户、营销产品、维护客户关系等方面的重任。因此，客户经理的业务素质、服务能力的高低对客户关系维护的效果起着十分重要的作用。一支高素质、能力强的客户经理队伍是金融企业客户关系维护质量的保障和基础。

二、客户满意度及忠诚度管理

金融企业最主要的资源是客户。金融企业不但要开发客户，更要留住客户。尤其是对金融企业贡献大的优质客户更是争夺的焦点。如何通过提供优质的产品或服务让客户在物质、精神等多方面获得满足或满意，使其变成忠诚客户，是摆在金融企业及其客户经理面前的重要课题。

（一）客户满意度

1. 客户满意度的内涵

在美国营销学会手册中，对客户满意的定义是：满意＝期望－实际。换句话说，客户满意就是客户对产品的感知与认知相比较之后产生的一种失望或愉悦的感觉状态。“期望产品”是客户心中预期的产品，客户认为自己支付了一定的货币，应该购买到具有一定功能、特性和达到一定质量标准的产品。而“实际产品”是客户得到产品后，在实际使用过程中对其功能、特性及其质量的体验和判断。如果“实际产品”劣于“期望产品”，那么客户就会产生不满意，甚至抱怨；如果“实际产品”与“期望产品”比较吻合，客户的期望得到验证，那么客户就会感到满意；如果“实际产品”优于“期望产品”，那么客户不仅会感到满意，而且会惊喜、兴奋。

客户满意度其实是一个相对的概念，是指客户满意的程度，是客户期望值与最终获得值之间的匹配程度。满意程度是由产品的最终表现与客户期望的吻合程度决定的，一个客户将会经历三种状态中的一种：如果绩效不及期望，客户会不满意；如果绩效与期望相称，客户会满意；如果绩效超过期望，客户会非常满意。

2. 客户满意度的影响因素

客户满意度通常与产品和价格关系不大，甚至完全没有关系，但与以下因素的关系却相当密切：

（1）核心产品或服务。在竞争性的市场上，公司必须把核心产品做好，如果做不到这一点，客户满意就永远不会出现。基于很多理由，客户对核心产品通常不大关心或者完全不关心，或者是因为它与竞争对手的产品和服务太相似了以至于提供不了任何价值，或者是因为它的质量出色不太可能会出问题。然而大量事实证明，优秀的核心产品或服务绝对是成功的基础，它代表的是进入市场的基本条件。

（2）服务和系统支持。包括外围和支持性的服务，支持/求助热线，以及其他支持核心产品的计划。这里表达的主要信息是，即使客户接受了非常出色的核心产品，也可能对服务表示不满。

（3）技术表现。主要与金融服务提供商能否将核心产品和支持服务做好有关，重点在于金融企业向客户承诺的服务表现上。客户期望事情能进展顺利并且金融企业遵守承诺，但这种愿望却未能得到满足，就会产生不满和失落。如果金融企业提供高标准技术带给客户的满足甚至超过了客户对服务供应的期望，金融企业就会取得令人羡慕的竞争优势，客户知道他们可以信赖这些金融企业。这是影响客户满意度的一个非常重要的因素。

（4）客户互动。在金融企业员工与客户进行个人交往的过程中，情感因素越来越重要。这里强调的是金融企业与客户之间面对面的服务过程或者以技术为基础的接触方式进行的互动，这种互动通常是通过面对面的方式或者电话来完成的。从客户的调查中获得的很多证据说明，相当一部分客户的满意度与核心产品或服务的质量并没有太大关系，相反，客户经常会描述服务提供商及员工带给他们的感受如何。实际上，客户可能对他与服务提供商及其员工的互动中的大多数方面感到满意，但是仅仅因为一位员工的某些话或者因为其他的一些小事情没有做好而失去对金融企业的信任。

（5）环境因素。客户的期望和容忍范围通常会随着环境的变化而变化。对于员工来说，认识到环境中存在的区别以及这些区别在提供高质量的服务和创造客户满意度中的重要性是很重要的。客户面对不同的服务环境的时候，都带着对结果的期望。通常，这些期望都是建立在他们从前的经历上或者他们所信任的那些人的经历上的。对员工来说，要花费很多时间和积累许多经验才能变得善于读懂客户，以更好地应付这些不同的情况。

从这些因素对客户满意度的影响来看，金融企业及其员工在每个层次上所提供的服务都将随着核心产品或服务逐步深入互动中的情感因素，而且情感因素越来越重要。随着从核心产品或服务向情感的转移，客户需求的层次也会越来越高。

3. 客户满意度的衡量

客户满意度指标是衡量客户满意程度的量化指标，由该指标可以直接了解公司、产品或服务在客户心目中的满意程度。客户满意度的衡量指标通常包括：

（1）美誉度。美誉度是客户对金融企业的褒扬程度。对企业持褒扬态度者，肯定对企业提供的产品或服务满意，即使他本人不曾直接消费该企业提供的产品或服务，也一定直接或间接地接触过该产品或服务的消费者，因此他的意见具有代表性。借助对美誉度的了解，可以知道企业提供的产品或服务在客户中的满意状况。

（2）指名率。指名率是指指名消费企业产品或服务的程度。如果客户对某种产品或服务非常满意，他就会在消费过程中放弃其他选择而指名购买。

（3）回头率。回头率是指客户消费了该企业产品或服务之后再次消费，或可能愿意再次消费，或介绍他人消费的比例。当一个客户消费了某种产品或服务后，如果他心里十分满意，那么他将会再次消费。如果这种产品或服务短期内不能重复消费，他会向别人推荐，引导他们加入消费队伍。

（4）抱怨率。抱怨率是指客户消费企业产品或服务之后产生抱怨的比率。客户的抱怨是不满意的具体表现，通过了解客户抱怨率就可以知道客户的不满意状况。

（5）销售力。销售力是产品或服务的销售能力。一般来说，客户满意的产品或服务就有良好的销售力，而客户不满意的产品或服务就没有良好的销售力，所以销售力是衡量客户满意度的指标。

客户满意度指标适用于衡量客户满意度的项目因子或属性，找出这些项目因子或属性，不仅可以用来测量客户的满意状况，而且可以由此入手改进产品或服务的质量，提升客户的满意度，使公司永远立于不败之地。

4. 客户满意度的提升

提高客户满意度首先需要导入客户满意理念，引导员工树立客户满意意识，建立以客户为中心的全员服务的服务理念，让内部员工感到满意，充分保证公司为客户提供高质量的产品和服务，促使客户感到满意，培养客户成为公司长期的、忠诚的客户。

（1）要树立为客户服务的观念。“礼貌待客，微笑服务”并不等于优质服务，这仅仅是服务态度上的要求。公司要做到全面优质服务，就必须将为客户服务的观念贯彻到营销活动的全过程中去。公司必须对每个员工进行公司理念的培训，帮助他们懂得本公司的宗旨就是为客户提供最好的服务，达到客户满意的水平，并使员工认识到与客户打交道，不单纯是为了公司经营，也是要为客户解决实际问题，要以完善的服务和对客户负责的精神使客户对其产生充分的信赖感。

客户的满意来自经营中对客户获得利益的保障，来自交流中客户受到的重视程度，来自公司所给予客户的人文关怀。要提高客户满意度，就要以客户期望为准绳，真正体现为客户分忧解难，急客户之急，想客户所想，争取让每个客户都满意。

（2）提供个性化的产品和服务。由于金融客户的需求个体性很强，不同的客户会有不同的金融需求，这就需要金融企业为客户量身定做产品及服务。特别是较高层次的客户已不再满足于大众化的金融产品，他们对于能体现个性的产品更加青睐。由于技术的发展，产品的个性化与规模经济效益已不再是相互对立的矛盾，金融企业可以在保持一定规模的同时，努力开发多元化的产品，尽量为客户提供满足其不同需求的个性化产品，使客户都能获得满意的感受。

（3）增强客户体验。客户很在乎与你做业务的感受，尤其是对某种产品或服务或某公司有感情的客户，很难用打折来使之改变主意。他们在购买产品和服务时是在接受一种体验，他们频频光顾某一公司的产品和服务实质上是因为该公司创造了比竞争对手更让他们倾心的体验，因此增强客户体验是培养客户信任感的重要方法。例如，一位银行的理财客户经常会在理财中心现场接受服务，可能平时也会使用网上银行软件。即使客户对企业提供的网上银行软件感觉很好，但是客户在现场服务体验感知不好，也会造成客户对银行整体服务不佳的印象，银行很有可能因此而造成客户流失。

（4）承诺兑现。要想使客户获得好感，就得向客户作出承诺。获得客户满意的前提是履行承诺，而提高满意度则要求履行以前的承诺之后向客户作出新的承诺。这样环环相扣，任何一个环节的中断都会影响客户整体的满意度。公司正确理解客户期望与目标的最好方法是尽量采用客户能够接受的方式与之沟通，并且通过富有竞争力的产品、一流的质量、恰当的价格、承诺的时间和出色的客户服务满足客户的各方面需求。客户服务中最重要的原则是重时守诺，一旦承诺了，就必须认真履行，不可轻易改变，否则将失去客户的信任。

（5）制定服务质量标准。许多公司以客户满意度甚至公司利润来评价客户服务质量，这是有价值的，因为它重视结果评价。但是，服务是一个过程，服务质量的好坏是由服务过程决定的。制定有效的服务质量标准必须使其符合以下几个特点：

1）从客户的需求出发。

2）具体明确。公司应确定尽量具体的质量标准，以便员工执行。

3）员工接受。员工只有理解并接受公司确定的标准，才能切实执行和落实。公司可以发动员工参与制定质量标准，这样不仅使标准的研究更精确，而且可以获得员工的支持。

4）强调重点又具有一定的灵活性。如果确定的质量标准过于烦琐，势必使员工无法了解所需达到的主要要求。在基本原则统一的前提下，可以给予员工一定的灵活性，使其能够根据不同客户的具体情况灵活变通，有针对性地提供特殊服务。

5）既切实可行又有挑战性。如果公司制定的服务质量标准太高，员工无法达到，必然会产生不满情绪；如果标准过低，又无法促使员工提高服务质量。客户的要求日益提高，公司必须不断提高服务质量。

6）服务质量的考核和改进。只有做好服务质量检查、考核工作，才能使员工进一步做好服务工作。公司应定期考核员工的服务质量，并将考核结果及时反馈给员工，研究改进措施，不断提高服务质量。

（6）重视客户关怀。客户背离的实质是公司对客户的关怀不够。如今，客户背离现象越来越引起公司的重视。在竞争日益激烈的市场环境中，客户“跳槽”，购买竞争对手的产品和服务，是许多金融企业面临的一个重大问题。客户关怀的特征主要有以下三个方面：

1）寻求特征。是指客户在购买服务之前就能决定的属性，它们不仅是客户服务的有形证据，还是引导客户寻求所需个性化服务或产品的重要指标。因此，广告不仅是一种诉求，更应该是一种引导客户的工具。

2）体验特征。是指在购买后或消费过程中才能够觉察到的属性，如适合需求、礼貌待人、安排周到和值得信赖。

3）信用特征。是指客户在购买服务后仍然无法评价某些特征和属性（原因在于客户难以具备这方面的专业知识和技巧），因此必须依赖提供该服务的金融企业的职业信用和品牌影响力。

客户关怀活动应融入客户接受产品和服务的全过程。购买服务前的客户关怀为公司与客户之间关系的建立打开了一扇大门，为鼓励和促进客户购买产品和服务做了铺垫。购买期间的客户关怀则与公司提供的产品和服务紧紧地联系在一起，包括合同的处理以及各种有关的细节，只有做到与客户的期望相吻合，才能更好地满足客户的需求。购买后的客户关怀活动则集中于后续服务的跟进和提供有效的关怀，其目的是促进客户信任的形成和巩固，使客户能够重复购买公司的产品和服务。

（二）客户忠诚度

1. 客户忠诚度的内涵

客户忠诚是指由于受价格、产品、服务特性或者其他因素的影响，客户长久地购买某一企业或者某一品牌的产品或服务的行为，客户忠诚度就是对这一行为程度的量化。忠诚客户对竞争对手及其金融产品和服务的营销活动具有免疫力，并能主动地向其周围推荐该金融企业的产品和服务。客户忠诚度通常与客户感受到的服务、服务体验、关系互动、理念认同与增值感受这五个关键影响因素有着直接的关系。

客户忠诚是企业长期获利和业绩增长的有效途径。对于产品同质化倾向比较严重的行业来说，客户忠诚度的价值巨大。相关调查研究表明：提高客户5%的忠诚度，在保险业，获利可激增60%，在银行业，利润将上涨40%；提高客户4%的忠诚度，在服务业，获利可激增21%。因此，想要在残酷的市场竞争中存活，金融企业就必须减少客户开拓成本，增强盈利的稳定性，不断地提高产品质量以及服务效率和服务水平，千方百计地留住客户，通过提高客户满意度逐步培养客户对金融企业的忠诚。

2. 客户忠诚度的层次

客户的忠诚度以其深浅程度，可分为四个层次：

(1) 认知忠诚。在发生购买行为前，客户首先想到某个品牌。比如，某客户办信用卡，首先想到的是招商银行的金葵花卡；办 VIP 客户卡，首先想到的是交通银行的沃德卡。这是因为上述银行在品牌类的宣传上给客户留下了独特的印象。

(2) 情感忠诚。客户买了某一金融企业的产品，还想买第二次、第三次，即重复购买，这就是情感忠诚。

(3) 意向忠诚。在几种相同产品的品牌中，客户只选择一种品牌。比如，某客户在家用电器的选择上只选择海尔，这就是意向忠诚。

(4) 行为忠诚。不管喜不喜欢，只要是这个品牌，客户就买，排斥与其他品牌的同类产品对比，比如“苹果”的粉丝。

3. 忠诚客户的特征

(1) 忠诚的客户会经常反复地消费某金融企业的产品或服务，该金融企业甚至可以定量分析出他们的购买频率。

(2) 忠诚的客户在消费金融企业产品或服务时，虽然选择呈多样性，但因为是某金融企业的忠诚客户，他们更信任该金融企业的产品或服务，通常会很支持该金融企业的活动，较其他客户更关注该金融企业所提供的新产品或新服务。

(3) 忠诚的客户乐于向他人推荐某金融企业的产品，被推荐者相对于其他客户会更亲近于该金融企业，更忠诚于该金融企业的产品或服务。

(4) 忠诚的客户会排斥某金融企业的竞争对手，只要忠诚的纽带未被打破，他们甚至不屑更胜一筹的对手的产品及服务。

4. 客户满意度与客户忠诚度的关系

（1）满意不等于忠诚。忠诚的客户通常会拒绝竞争者提供的折扣，经常性地购买本企业的金融产品和服务，甚至会向其家人或朋友推荐该企业的金融产品和服务。尽管满意度和忠诚度之间有着不可忽视的正向关系，但有关调查发现，65％～85％的已经流失的客户也在说他们满意或非常满意。因此，即使是满意度很高的客户，如果不是忠诚客户，为了更便利或更低的价钱，也可能会毫不犹豫地转投其他金融企业，因此满意客户不一定是忠诚客户。

（2）客户忠诚是客户满意的升华。客户满意是一种心理程度的满足，是客户消费之后所表达出的态度；客户忠诚出自客户满意的概念，可以促进客户重复购买，是一种后续的、持续的交易行为。从客户的角度来看，使客户满意只是满足了客户最基本的要求，客户满意度调查反映了客户对过去购买经历的意见和想法，但只能反映过去的行为，不能作为未来行为的可靠预测。以忠诚度衡量客户的实际行为，则能较好地反映客户未来的购买行动和购买承诺。因此，金融企业应该在关注满意度的同时，关注如何保持客户的忠诚度。

综上，客户满意度与客户忠诚度的关系大致可以表述为：产品或者服务的质量决定了客户满意度，客户满意度与客户忠诚度之间是相辅相成的，做好客户满意度是提高客户忠诚度的一个前提条件，但是客户满意度却并不一定必然产生客户忠诚度。客户忠诚度的获得必须有一个最低客户满意度水平，在这个满意度水平线以下，忠诚度将明显下降；在这个满意度水平线以上的一定范围内，忠诚度不受影响；当满意度达到一定高度以后，忠诚度将大幅度增长。两者的关系如图 6—1 所示。

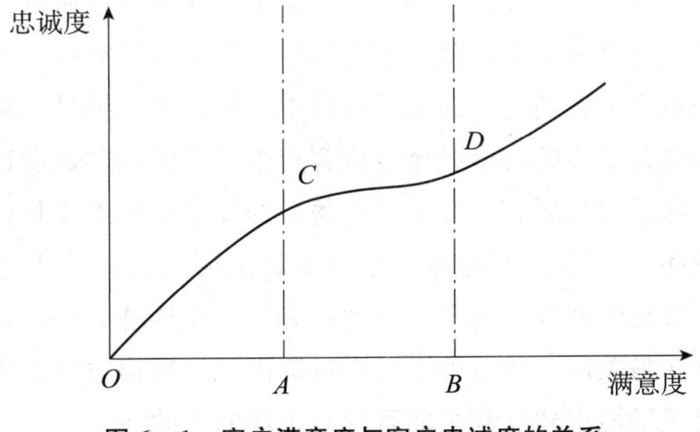

图 6—1　客户满意度与客户忠诚度的关系

因此，对于金融企业来说，一方面提高客户的满意度和忠诚度势在必行，另一方面是困难重重。客户经理必须注意的是，提高客户满意度和忠诚度，并不意味着一定要提高所有客户的满意度和忠诚度，这是不可能的，也是没有必要的。金融企业应该在客户细分的基础上，采取有针对性的策略，最大限度地让更具价值的客户满意，获取他们的忠诚，而不需要取悦所有的客户。

5. 忠诚客户的培育策略

(1) 以自己的忠诚换取客户的忠诚。获得忠诚的最好办法，就是先对人忠诚，或者采取忠诚的行为。考虑到金融企业的安全性，有观点认为金融企业只能做锦上添花的事情，而不能做雪中送炭的事情。试想，金融企业仅以“锦上添花”的方式选择客户，客户也没有理由对你忠诚。关键时刻显真情，当客户在最困难、最需要帮助的时候，如果你弃之而去，客户则很难做到对你忠诚。只有让客户感动，才能真正抓住客户的心。金融企业在开展各项业务时，只有切实提供事实真相，优先考虑客户的利益，兑现承诺，才能取得客户的高度认同与信赖。所以，当我们要求客户忠诚的时候，首先应该反思一下，我们自己是否做到了对客户忠诚。

(2) 满足客户的个性化要求。只有被满足需要的人才会有幸福感。人们需要的东西很多，但有些是急于需要的，有些是缓于需要的，如果能急客户之所急，我们的工作就做到位了。“要么按我的要求提供产品，要么我不要!”这是新时代客户购物与享受服务的基本准则。在以客户需求为导向的今天，每一个客户都是独特的。我们只有按照客户的需要去做，尽可能地满足客户的个性化需求，才能赢得客户，才能留住客户。

(3) 提高客户的满意度。得到并维持客户满意是检验金融企业成功的重要手段，客户经理应通过客户关系的维护和巩固，不断提高客户满意度。让客户满意要做到：第一，尽量满足客户的需求；第二，必须替客户考虑，包括安全性、流动性、收益性以及其他细微方面。设身处地地将客户当作亲人，实际上就是为客户提供心贴心的服务，完全为客户的需要着想，尽可能地让客户满意。让客户在重复交易过程中，越来越感到满意，不断增强偏好。

(4) 加强与客户之间的情感交流。客户选择金融企业虽然也有偶然性，但无疑是经过考虑的，你一旦与客户建立起关系，就要珍惜并尽可能地维护好这一关系，逐步建立超出与客户之间纯交易关系之上的情感。在关系营销中，俱乐部营销是一种非常成功的培养客户忠诚的方式。俱乐部营销指的是金融企业将客户组织成俱乐部或联谊会，通过加强内部联系，使会员产生参与感和归属感，实现客户关系的固定化和组织化，进而发展成忠诚客户。此外，金融企业还要选派善于沟通、综合素质比较高及幽默能力较强的人与客户联系，高层管理人员也要花时间拜访客户，与他们交流。在这种方法中，物质利益的吸引是基础，而情感的建立才是关键。竞争者可以通过提供类似的物质利益来争夺客户，但却难以控制在这种情感交流环境中建立起来的客户对企业的忠诚。

(5) 提供超值服务。客户经理要向客户提供超出其心理预期的、具有人情味的服务，不但成本、价格方面令客户满意，而且以高质高效的服务让客户感受到良好的敬业精神、高超的业务技能、深厚的文化修养等。要增加服务的附加价值，关注并随时解决客户日常生活中遇到的问题，把情感的力量渗透到客户中去，尽量站在客户的立场为他们着想，把客户的问题和困难当成自己的问题和困难，做到关键时刻显真情。要注重为客户创造价值，使客户享受到超额收益，使客户感受到金融企业在通过开办业务、自身积聚财富的同时给客户带来的利益，通过协助客户实现事业成功，不断提升满意度及忠诚度，最终达到客户关系维护的最高境界——“让客户离不开你”。

(6) 培养忠诚的员工。有关调查表明了一个不争的事实：具有高层次客户忠诚度的公司，一般也具有较高的员工忠诚度。如果一个企业的员工流动率非常高，该企业要想获得较高的客户忠诚度，那简直就是不可能的。因为客户的产品和服务都是通过与员工接触来获得的，当客户看到站在柜台后面的总是同一张熟悉的面孔，往往愿意再次光临。因此，客户忠诚的核心原则是：首先要服务好你的员工，然后才有可能服务好你的客户。当员工只满足于干完工作回家时，客户就只能得到平庸的服务。为了给客户提供出色的服务，金融企业需要充分调动员工的积极性，通过建立科学的激励机制和良好的企业文化，增强员工的凝聚力。

(三) 处理客户投诉

在维护客户关系时，金融企业不仅要注意提高客户的满意度，培养忠诚客户，也不能忘记客户的投诉。客户对金融企业提出投诉，表明双方的合作关系已经出现明显裂痕。客户经理对此必须予以高度重视，妥善加以处理。有关统计数据表明，对服务不满的客户，有 80%会将遇到的不满意服务至少向 8 位朋友诉说。在离开的客户中，83%的客户是因管理者的服务不专业或恶劣的待人态度而离开。在想离开的客户中，假如他们的投诉问题被妥善解决，70%的客户会留下；假如他们所投诉的问题即刻得到解决，95%的客户会留下。平均每一位投诉者将会对其 5 位朋友讲述自己的投诉及事情最终的解决办法。由此可见，处理好客户投诉对金融企业来说是何等的重要。

1. 客户投诉的原因

(1) 客户感到受到忽视、轻视。例如：客户长时间等待却没能得知原因；金融企业中似乎没有人关注客户的意见；金融企业内部缺乏理解并关心客户理财业务、个人财产状况的人员；客户对金融企业多次提出自己的需求却得不到任何反馈。

(2) 客户对金融企业的专业性产生质疑，对服务水平不满。例如：金融企业内的人为疏忽而造成了金钱上的损失；客户认为金融企业在理财业务方面缺乏专业能力；没有人为错误负责；客户期望从金融企业获得的服务，没有达到其应有或曾承诺过的水平；遭到了不礼貌的对待，或没能获得应有的帮助；与金融企业内部部门沟通不力，在清晰度、完整性或真实性上发生了问题；金融企业缺少人性化服务（情感服务）。

(3) 客户固有想法的影响。例如：客户之前曾对金融企业有不良印象；客户因为对金融企业规定不了解而产生误解；客户对金融企业的期望超过了金融企业自身的实力。

2. 客户投诉的分类

按投诉的性质，可将投诉分为有效投诉与沟通性投诉。

(1) 有效投诉。有效投诉分为两种类型：一是客户对金融企业在管理服务、收费等方面失职、违法、违纪等行为的投诉，并经过有关行业主管部门查实登记；二是客户对金融企业分支机构或工作人员的服务态度、服务质量的投诉。

（2）沟通性投诉。沟通性投诉分为三种类型：一是求助型，投诉者有困难或问题需要给予帮助解决的；二是咨询型，投诉者有问题或建议向管理部门联络的；三是发泄型，投诉者带有某种不满，受委屈或误会等造成内心不满，要求问题得到解决的。沟通性投诉若处理不当，会变成有效投诉。客户经理必须认真处理沟通性投诉，通过有效沟通妥善解决这类投诉。

3. 客户投诉心理需求分析

（1）被关心。客户需要你对他表现出关心与关切，而不是不理不睬或应付。客户希望自己受到重视和善待。他们希望与他们接触的人是真正关心他们的要求或能替他们解决问题的人，他们需要理解的表达和设身处地的关心。

（2）被倾听。客户需要公平的待遇，而不是埋怨、否认或找借口。倾听可以针对问题找出解决之道，并能训练我们远离埋怨、否认、找借口。

（3）服务人员专业化。客户需要一个能用心解决问题的人，一个不仅知道怎样解决而且负责解决的人。

（4）迅速反应。客户需要迅速与彻底的反应，而不是拖延或沉默。客户希望听到“我会优先考虑处理你的问题”或“如果我无法立刻解决你的问题，我会告诉你我处理的步骤和时间”。

4. 处理客户投诉的原则

（1）站在客户的立场上看待客户提出的投诉。让客户发泄，自己仔细聆听。应让客户产生这样一种感觉：客户经理在认真对待而不是敷衍客户提出的投诉，并且抓紧对这些投诉的事实进行调查，没有采取不负责任的态度。

（2）处理投诉要及时。不要拖而不决，尽量减少投诉处理的环节和人员。力争在最短的时间里全面解决问题，给客户一个圆满的结果。拖延或推卸责任，会进一步激怒投诉者，使事情复杂化。

（3）与客户交心沟通。要理解客户的感受并表示歉意，分析判断客户的价值取向和不满意程度，并决定采用何种措施安抚客户，控制事态发展，消除不良影响。说明公司将采取什么措施改进自身服务，提出对客户的补救措施，对客户提出的意见和建议表示感谢。处理问题时应因人而异，关键在于妥善地处理问题，而不是解释问题。适宜的方式、方法可以让投诉处理达到事半功倍的效果，使客户重新认识金融企业的服务，让客户满意。

（4）留档分析。对每一起客户投诉及其处理都要做出详细的记录，包括投诉内容、责任落实、处理过程、处理结果、客户满意程度等。通过记录吸取教训、总结经验，为以后更好地处理客户投诉提供参考。

三、客户关系管理信息系统

客户关系管理是一种以客户为导向的企业营销管理系统工程，通过围绕客户细分，进行客户业务流程的再造，充分满足客户需求，从而获得最大化的客户满意度。作为金融企业，运用客户关系管理能够更好地了解客户，增加客户联系渠道的有效性，实现与客户的互动，增强市场开拓能力，提升对客户的销售能力，降低服务成本，实现客户渠道和业务系统后台的无缝整合，从而提升核心竞争力。

（一）客户关系管理及客户关系管理信息系统

1. 客户关系管理及其内涵

CRM（Customer Relationship Management），即客户关系管理。这一概念始于美国，起源于20世纪80年代初提出的接触管理（Contact Management），即专门收集整理客户与公司联系的所有信息。到1999年则演变成为包括电话服务中心与支持资料分析在内的客户关怀（Customer Care）。经历了近20年的不断发展，客户关系管理不断演变发展并日趋成熟，最终形成了一套完整的管理理论体系。

所谓客户关系管理，是指搜集、管理以及使用信息，以便建立积极的客户关系，更好地满足客户需求，提高客户忠诚度以及增加客户对金融企业价值的系统工程。客户关系管理的根本来源并不是技术的进步，而是营销管理演变的自然结果。在西方的市场竞争中，企业领导者发现传统的由市场部门实现的营销方法越来越无法实现营销的目标。于是，营销重点从客户需求进一步转移到客户保持上。

因此，客户关系管理的内涵是强调“以客户为中心”，利用优化的管理方法和互联网技术，实现对客户的整合营销。其通过对客户信息的有效管理，加强与客户之间的沟通和良性互动，及时满足客户的个性化需求，以提高效率、维护客户关系、拓展市场为目标，努力提升客户满意度与忠诚度，不断增强盈利能力和核心竞争力，最终实现金融企业与客户双赢的管理理念。客户关系管理的本质是营销管理，是一种以客户为导向的企业营销管理的系统工程。

2. 客户关系管理信息系统

所谓客户关系管理信息系统，就是利用最新的信息技术，针对企业销售、服务与营销三个客户交互业务领域的CRM需求而设计出的各种软件功能模块的组合。其具体应用见图6—2。

CRM既是一套原则制度，也是一套软件和技术。客户关系管理的主要目的就在于在适当的时间，通过适当的渠道，将合适的产品提供给合适的客户。通过CRM软件系统的应用，企业提高了业务的运作效率。客户信息可以从中央数据库完整地获取，而不依赖于销售渠道；产品及客户分析结果以及产品销售、地区销售等的预测能够非常容易且适时地

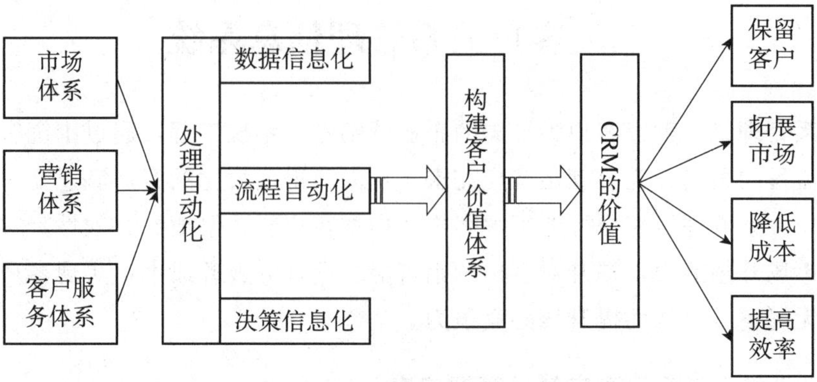

图 6—2　客户关系管理信息系统的应用

得到利用。同时，企业可以通过 CRM 软件系统来对销售进行管理，使得能在有很多决策部门的大型组织中实现复杂的销售过程。此外，CRM 软件还能简化识别目标客户的工作，加强与目标客户的联系；能够更为合理地分配营销资源，提高反馈率，并加强宣传的作用，从而减少市场营销成本、增加收入、寻找扩展业务所需的新的市场和渠道以及提高客户的价值、满意度、盈利性和忠实度。

（二）客户关系管理信息系统的基本功能

客户关系管理理论上的基本功能是客户发现、客户交往、客户分析。通过 CRM 软件系统为营销人员提供客户价值信息，发现哪些客户能为金融企业带来价值和怎样使这种价值最大化，使客户经理和客户之间建立紧密的联系，以保证客户能够得到专业化的服务。

1. 客户管理

客户管理的主要功能包括：客户基本信息；与该客户相关的基本数据和历史数据；客户经理的选择；业务的开办情况；客户开发的跟踪。

2. 客户经理管理

客户经理管理的主要功能包括：客户经理的基本信息；工作记录；任务管理；跟踪同客户的联系、活动计划，如时间、类型、简单的描述等，并可以把相关的文件作为附件；进行团队事件安排；查看团队中其他人的安排，以免发生冲突，把事件的安排通知相关的人；任务表；预告、提示；记事本等。

3. 潜在客户管理

潜在客户管理的主要功能包括：客户线索的记录、升级和分配；营销机会的升级和分配；潜在客户的跟踪；行业客户的评估；查看潜在客户和业务可能带来的收入；进行潜在客户和业务的传递途径分析。

4. 营销管理

营销管理的主要功能包括：金融产品和利率配置在进行营销活动（如广告、邮件、研讨会等）时，能获得预先定制的信息支持，建立营销活动与业务、客户、客户经理之间的关联；显示任务完成进度；提供类似公告板的功能，可张贴、查找、更新营销资料，从而实现营销文件、分析报告等的共享；跟踪特定事件；安排新事件，如研讨会、会议等，并加入合同、客户和客户经理等信息。

5. 知识管理

知识管理的主要功能包括：提供新的有价值信息，互相交流；做到将合适的金融企业客户经理知识在合适的时间，以合适的方式传授给合适的人，在站点上显示个性化信息。

6. 业务分析

业务分析的主要功能包括：对办理的业务进行分析和处理，进行价值分析；对金融产品的营销情况和所带来的利润进行分析；对客户的行业、业务行为进行分析。

（三）运用客户关系管理信息系统管理客户

通过建立一套完整的客户关系管理信息系统，可以对交易过程进行管理并随时了解客户的状况。

1. 数据收集

获取、整理和管理从内部和外部得到的客户数据，如姓名、个人资料、爱好、交易记录（包括柜台、自助设备、互联网、电话、手机等的记录）以及其他行为。把这些数据放入数据仓库，金融企业可以用数据仓库整合和管理从互不关联的渠道获取的数据，以便进行分析，形成特定客户的信息。

2. 数据分析

利用收集到的数据，通过技术手段对数据库中的信息进行分析，来探索客户的行为方式和预测同该客户交往可能产生的盈利。

3. 优化

面对大量的客户、产品和渠道的组合，帮助金融企业决定怎样以最佳的方式配置有限的、用于客户活动的资源，以达到特定的预期目的（如实现更高的投资收益率）。优化的结果是提供一个强有力的工具，帮助市场营销人员确认哪些是目标客户，应该在他们身上投入多少资源，通过什么渠道跟他们建立联系，不同的客户应该提供什么样的产品，以达到最佳的效果。

4. 价值分析，区分客户

客户关系管理信息系统通过对数据的处理来识别其目前和将来最有价值的客户，即站在金融企业的角度上，通过对客户的总产出、储蓄贡献、投入成本及投入产出比进行分析，从而得出对客户价值的客观评价，进而发现并服务好有价值的客户，决定在与客户的对话中以什么样的方式与客户交流，并根据每一个客户创造利润的潜能提供相应水平的服务，从而使双方的价值都实现最大化。客户关系管理可以帮助金融企业整理出最理想的客户标准，可以为营销人员寻找新的客户提供数据支持。

（四）客户关系管理信息系统对技术手段的要求

1. 数据仓库

数据仓库（Data Warehousing）是客户关系管理信息系统的基础，可以满足系统对各方面数据的要求。传统的数据库技术是以单一的数据资源，即以数据库为中心，进行事务处理、批处理、决策分析等各种数据处理工作。数据库处理主要划分为两大类：操作型处理和分析型处理（或称信息型处理）。操作型处理也称事务处理，是指对数据库联机的日常操作，通常是对一个或一组记录的查询和修改，主要为金融企业的业务服务，注重响应时间、数据的安全性和完整性；分析型处理则用于管理人员的决策分析，经常要访问大量的历史数据。

2. 数据挖掘

在数据仓库中进行数据挖掘（Data Mining）是客户关系管理信息系统接口的核心，是客户关系管理信息系统实现数据分析的技术基础。数据仓库中的数据量非常大，这些数据中有相当大部分是内部统计和账务核算的需要，要想找出与客户相关的有价值的信息，找出这些信息的关联，则需要深层分析大量的数据，从而获得有利于商业运作、提高竞争力的信息。数据挖掘就是从海量数据中抽取出潜在的、有价值的知识、模型或规则，挖掘出更有价值的信息的过程。

3. 数据分析

数据挖掘可以把金融企业现有大量的客户分成不同的类别，每个类别的客户拥有相似的属性。有了数据挖掘的基础，好处显而易见，通过数据分析（Online Analytical Processing）就可以给金融企业开展精准营销带来很大的帮助。比如，如果通过数据挖掘知道金融企业的客户有85%是年轻人，或者只有20%是女性，那么企业的市场策略就会随之而不同。数据挖掘可以帮助金融企业进行细致而切实可行的客户分类，通过数据分析得到的结果对金融企业的经营策略有很大益处。例如：可以通过对金融企业内各种业务（产品）的总投入产出分析，不同客户群在各种业务（产品）中的贡献分析，协助制定有针对性的营销策略；对不同分支机构和客户经理的经营业绩进行分析和评价，用以发现特性，找出差距，分析原因，采取相应的措施，实现业绩的提升和发现新的改进方法。

（五）客户关系管理信息系统的运作流程

客户关系管理信息系统的运作流程如图6—3所示。

1. 确定客户策略

客户关系管理的基础是以客户为中心的业务策略。金融企业的客户策略描述了如何利

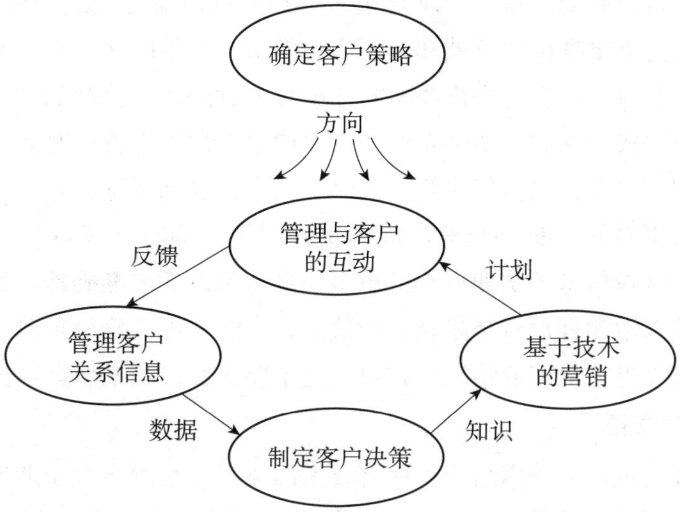

图 6—3　客户关系管理信息系统的运作流程

用客户关系来获得竞争优势。客户策略应该确定金融企业需要什么样的客户，这是分类策略的基础，而分类策略为基于技术的营销计划提供了方向。客户策略还应该指示如何确认金融企业所需要的客户。这有助于确定需要搜集何种数据以及如何共享和分析这些数据。管理与客户互动的流程受到下列因素的影响，即明确应该向客户提供何种服务和解决方案以及应在多大程度上令客户满意。最后，金融企业的客户策略还应该确定客户价值体现在哪些方面以及如何实现客户组合的价值最大化。这将决定如何制定客户策略，包括如果客户价值低于目标价值应该如何决策。

2. 管理客户关系信息

不掌握有关客户的准确信息，对客户关系任何一个方面进行管理都是不可能的。几乎所有的金融企业都依赖 CRM 系统搜集客户信息，客户关系管理可以帮助金融企业充分利用这些信息，因为其对信息进行的分析为决策、营销以及客户交易提供了信息基础。金融企业为促进客户关系管理流程的实施而必须搜集、储存、交流、分析、运用以及传达的数据类型包括：

（1）人员方面的数据，包括客户所处的行业类型、公司规模、地理位置以及其他有关客户的相对稳定的特征。

（2）行为数据，包括联络记录、客户拜访报告、采购方式以及财务状况。

（3）态度数据，包括金融企业搜集到的有关客户满意度、对产品性能有何偏好以及行业和市场走势的数据。

（4）衍生或演算出的数据，即对人员方面的数据、行为数据以及态度数据进行分析得到的数据，包括业务贡献率、经营状况比率、信用评级以及市场预测等。

3. 制定客户决策

高效的客户关系管理流程使得金融企业可以在满足客户需求与愿望、降低风险以及确定客户价值方面制定更好的决策。在掌握更多客户数据以及更先进的模型工具的情况下，金融企业可以制定能够更准确地反映和预测客户需求与愿望的客户类别和客户概况。由于采用先进的技术，金融企业在过去需要耗费几个月的时间才能编制的详细客户概况现在仅需几个小时就可以完成。同样，金融企业还可以通过客户关系管理对风险拥有更全面的认识，从而使其能够更快地作出信贷决策，同时贷款定价也能更符合客户的风险情况。

对客户需求与愿望的了解以及对风险的更好把握，均有助于对每位客户的价值的评估。利用客户关系管理信息系统搜集到的更多信息，可以更加准确地计算客户价值，并更好地管理客户关系以增加客户对金融企业的价值。在能够更准确地预测哪些客户从长期而言将为金融企业带来更多价值的情况下，可以把主要资源投到最佳客户身上。

4. 基于技术的营销

客户关系管理通过加大营销组合中所有要素的灵活性帮助金融企业制定营销计划。通过提供有关风险的更准确的信息，客户关系管理使得金融企业能够提出更准确的贷款定价。客户关系管理还有助于金融企业开发可以收取更高费用的增值服务，从而提高利润率。利用多种整合的通信和分销渠道，客户关系管理为有针对性的促销提供了更多机会。客户关系管理技术能够自动生成有针对性的信息，例如使用客户反馈的数据通过 ATM 提供个性化的服务。同样，客户关系管理可以对自助服务分销渠道加以充分利用，例如互联网、智能手机、数字电话以及互动电视等。通过这些互动性渠道，客户可以表达各自的偏好，以享受根据其需求定制的产品和服务。在开发新产品并预测这些产品能否获得成功的过程当中，客户关系管理也可以提供更详细的信息。员工是客户关系管理策略中的一个重要组成部分，客户关系管理技术为客户经理提供了为满足客户需求以及建立长期客户关系所需的信息。

5. 管理与客户的互动

与客户的互动，对于客户关系管理能否收到成效起着至关重要的作用。两类与客户的互动需要得到有效管理，即通过人员进行的互动以及通过技术进行的互动。

（1）通过人员进行的互动。金融企业的公司业务对人员互动的依赖性很强。这种互动可以通过三种方式进行管理：一是确保形成以客户为中心的文化氛围，以便为客户提供恰当的服务；二是注重所有员工的发展，以便他们具有与客户建立良好关系所需的能力和素质；三是对业务操作加以组织，以便员工之间以及员工与客户之间能够沟通自如。

（2）通过技术进行的互动。随着与客户互动的日渐加深和金融业务日益向国际拓展，技术互动的重要性日益凸显。目前的通信管理技术大致分为三类：

一是通信管理技术确保向客户、员工以及其他有权接触这些信息的人提供恰当和准确的信息。例如，一位客户在互联网上查到的账户余额数目，应该和他通过电话服务中心的工作人员所查到的数额完全一致。

二是渠道管理系统通过多种渠道提供一致的产品及服务。例如，一位客户无论通过开出支票，通过电话提出电汇要求，还是利用在线支付系统或是到分行实地转账中的哪一种方式向债权人还款，其结果都应该是一样的。

三是联络管理系统可以储存和发送客户信息，以便金融企业所有工作人员能够了解相关的客户关系信息，即使他们原来从未与某位客户打过交道。例如，如果一位客户打电话给他的客户经理，询问一笔丢失的电子支付款项，那么这位客户经理应该能够通过后台系统很快查询到这位客户在两天前就已向服务中心进行了挂失。

模块3 操作指导

一、客户关系维护的技巧

（一）客户跟踪维护

客户跟踪维护，是客户经理日常掌握客户动态、及时调整营销策略和提供服务的重要手段。因此，客户经理要充分利用客户关系管理信息系统建立客户档案，主动地和没有遗漏地做好客户跟踪服务。

1. 客户跟踪服务

（1）售后服务。随时对客户进行监测、跟踪，检查满足客户需求的情况。客户经理要特别注意银行金融产品完善的售后服务管理，例如：通过银行卡客户的跟踪服务，就可以对用卡环境或客户的需求等作出及时的反应或调整，如增加特约商户的数量，扩大银行卡的服务范围；建立客户施救中心，对客户用卡过程中遇到的困难及时给予解决，提高产品的销售效率，解除客户的后顾之忧，增强客户对金融产品的信赖度。

（2）回访客户。定期或不定期回访客户，与客户建立密切联系，是做好金融产品售后服务的有效措施。例如：客户经理通过对存款客户和消费银行中间业务的客户的回访，可以了解客户对金融服务或产品的满意程度，以便向有关部门反馈信息；通过对借款客户的回访，可以了解客户对信贷资金的使用情况以及偿还借款本息的能力，以便及时调整对策。通过回访，客户能感到银行还在继续关心他的利益，从而加深对客户经理和银行的感情，巩固其与银行的关系。此外，客户还会因此向客户经理介绍更多的客户。

（3）提醒服务。很多客户由于工作繁忙或者时间间隔比较长，对于一些即将到期的业务或者新的业务的办理信息往往容易忽略，甚至可能会造成损失。因此，应在客户大额存款或贷款到期前，通知客户存款即将到期或及时筹集资金归还贷款，并及时推送新的产品或业务信息，让客户存款到期后可以及时办理新的理财业务，帮助客户提升资金收益率，让借款企业也会有充裕的时间筹集和安排还贷资金，避免尴尬。客户可能会因此对银行充满好感，提升满意度。

（4）联络感情。在重点客户生日、企业周年庆等纪念日或重大节日期间，寄送贺卡、打电话或上门祝贺等，定期与客户举办各种联谊活动，以联络感情，强化客户关系。

2. 制定维护访问计划

客户跟踪服务是客户经理维护客户过程中最为艰苦的一项工作。因此，客户经理要有锲而不舍的精神，根据自己的客户群和个人的工作能力，制定工作计划（见表6—2），拟订每年、每月、每周或每天要达到的营销目标，并为实现这些目标而努力。

表6—2 客户维护访问计划安排表

客户级别	客户名称	访问频率安排（次/每年）	拟拜访人员	对策
核心客户				
重点客户				
一般客户				
目标客户				

3. 每日工作思考

在每天工作开始前，客户经理都应作一下时间规划，确认哪些是首要任务，哪些是次要任务，哪些是相对而言不太重要的事务，准备拜访哪几位客户，准备取得什么效果。为保证首要任务能高效地完成，客户经理应根据事务的重要和紧急程度安排处理的时间。在每天工作结束时，客户经理应该扪心自问如下问题：

（1）我今天拜访了几位客户？

（2）我今天达到或超过制定的目标了吗？

（3）我实际投入的时间和计划使用的时间一样多吗？

（4）我浪费了多长时间来处理与工作无关的事情？

（5）明天我将如何改进工作？是再度跟进，还是决定放弃？

（二）客户分类维护

巩固与发展客户关系是客户经理甄别客户价值、稳定客户、密切客户关系、获得客户忠诚，最终扩大金融产品销售、增加金融企业价值的一系列行为。客户对金融企业的价值贡献是有差异的，而企业的资源也是有限的，所以必须考虑成本效益原则，在进行客户价值分析的基础上按照价值大小进行客户分类、资源分配，进行差别维护。

1. 甄别客户价值

甄别有价值客户是客户经理发展和巩固客户关系的基础，客户经理要瞄准有价值的客户，实行差别化的管理，只有这样才能提高效率，节约人力与财务成本。客户经理需要对客户的价值进行分析和评判，在大量的客户群体里甄别出有较高价值的客户。高价值客户是对金融产品有较多需求，并能为银行带来较高收入和利润的客户。以银行公司客户为例，分析和判断有价值客户的方法有：

（1）经营管理严谨、经营效益好，收入增长幅度大且稳定，具有良好的市场发展前景。

（2）分析客户需求、判断客户是否对金融产品需求不断增长。这是对客户进行营销决策的重要依据。

（3）判断某些客户流失的真正原因，放弃失去价值的客户，寻找可能带来产品持续销售、能为金融企业带来较高收入和利润的新客户。

2. 按客户贡献度分级

（1）评估客户贡献度。确定客户价值首先要测算客户贡献度。客户贡献度由客户增值和客户当前价值潜力两部分组成。客户当前价值的计算，可以依据客户目前使用的金融产品来计算。对客户增值潜力的评估主要考虑以下因素：

1）本行客户业务份额有多大？从竞争对手那里能够再争取多少？

2）客户发展规划会不会带来新的金融产品需求？

3）客户所在行业、国家宏观经济政策调整的变动，如利率变化、客户有新建项目等，会不会带来客户对新产品的需求？

4）客户对金融产品需求的复杂性如何？客户有无尚未满足的需求？

5）客户现在和以后会不会对其他客户产生影响？受其影响的客户是否会给本行带来收益或损失？

（2）对客户进行贡献度分级。综合考虑客户给银行带来的增值潜力和当前收入并进行排序，例如，按20%的比例挑选出贡献价值高的客户作为高价值客户，再按60%的比例挑选出中等价值客户，剩下的20%作为低价值客户。

（3）确定维护和巩固客户的重心和顺序。客户经理应根据不同价值客户的优先级别，合理分配时间、精力和所能控制的资源。对于高价值客户，要以更积极的态度、投入更多的精力和时间，分析客户对银行的需要，思考如何能够为客户提供更有价值的产品；对于中等价值客户，要进行必要的关注与维护，寻求如何提升客户价值回报；在对前两类客户进行维护之余，对于有潜力的低价值客户也应适当给予关注。

3. 不同价值客户的管理和维护策略

按照客户价值，可将客户细分为重要客户、一般客户、维护客户和淘汰客户。通过不同的维护方式，建立起客户分类管理体系和准入、退出机制，把主要精力、资源放在巩固优质重点客户上。

（1）对重要客户的管理和维护策略。对重要客户要制定具体营销策略、产品策略、价格策略和服务策略。

1）建立完善的服务体系，设立首席客户经理，充分发挥高层服务和牵头营销在重要客户关系发展中的主导作用。

2）建立全行整体联动机制，充分发挥客户经理小组的作用，为优质客户提供全面金融服务。加强服务渠道建设，做好客户关系维护，提高客户依存度和满意度。

3）不断挖掘客户需求，争取竞争主动权，采取深度营销和交叉营销，提供差别化、综合化的金融服务，提高重要客户的综合贡献度。

4）加大产品创新力度，为重要客户提供综合性服务和不同类型的产品组合。根据效益、效率优先的原则，完善产品和服务操作流程，开辟重点客户快速反应通道。在信贷审批流程、产品创新、综合定价等方面给予优惠政策。

（2）对一般客户的管理和维护策略。

1）对现有存量一般客户进行深度挖掘，提高一般客户群体对银行的贡献度和依存度，扩大银行在这类客户中的业务份额。

2）根据客户特点和业务需求，为客户进行个性化方案设计，提供多种形式的组合产品。

3）加强客户后期产品和服务的管理，积极关注客户经营状况变化和重大事项，防止因跟踪不严形成风险。

（3）对维护客户的管理和维护策略。

1）降低维护成本，控制资源的再投入，实现客户投入产出最大化。

2）严格控制信贷再投入，严格执行核准制，对没有存款和中间业务收益的维护客户，采取维持现有份额或逐步递减信贷的策略。

3）加强后期跟踪与管理，防止企业逃避银行债务，将风险和损失降到最低。

4. 根据客户需求进行差别维护

客户经理对客户关键人物的维护，要针对客户的不同类型，区别使用不同维护方法和技巧。具体维护方法和技巧包括：

（1）情感型客户维护。主要是提供精神维护，即以较大的时间和精力投入客户的情感维护，想办法让客户精神愉悦，多为客户着想，让客户觉得亲切、可信赖。也就是既会做“事”，又会做“人”。对大部分国有企业、政府机构、事业单位客户应当采取这种维护方式。

（2）业务型客户维护。主要是提供业务维护和技术维护，即以更好的设施、更好的产品和先进的科技网络为客户提供服务，解决客户工作中的实际问题和业务需要。对优质客户提供包括业务优先、特事特办、急事快办、收费优惠、效率保证等优惠、特殊服务。对大部分民营企业客户应当采取这种维护方式。

（3）专家型客户维护。主要是提供“融智服务”。客户经理应以多种技能和较高的专业素质，或通过调动、利用银行的专业资源为其提供一对一的个性化服务，并保证服务的高效化、专业化。客户经理应及时利用商业银行信息来源广泛、点多面广等优势，向客户提供最新的经济金融信息、行业信息、宏观经济政策信息或国家产业政策信息等。对大部分外贸企业客户应当采取这种维护方式。

5. 根据客户潜力进行差别维护

（1）巩固和发展与重点客户的关系。重点客户就是银行所拥有的能带来80%收入或利润、帮助银行达到战略和财务目标、大约占比20%的客户。重点客户包括现有存量大客户，还包括未来能给银行带来高额回报的成长型客户。对重点客户的巩固和发展，实际上就是对未来的投资。对重点客户，客户经理必须实行差别化的管理，进行重点的维护与拓展，投入更多的精力，保证其得到完美的服务。面对需求复杂的大客户，关系的维护和服务方案的实施，不仅需要配备高素质的客户经理，还需要组建运作高效的客户经理小组，贴近市场，深入客户。凭借团队的力量，通过内部资源的有效整合，为客户提供一揽子的优质金融服务。

（2）维护和培育有潜力的中小客户。客户经理要具备长远眼光，善于挖掘有潜力的中小客户，通过维护和巩固中小优质客户，充分利用中小客户的发展机会，培育和扶持出一批优质的客户。很多大型重点客户都是从小到大一步步成长起来的。因此，客户经理要有营销意识，帮助中小企业成长为大企业，从而培育新的优质忠诚客户。

二、处理客户投诉的流程及技巧

再规范、优秀的公司，也不能百分之百保证自己的产品或服务没有任何差池；再幸运、豁达的人，也不能百分之百保证不会遭遇投诉。客户经理对此必须予以高度重视，按照一定的流程和技巧，妥善加以处理，让客户感到满意。

（一）处理客户投诉的流程

当发生客户投诉时，客户经理应该从客户的角度考虑问题，不能够推诿搪塞，更不能责怪客户，要本着有效化解纠纷和抱怨的原则来处理问题。为此，要遵循以下程序：

1. 接待投诉

（1）态度诚恳，耐心倾听，先听清楚客户说什么。态度认真，尊重客户，这是第一要义。切忌打断客户，如果有不明白的地方，应该等客户说完了再询问。倾听的过程对客户来说，是一个发泄不满和宣泄情绪的过程，因此，客户经理倾听过程中要有必要的回应，如点头等，表明你在用心听。很多的投诉是在客户发泄完之后，他的情绪也基本平稳了，此时问题已经解决了一半。甚至很多投诉，客户仅仅是想找一个人耐心地听取他的投诉。如果客户宣泄的途径不通畅，只会让他心里更窝火。

倾听能够传递出的理解和尊重，也将会营造一种理性的氛围，感染客户以理性来解决问题。倾听时，要注意了解客户的真正意图，了解他所认为的真正问题是什么，他这次投诉真正要达到的目的是什么。千万不要主观地认为他是遇到了什么问题，也不要从其语言表面进行判断。

（2）同情顾客的遭遇。在倾听了客户的抱怨以后，要站在客户的立场来看待、处理问题，即支持客户的观点，使客户意识到客户经理或企业非常重视自己，他的问题对企业来说很重要，企业管理层将全力以赴来解决问题。对有关问题的问询，语言要尽量婉转，不要使客户产生被审问、被怀疑的感觉。例如："非常抱歉，我对事情的整个过程不了解，请您复述一遍好吗？""对不起，有一个细节我想核实一下，请您……"

2. 记录投诉

（1）把握客户的真正意图。化解客户投诉，只有了解客户投诉的真正意图，才可能对症下药，最终化解客户的投诉。但是，客户在反映问题的时候，常常不愿意明白地表达自己内心的真实想法。这种表现有时是碍于面子，有时是过于激动的情绪导致的。因此，客户经理在处理客户投诉时，要善于抓住客户表达中的"弦外之音、言外之意"，掌握客户的真实意图。以下三种技巧可以帮助客服人员：

1）注意客户反复重复的话。客户或许出于某种原因试图掩饰自己的真实想法，但却又常常会在谈话中不自觉地表露出来。这种表露常常表现为反复重复某些话语。值得注意的是，客户的真实想法有时并非其反复重复话语的表面含义，而是其相关乃至相反的含义。

2）注意客户的建议和反问。留意客户投诉的一些细节，有助于把握客户的真实想法。客户的希望常会在他们建议和反问的语句中不自觉地表现出来。

3）注意客户的反应。所谓客户的反应，就是当客服人员与客户交谈时，客户脸上产生的表情变化或者态度、说话方式的变化。就表情而言，如果客户眼神凌厉、眉头紧锁、额头出汗、嘴唇颤抖、脸部肌肉僵硬，这些表现都说明客户在提出投诉时情绪已变得很激动。在语言上，他们通常会不由自主地提高音量、语意不清、说话速度加快，而且有时会反复重复他们的不满。这说明客户处在精神极度兴奋之中。就客户身体语言而言，如果身体不自觉地晃动，两手紧紧抓住衣角或其他物品，则表明客户心中不安及精神紧张。有时客户的两手会做出挥舞等激烈的动作，这是客户急于发泄情绪，希望引起对方高度重视的不自觉的身体表现。

（2）做好记录，归纳客户投诉的基本信息。记录包括投诉事实、投诉要求、投诉人的姓名和联络方式。处理客户投诉，其要点是弄清客户不满的来龙去脉，并仔细地记录客户投诉的基本情况，以便找出责任人或总结经验教训。记录、归纳客户投诉基本信息更是一项基本的工作。因为公司通常是借助这些信息来进行思考、确定处理的方法。如果这些报告不够真实和详细，可能会给公司的判断带来困难，甚至发生误导作用。

同时，记录本身还有双重的功效，既能让客户感受到你对他的重视，起到安抚情绪的作用，又能通过记录、询问，将客户的注意力引向客观地描述和解决问题本身，起到移情的作用。

（3）回应客户，对投诉内容表示理解。首先向客户表明自己的身份，当然视情况也可以在倾听客户投诉前就表明。回应客户投诉的一个重要内容是，向客户确认投诉事实和要求，目的在于确保正确理解客户的意思。回应时，要注意让客户感觉到他的想法得到了你的共鸣。拉近与客户的心理距离，处理投诉要容易得多。客户的情绪比较稳定后，要及时抓住机会重新回到当前的纠纷话题。

3. 分析判断

（1）判定投诉是否成立。了解客户投诉的内容后，要判定客户投诉的理由是否充分，投诉要求是否合理。如果投诉不能成立，可以婉转的方式答复客户，取得客户的谅解，消除误会。

（2）了解并掌握问题的关键所在。分析发生问题的原因，通过倾听顾客对抱怨的阐述，来判断问题的严重性，了解客户对企业的期望。

（3）确定责任归属。根据客户投诉的原因、具体内容，确定投诉的责任部门、责任人，以及受理投诉的负责人，并按照企业既定的办法与规定处理。

4. 协商处理

（1）真诚地道歉。不论责任是否在企业，客户经理都应该以“客户永远是对的”为原则，真诚地向客户道歉，并感谢他们发现了企业经营管理中存在的问题。对企业而言，如果没有客户的投诉或抱怨，常常认识不到自身的不足与问题，也难以有效完善其经营管理活动。因此，正确地处理客户投诉与抱怨，也是企业的一种公关途径。

（2）及时提出处理方案。对于投诉问题，能够立即答复的，马上给予答复，及时提出处理方案，并征求客户的意见。如果需要进一步了解情况，应向客户说明，并与客户协商答复的时间。这里，要注意适当留出富余的时间。随后，一定要在承诺答复时间内联络客户，给出答复。如果答复期限到了，还不能给出答复，也一定要联络客户，以免失信于人。

（3）协商处理方案。与客户协商处理方案，使他们同意处理方法。在通常情况下，客户的要求与企业的应允会有一定的差距，这就需要对客户做耐心的说服工作，使客户从实际出发，抛弃不切实际的想法，冷静地坐下来共同协商、处理问题，尽快达成一致。

5. 执行处理方案

处理方案一经协商同意，就要尽快上报有关主管领导批准后执行，并尽快地收集客户的反馈意见。如果客户的投诉已被新闻媒体报道过，要采取一切可能的措施挽回已经造成的不良影响和发生的损失。要及时将处理结果通报给有关媒体，这不仅能够澄清视听，而且可以从正面树立企业的形象，扩大企业的知名度。

6. 总结评价

（1）处罚有关责任人。对直接责任者和客户经理要按照有关规定进行处罚，依照投诉所造成损失的大小，扣罚责任人一定比例的绩效工资或奖金；同时，对不及时处理问题造成延误的责任人也要进行追究。

（2）对投诉处理过程进行总结与综合评价。对客户的每一次投诉，企业都应该指派专人登记备案，并定期总结分析、检查产生问题的原因。要吸取经验教训，制定相关规定，杜绝此类事件再度发生。并提出改进对策，不断完善企业的经营管理和业务运作，以提高客户服务质量和服务水平，降低投诉率。客户的投诉内容及客户经理对此的处理结果可填入专门表格中（见表 6—3 和表 6—4）。

表 6—3　　客户投诉及处理记录卡

<table>
<tr><td>投诉客户名称</td><td></td><td>投诉客户联系方式</td><td></td></tr>
<tr><td>投诉受理日期</td><td></td><td>投诉受理人</td><td></td></tr>
<tr><td>发生时间</td><td></td><td>解决时间</td><td></td></tr>
<tr><td colspan="2">抱怨内容：</td><td colspan="2">原因与经过：</td></tr>
<tr><td colspan="2">对策与结果：</td><td colspan="2">备注：</td></tr>
<tr><td colspan="4">客户经理签字：
年　月　日</td></tr>
</table>

表 6—4　　客户投诉统计表

编号	日期	客户名称	投诉内容	责任划分	处理方式	客户反应

（3）跟踪客户的反应。事后应再次与客户联系沟通，确认本次投诉的处理是否足以挽回客户的损失和信心，客户对处理结果是否满意，并继续跟踪客户的反应。

图 6—4 为某银行投诉处理流程图。

（二）处理客户投诉的技巧

1. 客户当面投诉的处理技巧

当面投诉是一种主要的投诉方式。它既有方便沟通、察言观色、及时调整谈话内容等优势，也存在容易发生冲动、产生冲突、使矛盾升级等劣势。所以，客户经理必须掌握有效的面谈技巧。

（1）营造亲切轻松的氛围，以缓解客户通常会有的紧张情绪。

（2）注意听取客户的怨言，把客户投诉中的重要信息详细记录下来。

（3）态度诚恳。应注视客户的眼睛以示自己的诚意，表现出真心为客户着想的意图。但同时要让对方了解自己独立处理投诉的授权范围，不使对方抱过高的期望。

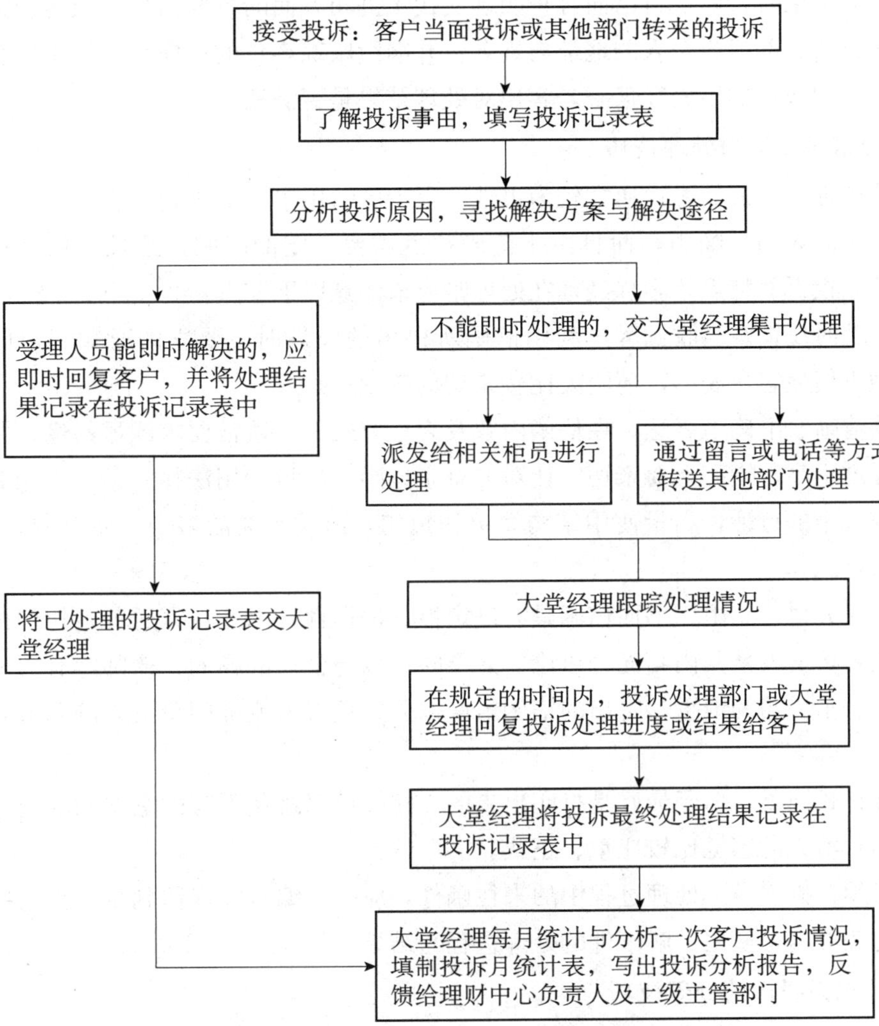

图 6—4　某银行投诉处理流程图

（4）在适当的时候详细询问情况，并且注意客户的反应。在客户愤怒时，如果首先询问事情的经过，客户的愤怒情绪可能更加不易控制，因此，应在使用种种方法使客户的愤怒情绪平息后，再询问事实。

（5）应当分析和掌握客户的心理，针对不同的人采取不同的处理方法。大部分客户都是实实在在要求解决问题，但也有少部分客户把投诉作为发泄不满的渠道，或想通过投诉而达到另外的目的。显然，对前者的重点应放在解决实际问题上，对后者的重点是做好沟通解释工作。

（6）在提出问题的解决方案时，应让客户有所选择，不要让客户有“别无选择”之感，当然做不到的事也不要夸口。

（7）尽量能在现场把问题解决。当不能马上解决问题时，应向客户说明解决问题的具体方案和时间表。

(8) 面谈结束时，确认自己向客户明确交代了公司方面的重要信息以及客户需再次联络时的联络方法、部门或个人的地址与姓名。并继续跟踪客户的反应，确认本次投诉的处理是否足以挽回客户的损失和信心，客户对处理结果是否满意。

2. 客户信函投诉的处理技巧

利用信函提出投诉的客户通常较为理性，很少感情用事。对公司而言，信函投诉的处理要花费更多的人力、物力，而且由于信函往返需要一定的时间，拉长了处理投诉的周期。根据信函投诉的特点，客户经理在处理时应该注意以下要点：

(1) 要及时反馈。当收到客户利用信函所提出的投诉时，要立即通知客户已收到投诉，这样做不但使客户安心，还给人比较亲切的感觉。

(2) 要清晰、准确地表达。在信函内容及表达方式上，通常要求浅显易懂，因为对方可能文化程度不高。措辞上要亲切，让对方有亲近感。尽量少用法律术语、专用名词、外来语及圈内人士的行话，尽量使用结构简单的短句，形式要灵活多变，使对方一目了然，容易把握重点。

(3) 要充分讨论。由于书面信函具有确定性、证据性，因此在寄送前，切勿由个人草率决断，应与负责人就其内容充分讨论，必要时可以与公司的顾问、律师等有关专家进行沟通。为了表示公司的慎重，寄出的信函最好以公司负责人或部门负责人的名义，并加盖公章。

(4) 要正式回复。信函最好是打印出来的，这样可以避免手写的笔误和因连笔而造成的误认，而且给人的感觉比较庄重、正式。

(5) 必须存档归类。处理过程中的来往函件，应一一编号并保留副本。把这些文件及时传送给有关部门，使之了解事件的处理进程与结果。

3. 客户电话投诉的处理技巧

如今，客户以电话方式提出投诉的情形越来越多，使得电话处理投诉的方式越来越成为主流。正由于电话投诉简单迅捷的特点，因此客户往往正在气头上时就会提起投诉。这样的投诉常具有强烈的感情色彩，而且接打电话的时候看不见对方的面孔和表情，这些都为电话处理投诉增加了难度。因此在电话处理投诉时要特别小心谨慎，要注意说话的方法、声音、声调等，做到彬彬有礼。必须善于站在对方的角度来思考，无论对方怎样感情用事，都不要有有失礼貌的举动。

(1) 通过电话把握客户心理。无论是投诉处理还是提供令客户满意的服务，重要的一点就是努力透析客户心理。在电话处理客户投诉时，唯一的线索就是客户的声音，因此必须通过声音信息来把握客户心态。要点如下：

1) 说话语调一成不变的人，具有正直的性格。

2) 说话语调没有力气，语意不明的，是羞怯胆小者。

3) 说话语音抑扬顿挫的人，不是空想家便是浪漫主义者。

4) 语气稍沉、吞吞吐吐、小心说话的人，心中怀有疑虑或生性多疑。

5）语气有力、毫不客气的人，勇敢而精力充沛。

6）用尖锐的声音说话的人，具有孩子气的性格，是没有自我认识的人。

7）说话时虽然有力，却经常喃喃自语者，是享乐性格较强的人。

8）声音粗暴、爱责骂人者，是性格较为粗野的人。

当然，人是多种多样的，即使同一个人，在不同情况下，说话的方式也不一样。所以上述结论要注意灵活应用，不能一概而论。

（2）电话投诉的处理技巧。

1）对于客户的不满，应能从客户的角度来考虑，并以声音表示自己的同情。要注意避免在电话周围的其他声音，如谈话声和笑声传入电话里，使客户产生不愉快的感觉。

2）以恭敬有礼的态度对待客户，使对方产生可信赖的感觉。要提防自己在声音上给人不礼貌印象的细节，如压抑着的笑声、带有感情色彩的鼻音或出气声，这些都可能会引起客户的误解而使问题变得更加难以处理。

3）采取客观的立场，防止主观武断。

4）稍微压低自己的声音，给对方以沉着的印象，但注意不要压得过低使对方觉得疏远。

5）注意以简洁的词句认真填写客户投诉处理表，不要忽略诸如 Who、What、Why 这样的重点项目。

6）在电话里听到的对方姓名、地址、电话号码等重要事项，必须重复确认，并以文字记录下来或录入电脑。同时，要把处理人员的姓名、机构告诉对方，以便对方下次打电话来时容易联络。

7）电话投诉处理是与客户的直接沟通，不仅能获取宝贵意见，有利于营销业务的开展，而且可以借此传递公司形象，启发客户，建立更深的信任与理解。

8）如果有可能，把客户的话录下来，这样不仅在将来有需要时可以用上，而且可以用来作为提升业务人员应对技巧和岗前培训的资料。

三、客户服务满意度调查

通过客户满意度调查，把客户对金融企业所提供的金融产品和服务是否满意转化为客户满意度，是一个定性到定量的转化过程。下面以保险公司客户满意度调查为例加以说明。

（一）确定客户满意度的调查内容

金融企业向客户提供的产品和服务多种多样，满意度调查可以针对某一款产品、某一项服务或者某一种工作岗位。因此在开展调查之前，需要明确本次调查的内容，也就是我们需要通过此次调查向客户了解什么。我们需要在金融企业内部进行关于本公司产品或服务的诊断，从内部寻找可能影响客户满意度的因素，初步建立客户满意度指标。一般来说，评价指标可以包括如下几个方面：

（1）与公司服务相关的指标。如服务岗位员工的态度、礼貌用语，与客户沟通情况，客户意见的反馈渠道和程序的合理性。

（2）与实务操作有关的指标。如核保核赔的及时性，咨询、投诉处理的及时性和有效性，预约和回访的匹配程度。

（3）与产品和价格有关的指标。产品和价格带给客户的满意程度是第一位的，因此价格合理性，产品的功能、效用等是调查的主要内容。

（4）与行业标准有关的指标。包括两个部分：一是公司是否满足了行业的相关规范要求，二是公司与其他竞争对手之间的横向比较。

（二）确定客户满意度测试对象

由于不同的客户在事前对公司的期待是不同的，有的客户容易满意，有的客户却不容易满意，因此在测试客户满意度时，仅调查少数人是不够的，必须以多数人为对象，然后将结果平均化。

（1）投保人。投保人也称要保人，是指与保险人订立保险合同并按照保险合同负有支付保险费义务的人。投保人是购买保险公司产品的人，即保险产品的现实（既有）客户。自然人与法人皆可成为投保人。

（2）被保险人。被保险人，是指根据保险合同，其财产利益或人身受保险合同保障，在保险事故发生后，享有保险金请求权的人。投保人往往同时就是被保险人。

（3）受益人。受益人，是指人身保险合同中，由被保险人或投保人指定的享有保险金请求权的人。

（4）潜在客户。潜在客户，是指当前没有与保险公司签订保险合同，但有保险需求的潜在购买者。

由于大多数的保险公司不是因为吸引客户过少而失败，而是由于未能提供令客户满意的保单和服务所造成的客户流失和业绩减退，因此，测试并提高现实客户满意度非常重要。

（三）调查问卷的设计

确定了调查评价的内容、目标，以及发起调查的目标群体，接着就需要开始设计调查问卷了。调查问卷一般包括封闭式问题、开放式问题、对比式问题。通常，为了使被调查者能够迅速有效地反馈问卷，可以封闭式问题为首选、开放式问题为补充，让被调查者在时间充裕的情况下选择回答。以保险公司客户服务部的专业服务评估问卷为例：

专业服务评估问卷

为了提升××保险股份有限公司客户服务人员的专业服务素质，烦请阁下对本公司的客户服务作专业服务水准的评估，以便我们能提供更优质的服务给您。

	满意	一般	不满意
1. 能够清楚地介绍产品或解释条款	□	□	□
2. 能够耐心有效地解答您的问题	□	□	□
3. 在和您的交流中使用礼貌用语	□	□	□
4. 能够及时地对您进行回访	□	□	□
5. 对您关怀备至及保障您的权益	□	□	□
6. 乐意为您提供卓越的服务	□	□	□
7. 对您的态度诚恳而开明	□	□	□

（四）对客户进行前期测试

对客户进行前期的问卷测试，重点是询问影响他们对金融企业产品或服务满意度的因素，通过与内部诊断得到的指标对比，挖掘新的指标，完善整个客户满意度指标体系，并修改完善调查问卷。这个步骤可以通过小组座谈会的形式进行。

（五）调查收集客户满意度信息

收集客户信息的方法有很多，常采用的方法包括：

1. 现场发放调查问卷

在客户或公众比较集中的地方（如客户茶话会、产品推介会等），向现实客户及潜在客户发放问卷，并现场收回。如果辅之以小奖品，问卷回收率会比较高，同时具有宣传效果。其缺点是调查的准确性不高。

2. 电话调查

电话调查的好处在于保险公司可以直接聆听客户的问题，速度快，能体现对客户的关怀，效果较好；不利之处在于可能干扰客户的工作和生活，造成客户反感。因此，调查项目应尽量简洁，以免拉长调查时间。

3. 邮寄问卷调查

通常在重大节日来临之际，向客户邮寄问卷，并辅以慰问信、感谢信或小礼品。邮寄问卷调查数据比较准确，但费用较高，周期长，一般一年最多进行 2 次。

4. 网上问卷调查

这种调查方式具有节省费用、快速的特点，特别是在门户网站（如新浪网）上开展的调查很容易引起公众的关注。问题是网上调查只对网民客户有效，结论失之偏颇，所提问题不可能太多。

（六）客户满意度测评的分析和报告

将收集的客户满意度调查数据整理成如表 6—5 所示的满意度测评分析表：

表 6—5　　　　满意度测评分析表

测评内容	X / K	满意（$X_1=1$）	一般（$X_2=0.6$）	不满意（$X_3=0$）
能够清楚地介绍产品或解释条款	$K_1=0.2$	n_{11}	n_{12}	n_{13}
能够耐心有效地解答您的问题	$K_2=0.2$	n_{21}	n_{22}	n_{23}
在和您的交流中使用礼貌用语	$K_3=0.1$	n_{31}	n_{32}	n_{33}
能够及时地对您进行回访	$K_4=0.2$	n_{41}	n_{42}	n_{43}
对您关怀备至及保障您的权益	$K_5=0.1$	n_{51}	n_{52}	n_{53}
乐意为您提供卓越的服务	$K_6=0.1$	n_{61}	n_{62}	n_{63}
对您的态度诚恳而开明	$K_7=0.1$	n_{71}	n_{72}	n_{73}

将表中不同的测评项目（K）和满意级别（X）分别赋予不同的权数，由此得出以下计算公式：

$$CSD=(K_1\times X_1\times n_{11}+K_1\times X_2\times n_{12}+\cdots+K_7\times X_3\times n_{73})\times 100/N$$
$$=\sum K_i\times X_j\times n_{ij}\times 100/N$$

其中，$i=1\sim7$，$j=1\sim3$，$N=\sum n_{ij}$为实际样本数。

将收集到的客户满意度测评数据进行统计后，进行分析并作出报告，并提供：

（1）客户对当前服务的满意程度；

（2）当前服务的优势项和待改进项，以及后续改进重点。

模块 4　案例学习

私人定制保险大单“出单”记

与很多不显山露水的客户一样，×女士最初只是支行的一名普通贷款金卡客户、POS机客户，存款少，投资保守，还清贷款后与支行业务交集不多。然而，客户经理小邵就在这名客户身上成功营销了私人定制保险大单。

一、微信巧沟通，信任度第一

微信作为时下最热门的社交信息平台，是一种通信方式，更是一种生活方式。善于与客户交友的客户经理小邵将客户加为微信好友后，经常利用业余时间通过微信朋友圈观察、互动、分享，服务客户，筛选出不同类型的营销业务，并把理财信息、行内活动信息、增值服务通过微信进行转发。小小微信成为小邵营销产品和客户维护的利器。自从有一次小邵在大堂回答×女士的咨询问题时加为微信好友后，小小微信迅速拉近了×女士和小邵之间的联系。×女士以自家牛排的门店参与了支行第二季“非常周三，非常五折”信用卡活动，在微信上购买了黄金制品，更是参与了支行组织的春节春联义卖等公益活动。越来越多的迹象表明，这是一位私人银行标准的潜在客户。与此同时，支行线上线下的团队服务也逐步加深了×女士对银行及小邵的认可和信任。

二、了解其需求，抓住新机会

最近沸沸扬扬的本地某家族企业“海翔药业”改姓裸退的故事，是典型的30年老子打拼、3年小子败光的财富管理案例。小邵在微信上进行评论并就企业主的资产配置提出了建议。×女士跟帖后也加了评论，表示自己正和先生思考家庭资产配置之事。小邵从中发现了客户的潜在需求。周六休息时间，根据其意向，小邵邀约×女士夫妇洽谈。在沟通中，小邵充分了解了客户需求，知悉了客户家庭和财力状况，收集到客户的一些事实性及感觉类资料，并及时做好记录，答应回去后将用3天时间设计建议书并再约见。

原来客户曾经任职于某金融企业，先生是浙大硕士，并且在银行、保险公司工作过。夫妻双方自身又有强烈的风险管理意识（如夫妻外出旅游，不坐同一航班，以避开风险），对保险资产配置业务也相当了解，并一直在寻找资产配置规划方案。会面结束后，小邵立即告知客户，近日支行将举行“艺术与人生”资产配置沙龙活动，特邀专家讲解。机会难得，邀请×女士夫妇一起来参加。后其先生特地退掉北京其他行程，专程参加沙龙活动。

三、“艺术与人生”，升华客户心灵

小邵与中国工艺美术大师吴子熊先生私交甚好，支行的“艺术与人生”沙龙活动特放在其吴子熊玻璃艺术馆举行，并由半隐居的吴大师亲自陪同和表演，亲手为每位客户量身订制礼品。吴大师还为沙龙客户做了“从艺60年，坚持只做玻雕一件事，感恩人生，激情做事”的40分钟演讲。吴大师的一言一行感动了客户，他们也从中思索和考虑人生的价值，思想层次感都升华了。××人寿的专家也作了精彩的财富管理及资产配置介绍。

有意思的是，在抽奖环节，×女士夫妇第一个抽奖，就抽中了唯一的一项奖品——吴大师亲自表演刻制的“志存高远”杯。吴大师还弹琴，×女士夫妇合唱一首歌曲，掀起了沙龙活动全场高潮气氛。客户的体验很愉快，每个人都感受到了支行“如沐春风”的服务。大师的开悟点拨，让高端客户对人生观的升华，对人生价值也有了更清晰的感悟。大师无形之中帮助客户卸下了思想上的包袱，使他们更容易理解和接受资产配置保障的重要性。推广保险产品靠沙龙活动来促进和客户情感的连接，有意思的是，活动也可以根据主要客户的需求来设计高潮环节。趁着良好的沙龙气氛，当天晚宴上，×女士夫妇也草签了保险规划意向书。

四、为客户排忧，专业创造价值

在沙龙活动后，小邵马上跟进，以专业理财顾问的身份为×女士购买保险产品进行分析、诊断。仅仅3天，便把子女教育金规划、夫妻退休养老规划、匹配项目推荐书、重大疾病保险和养老规划保险配置这一整套家庭理财建议书共5本资料交给了×女士。×女士看到如此详细的资料，感动欣喜之余却略显顾虑。

鉴于小邵的热情和专业，×女士也打开了心扉，原来她的家庭较为特殊，丈夫很爱他，但是夫妻、孩子是重组在一起的。×女士始终都流露出一丝担忧及对父母和自己孩子的保护。凭借多年与客户打交道练就的“火眼金睛”，认真聆听的小邵也捕捉到了重要的信息：一是这个家庭的组合情况及客户真正的需求点；二是客户的购买力情况；三是这对夫妻中太太在家庭财产支配中具有决定权。在接下来的一周，小邵着重研读了税法、婚姻法和保险法，调整了计划书，充分考虑女主人的需求，结合家庭成员的实际情况筛选产品，再次呈现出了老中医和律师的感觉，几乎做到了家庭理财规划的“私人定制”。

“所以我从朋友的角度建议您还是为自己投保，这是最聪明最合理的选择。您自己作为投保人可以拥有最大的支配权，这样的资产配置才能使您获得最大化保障。”小邵短短的几句话说进了客户的心里，客户听了觉得非常有道理：“嗯，你是真正的替我着想了！”于是就按小邵重新设计的方案重新填写投保单，在柜台下班前成功投保。

一场沙龙活动，4 次交流，在小邵的努力下，为客户“私人定制”的综合保险大单成功“下单”——××幸福人生养老 200 万元、重大疾病保险 50 万元、意外险 1000 万元。这份保险单创造了二级分行客户资产综合配置第一大单的纪录。

资料来源：http：//blog. sina. com. cn/s/blog _ 6139befd0102v3x2. html.

问题：

1. 请结合案例分析客户经理小邵是如何通过客户关系的巧妙维护开发出私人定制保险大单的。

2. 此次通过客户关系维护实现深度营销的成功经验对你有什么启发？

模块 5 知识拓展

一、客户终身价值管理

开发客户的终身价值最重要的是贯彻以客户为中心的经营理念，最基础的工作是科学地认识客户终身价值，合理、准确地识别与衡量客户终身价值，并加快客户终身价值管理体系建设。这是零售金融业务可持续发展的关键。

（一）客户终身价值的内涵

客户终身价值（Customer Lifetime Value，CLV）是指金融企业的客户在其作为客户的整个生命周期中，为了享受和使用该金融企业提供的产品和服务而向该金融企业付出的经济回报之总和。其本质是在金融企业与客户之间的长期关系中，基于交易关系给金融企业带来的收益的净现值。

（二）客户终身价值的组成

一般来说，客户终身价值包括三个方面：一是客户的历史价值（Historic Value），即到目前为止金融企业已经实现了的客户价值；二是客户的当前价值（Current Value），即如果客户当前购买模式不发生改变在将来会给金融企业创造的价值；三是客户的潜在价值(Potential Value)，即金融企业通过有效的交叉销售调动客户的购买积极性或客户自身通过向别人推荐产品和服务促进业务销售以及由于客户自身价值成长等因素从而可能给金融企业带来的利润总和。

综观以上三方面的价值，从金融企业零售业务可持续发展和利益最大化角度考虑客户终身价值中的“当前价值”与“潜在价值”最为重要，而其中“潜在价值”的实现程度还会受到“客户忠诚度”的影响。客户的“历史价值”是金融企业已经实现的利润，其本身已不具备讨论的价值，但“历史价值”会对“客户忠诚度”产生影响，进而影响客户的“潜在价值”。下面以零售银行业务为例加以具体分析。

1. 客户当前价值

客户当前价值是零售银行在现在及可预见的未来较短时间内可以从客户处获得的收益，这些收益既可能来源于资金类业务，也可能来源于收费类业务。零售银行可以通过客户当前价值的高低，寻找银行目前的高价值客户，以获得可持续的业务发展和收益增长。相对来说，客户当前价值最容易进行量化计算，可通过对其近期账户及资金状况分析来衡量其大小。账户资金量大、融资需求大、金融服务与咨询需求大，即客户的当前价值大，这类客户就是零售银行业务发展所必须争夺的资源。

2. 客户潜在价值

客户潜在价值是指客户可能给银行带来的利润。这一价值可以分成两部分来分析：一是基本价值，即指客户的财富水平、收入水平等影响客户终身价值的个人因素；二是成长价值，即指随着时间的推移客户价值的变化情况。

(1) 客户基本价值是决定客户终身价值的重要因素。客户基本价值决定了其可能给零售银行带来的收益情况。客户就是银行的资产，而建立亲密的客户关系是需要投资的，银行必须根据客户的基本价值对客户进行分类，以确定哪种关系值得投资。当前，银行在对一些社会名流、企业精英和千万级以上富豪等零售银行公认的高端客户争夺上日趋白热化，而且由于价格竞争的关系，发展新的高端客户的成本日益增高，导致部分“高端客户”给银行带来的实际利润可能并不高。因此，目前银行要做的不应当是争取新的高端客户，而是要维持已有的高端客户，进一步分析、利用已有客户的基本价值创造更多的经济回报。另外，零售银行还应当发挥自己强大分支网络带来的众多客户的优势，建立合理的客户基本价值评价机制，找出银行自身潜在的高端客户。

(2) 客户成长价值。客户成长价值是指随着时间的推移，由于客户本身的年龄、身份、受教育程度、家庭状况以及所处的行业、职业、收入等不断变化而带来的客户价值的不断成长，及其在未来一段时间内给银行带来的利润。这类客户群中最有代表性的就是高学历的年轻人，这些人正处于职业发展的上升期，而且有较强的资产管理意识和良好的先进资产管理方式的接受能力，更易于接受和消费零售银行的产品。零售银行也应当通过分析客户成长价值的高低来寻找未来的高价值客户。

(3) 客户忠诚度。客户忠诚度是指客户出于对零售银行产品或服务的信赖而经常性重复购买的程度，是着重于客户行为趋向的评价，是银行长期盈利潜力的重要指标。零售银行的个人客户忠诚度可能受到产品属性、服务质量、银行形象的满意度、关系信任和转换成本的影响，一般还会受到客户历史价值的影响，因为客户的历史价值较高一般意味着客户与银行已经建立了较好的客户关系，客户本身给银行带来的经济回报也较高，银行也会加以重视和发展。此外，由于客户从一家银行转移至其他银行存在一定的成本，如果不是其他银行提出了一定程度以上的优惠条件，客户一般不会主动选择更换银行，因此对于零售银行来说，度量客户终身价值时，还应当充分考虑客户的忠诚度，而这一考察的着眼点应当是客户的历史价值。

(三) 客户终身价值的管理

客户终身价值的管理，就是捕捉客户每个生活阶段的需要，在其一生中持续介绍其当时所需的金融产品和服务，从而最大限度地挖掘客户的潜力。

1. 客户终身价值的分析

(1) 收集客户资料和数据。银行要增强对客户数据的整合和分析，建立零售客户信息数据仓库，并采用数据挖掘技术，从大量的、不完全的、模糊的、随机的客户信息数据中挖掘出对零售银行业务决策有潜在价值的信息和规则。

(2) 定义和计算终身价值。深入分析影响客户终身价值的主要因素：所有来自客户初始购买的收益流，所有与客户购买有关的直接可变成本，客户购买的频率，客户购买的时间长度，客户购买其他产品的喜好及其收益流，客户推荐给朋友、同事及其他人的可能，以及适当的贴现率。

(3) 客户投资与利润分析。可以直接基于交易成本或资金投入进行计算，或者根据过去类似客户的行为模式，利用成熟的统计技术预测客户将来会带来的利润。

从以上三个步骤中，银行可以看出如何在客户终身价值中赢得最大的利润，随后可以根据这些数据将客户分成具有不同特征、不同行为模式和不同需求的组。

2. 客户终身价值管理的策略

(1) 关注细分客户的关键变量，以此来更好地维护客户终身价值。客户终身价值管理思想要求银行放弃“客户都是企业上帝”的管理思想，而是要根据客户过去或现在及未来对企业利润贡献额的大小来对客户进行划分，把客户分为最有价值的客户、具有潜在价值的客户和没有价值的客户。然后在客户分类的基础上再针对不同客户的价值制定相应的客户策略，投入相应的企业资源，把有限的资源投入银行最有价值和具有潜在价值的客户上，只有这样才能获得最大的客户价值，降低客户开发维护成本，同时也会由于营销策略的针对性强而获得成功，实现银行利润最大化的目标。

(2) 以客户价值管理为核心开展客户关系管理。客户关系管理的所有工作都是围绕着客户价值展开的，客户关系管理产生和发展的根本动力就是客户价值对于银行重要性不断上升的结果。具体来说，银行应该建立起客户数据库，从中分析客户的行为模式，发现潜在的机会以及问题，为发展客户和保留客户提供信息。只有这样才能明确银行的经营管理方向，为客户和银行创造最大的价值利益，实现银行与客户共同发展、共同盈利的目标。

（3）通过满足客户在不同发展阶段的需要来培养忠诚客户。客户生命周期越长，客户终身价值就越大。因此银行应该通过实施良好的客户关系策略，通过促使客户满意的手段来培养忠诚客户，同时让忠诚客户更多更频繁地购买银行的产品或服务来获得更大的客户生涯价值。要提高对客户生命周期的管理能力。客户生命周期管理不仅包括客户和市场信息的收集、整合与分析，还包括对客户的需求预测，提出相应的产品、服务和营销策略并进行试点、追踪、改进和推广。特别是对于高端客户，零售银行应当在客户生命周期的各个阶段给予深入细致的服务，更好地满足客户的不同发展阶段的需求，促进客户价值的提高和实现。为此，需要对银行原有的流程进行改造，并向第一线的客服人员授予一定的权力，以提高服务效率，从而促使客户满意进而达到客户忠诚。

（4）扩展客户的范围才能更好地获得客户终身价值。由于银行总的客户终身价值不仅与它每一个客户的生涯价值密切相关，而且与它的客户范围即规模密切相关，因此可以通过客户数据库中的相关数据信息进行数据挖掘，从现有的客户特点和性质出发，分析客户之间的关联性，找出更多的潜在客户。同时也要运用客户关系管理的技术来维护好现有的客户，努力使客户满意，进而达到培养客户忠诚的目的。让客户增加对现有金融产品或服务的购买，并通过有效的交叉销售拓展其他金融产品或服务的市场份额。

（5）建立客户终身价值管理小组，协调解决银行内部管理问题。要定期组织对客户价值、客户满意度、客户忠诚度、服务流程进行评价，并提出改进措施。当然，这个小组也应该符合管理大师圣吉认为的学习型组织。

二、大数据时代金融行业的发展创新

大数据是指把结构化、半结构化、非结构化海量数据通过数据技术进行收集、整理而成的数据集或数据群。利用数据挖掘分析技术能够使这些数据集群产生巨大的商业价值。而互联网与大数据技术的结合又催生了互联网金融。作为一种全新的金融模式，互联网金融迅速改变着人们的生活消费习惯，冲击着传统金融服务，深刻地影响了现代金融企业的营销模式。在大数据的推动下，以商业银行为首的金融企业纷纷进行发展模式战略转型。经营模式从“以产品为中心”向“以客户为中心”转型，营销模式从“粗放营销”向“精准营销”转型，服务模式从“标准化服务”向“个性化服务”转型。这样的环境趋势使以商业银行为首的金融企业在营销渠道、营销产品、营销手段、营销观念等方面面临重大挑战，生态环境发生了极大的改变，客户数据和交易数据成为金融企业的重要资产，考验着金融企业对复杂数据的处理和分析能力。如何有效利用来自企业内外部不同渠道的结构化和非结构化的海量数据，基于大数据与云计算，运用科学分析手段对海量数据进行分析和挖掘，已成为金融企业提升竞争优势的必要条件。

（一）基于大数据平台的智能化客户关系管理

金融行业正在从以账户为中心的商业模式转向以客户为中心的商业模式，银行、证券、基金、保险企业纷纷将客户关系管理作为其主要的业务之一，并希望通过对客户需求的挖掘来推荐产品或开发产品。在大数据时代，CRM系统的数据除了用户的基本数据和信用数据之外，还需要增加用户画像信息。CRM应该包含以客户为中心的用户习惯特性、用户喜好特性、用户轨迹、用户消费趋势等信息，这些都需要大数据平台来提供。具有用户画像信息的CRM系统将会大大增强金融行业的商业竞争优势，当金融行业客服人员或客户经理同客户进行沟通时，用户画像将提供高价值的信息，洞察客户，了解客户需求，拉近金融企业同客户的距离，提高客户满意度和市场营销转化率。

金融行业在大数据时代需要一个能够将数据转化为价值的平台，实现金融大数据的变现。如中国民生银行以“数据创造价值”为核心理念，基于大数据平台，重点打造以“阿拉丁云平台”为代表的立体化数据服务生态圈和以“金融e管家平台”为代表的智能化的客户关系管理体系。基于大数据的客户关系管理体系围绕“以市场为中心，以客户需求为导向”的目标，基于大数据和移动互联等新技术，运用科学分析手段对海量数据进行分析和挖掘，通过数据的整合共享和交叉复用，可以更好地了解客户的消费习惯和行为特征，更及时准确地研究和预测市场营销活动的效果，提高风险模型的精确度，从而在更新视角、更深层次上，帮助市场人员站在客户的角度思考问题。客户经理思考业务的原点不再限定在客户本身，还包括客户的“钱从哪儿来，钱去哪儿了”，客户产业链的上游、下游，以及合作伙伴组成的生态圈。

商业银行在智能客户关系管理体系建设中引入各类大数据智能商机挖掘模型，可以实现智能化的目标客户推荐和产品推荐。如交易链智能获客模型、客户价值弹性预测模型、产品精准营销模型、客户流失预警模型，纵贯银企关系的整个生命周期，为客户经理进行精确化的市场营销提供了利器。大数据模型可以精准地告诉营销和管理人员哪些潜在客户最易开发，哪些客户最易贡献价值，哪些产品最易被客户接受，哪些客户最易流失。客户经理还可以借助大数据平台上源源不断的数据来源和数据分析结果，向客户提供当地最新的市场信息、上下游动向甚至市场开发建议、产品改进建议。

（二）金融业大数据技术应用创新

1. 银行大数据应用创新

国内不少商业银行已经开始尝试通过大数据来驱动业务运营，如中信银行信用卡中心使用大数据技术实现了实时营销，光大银行建立了社交网络信息数据库，招商银行则利用大数据发展小微贷款。总的来看，银行大数据应用可以分为以下几个方面：

（1）客户画像应用。客户画像应用主要分为个人客户画像和企业客户画像。个人客户画像包括人口统计学特征、消费能力数据、兴趣数据、风险偏好等；企业客户画像包括企业的生产、流通、运营、财务、销售和客户数据、相关产业链上下游数据等。值得注意的是，银行拥有的客户信息并不全面，仅仅基于银行自身拥有的数据有时候难以得出理想的结果，甚至可能得出错误的结论。比如，如果某位信用卡客户月均刷卡 8 次，平均每次刷卡金额 800 元，平均每年打 4 次客服电话，从未有过投诉，按照传统的数据分析，该客户是一位满意度较高、流失风险较低的客户。但如果看到该客户的微博，得到的真实情况是：工资卡和信用卡不在同一家银行，还款不方便，好几次打客服电话没接通，客户多次在微博上抱怨，该客户流失风险较高。所以银行不仅仅要考虑自身业务所采集到的数据，更应考虑整合外部更多的数据，以扩展对客户的了解。包括：

1）客户在社交媒体上的行为数据（如光大银行建立了社交网络信息数据库）。通过打通银行内部数据和外部社会化的数据可以获得更为完整的客户拼图，从而进行更为精准的营销和管理。

2）客户在电商网站的交易数据。如建设银行将自己的电子商务平台和信贷业务结合起来，阿里金融为阿里巴巴用户提供无抵押贷款，用户只需要凭借过去的信用即可。

3）企业客户的产业链上下游数据。如果银行掌握了企业所在的产业链上下游的数据，就可以更好地掌握企业的外部环境发展情况，从而可以预测企业未来的状况。

4）其他有利于扩展银行对客户兴趣爱好的数据。如目前正在兴起的 DMP 数据平台的互联网用户行为数据。

（2）精准营销。在客户画像的基础上，银行可以有效地开展精准营销，包括：

1）实时营销。实时营销是根据客户的实时状态来进行营销，比如客户当时的所在地、客户最近一次消费等信息；或者将改变生活状态的事件（换工作、改变婚姻状况、购置房产等）视为营销机会。

2）交叉营销。交叉营销是指不同业务或产品的交叉推荐，如商业银行可以根据客户交易记录分析，有效地识别小微企业客户，然后用远程银行来实施交叉销售。

3）个性化推荐。银行可以根据客户的喜好进行服务或者银行产品的个性化推荐。如根据客户的年龄、资产规模、理财偏好等，对客户群进行精准定位，分析出其潜在金融服务需求，进而有针对性地进行营销推广。

4）客户生命周期管理。客户生命周期管理包括新客户获取、客户防流失和客户赢回等。如招商银行通过构建客户流失预警模型，对流失率等级前 20%的客户发售高收益理财产品予以挽留，使得金卡和金葵花卡客户流失率分别降低了 15 个和 7 个百分点。

（3）风险管控。包括中小企业贷款风险评估和欺诈交易识别等手段。

1）中小企业贷款风险评估。银行可以通过企业的生产、流通、销售、财务等相关信息，结合大数据挖掘方法进行贷款风险分析，量化企业的信用额度，更有效地开展中小企业贷款。

2）实时欺诈交易识别和反洗钱分析。银行可以利用持卡人基本信息、卡基本信息、交易历史、客户历史行为模式、正在发生行为模式（如转账）等，结合智能规则引擎（如从一个不经常出现的国家为一个特有用户转账或从一个不熟悉的位置进行在线交易）进行实时的交易反欺诈分析。如 IBM 金融犯罪管理解决方案帮助银行利用大数据有效地预防与管理金融犯罪，摩根大通银行则利用大数据技术追踪盗取客户账号或侵入自动柜员机（ATM）系统的罪犯。

（4）运营优化。

1）市场和渠道分析优化。通过大数据，银行可以监控不同市场推广渠道尤其是网络渠道推广的质量，从而进行合作渠道的调整和优化。同时，也可以分析哪些渠道更适合推广哪类银行产品或者服务，从而进行渠道推广策略的优化。

2）产品和服务优化。银行可以将客户行为转化为信息流，并从中分析客户的个性特征和风险偏好，更深层次地理解客户的习惯，智能化地分析和预测客户需求，从而进行产品创新和服务优化。如兴业银行目前对大数据进行初步分析，通过对还款数据挖掘比较区分优质客户，根据客户还款数额的差别，提供差异化的金融产品和服务方式。

3）舆情分析。银行可以通过爬虫技术，抓取社区、论坛和微博上关于银行以及银行产品和服务的相关信息，并通过自然语言处理技术进行正负面判断，尤其是及时掌握银行以及银行产品和服务的负面信息，及时发现和处理问题。对于正面信息，可以加以总结并继续强化。同时，银行也可以抓取同行业的银行正负面信息，及时了解同行做得好的方面，以作为自身业务优化的借鉴。

2. 保险行业大数据应用创新

过去，鉴于保险行业的代理人的特点，在传统的个人代理渠道，代理人的素质及人际关系网是业务开拓的最为关键的因素，大数据在新客户开发和维系中的作用没有那么突出。但随着互联网、移动互联网以及大数据的发展，网络营销、移动营销和个性化的电话销售的作用将会日趋显现。越来越多的保险公司注意到大数据在保险行业中的作用，通过大数据应用来进行业务拓展的创新。总的来说，保险行业的大数据应用可以分为以下三个方面：

（1）客户细分和精细化营销。

1）客户细分和差异化服务。风险偏好是确定保险需求的关键。风险喜好者、风险中立者和风险厌恶者对于保险需求有不同的态度。一般来讲，风险厌恶者有更大的保险需求。在客户细分的时候，除了风险偏好数据外，要结合客户的职业、爱好、习惯、家庭结构、消费方式偏好数据，利用机器学习算法来对客户进行分类，并针对分类后的客户提供不同的产品和服务策略。

2）潜在客户挖掘及流失用户预测。保险公司可通过大数据整合客户线上和线下的相关行为，通过数据挖掘手段对潜在客户进行分类，细化销售重点。通过大数据进行挖掘，综合考虑客户的基本信息、险种信息、既往出险情况、销售人员信息等，筛选出影响客户退保或续期的关键因素，并通过这些因素和建立的模型，对客户的退保概率或续期概率进行估计，找出高风险流失客户，及时预警，制定挽留策略，提高保单续保率。

3）客户关联销售。保险公司可以利用关联规则找出最佳险种销售组合，利用时序规则找出客户生命周期中购买保险的时间顺序，从而把握客户提高保额的时机，建立既有客户再销售清单与规则，从而促进保单的销售。除了这些做法以外，借助大数据，保险公司可以直接锁定客户需求。以淘宝运费退货险为例，据统计，淘宝用户运费险索赔率在50%以上，该产品为保险公司带来的利润只有5%左右，但是有很多保险公司都愿意提供这种保险。因为客户购买运费险后保险公司就可以获得该客户的个人基本信息，包括手机号和银行账户信息等，并能够了解该客户购买的产品信息，从而实现精准推送。假设该客户购买并退货的是婴儿奶粉，保险公司就可以估计该客户家里有小孩，向其推荐关于儿童疾病险、教育险等利润率更高的产品。

4）客户精准营销。在网络营销领域，保险公司可以通过收集互联网用户的各类数据，如地域分布等属性数据，搜索关键词等即时数据，购物行为、浏览行为等行为数据，以及兴趣爱好、人脉等社交数据，在广告推送中实现地域定向、需求定向、偏好定向、关系定向等定向方式，实现精准营销。

（2）欺诈行为分析。基于企业内外部交易和历史数据，实时或准实时预测和分析欺诈等非法行为，包括医疗保险欺诈与滥用分析以及车险欺诈分析等。

1）医疗保险欺诈与滥用分析。医疗保险欺诈与滥用通常可分为两种：一是非法骗取保险金，即保险欺诈；二是在保额限度内重复就医、浮报理赔金额等，即医疗保险滥用。保险公司能够利用过去的数据，寻找影响保险欺诈最为显著的因素及这些因素的取值区间，建立预测模型，并通过自动化计分功能，快速将理赔案件依照滥用欺诈的可能性进行分类处理。

2）车险欺诈分析。保险公司能够利用过去的欺诈事件建立预测模型，将理赔申请分级处理，这样可以很大程度上解决车险欺诈问题，包括车险理赔申请欺诈侦测、业务员与修车厂勾结欺诈侦测等。

（3）精细化运营。

1）产品优化，保单个性化。过去，在没有精细化的数据分析和挖掘的情况下，保险公司把很多人都放在同一风险水平之上，客户的保单并没有完全解决客户的各种风险问题。现在，保险公司可以通过自有数据以及客户在社交网络的数据，解决现有的风险控制问题，为客户制定个性化的保单，获得更准确以及更高利润率的保单模型，给每一位客户提供个性化的解决方案。

2）运营分析。基于企业内外部运营、管理和交互数据分析，借助大数据台，保险公司可以全方位统计和预测企业经营和管理绩效。基于保险保单和客户交互数据进行建模，保险公司可以借助大数据平台，快速分析和预测再次发生或者新的市场风险、操作风险等。

3）代理人员（保险销售人员）甄选。保险公司可以根据代理人员（保险销售人员）业绩数据、性别、年龄、入司前工作年限、其他保险公司经验和代理人员思维性向测试等，找出销售业绩最好的销售人员的特征，优选高潜力销售人员。

3. 证券行业大数据应用创新

大数据时代，券商已意识到大数据的重要性，对于大数据的研究与应用正处于起步阶段。相对于银行和保险行业，证券行业的大数据应用起步较晚。目前，国内外证券行业的大数据应用大致有以下几个方向：

（1）客户关系管理。

1）客户细分。通过分析客户的账户状态（类型、生命周期、投资时间）、账户价值（资产峰值、资产均值、交易量、佣金贡献和成本等）、交易习惯（周转率、市场关注度、仓位、平均持股市值、平均持股时间、单笔交易均值和日均成交量等）、投资偏好（偏好品种、下单渠道和是否申购）以及投资收益（本期相对和绝对收益、今年相对和绝对收益和投资能力等），来进行客户聚类和细分，从而发现客户交易模式类型，找出最有价值和盈利潜力的客户群，以及他们最需要的服务，更好地配置资源和政策，改进服务。

2）流失客户预测。券商可根据客户历史交易行为和流失情况来建模，从而预测客户流失的概率。如海通证券自主开发的“基于数据挖掘算法的证券客户行为特征分析”技术，主要应用在客户深度画像以及基于画像的用户流失概率预测。通过对海通 100 多万样本客户半年交易记录的海量信息分析，建立了客户分类、客户偏好、客户流失概率的模型。通过客户行为的量化分析，测算客户将来可能流失的概率。

（2）投资景气指数。2012 年，国泰君安推出了“个人投资者投资景气指数”（简称 3I 指数），通过一个独特的视角传递出个人投资者对市场的预期、当期的风险偏好等信息。国泰君安研究所对海量个人投资者样本进行持续性跟踪监测，对投资收益率、持仓率、资金流动情况等一系列指标进行统计、加权汇总后得到综合性投资景气指数。3I 指数通过对海量个人投资者真实投资交易信息的深入挖掘分析，了解个人投资者交易行为的变化、投资信心的状态与发展趋势、对市场的预期以及当前的风险偏好等信息。在样本选择上，选择资金在 100 万元以下、投资年限在 5 年以上的中小投资者，样本规模高达 10 万，覆盖全国不同地区，所以，这个指数较具代表性。在参数方面，主要根据中小投资者持仓率的高低、是否追加资金、是否盈利这几个指标，来看投资者对市场的态度是乐观还是悲观。3I 指数每月发布一次，以 100 为中间值，100～120 属于正常区间，120 以上表示趋热，100 以下表示趋冷。从实验数据看，3I 指数的涨跌波动与上证指数走势的拟合度相当高。

模块 6 团队项目实战训练

一、实训项目

金融客户满意度调查实训。

二、实训目的

使学生在了解客户满意度调查的原则、程序和方法的基础上，掌握金融客户满意度调查问卷设计的基本方法，并学会在收集、整理和分析信息的基础上完成满意度调查报告。

三、实训内容

1. 以客户满意度典型调查问卷为例，大致介绍利用调查问卷进行市场调研的基本方法。

2. 掌握客户满意度调查问卷设计的格式及方法。

3. 学生分组上网查询各金融企业个人业务相关资料，并详细了解产品和服务的特色及办理方式。

4. 为了调查客户对某一金融业务的服务质量、态度、价格等方面的满意程度，模拟某一金融企业客户经理，在充分考虑客户满意度相关影响因素的基础上，设计一份客户满意度调查问卷。

5. 在收集、整理和分析信息的基础上完成满意度调查报告。

四、过程评价

1. 各小组用 PPT 汇报交流调查情况，教师进行点评。

2. 教师根据团队表现打分。

3. 小组间学生根据团队表现相互打分。

4. 各小组对实训过程进行总结，上交实训报告。

项目七
客户风险管理

学习目标

了解客户风险的类型及特点，明确风险预警信号，掌握客户风险评价的财务方法和非财务方法，掌握客户风险防范与监控的基本方法，初步具备在识别和衡量客户风险的基础上，能够防范与监控金融客户风险的能力。

知识目标

1. 掌握客户风险的类型及特点
2. 掌握风险预警信号
3. 掌握客户风险评价的财务方法和非财务方法
4. 掌握防范与监控客户风险的流程和方法

技能目标

1. 能识别各类客户风险及预警信号
2. 能运用财务方法和非财务方法初步评价客户风险
3. 能根据相关流程防范与监控客户风险

模块 1 大家来讨论

风控不严酿风险

A 公司是一家中外合资企业，根据公司 2009 年末财务报表反映，该公司资产 8000万元、负债 6300 万元、销售 2000 万元（比同期增长 150 万元）。公司与 Y 行于 2009 年下半年建立信贷关系，贷款余额 3300 万元，公司融资抵押物为自有土地使用权及厂房，评估价为 4500 万元。2008 年末公司投产后，一方面由于国际市场行情发生了变化，原材料价格上升而产品供大于求导致价格下跌；另一方面由于经营管理不善，一直未能全部达产，开工率严重不足，进而出现持续亏损，至 2009 年底已经累计亏损 798 万元。再加上注册资本金长期未按章程到位，且部分股东利用负责项目工程建设抽逃资本金 2000 万元，2010 年初，公司经营不善以及股东间内耗最终导致生产经营无以为继。

Y 行在信贷经营管理上对风控制度执行不严，在本贷款项目的贷前调查中对公司提供的部分虚假申请材料审查不严，贷后管理中对借款人的注册资金、经营管理、公司负责人出现的重要变动信息均未能及时掌握，造成 3000 万元贷款逾期的风险。Y 行被迫于 2010 年 9 月向法院提起了诉讼，要求以贷款抵押物优先受偿 Y 行贷款本息和诉讼及相关处理费用。

资料来源：http：//btdcw. com/btd _ 502xg6l73n553972zwpe _ 3. html.

思考讨论：

1. 请从 Y 行信贷风险内部管理的角度，分析该笔不良贷款出现的原因。
2. 试分析案例资料中银行客户信用风险的来源与构成。

模块 2 基本知识

一、金融风险的类型及特征

风险是指行为主体为获得收益而遭受损失的可能性。从根本上讲，在金融企业经营中风险是不可避免的，金融企业经营的实质也可以理解为风险经营，其目标在于利用每一个机会去实现利润，同时将损失降至最低，使资产组合获得满意的收益率。风险管理（Risk Management），是指对风险进行识别、衡量、分析，并在此基础上有效地处置风险，以最低成本实现最大安全保障的科学管理方法。与之相应地，金融企业风险管理可以理解为金融企业为了尽量避免损失，以最小成本获得尽可能大的收益，而对各类风险进行识别、衡量和处理的方法体系。为实现这一目标，金融企业经营者需要建立合理的风险管理体系，使金融业务活动中可能出现的损失不超过事先制定的风险上限或金融业监管者所制定的风险限度。因此，客户风险管理是金融客户经理的又一项重要职责。客户经理应该在调查了解客户信息、分析客户财务数据、预测客户未来发展前景的基础上，认真防范与控制客户风险。

（一）金融客户风险的种类

金融企业是负债经营的特殊企业，具有较高的风险，而经营风险有相当大一部分来自客户。为了保证安全稳健的经营，金融企业及其客户经理就必须对来自客户的风险高度重视、严加管理，有效控制和防范，力争把客户风险损失降至最低。为便于金融企业对客户风险的管理，客户经理首先应了解金融企业客户风险的类型和特征。

客户风险实际上就是从客户角度来考察金融企业可能面临的金融产品风险和经营风险，它只不过是以客户自身风险这一形式表现出来而已。以商业银行为例，从客户自身角度看，风险可分为两部分：一是外部风险，即外部环境因素的变动导致的客户风险，包括宏观风险和行业风险；二是内部风险，即客户自身因素引起的风险，包括客户的经营风险、管理风险、财务风险和道德风险。

1. 外部风险

（1）宏观风险。宏观风险主要是指由于宏观环境变化而导致的风险，造成公司客户宏观风险的主要因素有：

1）政治与法律因素。政治与法律因素对企业的生产经营活动及其效果有重要影响，它涉及的内容很多，主要有：政治安定与否、政治对经济的干预性有多大、政策相对稳定程度、社会集团与阶层利益矛盾冲突有多大、政府官员工作效率与作风、法制健全与否、具体法律制度与司法运行程序等。

2）经济因素。可引起企业经营风险的经济因素主要有：经济增长率、经济波动、通货膨胀率、利率波动、失业率、政府产业政策、税率变动、经济发达程度、产业结构、市场前景等。其中，政府经济政策变动、通货膨胀率变动和国民经济增长周期性波动等，往往会直接给企业带来经营风险。

3）国际因素。来自国际方面的因素同样对企业的经营状况构成威胁，主要有：世界经济波动、国际技术竞争、汇率变动、国际资本流动等。

（2）行业风险。行业风险是指行业内部诸多不确定因素的作用而使企业面临的各种风险。行业风险主要包括：

1）竞争风险。是指行业内部企业之间的相互竞争给企业带来的风险。产品与服务的可替代性是形成行业风险的前提，行业市场空间的有限性决定了行业中各企业之间必然为争夺市场而形成竞争，竞争的结果是优胜劣汰。竞争使行业内部各企业之间的势力对比总是处于动荡之中，由此加剧了行业市场的不确定性。除少数垄断性企业之外，不论是哪个行业，不论是在哪个行业的哪个发展阶段，企业在求得自身生存和发展的同时，都不得不承受同业竞争的压力和风险，其中竞争最激烈也是最具有危险性的是价格竞争，它是行业竞争白热化的标志。

2）管制风险。出于经济结构调整的需要，政府会从法律或政策上对某些行业作出种种限制性的规定。对企业来说，政府对所在行业实行管理，则可能意味着某种风险的产生。

3）替代性风险。是指另外一些生产替代品的行业发展较快，而对本行业产生冲击时，本行业的发展受到影响而产生的风险。

4）依赖性风险。是指本行业所依赖的关联行业发生变动，从而影响本行业的发展，使本行业中的企业受到影响而产生的风险。

5）周期性风险。是指企业受所在行业自身发展周期性波动的影响而面临的风险。处于周期性行业内的企业，必然会因行业的周期性波动而面临经营风险。

6）阶段性风险。在一定时期，某一行业总是处在一定的发展阶段，即上升阶段、成熟阶段或下降阶段之一。在行业的不同发展阶段，企业所遇到的问题各不相同，其所面临的风险也不一样。

2. 内部风险

（1）经营风险。是指客户在生产经营过程中可能遇到的风险。企业规模的大小、发展阶段、经营策略、产品性能和特点、原材料采购、产品的生产和销售等环节构成了企业经营的全部内容，这些环节中的任何一个环节出现问题，都会给企业的经营带来风险。

（2）管理风险。客户管理风险通常受客户企业管理人员素质不高、管理方法不科学、经营管理水平不高、决策失误等因素影响。企业管理的成效会直接影响企业的总体效率，企业管理体系的许多重要环节出现问题都可能使企业面临风险。管理风险主要包括：组织形式风险、管理层面风险、关联企业风险等。

（3）道德风险。商业银行客户道德风险是指在信息不对称的基础上，银行与客户签订金融产品（或服务）协议时无法知道客户的真实行为。一旦协议生效，银行就面临着债务人的“隐蔽行为”“松懈责任行为”甚至“不道德”行为而导致损失的可能性。

（4）财务风险。客户财务风险是指客户财务状况恶化、财务指标失控给银行信贷资产带来损失的可能性。客户风险的最终表现形式可能集中表现在客户财务风险上。从这一点看，客户财务风险往往是显现的、事后现实的风险，是风险化解的重点。而道德风险、经营风险、管理风险是相对隐现的、过程中隐蔽的风险，是风险防范与控制的关键。

（二）金融客户风险的特征

从金融企业的角度看，其客户风险既具有风险的一般特征，又具备不同于一般经济风险的特征，主要表现在：

1. 风险的偶然性

由于客户的外部环境和内部环境十分复杂，因此客户风险是众多不确定因素随机组合共同作用的结果。人们几乎无法断定和预知客户风险会在何时、何地、以何种方式出现。所以，客户风险的发生总是表现出相当的偶然性。

2. 风险的客观性

金融客户风险是客观存在的，是不以金融经营者的好恶为转移的。随着我国金融市场的进一步发展和竞争的日趋激烈，客户风险已是金融企业风险管理与控制的核心组成部分。

3. 风险的破坏性

客户风险一旦发生，不仅会使客户蒙受经济损失，而且会危及商业银行，使商业银行的经营活动受到严重影响，甚至倒闭。

4. 风险的连带性

商业银行与客户是利益共同体，因此，任何客户遭遇任何风险所造成的损失及后果，都必然会给商业银行带来连带性的经济损失。

5. 风险的不对称性

从对风险与损失的关注程度来看，客户与商业银行具有信息不对称性。客户一般只关心自身的损失，而商业银行不仅要关注自身可能遭受的损失，从长远利益出发，还要关注客户的风险损失，并应给予扶持或帮助。

6. 风险的周期性

企业的经营活动总是在既定的国家经济与政府环境中进行的，经济周期的交替更迭和政府宏观调控政策的变化，使客户风险亦随之发生，并呈现出一定的周期性和规律性。

7. 风险的可控性

客户风险呈现偶然性和突发性的特点，但由于其形成与发生、发展又都有一定规律可循，因此，客户风险又是可以防范和控制的。通过对客户内外部环境的持续诊断，也会及时发现问题的症结所在。只要能够实现银行与客户之间的通力合作，是可以找到有效的策略来防范和化解这些风险的。

二、客户风险的分析与识别

现代市场经济是风险经济，任何金融活动都不可避免地要面对多种市场风险，因而都存在如何分析与识别风险的问题。风险识别是客户风险管理的第一步，也是最为关键的一个环节。客户经理必须善于发现、预见、捕捉客户在经营过程中面临的各种可能出现的风险。这是一项非常困难的工作，要求客户经理对企业经营、业务、环境有充分的了解，需要丰富的经济知识和实践经验、完备快捷的信息处理能力和深刻敏锐的洞察力和预见力。

（一）客户行业结构风险的分析与识别

商业银行客户行业结构风险与客户的行业分布往往有密切的关系，通过客户行业分布，商业银行应该了解：本银行客户主要集中于哪些行业？这些行业的发展现状和趋势如何？行业的竞争性如何？客户的行业集中度是否合理？在此基础上进一步认识：客户行业结构风险的现状与发展趋势，客户行业集中度风险的识别与化解，客户行业的竞争性风险。商业银行客户行业分析与风险识别的具体内容可以从以下几个方面展开：

1. 行业需求状况

（1）行业在国民经济中的地位及变化趋势。结合行业发展历史、行业现状和行业规划等资料，考察行业产值占 GDP 的演变趋势，分析行业对国民经济发展的重要程度。

（2）未来五年行业所处的生命周期。根据行业发展历史与现状，考察行业增长状况、市场供求和行业内竞争状况等方面的阶段性特征和总体发展变化趋势。

（3）行业发展与国民经济周期性的相关程度。根据相关程度判断行业对宏观经济及相关行业的敏感程度，并根据敏感程度判断在现阶段经济发展状态下介入该行业是否适宜。

（4）行业销售增长分析。包括分析最近三年行业销售收入增长情况和预测未来五年行业销售增长情况。

（5）行业主要产品进口分析。包括进口额占比及变化趋势。预测时不但要考虑总量，还应考虑进口产品的结构、价格等是否合理，未来会有何变化。

2. 行业供给状况

（1）行业对国民经济发展的适应性。包括是否为先行行业、领头行业，其景气状态和内部结构能否满足国民经济发展的需要，行业是否存在可持续发展的障碍，目前行业结构调整状况如何。

（2）行业当期生产能力利用率。考察行业现有生产能力的总量和结构状况以及主要产品的库存状况，评估行业整体生产能力利用率。

（3）行业未来五年生产能力利用率。在评估当期生产能力利用率的基础上，结合未来五年行业供求状况和计划新增生产能力的分析，预测未来五年行业生产能力利用率。

（4）行业主要产品出口情况。包括出口量变化及出口量占比。预测时不但要考虑总量，而且要考虑结构、价格等在今后将会有何变化。

3. 行业竞争环境

（1）竞争范围与行业发展的关系。竞争范围是地区性、全国性还是国际性的，这种竞争范围是否有利于行业发展。

（2）竞争类型与行业发展的关系。竞争类型属垄断竞争、寡头竞争还是自由竞争？这种竞争类型是否有利于行业发展？

（3）行业进入难易程度。分析行业进入条件，有哪些进入壁垒。

（4）行业运行机制和运作水平。分析行业的监管和运行机制是否适应行业发展的需要，是否正在朝有利于行业发展的方向演变，或者是否由于机制不合理而阻碍了行业发展，以及在现行机制下行业的运作水平。

4. 行业市场开放情况

（1）行业市场开放水平或受保护程度。分析这种开放水平或受保护程度对行业发展的影响。

（2）行业主要产品与国际相比较的质量水平。考察行业主要产品所采取的质量标准和质量控制手段，并与国际质量水平相比较。

（3）行业主要产品与国际水平相比较的价格水平、成本费用水平。分析行业在产品价格、成本费用方面的竞争力。

5. 行业科技进步情况

考察行业的总体技术和装备水平，行业是否具备有效的创新机制，评价行业的技术创新能力。

（1）宏观政策。产业政策、投资政策、税收政策、环保政策、财政货币政策等对行业发展的影响及这些政策未来可能调整的方向。

（2）法律法规。包括国家法律和行业法规，分析其对行业发展的影响。

商业银行客户行业分析或风险评估还可以通过一定的量化分析加以计量。表7—1为评价标准参考表。

表7—1　　客户行业评价计分标准参考表

因素	指标	分值					权重
		0	25	50	75	100	
行业发展状况（45%）	未来5年行业所处生命周期	导入期或衰退期	成熟后期	成熟期	成熟前期	成长期	4%
	行业发展与国民经济周期的关系	经济周期对行业有严重不利影响	经济周期对行业有不利影响	经济周期对行业无明显影响	经济周期对行业有有利影响	经济周期对行业有很有利的影响	6%
	最近3年行业销售收入平均增长率	5%以下	5%～10%	10%～14%	14%～17%	17%以上	6%
	行业地位及变化趋势	占GDP的比重下降明显	缓慢下降	起伏不定但幅度不大	缓慢上升	比例上升	6%
	主要产品进口	很不合理	不合理	可接受	比较合理	合理	5%
	行业适应性	夕阳行业	一般行业	一般行业	先进行业	先进行业	4%
	当期生产能力利用率	＜65%	65%～70%	70%～75%	75%～85%	＞85%	6%
	主要产品出口	差	较差	一般	较好	好	4%
	产品供求关系	供给严重大于需求	供给大于需求	基本平衡	需求大于供给	供不应求	4%

续前表

因素	指标	分值					权重
		0	25	50	75	100	
行业竞争力（40%）	竞争范围与竞争类型	不利	比较不利	一般	比较有利	有利	8%
	进入壁垒	容易	比较容易	一般	不容易	很不容易	8%
	运行机制与运行水平	差	较差	一般	较好	好	4%
	市场开放水平	封闭市场	市场较为封闭	市场开始开放	市场比较开放	开放市场	8%
	质量价格及管理水平	差	较差	一般	较好	好	6%
	科技创新及应用	差	较差	一般	较好	好	6%
政策（15%）	宏观政策	5年内有负面影响	5年后有负面影响	无负面影响	—	—	8%
	法律法规	5年内有负面影响	5年后有负面影响	无负面影响	—	—	7%

（二）客户自身风险的分析与识别

商业银行客户自身风险包括企业外部风险和企业内部风险两大组成部分。这里主要就企业内部风险因素加以分析、识别和评估。

1. 客户企业经营决策能力分析

（1）决策者素质分析。决策者的素质包括思想素质、智力素质、文化素质、心理素质和身体素质。思想素质要求企业决策者具有良好的职业道德和伦理道德；要有较强的责任心，忠于职守，忠于企业整体利益。智力素质主要表现为决策者的观察力、记忆力、思考力和想象力以及对事物本质的把握能力。文化素质（或知识素质）主要体现在决策者的学历和资历两方面：学历反映了决策者的间接知识和书本知识，资历则反映了决策者的直接知识和实践经验。决策者的心理素质也很重要。还有就是决策者的身体素质，企业决策者只有具有健康的体魄，才能精力旺盛地完成本职工作。

（2）决策者业绩考核。银行如果面对的是阅历丰富、以往经营业绩突出的企业主要决策者或决策团队，那么该企业偿还贷款的前景是非常乐观的。决策者或决策团队业绩的考核可以从企业过去的经营状况、决策者的阅历、成功次数、经验或者教训以及猎头公司的档案文献中获取必要的资料。

（3）决策者能力评估。企业决策者的能力一般应包括决策能力、组织能力、协调能力和创新能力。决策能力是指决策者对企业长远发展目标的确定、经营方略的制定以及对关系企业经营管理全局的重大事项进行决断的能力。组织能力是指决策者将企业有限的资源（包括人、财、物）加以系统安排和运用，以发挥最大的整体效用的可能性。协调能力主要表现为决策者处理企业内外各种社会经济关系，增强企业凝聚力，进而提高工作效率的能力。创新能力主要是指决策者的开拓、创新精神和能力。

2. 客户企业财务报表分析

财务报表分析是以客户的财务报表为主要依据，采用专门的方法，对客户财务报表中有关数据资料所进行的确认、比较、研究和分析，系统分析和评价客户过去和现在的财务状况、经营成果和现金流量及其变动。其目的是了解过去、评价现在、预测未来。财务报表分析最基本的功能是将大量的报表数据转换成对贷款决策有用的信息，以减少决策的不确定性。分析比较客户的财务报表有助于银行确定客户的信用，从而决定是否向该客户开展相关业务。

（1）财务项目分析。财务项目分析是指对客户财务报表中的重要项目进行分析评价，以确定其合理性和准确性。资产负债表中的重要项目有货币资金、应收账款、存货、固定资产、应付账款、资本金等。利润表中的重要项目主要是涉及成本费用的项目。

1）对资产负债表的分析。资产负债表反映了客户在某一特定日期的财务状况。银行分析客户资产负债表的目的在于剔除其中的水分，降低贷款的风险。在资产项目中，货币资金、应收账款、存货和固定资产占有绝大部分的比重，其中，货币资金是资产中比较明确的部分，一般不作为分析的重点，银行主要是对应收账款、存货和固定资产进行分析。应收账款分析的重点是账龄结构、数量结构及对象分布，以防虚账、假账、坏账带来的风险。存货分析的重点是考察存货的规模、流动性、价格稳定性、投保情况、变现能力等方面。固定资产分析的重点是固定资产是否提足折旧，投保情况如何，固定资产的用途是否具有通用性和广泛性（易售性），是否已用于其他抵押。对于负债项目，要了解数额、期限、偿债安排以及是否存在逾期未付或漏计的负债。对于资本项目，要了解借款人的资本结构，以及其中是否存在虚假成分。

我们还要分析资金从何处来，投资在哪些方面，是在流动资产上，还是在固定资产与其他投资上，资金来源的期限与所投资资产的期限是否一致。一般来说，长期资产的投资一般应来源于长期资本，到底主要来源于长期负债，还是主要来源于过去年份中的利润留存或新吸收的股东投资，会影响企业的长期偿债能力和盈利能力。流动资产的资金可来源于流动负债，也可来源于长期资本，同样会影响企业的短期偿债能力。将企业负债的前后两期比较，可直接判断该企业长、短期偿债能力，长、短期财务风险的高低变化。

2）对利润表的分析。利润表反映了客户在某一会计期间的经营成果。银行分析客户利润表的目的在于，了解客户的盈利能力，确定还款的可能性。这是因为，盈利多少不仅关系到贷款本金到期的偿还，也关系到日常利息的支付。分析时可以将客户本期的利润表同以前不同时期的利润表进行纵向比较，以揭示客户盈利情况的变动趋势。也可以将该客户的利润表与同行业平均水平或其他公司进行横向对比，以了解客户在行业中所处的水平以及经营情况中存在的问题。还可以通过分析主营业务收入，结合其他业务收入的前后期变化，判断企业销售规模、收入能力的变动情况。通过分析主营业务成本、营业费用、管理费用与财务费用等项目前后期的变化，以及各项目在总成本费用中的比重变动，来分析总体成本费用消耗状况。尤其要注意与收入变动配比的分析，因为销售收入增长，成本费用不可能不增加，但两者增长要有合适的比例。

（2）财务比率分析。对客户的财务报表中提供的各项数据资料进行确认、比较、研究和分析，以此确定客户财务信息的真实性和准确性，掌握客户的财务状况，预测客户的未来发展趋势。主要是对客户的短期偿债能力、长期偿债能力、营运能力、盈利能力进行分析。

1）短期偿债能力。通过比较流动资产与流动负债的关系来反映客户偿还债务的能力。

a. 流动比率。是反映企业流动资产与流动负债的比率。它表明客户（企业）每元流动负债有多少流动资产作为偿还的保证。一般以 2∶1 为好，因为流动资产中一部分变现能力较差的存货一般要占到流动资产总额的一半，剩下的流动性较大的流动资产至少要等于流动负债，客户的短期偿债能力才有保障。银行在分析流动比率时，还应结合客户的应收账款周转率和存货周转率来进行分析，以得出可信度比较高的结论。一般情况下，流动比率越高，反映客户短期偿债能力越强，债权的权益越有保障。其计算公式为：

流动比率＝流动资产÷流动负债

b. 速动比率。速动比率是反映企业速动资产与流动负债的比率。衡量企业的短期偿债能力，评价企业速动资产变现能力强弱。计算速动资产要减除存货，是因为存货在流动资产中变现较慢，它通常要经过产品的销售和账款的回收两个过程才能变为现金，而且有的存货还可能不适销对路，无法变现。国际上通常认为，正常的速动比率值至少应为 1∶1。但我国多数企业资金有限，财力单薄，因此应根据企业所在的行业特征、企业的生产周期、产品类别、应收账款周转速度等进行具体分析。其计算公式为：

速动比率＝速动资产÷流动负债

其中，

速动资产＝流动资产－存货－预付账款－待摊费用－待处理流动资产损失

c. 现金比率。现金比率是货币资金与有价证券等短期投资之和与流动负债之比，反映客户可以直接支付流动负债的能力。此比率越高，说明变现能力越强，即期支付能力越高。现金比率的作用是表明在最差的状态下企业的清偿能力。现金比率的分析应与流动比率、速动比率结合起来。其计算公式为：

现金比率＝（货币资金＋短期投资净额）÷流动负债

d. 营运资金。营运资金是指流动资产与流动负债的差额。它是考核资金管理和运用能力的指标之一，一般情况下长期负债不应超过营运资金。其计算公式为：

营运资金＝流动资产－流动负债

2）长期偿债能力。衡量企业长期偿债能力的比率称为杠杆性比率，又称偿付能力比率。长期偿债能力比率是指客户全部资金来源中负债和所有者权益所占的比重和相互间的比例关系。客户的资金来源结构合理，客户的经济基础就牢固，就有较强的偿债能力。

a. 资产负债率。反映企业总负债占总资产的比重，是评价企业负债水平的综合指标。该比率越低，债权人的风险就越小，债权的保障程度就越高。国际上通常认为低于50%较为合理，从我国目前实际情况来看，新客户信贷准入要求的资产负债率低于70%，上市公司的资产负债率在50%以下为宜。企业负债率高，说明客户经营风险大，稍有不慎就有破产的危险。其计算公式为：

资产负债率=负债总额÷资产总额×100%

b. 负债资本比率。它是负债总额与资本之比，表明所有者权益对债权人权益的保障程度。该比率越高，说明企业的偿债负担越重。按西方国家的判断标准，该指标一般以不超过100%为好，即负债必须少于所有者权益。其计算公式为：

负债资本比率=负债总额÷所有者权益总额×100%

c. 长期负债与资本比率。它是长期负债总额与资本之比，表明所有者权益对长期债权人权益的保障程度。该比率越高，说明企业的长期偿债负担越重。其计算公式为：

长期负债与资本比率=长期负债÷所有者权益总额×100%

d. 利息保障倍数。利息保障倍数是指企业生产经营所获得的息税前利润与利息费用（支出）的比率。它是衡量客户偿付债务利息能力的指标。倍数越高，说明客户支付利息费用能力越强。它既是企业举债经营的前提，又是衡量企业长期偿债能力强弱的重要指标之一。一般国际公认的利息保障倍数为3。根据稳健原则，可选择几年中最低的利息保障倍数，作为基本的评判标准。利息保障倍数无论如何不能低于1，低于1意味着连偿还利息都保证不了，更不要说还本了。其计算公式为：

利息保障倍数=息税前利润÷利息费用

公式中的“息税前利润”是指利润表中未扣除利息费用和所得税之前的利润，它可以用“利润总额加利息费用”来测算。

公式中的“利息费用”是指本期发生的全部应付利息，不仅包括财务费用中的利息费用，还应包括计入固定资产成本的资本化利息。

3）营运能力。营运能力是指客户生产经营中各项资产周转速度所反映出来的客户资产运用效率，它不仅能反映客户资产管理水平与资产配置组合能力，而且影响客户的偿债能力和盈利能力。营运能力的大小对客户偿债能力的不断提高和盈利能力的持续提高有着重要的影响。

a. 应收账款周转率。它是反映赊销净额与平均应收账款的比例。赊销收入净额=销售收入－现销收入－销售退回、折让、折扣，表明企业应收账款的流动速度、收回货款能力。周转次数越多，说明企业应收账款的回收速度越快，变现能力越强、流动性越好，短期偿债能力越强。其计算公式为：

应收账款周转率（次数）=主营业务收入÷应收账款平均余额

其中，

应收账款平均余额=（期初应收账款+期末应收账款）÷2

b. 存货周转率。它是企业销售成本与平均存货的比例，是表明企业销售能力和存货周转速度的一个指标，也是衡量客户生产、经营环节中存货营运效率高低的一个综合性指标。存货周转次数越多，说明企业存货从资金投入到销售收回的时间越短。在营业利润率相同的情况下，存货周转次数越多，获取的利润就越多；相反，如存货周转次数少，反映企业的存货可能过多，或不适应生产或市场需要，从而影响企业资金周转和利润的实现以及偿债能力。其计算公式为：

存货周转率＝主营业务成本÷平均存货净额

其中，

平均存货净额＝（期初存货净额＋期末存货净额）÷2

c. 资产周转率。它是企业销售收入与总资产平均余额的比例，反映每 1 元资产的产品销售额，反映企业销售能力和全部资产的周转速度，是衡量企业资产利用效率的指标。其计算公式为：

资产周转率＝主营业务收入÷总资产平均余额

其中，

总资产平均余额＝（期初总资产＋期末总资产）÷2

d. 固定资产周转率。它是企业销售收入与固定资产平均余额的比例，是反映企业对固定资产利用效率的指标。其计算公式为：

固定资产周转率＝主营业务收入÷固定资产平均净值

其中，

固定资产平均净值＝（期初固定资产净值＋期末固定资产净值）÷2

4）盈利能力。盈利能力的分析就是通过一定的方法，判断客户获得利润的能力，包括客户在一定会计期间内从事生产经营活动盈利能力的分析和客户在较长时期内稳定地获得利润能力的分析。这是对客户盈利水平、盈利稳定性和持久性的分析的一项重要内容。

a. 净资产收益率。反映企业净利润与平均净资产的比率。体现企业自有资本获取净收益的能力，是评价企业资本经营效益的核心指标。其计算公式为：

净资产收益率＝净利润÷平均净资产×100％

其中，

平均净资产＝（期初所有者权益＋期末所有者权益）÷2

b. 总资产报酬率。反映企业利润总额与平均总资产的比例，是显示企业全部资产获取收益的水平，全面反映了企业的获利和投入产出状况，是评价企业资产运营效益的基本指标。其计算公式为：

总资产报酬率＝净利润÷平均资产总额×100％

其中，

平均资产总额＝（期初资产＋期末资产）÷2

c. 销售利润率（营业利润率）。反映企业主要经营活动的盈利能力，是企业盈利能力的重要标志。其计算公式为：

销售利润率＝营业利润÷主营业务收入×100％

d. 成本费用利润率。反映企业利润总额与当期成本费用总额的比率，是全面考核企业各项耗费所取得收益的指标。成本费用利润率越大越好，说明同样的成本费用能够取得更多的利润。其计算公式为：

成本费用利润率＝利润总额÷成本费用总额×100％

其中，

成本费用总额＝主营业务成本＋营业（销售）费用＋管理费用＋财务费用

（3）财务结构分析。财务结构分析是以财务报表中的某一总体指标为100％，计算各组成部分占总体指标的百分比，然后比较若干连续时期的各项构成指标的增减变动趋势。如利润表结构分析中就是以产品销售收入净额为100％，计算出销售成本、销售费用、销售利润等指标各占销售收入的百分比，计算出各指标所占百分比的增减变动对客户利润的影响。而资产负债表结构分析中则是以资产总额为100％。

财务结构分析法除了用于单个客户财务报表相关项目的分析外，还经常用于与同行业平均水平的比较分析。不同企业由于其生产规模、行业性质相差很大，不宜直接相互比较，在这种情况下，利用结构分析法将不能比较的绝对数转化为相对数，就可以对不同企业进行分析了。

（4）财务趋势分析。趋势分析也称水平分析，是将连续数期的财务报表中的某重要项目进行比较，判断该项目前后期的增减方向，计算其增减幅度，以说明客户信用状况变动趋势的方法。其中，以计算定期发展速度和环比发展速度进行趋势分析最为常见。

3. 客户企业现金流量分析

（1）现金流量分析的原理。现金流量是指客户现金和现金等价物的流入和流出。这里的现金是广义的现金概念，包括企业的库存现金、可随时用于支付的存款，以及现金等价物。其中，库存现金是指企业持有可随时用于支付的现金限额；现金等价物是指企业持有的期限短、流动性高、易于转换为已知金额的现金、价值变动风险很小的短期投资，通常指购买的在3个月或更短时间内即到期或可转换为现金的投资；企业存在金融企业随时可用于支付的存款属于现金的范畴，但不能随时支取的定期存款、已办理质押的活期存款，不包括在现金范围之内。

客户的现金流量主要分为三类：一是经营活动产生的现金流量；二是投资活动产生的现金流量；三是筹资活动产生的现金流量。在这里，经营活动是指企业投资活动和筹资活动以外的所有交易和事项；投资活动是指企业长期资产的构建和不包括在现金等价物范围内的投资及其处置活动；筹资活动是指导致企业资本及债务规模和构成发生变化的活动。在现金流量表中，现金流入就是所有能增加现金资产的交易，现金流出就是所有会减少现金资产的交易。任何负债的增加或非现金资产的减少都是现金流入，任何负债的减少或非现金资产的增加都是现金流出。表7—2、表7—3、表7—4分别反映了企业经营活动、投资活动和筹资活动与现金流量的对应关系。

表 7—2　　经营活动与现金流入、现金流出的对应关系

经营活动	现金流入	现金流出
购销	销售商品、提供劳务收到的现金及增值税销项税额	购买商品、接受劳务支付的现金及增值税进项税额
工资		支付给职工以及为职工支付的现金
租赁	收到的租金	经营租赁支付的租金
所得税		支付的所得税
其他税	收到的除增值税以外的其他税费返还	支付的除增值税、所得税以外的其他税费
其他	收到的其他与经营活动有关的现金	支付的其他与经营活动有关的现金

表 7—3　　投资活动与现金流入、现金流出的对应关系

投资活动	现金流入	现金流出
购建、处置	处置固定资产、无形资产和其他长期资产收到的现金净额	购建固定资产、无形资产和其他长期资产支付的现金
	收回投资收到的现金	
权益性投资	分得股利或利润收到的现金	权益性投资支付的现金
债权投资	取得债券利息收入收到的现金	债权性投资支付的现金
其他	收到的其他与投资活动有关的现金	支付的其他与投资活动有关的现金

表 7—4　　筹资活动与现金流入、现金流出的对应关系

筹资活动	现金流入	现金流出
权益性投资	吸收权益性投资收到的现金	减少注册资本支付的现金
投资		分配股利或利润支付的现金
		筹资费用①支付的现金
发债或借款	发行债券收到的现金	偿还利息②支付的现金
	借款收到的现金	偿还债务③支付的现金
		融资租赁支付的现金
其他	收到的其他与筹资活动有关的现金	支付的其他与筹资活动有关的现金

注：①筹资费用既包括发行股票引起的费用，也包括发行债券引起的费用。
②偿付利息包括债券和借款利息。
③偿还债务包括借款和债券本金。

现金净流量＝经营活动的现金净流量（流入－流出）＋投资活动的现金净流量（流入－流出）＋筹资活动的现金净流量（流入－流出）

信贷调查人员拿到企业现金流量表后，要仔细阅读，分析其各个项目的现金流入、流出量是否正常。通过分析现金流量的两个方面（现金流入量与现金流出量），三个活动（经营、投资和筹资），我们不仅可以知道客户当期收到了多少现金，支付了多少现金，有多少现金余额或者现金不足，还可以知道这些现金来自哪一种活动，客户过去偿还债务的能力及实际还款状况如何。这一方面有助于我们评价客户还款记录是否真实，为评级提供依据；另一方面，可以帮助我们确定以前影响客户现金流量的主要变量，为预测提供基础。

（2）现金流量的结构分析。现金流量的结构分析是指在现金流量表的基础上，进一步计算现金流入的构成、现金流出的构成、现金净流量的构成，从而揭示客户现金流量变动的主要因素。具体而言，是将现金流量表中某一关键项目作为基数，计算该项目各个组成部分占该总体的百分比，以分析各个项目的具体构成，反映相对重要性，提示各个项目的相对地位和结构关系。

（3）现金流量的趋势分析。现金流量的趋势分析就是观察连续数期的现金流量表，比较各期现金净流量、经营活动的现金净流量、投资活动的现金净流量、筹资活动的现金净流量等主要项目，计算其增减变动，分析其变化趋势，预测未来的现金流量。实际工作中，常运用趋势分析法计算趋势百分比、定比和环比。

（4）偿债能力分析。根据现金流量，判断客户能否还款和确定还款来源。

1）从总量上分析，得出初步结论。如果未来的现金净流量为正，表明客户偿债能力较强。因为这意味着客户的三种活动所需要的现金收入足以支持三种活动所需的现金支出，而银行债务属于融资活动中现金的一部分。但在这里应确定的是客户的还款来源是正常经营活动产生的现金还是出售证券所得的现金，抑或出售资产所得的现金。

如果现金净流量为负，客户是不是一定不能还款？答案是否定的。现金净流量为负，只意味着客户的现金流入总量不能满足现金的流出总量，但是偿债只是现金流出的一部分，所以即使客户的现金流量为负，客户也有可能偿还银行债务。

2）从结构和现金流出顺序分析，判断客户能否还款和确定还款来源。客户的现金流出除了偿还贷款还有支付红利、支付工资、支付货款等各种支出，而且偿还贷款并不是第一位的，通过现金流出顺序的分析，有助于判断客户能否还款和确定还款来源。

在经营活动的现金净流量＞0、净利润＞0、分配股息的条件下，如果投资活动的现金净流量＞0，经营活动产生的现金在发放股利后偿还贷款，不足时，用投资活动的剩余资金偿还，仍然不足时，就要通过融资活动偿还贷款，这时还款来源可能是经营活动，也可能是投资和融资活动。如果投资活动的现金净流量＜0，经营活动产生的现金在发放股息后，首先要弥补投资活动的现金需求，然后偿还贷款，不足以弥补投资需求或还款时，客户要对外融资，这时的还款来源要么是经营活动，要么是融资活动。

如果经营活动的现金净流量＞0，净利润＜0，那么客户不需要分配股息，而可以直接还款或弥补投资活动的现金不足。

在经营活动的现金净流量＜0、净利润＜0 的条件下，如果投资活动的现金净流量＞0，那么，首先要弥补经营活动的现金流出，其次才是还款；不足以弥补经营活动的现金流出或还款时，客户就要对外融资，这时还款来源要么是投资活动，要么是融资活动。如果投资活动的现金净流量＜0，那么客户必须融资，以弥补经营活动和投资活动的现金流出，这时的还款来源只能是融资活动。

如果经营活动的现金净流量＜0，净利润＞0，客户不仅要通过投资和融资活动弥补经营活动的资金不足，而且有可能支付股息，之后才能归还银行债务。

4. 客户综合信用等级评估

就银行客户风险管理而言，信用评级是指根据银行内部确定的综合评价指标，定期审查客户的资信状况，并据此将客户进行分类。客户信用评级制度是客户信用风险管理制度的重要组成部分，客户信用评级是商业银行对客户偿债能力和偿债意愿的计量和评价，反映客户违约风险的大小。客户评级的评价主体是商业银行，评价目标是客户违约风险，评价结果是信用等级。

（1）信用评级概述。客户信用等级评定是指商业银行为了有效控制客户信用风险，由商业银行或其委托的具有合格资质的专业评估机构，采用客观、公正、科学的信用评级考核标准、严格规范的评估程序，在对客户财务状况、经营业绩及诚守信用可靠性等方面进行全面调查了解的基础上，对其基本素质、经济实力、偿债能力、经营效益和发展前景等进行定量定性和静态动态综合分析评价，测定其履行经济契约能力的可信程度，作出其对银行和商业信用行为的可靠性、安全性的评价，并以国际通用符号标明企业信用等级。

符合《巴塞尔新资本协议》要求的客户信用评级必须具有两大功能：一是能够有效区分违约客户，即不同信用等级的客户违约风险随信用等级的下降而呈加速上升的趋势；二是能够准确量化客户违约风险，即能够估计各信用等级的违约概率，并将估计的违约概率与实际违约频率之间的误差控制在一定的范围内。

（2）信用评级方法分类。总体来看，商业银行客户信用评级主要包括定性分析法和定量分析法两类方法。

1）定性分析法。定性分析法主要是指专家判断法。专家判断法是商业银行在长期经营信贷业务、承担信用风险过程中逐步发展并完善起来的传统信用分析法。专家系统是依赖高级信贷人员和信贷专家自身的专业知识、技能和丰富经验，运用各种专业性分析工具，在分析评价各种关键要素的基础上依据主观判断来综合评定信用风险的分析系统。目前所使用的定性分析法，虽然有各种各样的架构设计，但其选择的关键要素都基本相似，其中，对企业信用分析的5C系统使用最为广泛。5C系统是指：品德（Character），资本(Capital)，还款能力（Capacity），抵押（Collateral），经营环境（Condition）。除5C系统外，使用较为广泛的专家系统还有针对企业信用分析的5P系统和针对商业银行等金融机构的骆驼（CAMEL）分析系统。由于我国商业银行经营历史比较短，而且一直忽视数据积累，缺乏数据分析经验和技术，因此，大部分商业银行在积极学习和引进数量分析方法的同时，依然普遍使用比较传统的客户评级方法，专家判断法在我国商业银行客户信用评级中运用较为广泛。

定性分析法的突出特点在于将信贷专家的经验和判断作为信用分析和决策的主要基础，这种主观性很强的方法/体系带来的一个突出问题是对信用风险的评估缺乏一致性。在实践中，商业银行往往通过颁布统一的信贷评估指引和操作流程，并采用众多专家组成的专家委员会的综合意见等措施，在一定程度上弥补定性分析法的这一局限性。此外，尽管定性分析法在银行业的长期发展和实践中已经形成较为成熟的分析框架，但其缺乏系统的理论支持，尤其是对于关键要素的选择、权重的确定以及综合评定等方面更显薄弱。因此，定性分析法更适合对借款人进行是和否的二维决策，难以实现对信用风险的准确计量。

2）定量分析法。定量分析法在信用评级中越来越受到重视，较常见的定量分析法主要包括各类违约概率模型分析法，违约概率模型分析属于现代信用风险计量方法。20 世纪 90 年代以来，信用风险量化模型在银行业得到了高度重视和快速发展，涌现出一批能够直接计算违约概率的模型，其中具有代表性的模型有穆迪的 Risk Calc 和 Credit Monitor、KPMG 的风险中性定价模型和死亡概率模型，在银行业引起了很大反响。信用风险量化模型的发展对传统的信用风险管理模式产生了革命性的影响。《巴塞尔新资本协议》也明确规定，实施内部评级法的商业银行可采用模型估计违约概率。

与传统的定性分析法相比，违约概率模型能够直接估计客户的违约概率，因此对历史数据的要求更高，需要商业银行建立一致的、明确的违约定义，并且在此基础上积累至少五年的数据。针对我国银行业的发展现状，商业银行将违约概率模型和传统的专家系统相结合，取长补短，有助于提高信用风险评估/计量水平。

三、客户风险的防范与控制

客户风险控制是金融企业客户风险管理最为核心、最为关键的阶段。金融企业对客户风险的分析、识别和判断，其最终目的是防范、控制和化解客户风险。只有有效控制客户风险，才能实现金融企业客户风险管理的最终目的。而建立与健全客户风险预警系统、科学的授信决策机制以及客户风险的处理与化解体系是其中的关键。

（一）建立客户风险预警系统

商业银行信贷资产不会在一夜之间变成问题授信或损失，客户风险在形成和逐渐恶化之前，往往会出现许多预警信号。如果能够及时探测出这些信息，商业银行就可以采取相应的行动来阻止问题授信或其他客户风险的发展，或者至少可以在客户风险难以避免的条件下最大限度地减少商业银行的损失。因此，防范和控制客户风险的关键是关注其即将发生的征兆，而不是消极地等待客户风险来临后再采取某些补救措施。

1. 建立和完善资源共享的客户信息管理系统

客户信息管理系统（CIS）是客户风险预警系统的基础，信息共享是风险预警机制运转的保障。

（1）客户信息管理系统功能框架。

1）客户信息管理。客户信息管理功能主要是提供客户信息的基本查询，可根据对客户的不同分类进行信息的查询等。

个人客户信息查询：按条件查询个人客户的总览、账户信息、资产信息、授信信息及产品信息等。

公司客户信息查询：按条件查询公司客户的信息汇总、账户信息、信用证信息、担保信息、结算信息、财务信息、产品信息及票据信息等。

2）目标客户搜索。目标客户搜索功能是根据具体的条件进行客户群体的筛选，可分别对不同类别的客户进行筛选查询。

个人目标客户搜索：包括根据条件组合进行重点个人客户查询、个人客户重要事件提醒查询、异动个人客户查询、风险个人客户查询等。

公司目标客户搜索：包括根据条件组合进行重点公司客户查询、公司客户重要事件提醒查询、异动公司客户查询、风险公司客户查询等。

3）客户细分功能。客户细分能帮助银行分析并了解每个细分客户群体的行为、产品及使用渠道的特性，能够科学详尽地分析、管理客户。同时，还能进一步分析每类客户的基本轮廓以及相应特征，帮助准确定位未来新增客户。在制定市场营销策略时，能够帮助银行从以产品为导向转移到以客户为导向，从而很好地为客户提供差别化服务。

公司客户基本情况分析：包括企业经济性质分析、企业形态分析等功能。

个人客户基本情况分析：包括个人客户年龄分布、学历分布、月收入分布等分析功能。

客户信用状况分析：贷款客户授信分析、客户贷款质量分析、客户贷款形式分析等功能可以作为分析客户信用状况的辅助信息。

客户和银行往来情况分析：存贷总额分析、交易次数/金额分析、持有存款业务品种分析、持有贷款业务品种分析等功能，则提供了客户和银行往来情况的全面分析，为改善、维持客户关系管理提供参考。

客户行为分析：客户行为分析、消费倾向分析等功能，提供客户的个性化的行为信息，便于银行掌握客户行为的偏好。

4）系统管理功能。系统管理是对整个系统的参数进行用户自主的定义维护。用户能方便地按需要对系统中的客户细分分析和目标客户搜索条件进行灵活的定义。该功能可以对客户细分模块中的细分模型的分析角度及分析条件进行修改和定义，包括客户贷款总额分段定义、客户存款总额分段定义、客户持有产品分段定义、客户交易金额分段定义、客户交易笔数分段定义、客户授信金额分段定义等。

（2）客户信息管理系统的完善。从商业银行的角度：首先，要拓宽信息来源渠道，改变单一依靠企业报送报表获取信息的做法，要统一配备专门力量采集经济、金融、法律、行业政策等宏观信息，与客户经理日常收集到的客户信息、经营情况、财务状况以及五级分类工作中积累的贷款人、保证人的有关质量等微观信息结合起来，建立统一的客户信息管理系统。其次，要提高业务处理、信息采集和加工的自动化水平，并使信息采集与业务处理同步进行，对掌握的信息统一加工、管理，并适时更新。最后，理顺信息传输渠道，使系统信息为市场开拓、贷款评估、客户管理等部门的工作提供快速、准确的信息支持，切实提高信息共享率和利用率，保证信贷工作的高效运转。

从中国人民银行的角度：一是进一步完善全国统一的企业和个人征信体系建设。目前企业和个人信用信息基础数据库的信息来源主要是商业银行等金融机构，收录的信息包括企业和个人的基本信息，在金融机构的借款、担保等信贷信息，以及企业主要财务指标。中国人民银行应加大与相关政府部门信息共享协调工作的力度，进一步收录企业环保信息、缴纳各类社会保障费用和住房公积金信息、质检信息、企业拖欠工资信息以及缴纳电信信息等。企业和个人信用信息基础数据库采集到上述信息后，按数据主体（即企业和个人）对数据进行匹配、整理和保存，将属于同一个企业和个人的所有信息整合在其名下，形成该企业或个人的信用档案，并在金融机构查询时生成信用报告。帮助商业银行核实客户身份，全面了解企业和个人的信用状况，杜绝信贷欺诈，保证信贷交易的合法性。二是发挥商业银行同业公会的作用，发挥及时互通信息，通过在系统内交流“不良借款人黑名单”的形式，共同防范借款企业利用商业银行之间的竞争与信息不对称，打击信贷欺骗与违约行为。

2. 建立客户风险预警信号指标体系

信息的采集只是风险预警的第一步，更为重要的是对信息的分析，从中发现一系列的危险预警信号，并采取相应的防范措施，从而达到防患于未然的效果。因此，要将预警信号的挖掘制度化和规范化。客户在发生风险之前，总会表现出一些前兆和迹象，商业银行通过建立客户风险预警信号系统，就可以凭其敏锐的“嗅觉”报警，及时采取转移、规避、防范和化解风险的措施，排除险情，使自身免受连带性风险损失。一般来说，客户风险预警信号包括以下内容：

（1）外部环境因素预警信号：

1）所在行业或地区出现整体性衰退；

2）出现重大的技术变革，影响行业的产品和生产技术的变革；

3）政府出台限制行业发展的政策；

4）经济环境发生变化，出现经济增长乏力或地区出现金融动荡；

5）国家产业、货币、税收及进出口等宏观政策发生变化；

6）地区投资环境日趋恶化；

7）自然灾害或社会灾害影响客户运行；

8）行业内产品积压日益严重。

（2）财务因素预警信号：

1）不能及时报送财务报表；

2）应收账款增加过快，或回收速度突然放缓；

3）长期债务或短期债务大量增加；

4）成本上升或利润下降；

5）投资项目出现亏损；

6）所持证券大幅度缩水；

7）净现金流量出现负数；

8）所有者权益或销售收入降低25%以上；

9）销售收入连续两年减少，且逐年降幅超过15%；
10）与上一年或竞争对手相比，税前利润降幅超过5%；
11）资本金没按比例到位，到位率低于70%；
12）营运资金大于年销售额的75%；
13）在银行的存款余额或结算量持续下降；
14）开始欠付贷款本息；
15）其他银行对客户信用评级降级，或其他银行对此客户贷款急剧减少；
16）贷款担保人财务或其他方面出现问题；
17）抵（质）押物估值大幅减少。
（3）经营管理因素预警信号：
1）逃税、骗税和违规经营；
2）牵涉法律诉讼；
3）主要业务数据呈现不良的变动趋势；
4）产品质量或服务水平出现下降；
5）在不熟悉的领域冒险拓展新业务，或开始在不熟悉的地区开展业务，贪大求多；
6）冒险兼并或受政府指令兼并其他企业；
7）组织形式发生变化，如租赁、分立、承包、并购、重组、联营等；
8）重大投资项目失败；
9）不能适应市场变化或顾客需求的变化，产品积压严重；
10）销售旺季之后，存货仍大量积压；
11）市场份额下降，顾客抱怨增多；
12）市场出现强劲对手，竞争处于不利地位；
13）生产规模过度扩张；
14）对一些客户或供应商过分依赖；
15）重要客户或供应商的经济状况发生很大变化；
16）失去一个或多个主要客户；
17）厂房、设备很久没有更新维修；
18）生产秩序混乱，生产环境环保不达标；
19）生产能力利用率下降或小于60%；
20）出售、买卖主要的生产经营性固定资产；
21）股东、关联企业或母子公司发生了重大的不利变化；
22）发生灾难性事件；
23）新闻媒介披露其有不良行为；
24）内部谣言四起，人心涣散。
（4）企业人事管理因素预警信号：

1）主要股东、主要管理人员发生人事变动；

2）高级管理人员之间出现分歧和争论，或不团结；

3）最高管理层不讲民主，听不进不同意见；

4）管理层品行低下，缺乏修养，投机思想严重；

5）管理层注重个人享受，喜欢赌博，或经营资质太差；

6）管理层对外部环境反应迟缓；

7）管理层缺乏发展战略规划，或虽有规划但没有实施，或无法实施；

8）员工更新过快或缺员严重，中层管理较薄弱；

9）职工怨言增多，业务骨干流失率高；

10）突然无故更换法律顾问、会计师事务所。

（5）道德风险预警信号：

1）提供虚假财务报表，隐瞒重大财务变动情况，提供虚假证明材料和资料；

2）在其他金融机构存有因道德问题的违约记录；

3）为获取贷款，随意承诺银行贷款条件而不兑现；

4）借款单位法人代表、财务主管无还贷意识，对银行收贷人员态度恶劣、推诿、躲避、不予配合；

5）对银行下达的贷款催收通知书不理睬、不回执，还贷资金不列入企业年度还款计划；

6）隐瞒或转移利润，用于投资或其他工程项目，而不归还银行贷款；

7）企业利润先用于股东分红，而拖欠银行贷款本息；

8）在财务费用已计入成本、企业又不亏损的情况下，拖欠银行贷款利息；

9）已计提折旧，但不归还银行贷款本金；

10）违反财务制度，快速计提折旧，用于其他工程项目，而不归还银行贷款；

11）在销售收入没有明显增长的情况下，管理费用等成本支出不正常，大幅度增长而不归还银行贷款本息；

12）违反财务制度，大量计提公益金等各种福利基金，而不归还银行贷款本息；

13）工资、奖金大大超过行业、地区平均标准，企业经营中挥霍浪费，而不归还银行贷款本息；

14）资产经营活动中，发生产权变动却不按合同约定向银行通报，造成债权悬空。

上述客户风险预警信号只是在客户风险管理中经常出现的预警信号的一部分，而并非全部，当客户出现一个或几个预警信号时，往往不易察觉。能否捕捉到刚出现的风险预警信号，是衡量银行客户风险管理水准的重要指标。银行客户经理与客户联系越多，监督检查越认真，就越容易获得客户经营状况是否健康的信息。因此，必须要求客户经理定期地以该指标体系来检查客户情况。

（二）建立科学的授信决策机制

目前，我国商业银行的客户风险主要表现为信贷风险，因此，建立并完善科学的投资决策机制对防范和控制客户风险尤为重要。

1. 科学授信决策机制的内涵

借鉴国外商业银行对风险管理的成功经验，结合我国银行客户授信的实践需要，一个科学的授信决策机制应该是以独立的尽职调查、民主的风险评审、严格的问责审批为主，并辅之以全面的后评价为内容的“三位一体”的授信决策机制。其机制设计的科学性、有效性主要表现在以下三个方面：

（1）这一机制包括风险初审、尽职调查、专家集体评审、有权审批人决策等多个环节，每一环节都从自身的角度分析项目的风险点，能够最大限度地发掘风险所在。特别是风险管理委员会，聚集了行内外的业务专家，能够提供高质量、权威的评审意见，提高了决策的科学性。

（2）这一机制确立了“yes—no”原则，即风险委员会说 yes 的，行长可以说 no；风险委员会说 no 的，行长不能说 yes。这就杜绝了行长一言堂、一支笔的现象，形成了制度制约。

（3）尽职调查、风险初审及其结果都是独立的，通过部门分设形成“审贷分离”的权力制衡，业务部门负责信贷调查，审查部门负责信贷审查，尽职调查要全面覆盖，有权审批人决策要以集体评审为支持，这就为决策过程杜绝违反程序操作和不按程序操作提供了保障。

2. 科学授信决策机制的具体内容

（1）独立的尽职调查。独立的尽职调查是指由风险控制、行业、市场、法律、财务、结算、保全、技术、资金等方面的专家组成尽职调查小组，对业务发起单位（如客户经理部、业务拓展部等）报送的授信初评、初审材料，以及业务发起单位工作是否尽职等展开调查，形成独立的尽职调查报告。尽职调查报告具有很强的独立性，任何个人、机构不得干预和更改尽职调查结论。

（2）民主的风险评审。民主的风险评审是指由银行内外行业、风险控制、市场、财会、结算、保全、资金、技术、法律等方面的专家组成风险评审委员会，对授信项目进行审议。在集体审议过程中，各委员要充分陈述个人意见，每个人的意见对于决议的形成具有同等的效力。任何委员不应发表具有引导性的意见。同时，委员会的评审意见不受任何机构和个人的影响，委员独立发表意见并对此负责。对于项目评审，委员会采取记名投票表决方式，一个项目一张表决单，一人一票，委员要书面陈述评审意见，进行表决并签字确认。在此基础之上，形成委员会决议，为问责审批人的决策提供参考。

（3）问责审批制。问责审批制是指个人负有相应责任的审批制，每个授信项目应有两个问责审批人，共同对授信项目决策负责。同时，业务发起单位、尽职调查小组、风险评审委员会都应该对其调查或评审行为及结论负责，通过问责制度来保证他们的工作质量。问责审批人的职责是遵守银行决策制度和程序，以业务发起报告、尽职调查结论、风险评审委员会决议为主要判断依据，对是否支持授信项目作出决策。问责审批人不能同意经委员会否决的授信项目。

（4）后评价。后评价是指在授信项目决策完成之后，通过对执行情况的跟踪、监控、了解，对执行效果进行总结、判断和评价，不断改进授信决策质量，提高风险控制水平。后评价的对象具体包括：整体授信政策，公司、零售、金融机构、资金、资产保全、风险管理等业务和管理部门的规章制度及风险评估方法，授信政策及有关规章制度和风险评估方法的实施和执行情况，尽职调查和风险评审机制运行情况，授信项目风险，各业务部门风险控制情况。

（三）健全客户风险的处理与化解体系

客户风险的处理与化解，就是在银行客户风险发生之前或已经发生时采取一定的方法或手段以减少风险损失或抑制风险损失继续蔓延的过程。其具体行为又包括风险安排、风险控制和风险化解。风险安排亦称风险分配，是指人们事先把各种可能发生的风险在涉及风险各方之间进行合理安排，使收益与风险保持科学、合理的水平。风险安排遵循收益与风险成正比的原则，即收益高相应的风险也高，收益低所承受的风险也低。一般情况下，客户风险都应由客户直接承担，但由于客户风险的连带性和破坏性特点非常突出，因此，风险安排对银行来说就显得非常重要。风险控制是指银行运用科学的风险预警机制、决策机制和管理机制，最大限度地避免或减少风险的发生或危害，这是事中的风险处理与防范行为。风险化解一般是指客户风险发生或造成一定的损失后，银行运用科学、合理的方法、手段，处理风险或避免风险进一步蔓延、恶化的行为。综合归纳，商业银行客户风险的处理与化解体系主要包括以下内容：

1. 风险回避

风险回避策略是指考虑到风险事件的存在与发生的可能性，商业银行主动放弃某些客户授信业务，或指导协助客户采取措施回避风险，从而达到拒绝承担风险的一种事前控制的管理决策。风险回避不能理解为放弃有风险的业务而去做无风险的业务，应该是放弃自己所不熟悉、无把握、无优势或者是不具备相应的控制条件和能力的某种风险业务的经营，而去经营那些自己熟悉、有优势、有能力去管理和控制的业务。

风险回避是一种较为保守的风险处理与控制手段，不承担风险自然也就不会承受风险损失，但同时也意味着市场份额的降低和盈利机会的丧失。因此，商业银行经营者应持正确的态度去权衡风险与效益的关系，主动回避那些风险与效益不相匹配的业务，既保证银行资产的安全性，又保证银行资产的收益率。

客户风险回避策略还包括两个方面的内容：一是商业银行意识到高风险的存在，主动放弃某些客户的授信业务；二是商业银行意识到或发现客户风险的存在与发生的可能性，指导和协助客户采取措施回避风险。例如，客户从银行取得一笔贷款的目的是计划扩大生产，投资于某一项目。在贷款发放前，银行应主动帮助客户进行投资环境和市场调研分析，在项目可行性研究报告的基础上，有效帮助客户回避投资风险，同时避免银行信贷资产可能遭受的损失。

2. 风险分散

风险分散是为了控制风险过于集中而将风险分散化的一种管理策略。主要包括：

（1）客户对象分散。是指把商业银行贷款分散到众多的借款人手中，避免贷款数量过于集中而导致银行贷款过分依赖少数借款人的经营状况而带来损失。当然，风险的分散要有限度，并非越分散越好，否则导致营业费用上升和成本增加，同样是不经济的。

（2）客户业务分散。商业银行应根据市场和客户的金融需求，积极拓展业务品种，避免银行业务过于单一，客户风险集中于某一资产品种。

（3）授信期限分散。商业银行一定时期的授信总量应该按照期限的短、中、长进行合理搭配，在兼顾资产收益的同时，保证商业银行必要的流动性要求，使安全性、流动性、盈利性达到最佳的协调和统一，以避免陷入流动性风险或支付危机。

（4）利率分散。在商业银行资产总量中，固定利率资产和非固定利率资产均应占一定的比例，从而避免或减少因市场利率变动给商业银行造成的损失，最大限度地保证银行收益（如净利息收入）的稳定性。

（5）主体分散。如采用银团贷款的方式参与大宗客户授信业务。银团贷款是指一家商业银行牵头，联合多家商业银行共同筹集资金，为同一借款人提供贷款业务。银团贷款的出现使原来一些效益较好、风险较高、金额较大的单个商业银行难以承担的贷款项目，通过多家商业银行的联合贷款得以实现。对于商业银行来讲，银团贷款可以抓住有利的获利机会，又可以有效地分散客户授信风险。

3. 风险转移

风险转移也是一种事前控制风险的手段。它是指银行在客户风险发生之前，通过一定的交易方式和业务手段，把可能发生的客户风险尽可能地转移出去，从而保证银行资产的安全。客户风险转移的途径主要有以下几种：

（1）向客户转移。一方面，通过对未来市场利率和风险预期的测定，采用风险加点或浮动利率的方式，把客户风险转嫁给银行客户。另一方面，通过要求客户提供足值的抵押物或质押物的方式，把银行资产可能遭受的风险损失转移给客户。

（2）向保证人转移。即要求银行客户采取第三方担保的方式，将可能出现的客户风险转移给保证人。

（3）向社会保险机构转移。即采取间接投保，转移客户风险或银行直接向保险公司投保的方式，完成风险的转移。

4. 风险补偿

风险补偿是指商业银行建立一系列的风险补偿基金，当客户风险产生后，可以通过风险基金予以弥补。风险补偿机制是一种事后控制措施，对于确保银行资产安全、化解客户风险具有重要的意义和作用。

模块3 操作指导

一、客户风险管理的流程

商业银行客户风险管理是指通过获得客户预警信号，发现客户存在的潜在或显在的问题，及时采取相应对策，最大限度地维护商业银行的利益及商业银行同客户的合作关系。风险管理部门承担风险识别、风险计量、风险监测的重要职责，而各级风险管理委员会承担风险控制、管理决策的最终责任。

（一）风险识别

适时、准确地识别风险是风险管理的最基本要求。风险识别包括感知风险和分析风险两个环节：感知风险是通过系统化的方法发现商业银行所面临的风险种类、性质，分析风险是深入理解各种风险内在的风险因素。

制作风险清单是商业银行识别风险的最基本、最常用的方法。它是指采用类似于备忘录的形式，将商业银行所面临的风险逐一列举，并联系经营活动对这些风险进行深入理解和分析。此外，常用的风险识别方法还有：专家调查列举法，资产财务状况分析法，情景分析法，分解分析法，失误树分析法。

（二）风险计量

风险计量是全面风险管理、资本监管和经济资本配置得以有效实施的基础。准确的风险计量结果是建立在卓越的风险模型基础上的，而开发一系列准确的、能够在未来一定时间限度内满足商业银行风险管理需要的数量模型，任务相当艰巨。商业银行应当根据不同的业务性质、规模和复杂程度，对不同类别的风险选择适当的计量方法，基于合理的假设前提和参数，计量承担的所有风险。

（三）风险监测

风险监测是指监测各种可量化的关键风险指标以及不可量化的风险因素的变化和发展趋势，报告商业银行所有风险的定性、定量评估结果，并随时关注所采取的风险管理、控制措施的实施质量、效果。

（四）风险控制

风险控制是对经过识别和计量的风险采取分散、对冲、转移、规避和补偿等措施，进行有效管理和控制的过程。风险控制措施应当实现以下目标：

（1）风险管理战略和策略符合经营目标的要求；

（2）所采取的具体措施符合风险管理战略和策略的要求，并在成本、收益基础上保持有效性；

（3）通过对风险诱因的分析，发现管理中存在的问题，以完善风险管理程序。

按照国际最佳实践，在日常风险管理操作中，具体的风险控制措施可以采取从基层业务单位到业务领域风险管理委员会，最终到达高级管理层的三级管理方式。

二、信用评级的实施

（一）企业客户信用评级

1. 信用评级的要素

（1）评级对象。凡正在使用或申请使用商业银行授信的客户，需要商业银行提供资信证明的其他开户企业。参与信用等级评定的企业必须提供健全的财务报表，如已有至少两个会计年度的经营期财务报表，均应按规定进行信用等级评定。未投产的新建企业和生产经营不满一年的企业不参加信用等级评定。

（2）评级的企业类型。为使信用等级评定具有更强的可操作性和评定结果更具可比性，商业银行考虑到不同行业评价企业财务和经营状况的标准不同，分别设置了工业企业、商贸企业、房地产开发企业、公用事业企业、综合类企业等类型企业的信用评级指标体系与计分标准。

（3）评级指标体系。企业信用评级指标体系一般包括财务分析和非财务分析两方面的内容。财务分析是信用等级评定的主体，非财务分析是对财务分析的结果进行修正、补充和调整。各个银行根据自身的情况设定的具体指标会有所区别，并且在实践中根据客观情况的变化，会定期进行修改、补充，但一般都包括以下几项：1）企业基本素质；2）经济实力；3）偿债能力及信用；4）经营能力及效益；5）发展前景等。根据评级对象所属行业的差异及其资金运用和从事经营活动的特点，按上述五个方面有针对性地分别设置若干量化或非量化指标，由此构成一个完整的评级指标体系，评级采用百分制。

2. 信用评级的方法

各家银行都有自己的客户评级体系，但基本原理和指标体系大致相同，这里我们介绍最基本的客户信用评级方法。表7—5是某商业银行对工业企业的信用评级指标体系，供参考。

表 7—5　某银行对工业企业的信用评级指标体系与计分标准

指标名称			计算公式及考核内容	参照值	极限值	满分值	速算公式
企业基本素质(10)	领导素质	文化水平	法定代表人、正/副厂长(经理)、三总师大专以上学历或中级以上职称的占比	≥65%	≥25%	2	$4x-0.6$
		领导能力	企业主要领导学识水平、从业经历(岗位年限)、信用意识、奖惩情况等	优 1,好 0.8,较好 0.6,一般 0.4		1	/
	管理素质	经营管理	经营管理现代化程度、经营总体目标与实施措施、制度建设与落实等	优 2,好 1.6,较好 1.2,一般 0.8		2	/
		财产投保率	财产已投保金额÷财产应投保金额×100%	≥100%	≥60%	1	$1.5x-0.5$
	技术素质	中高级技术人员占比	中高级技术人员÷员工人数×100%	≥10%	≥1%	2	$20x$
		工艺技术水平或名牌产品	全国先进水平、省内先进水平、行业平均水平、一般水平	全国 2,省内 1.6,行业 1.2,一般 0.8		2	/
经济实力(7)	净资产		资产总额－负债总额	≥2000 万元	≥100 万元	5	$(4.5x+500)/1900$
	资本固定化比例		(资产总额－流动资产)÷所有者权益×100%	≤80%	≤150%	2	$(2.6-1.5x)/0.7$
偿债能力及信用(43)	资产负债率		负债总额÷资产总额×100%	≤55%	≤85%	6	$(4.55-5x)/0.3$
	流动比率		流动资产÷流动负债×100%	≥150%	≥100%	4	$6x-5$
	速动比率		(流动资产－存货)÷流动负债×100%	≥80%	≥50%	5	$(40x-17)/3$
	利息保障倍数		(利润总额＋利息支出)÷利息支出	≥3 倍	≥1 倍	5	$2x-1$
	应付账款清付率		[1－应付账款年末余额÷(应付账款年初余额＋本年应付账款贷方发生额)]×100% (注:应付账款包括应付票据)	≥85%	≥50%	2	$(30x-11.5)/7$
						6	$40x$
	经营活动现金流量净额与流动负债比例		经营活动产生的现金流量净额÷流动负债平均余额×100%	≥15%	>0	2	$2x$
	净资产与年末贷款余额比例		净资产÷年末贷款余额×100%	≥100%	≥40%	6	$6-62.5x$
	贷款风险	贷款逾期率	年末逾期贷款余额÷年末贷款余额×100%	0	≤8%		/
		贷款五级分类	正常、关注、次级、可疑、损失	正常 6,关注 4,次级 1,可疑和损失 0			
	欠息率		(1－实付贷款利息÷应付贷款利息)×100%	0	≤8%	4	$4-37.5x$
	或有负债率		或有负债÷所有者权益×100%	≤55%	≤100%	3	$(54.5-50x)/9$

续前表

指标名称			计算公式及考核内容	参照值	极限值	满分值	速算公式
经营能力及效益(31)	应收账款周转次数		主营业务收入净额÷应收账款平均余额	≥5 次	≥1 次	3	$0.6x$
	存货周转次数		主营业务成本÷存货平均余额	≥4 次	≥1 次	3	$0.75x$
	总资产周转率		主营业务收入净额÷总资产平均余额	≥0.8 次	≥0.3 次	4	$7x-1.6$
	主营收入增长率		(本年主营业务收入净额－上年主营业务收入净额)÷上年主营业务收入净额×100%×规模系数	≥10%	≥1%	3	$30x$
	主营收入现金率		主营业务现金收入÷主营业务收入净额×100%	≥80%	≥60%	5	$22.5x-13$
	主营收入利润率		利润总额÷主营业务收入净额×100%	≥8%	≥1%	4	$50x$
	总资产报酬率		(利润总额＋利息支出)÷总资产平均余额×100%	≥6%	≥1%	4	$2x/3\%$
	净资产收益率		税后利润÷净资产平均余额×100%	≥6%	≥1%	5	$5x/6\%$
发展前景和预测(9)	发展趋势	三年资本平均积累率	(本年所有者权益增长额×0.5＋上年所有者权益增长额×0.3＋前年所有者权益增长额×0.2)÷三年前期末所有者权益×100%	≥3%	≥0.5%	2	$2x/3\%$
		三年主营收入平均增长率	(本年主营业务收入净额增长额×0.5＋上年主营业务收入净额增长额×0.3＋前年主营业务收入净额增长额×0.2)÷三年前期末主营业务收入净额×100%×规模系数	≥10%	≥1%	1	$10x$
		三年利润总额平均增长率	(本年利润总额增长额×0.5＋上年利润总额增长额×0.3＋前年利润总额增长额×0.2)÷三年前期末利润总额×100%×规模系数	≥8%	≥1%	1	$12.5x$
	经营活动现金流量净额与净利润比例		经营活动产生的现金流量净额÷净利润×100%	≥100%	≥50%	1	$1.6x-0.6$
	行业政策		按国家及省、市行业政策	发展行业 1,扶持行业 0.8,维持行业 0.5		1	/
	市场竞争能力		经营规模、市场竞争能力及在同行业中的地位	优 1,好 0.8,较好 0.6,一般 0.4		1	/
	其他因素		经营环境、发展策略、重大投资项目、外部支持程度等	优 2,好 1.6,较好 1.2,一般 0.8		2	/

注:1. 或有负债包括年末对外担保金额、信用证开证金额、保函开具金额和已贴现(未到期)商业承兑汇票金额。

2. 指标实际值为 x,若 x 达到参照值,该项指标取满分;若 x 达不到极限值,该项指标取 0 分;若参照值$>x>$极限值,该项指标按速算公式计算得分。

另外，考虑到银行自身对客户取舍方面的信贷政策定位与要求，以及当前中国的中小企业普遍存在的不良比率高、财务报表真实性差、经营波动性大、抗风险能力弱等问题，客户信用评级中还按不同评级企业类型设立了信用等级限定指标，这些指标包括资产负债率、利润增长率、履约指标、客户规模指标、同业竞争力及报表真实性共六项，详见表 7—6。

表 7—6　　某银行对工业企业信用评级指标体系与计分标准说明

序号	指标	说明
1	资产负债率	（1）如资产负债率大于 80%小于 90%，信用等级不得超过 A 级 （2）如资产负债率大于 90%小于 100%，信用等级不得超过 B 级 （3）如资产负债率大于 100%，信用等级为 D 级
2	利润增长率	（1）如本期亏损，信用等级不得超过 A 级 （2）如本期、上期均亏损，信用等级不得超过 BB 级
3	履约指标	根据贷款五级分类的结果：（1）如存在“次级类”贷款，信用等级不得超过 B 级；（2）如存在“可疑类”贷款，信用等级不得超过 CC 级；（3）如存在“损失类”贷款，信用等级为 C 级
4	客户规模指标	如资产或销售收入之一小于 5000 万元，信用等级不得超过 BBB 级
5	同业竞争力	如客户在行业中不处于领先位置，可相应降低信用等级
6	报表真实性	如客户提供的财务报表未经权威审计部门审计，客户信用等级相应下调一个等级

3. 信用等级的设置和评级标准

参照国际惯例及中国人民银行的有关规定，授信对象的信用等级一般划分为 AAA、AA、A、BBB、BB、B、CCC、CC、C 级共 3 等 9 个等级。由于各家银行或评级机构的评级指标体系不同，因此记分标准、评级总分与信用等级的对应也有所差别。表 7—7 是最常见的计分标准，供参考。

表 7—7　　信用等级与评级得分对应关系表

信用等级	计分标准		客户分类
	下限	上限	
AAA	90	100	优秀（优良客户）
AA	80	89	优良（优良客户）
A	70	79	较好（一般客户）
BBB	60	69	尚可（限制客户）
BB	50	59	一般（限制客户）
B	40	49	较差（限制客户）
CCC	30	39	差（淘汰客户）
CC	20	29	很差（淘汰客户）
C	0	19	极差（淘汰客户）

各等级含义如下：

AAA 级：短期债务的支付能力和长期债务的偿还能力具有最大保障；经营处于良性循环状态，不确定因素对经营与发展的影响最小。

AA 级：短期债务的支付能力和长期债务的偿还能力很强；经营处于良性循环状态，不确定因素对经营与发展的影响很小。

A 级：短期债务的支付能力和长期债务的偿还能力较强；企业经营处于良性循环状态，未来经营与发展易受企业内外部不确定因素的影响，盈利能力和偿债能力会产生波动。

BBB 级：短期债务的支付能力和长期债务的偿还能力一般，目前对本息的保障尚属适当；企业经营处于良性循环状态，未来经营与发展受企业内外部不确定因素的影响，盈利能力和偿债能力会有较大波动，约定的条件可能不足以保障本息的安全。

BB 级：短期债务的支付能力和长期债务的偿还能力较弱；企业经营与发展状况不佳，支付能力不稳定，有一定的风险。

B 级：短期债务的支付能力和长期债务的偿还能力较差；受内外部不确定因素的影响，企业经营较困难，支付能力具有较大的不确定性，风险较大。

CCC 级：短期债务的支付能力和长期债务的偿还能力很差；受内外部不确定因素的影响，企业经营困难，支付能力很困难，风险很大。

CC 级：短期债务的支付能力和长期债务的偿还能力严重不足；经营状况差，促使企业经营及发展走向良性循环状态的内外部因素很少，风险极大。

C 级：短期债务支付困难，长期债务偿还能力极差；企业经营状况一直不好，基本处于恶性循环状态，促使企业经营及发展走向良性循环状态的内外部因素极少，企业濒临破产。

每一个信用等级可用“＋”“－”符号进行微调，表示略高或略低于本等级，但不包括 AAA＋。

4. 客户信用等级评定的基本程序

评级程序在不同商业银行间的做法大同小异。以某银行评级程序为例：

（1）经营行客户部门调查初评。初评部门在调查分析的基础上，进行客户信用等级初评，核定客户授信风险限额，并将完整的信用评级材料报送同级行风险管理部门审核。

（2）经营行风险管理部门初审。银行风险管理部门对客户信用评级材料进行审核，并将审核结果报送本级行主管风险管理的行领导。

（3）经营行行长（主管行长）审批。行领导对风险管理部门报送的客户信用评级材料进行签字认定后，由风险管理部门向业务部门反馈认定信息。对于超过基层行认定权限的客户信用评级，该行完成上述规定程序，并由行领导签字后报送上级行风险管理部门。

(4) 上级行风险管理部门审核。上级行风险管理部门对客户信用评级材料进行审核，并报送本行领导认定。

(5) 上级行行长（主管行长）审批。对于仍无认定权限的信用评级材料，应在行领导签字后继续上报。

(6) 有权审批行风险管理部门审批。银行风险管理部门对客户信用评级材料进行审核，并将审核结果报送本级行主管风险管理的行领导。

(7) 有权审批行行长（主管行长）审批。主管行长审批后，认定行对客户信用评级材料审核、认定后，向下级行反馈认定信息。

(8) 经营行复测调整。经营行客户部门必须根据客户情况变化，复测其信用级别。年度中间复测信用等级原则上不作升级处理。

5. 客户信用评级动态管理

企业信用等级每年评定一次，一般于每年一季度完成。评定的信用等级有效期为一年。客户信用等级实行动态管理，经有权人核定和审批客户信用等级后，经营行客户部门必须根据客户情况变化，复测其信用级别。

针对客户经营中可能出现的重大不利变动情况，银行还必须对客户进行动态跟踪。如发生重大变动因素，须酌情调整有关评级对象的信用等级，这些不利因素主要包括：客户主要评级指标明显恶化，导致评级分数降低 10 分或 10 分以上；客户出现重大经营困难或财务困难；客户主要管理人员涉嫌重大贪污、受贿、舞弊或违法经营案件；客户在与银行业务往来中有重大违约行为；客户弄虚作假提供有关评级材料；客户发生或涉及重大诉讼或仲裁案件等。

（二）个人客户信用评级

1. 信用评级的要素

对个人客户的信用评级常常使用人们熟悉的“信用 5C 要素”，即品德、能力、资本、担保、环境。其中，前三个要素是评估的重点。

(1) 品德。品德是评价个人客户最重要的一个因素，因为品德在很大程度上决定着个人信用的质量。对个人客户品德评估的重点是：

1) 个人稳定性分析。包括其在现单位工作的时间、现住址、现社区居住的时间、住宅的权属等，都是分析个人客户稳定性的因素。一般情况下，在现住址、现单位工作时间越长，其稳定性就越高，信用等级就越高。

2) 信用状况分析。首先要了解个人客户从何时、何因、在哪家商业银行借过款、借款的额度、时间如何；其次，了解分析个人客户贷款清偿情况，是否按期还贷，有无逾期，逾期时间长短，是偶尔发生还是经常出现贷款逾期。由此，分析判断个人客户还款的行为习惯和品德，以及偿债能力。

3) 职业与个人声望分析。个人客户的声望是其道德的直接反映，个人客户在其职业生涯中所形成的责任感会直接影响他的行为习惯。因此，应是信用分析考虑的因素。

（2）能力。对个人客户的能力的评估是分析考察其有无还款能力及更大的负债潜能，主要从两方面进行：

1）收入水平评估。个人收入包括工资、奖金、租金、利息、赠与等，收入中相对稳定的部分和收入总水平是进行信用评估时应重点关注的。

2）负债水平评估。负债水平的分析就是要评估客户的负债率和偿债率，如果负债率大于偿债率，则说明其偿债能力差。

（3）资本。个人客户资本金的数额大小对偿还债务有直接影响，尤其是发放大额的贷款，如住房按揭贷款、购置金额较大的固定资产时，应重点考虑该因素。

（4）担保。担保或抵押品是偿还贷款的重要保障，尤其是个人客户的信誉有时很难把握，要求客户提供贷款担保是十分必要的。如果个人客户不能按期偿还贷款本息，便可按借款合同的有关规定处理抵押品或担保人代位清偿，银行收回贷款。对担保或抵押品评估的内容是：担保人的资信情况、偿债能力；抵押品性质、价值、变现性、市场变化趋势等。

（5）环境。环境是指影响个人客户还款能力的外部环境，宏观的如政治、经济、社会、法律等因素，微观的如所在单位的景气与否、失业率等因素，其变化都可能影响偿债能力。

2. 信用等级划分标准

与企业信用等级评定相似，个人的信用等级是对个人借款人的还款意愿、还款能力的综合度量，通过基于评估指标体系的积分进行划分。下面以某商业银行为例，将个人客户依信用度高低划分 AAA、AA、A、BBB、BB、B 级：

（1）AAA 级。得分 90 分以上，客户的收入水平很高，偿债意愿很强，社会地位很高，家庭环境非常优越，一般可获得 50 万元的贷款授信额度。

（2）AA 级。得分在 80 分至 89 分，客户的收入水平高，偿债意愿强，社会地位高，家庭环境非常优越，一般可获得 10 万元的贷款授信额度。

（3）A 级。得分在 70 分至 79 分，客户的收入水平高，偿债意愿较强，社会地位较高，家庭环境比较优越，一般可获得 5 万元的贷款授信额度。

（4）BBB 级。得分在 60 分至 69 分，客户的收入水平中等，有偿债意愿，有一定的社会地位，家庭环境良好，一般可获得 1 万元的贷款授信额度。

（5）BB 级。得分在 50 分至 59 分，客户的收入水平一般，有一定的偿债意愿，社会地位一般，家庭环境一般，一般只能获得 5000 元的授信额度。

（6）B 级。得分在 49 分以下，客户的收入水平较低，偿债意愿不强，社会地位较低，家庭环境较差，一般只能获得 3000 元的授信额度。

表 7—8 为某银行个人消费贷款客户信用等级评级指标及计分标准。

表 7—8　　　　某银行对个人消费贷款客户的信用等级评级指标及计分标准

项　目		评定区间	得分
借款人资格 20 分	年龄	36～49	3
		24～35	2
		18≤年龄≤23 或 50≤年龄≤退休年龄	1
	文化程度	高等教育（大学本科及以上）	5
		中等教育（大专学历）	3
		初等教育（高中及以下）	2
	婚姻状况	有配偶	2
		无配偶	0
	单位性质	国家机关、金融保险、邮电通信	4
		科教文卫、水电气供应、商业贸易	3
		工业交通、房地产建筑、部队系统	2
		农林牧渔、社会服务业及其他	1
	职务或职称	董事/厅局级及以上	4
		总经理/处级以上（或高级职称）	3
		部门经理/科级（或中级职称）	2
		职员/科级以下（或初级职称）	1
	从业稳定性	现单位工作 10 年（含）以上	2
		现单位工作 5 年（含）以上，10 年以下	2
偿债能力 30 分	借款人月均收入	收入 2 万元（含）以上	8
		收入 8000 元（含）～2 万元	6
		收入 3000 元（含）' ～8000 元	4
		收入 3000 元以下	2
	配偶月均收入	收入 2 万元（含）以上	8
		收入 8000 元（含）～2 万元	6
		收入 3000 元（含）～8000 元	4
		收入 3000 元以下	2
	家庭净资产	10 万元以下计 1 分，超过 10 万元计 2 分，每增加 20 万元再计 1 分，最高不超过 6 分	6
	收入还贷比（家庭月均收入/本笔和其他贷款月还款）	3 以上	8
		2（含）～3	6
		1.5（含）～2	5
		1.2（含）～1.5	4
担保能力 25 分	担保类别	质押类担保	17
		住房抵押担保	15
		家用轿车等所购汽车担保	10
		第三方保证担保	8
		其他	5
	担保形式	提供房产抵押和保证人两种（含）以上担保或提供质押担保	8
		提供房产抵押和车辆抵押两种（含）以上担保	7
		有房产抵押担保或车辆抵押担保，或两位保证人担保	5
		有一位保证人担保或其他	3

续前表

项　目		评定区间	得分
存贷款情况25分	存款情况	按年日均存款每万元计0.3分，最高不超过5分	5
	借款记录	贷款已正常归还，再次申请贷款的	4
		与我行首次发生贷款关系的	2
		有贷款余额且形态正常的	1
	贷款乘数	房产抵押率≤50%或质押率≤90%或车辆抵押率≤40%	7
		50%<房产抵押率≤60%或40%<车辆抵押率≤50%	6
		60%<房产抵押率≤70%或50%<车辆抵押率≤60%	4
		60%<车辆抵押率≤70%	2
	贷款期限	1（含）～3年	4
		1年以下	3
		3年（含）以上	1
	还款方式	按月等额、按月还本金	5
		按季等额、按季还本金	3
		其他方式	1

注：1. 对无固定职业、非本地居民的借款人禁止发放贷款（质押贷款除外）。
2. 对收入还贷比≤1.2的借款人审慎发放贷款（质押贷款除外）。

三、客户风险监控及管理

金融机构在贷款发放后应对合同执行情况及借款人经营管理情况进行检查或监控，其主要内容包括监督借款人的贷款使用情况、跟踪掌握企业财务状况及其清偿能力、检查贷款抵（质）押品和担保权益的完整性等方面。其主要目的是督促借款人按合同约定用途合理使用贷款，及时发现并采取有效措施纠正、处理有问题贷款，并对贷款调查、审查与审批工作进行信息反馈，及时调整与借款人合作的策略与内容。

（一）风险监控

1. 客户风险监控

客户经理应培养良好的观察能力，力求对借款企业进行全面、广泛的了解。一方面，要注意企业在日常的商务活动中是否出现不讲诚信的行为，是否出现隐瞒经营情况的现象及其他各种异常情况；另一方面，要对异常的经营管理、财务变动和还款账户日常现金流量情况进行调查和分析，及时发现贷款风险的预警信号，找出问题根源，以便尽快采取相应措施，减少相关损失。

2. 担保风险监控

贷款发放后，对于保证人与抵（质）押物的管理主要是对担保人担保能力的变化及抵（质）押物状态和价值变化的跟踪和分析，并判断上述变化对贷款安全性的影响。

（1）保证人风险监控。贷款保证的目的是对借款人按约、足额偿还贷款提供保障，因此，银行应特别注意保证的有效性，并在保证期内向保证人主张权利。对保证人的管理主要有以下三个方面的内容：

1）审查保证人的资格。应注意保证人的性质，保证人性质的变化会导致保证资格的丧失。保证人应是具有代为清偿能力的企业法人或自然人，企业法人应提供其真实营业执照及近期财务报表；保证人或抵押人为有限责任公司或股份制企业的，其出具担保时，必须提供董事会同意其担保的决议和有相关内容的授权书。应尽可能避免借款人之间相互担保或连环担保。对有关联关系的公司之间的相互担保一定要慎重考虑。对业务上互不关联的公司的担保要分析其提供担保的原因，警惕企业通过复杂的担保安排骗取银行贷款。

2）分析保证人的保证实力。对保证人的评估方法和对借款人的评估方法相同。保证人的财务状况，如现金流量、或有负债、信用评级等情况的变化直接影响其担保能力。银行应同样以对待借款人的管理措施对待保证人。

3）了解保证人的保证意愿。良好的保证意愿是保证人提供担保和准备履行担保义务的基础。应密切注意保证人的保证意愿是否出现改变的迹象。如保证人和借款人的关系出现变化，保证人是否出现试图撤销和更改担保的情况。应分析其中的原因，判断贷款的安全性是否受到实质影响并采取相关措施。

（2）抵（质）押风险监控。以抵（质）押物设定担保的，银行要加强对抵押物和质押凭证的监控和管理。对抵押物要定期检查其完整性和价值变化情况，防止所有权人在未经银行同意的情况下擅自处理抵押物，检查内容主要有：

1）抵押物价值的变化情况；

2）抵押物是否被妥善保管；

3）抵押物有否被变卖出售或部分被变卖出售的行为；

4）抵押物保险到期后有没有及时续投保险；

5）抵押物有否被转移至不利于银行监控的地方。

在抵押期间，银行应定期检查抵押物的存续状况以及占有、使用、转让、出租及其他处置行为。如发现抵押物价值非正常减少，应及时查明原因，采取有效措施。如发现抵押人的行为将造成抵押物价值的减少，应要求抵押人立即停止其行为。如抵押人的行为已经造成抵押物价值的减少，应要求抵押人恢复抵押物的价值。如抵押人无法完全恢复，应要求抵押人提供与减少的价值相当的担保，包括另行提供抵押物、权利质押或保证。

抵押人在抵押期间转让或处分抵押物的，商业银行必须要求其提出书面申请，并经商业银行同意后予以办理。经商业银行同意，抵押人可以全部转让并以不低于商业银行认可的最低转让价款转让抵押物的，抵押人转让抵押物所得的价款应当优先用于向商业银行提前清偿所担保的债权或存入商业银行账户；对于抵押物出险后所得赔偿数额不足清偿的部分，商业银行可以要求借款人提供新的担保。

（二）授信检查

授信业务的后期管理中，需要对授信客户及影响信贷资产安全的有关因素进行不间断的监控和分析，以便及时发现早期预警信号，并采取相应补救措施。

1. 授信检查的类型

授信检查包括常规检查、专项检查和突发事件检查。

（1）常规检查。按照规定的检查间隔期对客户情况进行检查。如对生产流通企业，主要检查以下内容：

1）客户生产经营情况是否发生重大变化，与上下游客户的供销关系是否稳定；

2）是否出台了对客户生产经营产生较大影响的政策法规；

3）客户有无涉及经济纠纷、行政处罚等事项；

4）客户主要股东、组织结构、管理体制、管理人员、经营策略和方式等是否发生重大变动；

5）客户与关联企业之间是否出现可能影响贷款收回的事项；

6）客户所属行业技术水平、经营方式、市场环境是否发生较大变化；

7）客户在行业中的地位是否发生较大变化；

8）客户主要财务指标是否超过约定的控制线；

9）客户在本行及他行融资是否出现不良记录；

10）担保是否发生较大不利变化；

11）客户对外担保和资本支出变动情况；

12）对外汇贷款，还应检查客户综合创汇能力、还汇能力变化情况及汇率风险变动情况。

（2）专项检查。主要包括以下内容：

1）贷款发放后 7 天内对贷款流向、贷款用途是否符合借款合同约定、有无挪用等情况进行专项跟踪检查；

2）根据贷款预警信息提示或其他情况进行专项检查；

3）贷款到期前 1 个月，对客户的还款能力和还贷资金落实情况进行专项检查。

（3）突发事件检查。如遇突发事件，将影响贷款本息归还的，应立即对客户进行检查。

2. 形成检查报告

授信检查完毕后，应根据检查内容形成检查报告，提出建议或措施。一般而言，贷后检查报告的内容包括以下几个方面：

（1）对客户生产经营情况的评价；

（2）对客户财务状况的评价；

（3）对客户管理情况的评价；

（4）对客户发展前景的评价；

（5）对客户贷款风险状况的总体评价；

（6）建议采取的措施。

3. 预警处置

预警处置是在接收风险信号，评估、衡量风险基础上提出有无风险、风险大小、风险危害程度及风险处置、化解方案的过程。客户风险预警信号出现后，银行相关部门应组织力量积极进行控制和化解。要根据风险的程度和性质，采取相应的风险处置措施：

（1）列入重点观察名单；

（2）要求客户限期纠正违约行为；

（3）要求增加担保措施；

（4）暂停发放新贷款或收回已发放的授信额度等。

例如，当项目实际投资超过原定投资金额，贷款人经重新风险评价和审批决定追加贷款的，应要求项目发起人配套追加不低于项目资本金比例的投资，并视情况要求增加相应担保。对于出现的较大风险，客户部门无法自行控制和化解处置的，应视贷款金额的大小及风险状况及时报告授信审批行风险资产管理部门或信贷管理部门，风险资产管理部门或信贷管理部门调整客户评价授信方案和风险分类，介入风险认定和处置。

（三）贷款分类管理

贷款风险分类法是指银行的信贷分析和管理人员，综合能获得的全部信息并应用最佳判断，根据贷款的风险程度对贷款质量作出评价和判断。自 2002 年 1 月 1 日起在中国银行业全面推行贷款风险分类的五级分类制度，分为正常、关注、次级、可疑、损失五类，其中后三类为不良资产。贷款风险分类的目的：一是揭示贷款的实际价值和风险程度，真实、全面、动态地反映贷款的质量；二是发现贷款发放、管理、监控、催收以及不良贷款管理中存在的问题，加强信贷管理；三是为判断贷款损失准备金是否充足提供依据。贷款风险分类的步骤如下：

1. 阅读授信档案

银行应该制定信贷档案管理制度，为每个借款人建立完整的档案。贷款分类的信息主要来源于授信档案。从授信档案里面，我们可以掌握以下信息：

（1）客户的基本情况。

（2）借款人和保证人的财务信息。

（3）重要文件。包括：借款人贷款申请；银行信贷调查报告和审批文件，包括长期贷款的可行性分析报告，上级行的立项文件、批准文件；贷款合同、授信额度或授信书；贷款担保的法律性文件，包括抵押合同、保证书、抵押品评估报告、财产所有权证，例如地契、房产证明等；借款人还款计划或还款承诺等。

（4）往来信函，包括客户经理走访考察记录、备忘录。

（5）借款人还款记录和银行催款通知。

（6）贷款检查报告，包括定期、不定期的信贷分析报告、内审报告。

2. 审查贷款的基本情况

贷款的基本情况主要包括贷款目的、还款来源、资产转换周期以及还款记录四个方面。

(1) 贷款目的。对贷款的目的即贷款的用途审查的主要内容是贷款合同所规定的用途与贷款的实际用途是否一致，这是判断贷款正常与否的最基本的标准。如果贷款被挪用，意味着原先贷款发放的依据已丧失，对银行而言则意味着更大的风险，已用的贷款至少被分为关注类贷款。

(2) 还款来源。通常，借款人的还款来源不外乎现金流量、资产销售、抵押品的清偿、重新筹资及担保人偿还等。这几种还款来源的稳定性和可变现性不同，成本费用不同，风险程度也不同。通过正常经营所获得的资金是偿还债务的最有保障的来源，我们称之为第一还款来源。依靠担保抵押或重新筹资偿还债务，由于不确定性因素较多和成本较高，风险也就较大，我们称之为第二还款来源。在风险分类中，贷款分类人员应判断借款人合同约定的还款来源是否合理，风险程度是高是低，从而为贷款分类提供初步的依据。

(3) 资产转换周期。资产转换周期是银行信贷资金由金融资本转化为实物资本，再由实物资本转化为金融资本的过程。根据资金性质的不同，资产转换周期（循环）可分为两个内容：一是经营性循环，由生产、销售产品和提供服务的日常经营活动组成，即通常所说的产供销的过程，资金投入在一个经营周期内以销售形式（提供劳务）转换成现金；二是资本性循环，借款人投入资金用于购买机器设备或其他资产，以扩大生产，然后通过折旧方式在借款人多个经营周期内收回资金。资产转换周期的长短是确定贷款期限的主要依据，资产转换周期的内容为考察贷款目的和还款来源提供了非常有用的信息。

(4) 还款记录。还款记录在贷款分类中具有特殊的作用，它可以直截了当地告诉你目前贷款的状态是正常还本付息还是发生过严重拖欠或被部分注销，贷款是否经历过重组，或已挂账停息等重要信息，这为贷款分类提供了最基本的依据。如果还款记录不正常，那么，我们至少可以很快地对贷款的不良状况作出基本的判断；如果还款记录完全正常，仍有必要对贷款质量进行监控。

3. 评估还款的可能性

确定还款的可能性，应分析借款人的还款能力、还款意愿、贷款偿还的法律责任、贷款担保、银行的信贷管理五个方面的因素。

(1) 还款能力。需要分析借款人的财务状况、现金流量、影响还款能力的非财务因素。借款人的还款能力是决定贷款本息能否及时收回的主要因素。

(2) 还款意愿。是指借款人按合同规定还本付息的主观愿望。

(3) 贷款偿还的法律责任。造成贷款偿还的法律责任不明有多方面的原因，例如：贷款合同要素不全，还款条款含义不明确，由无授权的人员签字等。

(4) 贷款担保。包括对贷款的抵押、质押和保证，是贷款本息偿还的第二还款来源，重要性仅次于借款人的还款能力。在借款人还款能力存在问题的情况下，贷款抵押品、质押物的变现能力以及保证人的还款能力和还款意愿至关重要。

（5）银行的信贷管理。与贷款质量的好坏有着直接的关系。一般来说，分类时应将银行的信贷管理水平作为一个总体因素进行考虑。对信贷管理水平差的银行或专业素质差的信贷人员发放的贷款应进行重点检查。

分类过程中，在确定贷款的还款记录后，对以上五类因素的分析应各有侧重，也存在一定的先后顺序。例如：对还款记录良好的贷款，对还款意愿、还款的法律责任的分析可以放在次要的位置；对还款记录不佳的贷款，则应对所有因素进行分析。在任何情况下，都需要对借款人的还款能力首先作出判断。

4. 综合分析，确定分类结果

根据借款人的还款可能性的分析，再结合各类贷款的定义和特征对贷款的风险程度作出判断。

（1）五级分类的定义。

1）正常：借款人能够履行合同，没有足够理由怀疑贷款本息不能按时足额偿还。

2）关注：尽管借款人目前有能力偿还贷款本息，但存在一些可能对偿还产生不利影响的因素。

3）次级：借款人的还款能力出现明显问题，完全依靠其正常营业收入无法足额偿还贷款本息，即使执行担保，也可能会造成一定的损失。

4）可疑：借款人无法足额偿还贷款本息，即使执行担保，也肯定要造成较大损失。

5）损失：在采取所有可能的措施或一切必要的法律程序之后，本息仍然无法收回，或只能收回极少部分。

（2）确定分类结果。

1）正常类贷款的偿还有充分的把握，不会有损失。

2）关注类贷款的划分要抓住"潜在缺陷"这一内在特征，如果一笔贷款仅仅是贷款信息或信贷档案存在缺陷，并且这种缺陷对于还款不构成实质性影响，贷款不应被归为关注类。

3）次级类贷款的划分要抓住"明显缺陷"这一内在特征，并且正常经营收入已不足以还款，借款人当前净值、还款能力或抵押品充分保证贷款的偿还存在明显的缺陷，如果不纠正，银行就可能承担一定的损失。

4）可疑类贷款的划分，要考虑"有明显缺陷且有一部分损失"这一关键特征。

5）损失类贷款并不意味着贷款不能收回，而只是说贷款已不具备作为银行资产的价值。

在贷款分类时须注意：一是要抓住那些影响贷款回收的基本因素；二是从审慎原则出发，各档次贷款的具体特征均为一种最低标准；三是要注意一些特例情况，如在实际操作中，以现金、国库券作为质押物的贷款可等同于有充分还款保证的贷款，可视作正常贷款。

问题贷款是指债务人未按原贷款协议按时偿还本金或利息，或已有迹象表明债务人不可能按原贷款协议按时偿还本金或利息的贷款。按照贷款风险五级分类制度，关注、次级、可疑和损失均为问题贷款，问题贷款通常会给银行带来损失。

四、客户风险的化解

客户的问题贷款如隐形炸弹，其蕴藏的风险时刻都有可能对银行的经营产生重创。因此，研究问题贷款产生的原因，加强对问题贷款的识别与监测，并采取有效措施化解问题贷款的风险，是银行客户风险管理的至关重要的内容。

（一）问题贷款的转化

问题贷款的转化主要是通过督促企业整改、积极催收、更换借款人、签订重组协议等方式，促使问题贷款向良性正常贷款转化。其主要方法有：

1. 督促企业整改

如果在贷款期间就已发现预警信号，如借款人经常超限额透支、存货积压、应收账款金额增大及周期延长等，银行应立即加强与借款企业联系，并针对不同的预警信号，采取不同的管理措施。如对经常超限额透支的客户，可先以电话方式、后采取书面形式通知客户，希望客户不再发生违约透支行为，否则银行将退回客户的支票或采取严厉的惩罚措施。对存货积压的客户，银行可建议客户根据存货积压原因，或拓展、疏通销售渠道，或调整、改进产品的品种结构、性能，或提高产品的质量。对应收账款异常的客户，银行应建议或提醒客户，调整赊销策略，积极催收货款。总之，当发现预警信号后，应立即采取相应的措施，提醒并督促企业调整经营策略，改善财务状况，决不能因为贷款尚未到期或借款人尚能支付利息而掉以轻心。因为当贷款真正逾期或无法支付利息时，挽回银行信贷资产损失的难度将更大。

2. 积极催收

当借款人未按时支付利息，或未能根据借贷合同规定的日期还款时，银行应立即与借款人联系并催收。倘若借款人回避，或既不还本付息，又不与银行联系，银行就应向借款人发出措词严厉的信函或电传，敦促借款人尽快还本付息。如借款人仍未还本付息，或以种种借口拖延不付，银行就应派人上门催收，或约见借款企业的主要负责人，商谈落实贷款的还本付息事宜。

3. 更换借款人

更换借款人即银行要求借款人将债务（或贷款）转让给条件较好的第三方，或者直接由第三方向银行申请贷款并用于归还原借款人的问题贷款。第三方可以是借款人的关联企业，或准备收购或兼并借款人的第三方，或风险投资基金、政府、其他银行或债权人等。

在实际操作过程中，更换第三方作为新的债务人时，银行最好采用第三方直接向银行申请贷款，然后用银行贷款归还原借款人所借款项的方式。在这种方式下，银行与原借款人之间的债权债务关系完全解除，银行成为第三方的债权人。如果采用在银行与原借款人签订的借款合同项下债务转让的方式，银行与原借款人、第三方，原借款人与第三方均应签订有关的转让协议。另外，在实际操作过程中，还可能存在一些变异的情况，如只更换借款人而不更换保证人或担保品，或不更换借款人而只更换保证人或担保品等。

4. 借贷双方签订重组协议

只有那些一时资金周转不灵，经短期调整后现金流入量增多，或筹措到新资金的借款人，能够在银行催收利息或贷款后的一定期限内偿还债务。然而，大部分现金流量恶化的借款人既不可能在短期内改变现金流量的状况，又不容易从别的金融机构获得新的融资。因为所有金融机构都不愿向现金流量恶化、资信状况不佳的企业发放贷款。此时，借贷双方可以协商签订处理协议，对贷款进行重组，包括以下方式：

（1）贷款展期。贷款展期是指借款人不能或不希望按照贷款协议规定的还款计划按时偿付每期应偿付的贷款，由借款人提出申请，经贷款行审查同意，有限期地延长还款期限的行为。因特殊原因客户到期无力偿还贷款时，可申请办理贷款展期申请，并按以下程序办理贷款展期手续：

1）客户应提交书面展期申请。客户应在贷款到期前15天填制并向经营行提交贷款展期申请书，原贷款的保证人、抵押人或质押人应在贷款展期申请书上签署“同意展期”的意见并签章。

2）贷款展期的调查、审查、审批。经营行客户部门应对客户贷款展期的原因、金额、期限、还款措施和还款资金来源进行调查，写出书面调查报告，送信贷管理部门审查，行长审批后，报原审批行备案。

3）签订贷款展期协议。贷款展期批准后，经营行客户部门与客户、担保人（保证人、抵押人或质押人）签订贷款展期协议书，并由有权签字人签章。

（2）财务援助。银行可根据客户的实际情况给予一定的财务援助，帮助客户渡过难关并及时收回贷款。在借款人提出要求增加新贷款时，银行应重新审核当初企业在申请原贷款时提交的贷款申请报告、项目评估报告，以及审查报告，查明贷款不能按时还本付息或贷款缺额（贷款额不能满足项目的资金需求）的真正原因。若是由于申请及审批时不可预见的情况变化导致的资金不足，而项目或产品本身具有较好的经济效益或市场潜力，只要追加一部分贷款就能使项目上马或产品投产，并在一定时间内能收回全部（原贷放的及追加的）贷款的本金和利息，银行可根据自身信贷资金额度的实际情况，在允许的范围内，考虑给予追加新贷款。

（3）追加担保。银行如果在贷后检查中发现借款人提供的抵押品或质押物的抵押权益尚未落实，或担保品的价值由于市场价格的波动或市场滞销而降低，由此造成超额押值不充分，就应要求借款人落实抵押权益或追加担保品。另外，如果由于借款人财务状况恶化，或由于贷款展期使得贷款风险增大，或追加新贷款，也可要求借款人追加担保品，以保障贷款资金的安全。对于追加的担保品，也应根据有关规定，办妥鉴定、公证、登记等手续，落实抵押权益。

对由第三者提供担保的保证贷款，如果借款人未按时还本付息，就应由保证人为其承担还本付息的责任。倘若保证人的担保资格或担保能力发生不利变化，其自身的财务状况恶化，或由于借款人要求贷款展期造成贷款风险增大或由于贷款逾期，银行加收罚息而导致借款人债务负担加重，而原保证人又不同意增加保证额度，银行应要求借款人追加真正具有经济实力的保证人。

（4）参与借款企业的管理。对于不能按期还本付息的借款者，尤其是对于那些经营管理混乱、计划决策屡屡失误、管理班子涣散、领导能力薄弱的企业，银行可要求参与借款企业的管理，帮助其提高经营管理水平。例如：要求允许让银行参加企业的董事会或高级管理层；要求参与企业重大决策的制定；要求特派员充当审计员；甚至可以要求保留或撤换企业现有的管理班子，或者要求借款者精减人员、压缩成本开支等。银行参与管理的目的，是帮助企业改变原来管理混乱的状况，制定正确的经营决策，实行科学有序的管理，提高企业的营运效率和获利能力，从而改善企业的财务状况，有助于银行贷款的收回。

（5）资产重组。借款企业对企业的组织形式、经营方式进行重新安排，通过改良、关闭、合并或者出售不良资产，使企业生产经营重新获得活力。银行通常通过股份分拆及合并、资产置换、出售资产、租赁或托管资产、受赠资产和对企业负债的重组等方式来实现资产重组，降低或消除客户风险。

（二）贷款清收

若银行预计问题贷款向良性正常贷款转化有困难，应及时进行贷款清收。其主要措施有：

1. 行政清收

行政清收是指通过正常的行政手段做好催收工作。当借款合同中列明的违约事件发生时，银行应立即以书面形式正式通知借款人，告知其已发生违约行为，责成其限期采取有效措施加以纠正，并应同时书面通知贷款保证人。发出违约通知书后，信贷客户经理应密切注意借款人的反应，了解其是否采取补救办法，主动上门催收，监督其纠正。同时应向本行信贷部门的领导汇报，研究催收对策，采取防范措施，确保贷款收回。

2. 依法催收

依法催收是指依靠法律手段做好催收工作。主要包括：

（1）冻结账户，主动扣款。依据借款合同，冻结借款人在本行开立的存款账户，所有的款项只汇入不汇出，以从该账户扣款归还贷款本息，直至贷款全部还清为止。

（2）代位清偿。根据借款保证合同，向借款保证人追索，要求其承担连带责任，在规定的期限内履行其义务，代位清偿合同项下借款人到期应偿付的贷款本息和费用或其所保证的金额。

(3) 变卖抵（质）押品。依据抵押或质押合同的规定，处置抵押品或质押品。处置应按照合同中规定的程序和方式进行，处置的进程和结果应通知借款人。处置所得的款项，应用于归还拖欠的贷款本息，剩余部分退还借款人。如款项不足以抵偿拖欠的贷款本息，应继续向借款人追索。只要贷款未全部还清，仍应对其计息（含处置期间）。

3. 依法起诉

以下情况可提起诉讼，通过法律程序占有并出售属于债务人的财产作为还款来源：无抵押或质押，又不愿还款的；虽有保证，但保证人拒不履行连带偿付责任的；抵押、质押品处置所得款项不足以偿还贷款，借款人又不愿提供新的还款来源的。

4. 破产清偿

破产是指当债务人的全部资产无法清偿到期债务时，债权人通过一定程序将债务人的全部资产供其平均受偿，从而使债务人免除不能清偿的其他债务。即企业破产后按法律规定进行债权登记和资产清理，并按程序清偿贷款。但破产后贷款清偿所得的一般只是原有贷款额的一部分，因此，催收中要密切注意客户有无破产迹象，力争在其破产前偿还贷款。

图 7—1 为问题贷款处理程序图。

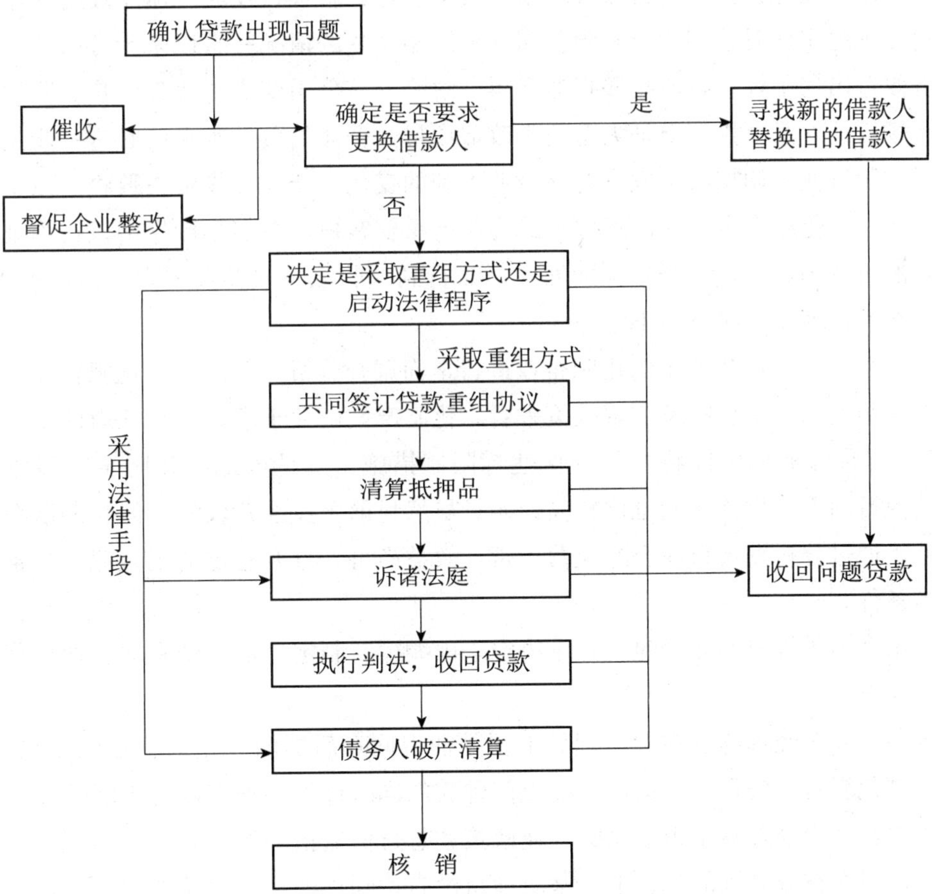

图 7—1　问题贷款处理程序图

模块4 案例学习

未雨绸缪避风险

赵宇是负责S市达剑化肥有限公司的某银行客户经理，该公司是由于S市市区扩建，原化肥厂迁址扩建而成，其生产的某品牌化肥是国家质量认证产品，公司效益曾经相当不错。

前几年，由于化肥企业受宏观紧缩影响，导致化肥行业企业连年亏损，成本不断攀升，企业经营一度难以维持。达剑化肥有限公司在该行的贷款余额为7280万元，银行承兑汇票500万元，银行履约保函65.95万元，累计欠息927.45万元。而达剑化肥有限公司要想走出困境，需要继续大量投入资金进行规模扩张和技术改造。

去年以来，化肥行业出现复苏，达剑化肥有限公司实现扭亏为盈，经济效益不错，并且还清了所欠利息，转为正常贷款，似乎已经逐步变成该行的优良客户。最近，该公司正准备开发原闲置土地并投资进行较大规模的技术改造，新项目建成后预计效益较好。

客户经理赵宇面对达剑化肥有限公司拖欠巨额贷款的情况一直以来十分关注，幸好企业的经济效益出现了好转，风险警报似乎得以解除，该公司变成了优良客户。听说该公司趁现在市场行情好又要投资上马大型技术改造项目，企业的负债水平势必进一步上升，万一国家对化肥行业的调控政策发生对该企业不利的变化，新项目投资失败将导致重大信贷风险。然而达剑化肥有限公司已经逐渐成为该行重要客户，在实际操作中该行当地暂时无相对更好的可营销客户，如贷款全面回收后该行利差收入及效益会出现一定幅度的下滑。究竟该怎么办，赵宇一时举棋不定……

于是，赵宇对全省及S市的化肥企业进行全面调查分析，得出S市化肥行业存在较大潜在风险的结论。一是从国家宏观政策来看，化肥产量供大于求；二是该地区不适宜搞资源型项目，S市邻近地区即将实行环保达标限制措施；三是该地区化肥企业整体亏损严重，在其他行的不良货款比例也比较高；四是虽然目前企业经营较好，但长期潜在风险很大。另外，通过分析发现目前企业经营正常，效益尚可，且有稳定的现金流，具备贷款回收的基本条件。

接下来，为了规避潜在风险，赵宇决定未雨绸缪，制定达剑化肥有限公司信贷关系退出方案并执行：

场景一：客户经理赵宇在向行领导汇报并征得同意后提前终止借款合同，收回贷款，实施从达剑化肥有限公司主动退出，在上门催收的同时详细调查企业财产情况。

场景二：客户经理赵宇根据国家产业政策和总行信贷指导意见要求，尽管存在眼前利益的损失，但在充分调查的基础上，坚决地从没有达到规模经济效益的化肥企业实施客户信贷关系退出。

场景三：由于得不到企业配合，客户经理赵宇迅速诉讼至法院，采取诉前保全措施查封了企业的结算账户和拟开发的土地使用权一宗。在强大的压力下，经过双方多次协商，达剑化肥有限公司签订了庭内调解协议书和还款补充协议书。

尾声：达剑化肥有限公司已归还该行所有贷款本金、利息。至此，客户经理赵宇成功实施了对达剑化肥有限公司的客户信贷关系退出方案，化解了一项潜在的信贷风险。

资料来源：立金银行培训中心：《商业银行客户经理25堂课②》，北京，中国经济出版社，2011。

问题：

1. 客户经理赵宇为什么要从达剑化肥有限公司提前收回贷款？

2. 在实施客户信贷关系退出时，你认为可以采取哪些措施来保障金融企业自身的合法权益？

模块5 知识拓展

一、保险客户风险的识别与防范

保险公司的经营特性决定了其最主要成本源自对客户的赔款支出，因此，客户风险管理是保险公司成本管理的重心。

（一）客户风险识别

1. 客户风险识别的方法

客户风险可以简单地划分为：客户的可保风险、客户的不可保风险、客户的道德风险。对于每一种风险，可以继续分析，找出风险产生的原因。例如，可以运用客户风险分级的方法区别对待优质客户和高风险客户；分析不可保风险通过限制是否可转化为可保风险；道德风险则是要检讨管理政策和业务流程有无漏洞，是否对客户的风险情况进行评估，是否存在销售人员与客户联合损害保险企业利益的情况。风险的识别离不开保险企业内和行业间相关部门的密切配合。

2. 客户风险的来源

（1）客户有意隐藏信息。客户往往会有意地隐藏一些不愿意透露的信息，甚至提供虚假的标的物信息或其他重要信息，如历史出险记录、标的物具体使用用途等信息，致使保险公司所掌握客户的信息不全面、不真实，难以全面了解客户的风险状况，无法有效地识别高风险客户。

（2）客户骗取保险金。保险诈骗是行为人故意实施的违法犯罪行为，根据国际经验，大多数骗赔者采取故意损毁保险标的、伪造交通事故或制作假单证等手法。此类案件大都有预谋和策划，隐蔽性较强。因此要仔细分析其中原因，发现疑点，迅速查证。

（二）客户风险评估

1. 建立客户风险信息数据库

建立覆盖所有保险企业的客户风险信息数据库，实现保险业与相关部门的信息交换。借助信息平台，保险企业可以更加全面地了解客户的风险状况，可以参考历史承保理赔数据或进行有针对性的调研，在客户的信息中找出规律，更加有效地识别高风险客户。因为高风险的客户发生损失的频率和损失的程度都比较高，占用了公司大量的支付成本和服务资源，所以通过资源共享建立行业黑名单制度，可以避免恶意骗保的客户在行业内流通。

2. 客户风险细分

客户风险细分可以通过聚类算法，将客户分成不同的客户群，识别这些不同客户群的行为习惯和相应的风险特征。例如，车险客户聚类的维度可以分为：客户背景属性，包括性别、年龄、职业、受教育程度、收入、驾龄；客户行为属性，包括日常行驶区域、车辆使用用途、客户忠诚度；客户风险属性，包括有无理赔记录、违章记录、道德风险记录；客户扩展属性，包括信用度、客户价值、应收情况、投保险种；客户车辆属性，包括车型、车龄、车价等。

通过这样的聚类对客户分群，保险企业对客户总体构成会有更准确的认识，对客户的风险分类也会更具针对性。保险企业应根据客户风险的细分和不同的保费贡献度，制定相应的营销战略，配以个性化的险种组合和差异化的后期服务，来赢得和保持优质客户，筛选和剔除劣质客户。

（三）客户风险控制

在风险识别和风险评估的基础上，应针对所存在的风险因素，积极采取控制措施，以消除风险因素或减少风险因素的危险性。在损失发生前，可通过采取控制措施，降低损失发生的可能性；在损失发生后，应采取有效措施将损失减少到最低限度。风险控制措施可以分为避免风险、预防风险、降低损失、转移风险和承担风险五类。

1. 避免风险

避免风险又称规避风险。经过风险评估后，客户如被评估为高风险，保险公司可能就不予承保，这样就规避了风险。不过在运用这一措施时，需要注意以下三点：当风险很高或者管理风险的成本极高时，规避风险是合适的；有些风险是不可避免的，比如说沿海城市的台风；不联系管理的风险只表现为一种危险，联系管理行为认识的风险就是一种价值，管理者的这种风险管理水平越强，所获得的回报就越高。

2. 预防风险

预防风险就是要降低发生损失的可能性。通过风险评估，可以划分客户风险等级，如果能够承保一些低风险的客户，保险公司的综合风险将会大幅度降低。很多风险来源于保险公司相关的内控制度不健全，如果加以改善，就可以减少风险。

（1）强化承保以及理赔审核工作的规范性。严格的保前验险制度可以预防倒签单的发生，在源头上遏制道德风险的发生。保险公司在承保之前应该对保险标的以及被保险人进行审核，对保险标的可能遭遇的风险、损失程度以及被保险人的品德、资信，已往保险历史，保险需求的适合程度都需加以仔细审核，而后作出抉择。

理赔是保险经营活动中又一重要环节，直接关系到保险当事人的切身利益和保险公司的社会声誉。因此保险公司业务人员要对事发现场作细致查勘，对证明材料需谨慎审核。各类保险案件发生后，只要严格把握好现场查勘和案情分析这两个环节，在充分占有一手资料的基础上，认真分析研究涉嫌诈骗的动机、时间和有关证据，由表及里，透过现象看本质，就能从错综复杂的各类赔案中，揭露出以骗取保险金为目的的违法犯罪案件。

（2）完善保险公司内部监控机制。建立完善的核保核赔制度，加强核保核赔等工作环节的标准化、专业化建设，明确业务管理部门和业务销售部门之间的职责划分，对核保核赔等政策的制定在业务管理部门实现集中统一管理，业务销售部门则负责政策的执行，强化业务管理部门对业务销售部门的督察，从而有效控制风险。

保险公司内部要建立承保核审制度，对所要承揽的业务要按程序对风险进行多次识别、评估和筛选，以便有效控制责任。承保审核人员有相应的资格认定、评聘制度，只有具有全面专业知识，富有实践经验的人才能充当核保人，并要有强烈的工作责任心和专业敏锐性。除此之外，还需配以承保核保档案和审核人员岗位责任考评制度，以完善的管理确保承保质量。

保险公司还要建立规范的理赔制度，实行接案人、定损人、理算人、审核人、审批人分离制度和现场查勘双人制，人人把关、各司其职、互相监督、严格防范，以确保理赔质量。同时，理赔工作应严格按审查流程顺序，步步深入，并建立事故查勘报告档案以备复核和总结经验教训。在理赔工作中，如若发生以赔谋私或内外勾结欺诈，必须严肃处理。

3. 降低损失

损失发生后，保险公司可以采取必要的措施减灾减损，将损失降到最低。如损失涉及致害的第三方，支付赔款后保险公司即取得代位追偿的权利，应通过法律途径积极行使向第三方的代位追偿权，尽量弥补赔款损失。

4. 转移风险

当保险公司不能够或不希望独立承担某些风险时，可以考虑将风险转移，采取多方共保或投保再保险的方式来转移风险。

5. 承担风险

在风险评估时，保险公司往往根据客户的风险状况及有关材料，为每个客户评定风险等级，以此为每个客户设定承保条件。保险公司应随着市场销售情况、客户风险情况和保险公司可能和愿意承担的风险等变化，定期对客户风险重新核定，使总量风险保持在保险公司所能承担的风险范围之内。

二、证券经纪业务风险的识别与防范

对于证券经纪业务而言，证券经纪人在代理客户买卖证券的过程中，涉及各种各样的具体操作。这些操作如存在疏忽与错漏，就很容易给经纪人带来风险或损失。经纪人对此应该有着清醒的认识，要注意防范有关风险，而不能盲目乐观地认为代理客户买卖证券的经纪行为，只是提供中介服务，又无须自己垫付资金，很难说有什么风险。

（一）风险的识别

证券经纪人在代理客户办理开立账户、买卖证券等业务时，由于业务主体多、环节多、环境复杂等原因而面临与客户发生经济和法律纠纷，甚至造成经济损失的可能性，因此使得证券经纪业务活动中隐藏着各种各样的风险，主要包括以下方面：

1. 开户风险

开户风险是指证券经纪人完成客户开发的工作以后，在开立账户的环节可能遇到的风险。开户风险主要有下列情形：

（1）开户对象风险。根据我国现行法律的规定，并非所有的人都可以参与证券交易，某些特定的人始终不能或在一定时间内不能参与证券交易，或是不能进行某些种类证券的交易。证券经纪人在开发客户的过程中，可能会因招揽客户心切或是不熟悉有关规定，让这样的人成为自己的客户并代理其进行证券买卖，从而面临法律上的风险。

（2）开户数量风险。这是指证券经纪人所招揽的客户数量与自身能力、发展不相适应所造成的风险。客户数量过少，使经纪人能够分享到的佣金提成非常有限，与所投入的劳动不成比例，使经纪人失去对事业和客户的热情；客户数量过多，则容易超过经纪人能力所及，每天穷于应付，造成服务质量下降，差错纠纷上升。

2. 交易差错风险

证券经纪人接受客户委托代理买卖证券时，要经过开立账户、填单、审查、输入、清算交割等一系列操作环节。在这个过程中，很有可能会因偶然失误而导致交易出现差错，使最终的交易结果违背了委托人意愿，造成经济损失。交易差错风险主要有下列情形：

（1）客户委托约定不明的风险。约定不明是指由于种种原因，客户对委托单填写不规范，导致误买或误卖了不符合其本意的证券；或者是委托内容不符合交易规则，申报价超出了价格限制范围，一笔申报超过了最高委托数量；等等。

（2）经纪人审核不慎的风险。凭证审核不慎是指证券经纪人不按操作规定严格、详细地审核客户所填委托单的各要素（股东账户，股东姓名，拟买卖证券的名称、数量、价格、时间等）是否齐全、合理，或是没有注意到“三证”（股东账户、身份证、资金卡）

应该齐全、一致，或在客户通过代理人来买卖证券的情况下没有仔细审核授权书。

(3) 申报差错引起的风险。申报差错是指证券经纪人报错、输错证券代码、证券价格、证券数量、买卖方向等，从而给客户造成经济损失。对此，经纪人应承担赔偿责任。

3. 无权或越权代理风险

根据《证券法》的有关规定，办理经纪业务时不得接受客户的全权委托而决定证券买卖、选择证券种类、决定买卖数量或买卖价格。如果证券经纪人与客户签订了全权代理委托协议，约定共享收益、共担损失，或是在未签订任何协议的情况下，擅自为股民办理指定交易、进行新股配售业务，都可能发生无权或越权代理风险。

除少数证券经纪人为牟取私利而有意进行无权或越权代理买卖外，也存在一些因无心之失造成无权或越权代理的事实。例如：在交易过程中，经纪人由于疏忽报错了证券账号，造成把别人的证券错买错卖；由于未能识破客户的欺诈行为而错买错卖；由于经纪人的过失引起客户透支后，未经客户本人同意擅自锁定其账户，造成客户不能在别处买卖证券；等等。

4. 信用交易风险

证券信用交易，又称融资融券交易，是指在证券交易所或者证券监督管理当局批准的其他证券交易场所进行的证券交易中，证券公司向客户出借资金供其买入证券或者出借证券供其卖出，并由客户交存相应担保物的经营活动。融资融券业务实行杠杆交易，对收益和风险具有放大作用。融资融券交易中，投资者与券商之间存在委托买卖关系、债权债务关系以及由债权债务产生的担保关系，为保护债权、防范风险，经纪人应对投资者信用账户的资产负债情况实时监控。一旦股票价格朝着不利的方向运动，投资者不仅要承担杠杆交易放大了损失的风险，还要支付高额的融资利息和融券费用。当客户维持担保比例低于底限未及时追加担保物，标的股票交易由于被实行特别处理、终止上市等原因被调整出融资融券标的证券范围，或者投资者不能按照合同约定的期限清偿债务时，将会面临强制平仓的风险及损失。

5. 其他风险

(1) 服务质量风险。这是指证券经纪人服务质量较差所造成的经济损失。这种经济损失既有客户当场不满意而取消委托的现实经济损失，又有未来可能取消与经纪人的委托代理关系的潜在经济损失，还可能包括因服务质量问题导致交易差错所产生的经济损失。服务质量差除使客户遭受经济损失外，还可能影响证券经纪人的职业形象和口碑，并对其他客户产生不良影响。

(2) 交割失误风险。计算机故障或违规融资融券都会令营业部和客户之间、营业部和交易所之间无法交收，都可能使经纪人与客户发生纠纷，造成风险。

(3) 系统保障风险。这是指经纪人由于所在的证券营业部的交易保障系统（如电脑设备，供电、通信设施等）在容量、运作等方面不能保障交易业务正常、有序、高效、顺利地进行，从而无法及时按照客户的指令完成委托交易，给客户造成经济损失的风险。一般而言，对交易保障系统如电脑设备，供电、通信设施或其他偶发事件等不可抗力因素造成的损失，证券商不必承担责任，经纪人也不必承担相应风险；但证券商主观原因引起的交易保障问题给客户带来的损失，客户可向证券商及经纪人索取赔偿。

（二）风险的防范

证券经纪人需要在其日常工作中牢固树立风险意识和风险管理意识，对受托代理业务过程中可能出现的风险及相应对策做到心中有数，并在实践中不断地进行归纳、总结，强化风险发生过程之前和之中的防范，而不仅是对风险发生结果的防范。证券经纪业务时效性强、变化快、波动大，一旦出现风险事故，要遵循“及时处理，及时上报”的原则，在第一时间内作出反应：有预案的，按照预定方案处理；无预案的，遵循“避免或降低损失，消除或削弱不利影响”的原则相机处理。

1. 加强法制观念，合规合法操作

防范证券经纪业务的风险，必须加强法制观念，在证券交易过程中严格按照法律、法规及规章制度进行合理合法的操作，熟悉各业务环节的操作流程及规范，提高操作水平与客户管理水平，预防和减少证券交易过程中的差错。

2. 加强服务意识，提高服务水平

证券经纪人应大力提高自身素质，尽可能从源头上减少风险的发生。经纪人要具有较为丰富的证券交易知识，对关于交易程序、交易环节、交易方式和交易费用的问题了如指掌，对客户热情回答；要养成良好的工作态度，认真、仔细地办理每一笔受托代理业务；要熟练地掌握操作技能，能够及时、高效地处理每一笔代理业务。

3. 提升客户开发和管理工作水平

证券经纪人应该改进客户开发和管理工作，提高工作的细致程度，在开户前对潜在客户的背景情况深入了解，不能为了增加客户数量就将为证券法规所限制的人也招揽进来，或者远远超出自己的能力去招徕大量客户然后顾此失彼；要提高为客户服务的效率，降低为单一客户服务的成本，或是善于组织调动其他力量，以团队服务来开拓更广泛的市场。客户开户以后，经纪人对客户尤其是大户的交易资料、交易过程、资金状况以及在市场活跃时的交易表现等应多加了解，当发现问题时及时采取相应措施。

4. 严格操作规程，防范交易差错风险

防范交易差错风险时，首先应严格操作规程，减少交易差错发生的机会。每一笔代理业务都必须按规定的程序操作，不得越过某一环节，不得减少必要的手续。在业务繁忙时，不能不按规定严格审查客户的身份证、资金卡和股票账户就接受委托，也不能因为是熟人、亲戚、朋友就不加审核地对其委托进行申报，或是仅凭客户口头委托就予以申报。

当差错或纠纷发生后，经纪人应该认真听取客户的意见，而不能一味搪塞了事；同时，提高差错或纠纷的处理效率，避免因时间拖得太长而失去降低交易差错风险的机会，并耗费较多的精力和时间。自己不能处理的问题，要及时上报证券营业部。

5. 加强客户状态监控，防范信用交易风险

（1）加强对客户资质的审查。应严格依据融资融券交易客户选择的标准强化开户审查，进行客户信用评估，从而加强对客户信用风险的控制。当投资者申请进行融资融券交易时，要对投资者的财产和收入情况、信用状况、过去的交易记录进行严格审查，筛选出可以进行融资融券交易业务的客户，建立一道有效的防火墙。与此同时，还应加强对客户授信额度的管理，根据客户的操作情况和资信变化因素，调整其授信额度，防止信用额度的过度膨胀，如规定最低保证金限制和单个客户融资融券的最高限额等指标来控制客户的信用风险。

（2）对融资融券业务进行动态监控。证券经纪人应熟悉融资融券业务的操作制度及操作流程，包括评估融资融券额度、进行融资融券交易、实时风险控制、归还资金、补足担保品或平仓等环节。应通过动态监控及时查询各项风险控制指标、客户信用资金账户的资金余额及变动情况、证券市值及变动情况，随时监控客户账户的质押比例、警戒线和平仓线等，防范信用交易风险。

6. 加强日常维护，保障交易系统运行

对于系统保障风险的防范，证券经纪人首先应要求所在营业部加强对有关场地、电脑、通信等硬件设施以及数据接收和委托申报系统等软件、程序的管理、维护和及时更新，以保证这些设施的先进、可靠、高效。避免因无法及时按照客户的指令完成委托交易，给客户造成经济损失的风险。如果证券营业部经常不能保障系统安全、高效地运行，经纪人应考虑带领手中掌握的客户前往其他营业部。

模块 6 团队项目实战训练

一、实训项目

个人客户信用等级评价实训。

二、实训目的

使学生在了解个人客户信用等级评级的内容、流程和方法的基础上，初步掌握收集、整理、分析调查信息并进行信用等级评价的能力。

三、实训内容

1. 每个团队分别选择有消费贷款需求的个人客户。

2. 学生分组讨论，熟悉商业银行个人客户消费贷款信用等级评价的内容、标准和方法，并制定调查计划。

3. 各小组进行实地调查，收集个人客户相关的信息及数据。

4. 整理、分析调查信息，并按照相应标准评定客户信用等级及贷款授信额度。

四、过程评价

1. 各小组互相交流调查情况，教师进行点评。
2. 教师根据团队表现打分。
3. 小组间学生根据团队表现相互打分。
4. 各小组对实训过程进行总结，上交实训报告。

项目八
客户经理管理

学习目标

了解客户经理的基本任职资格，明确客户经理的选拔、聘用、培训、考核激励及团队建设等方面的管理制度，掌握金融客户经理职业生涯规划的基本流程和方法，掌握压力管理和时间管理的技巧，逐步养成良好的学习力和执行力，初步具备通过自我管理和自我修炼成长为合格的客户经理的能力。

知识目标

1. 掌握客户经理的基本任职资格及管理制度
2. 掌握职业生涯规划的基本流程和方法
3. 掌握压力管理和时间管理的技巧
4. 掌握提升学习力和执行力的技巧

技能目标

1. 能明确客户经理的选拔、聘用、培训、考核激励及团队建设等方面的管理制度
2. 能进行金融客户经理职业生涯规划
3. 能进行有效的压力管理和时间管理
4. 能进行有效的自我管理和自我修炼

模块1 大家来讨论

客户心目中的品牌客户经理

银行实习生小常通过一段时间的观察，发现支行里业绩最好的资深客户经理李老师每天都很忙，但有大部分时间不是忙于客户的正规银行业务，而是为客户的其他需求所占据。比如，今天李老师就开车送一位客户的孩子去上学，因为客户夫妻都出差了，李老师成了这个客户首选的替补爸爸。等李老师回到办公室，小常不无困惑地问："李老师，你和客户是什么关系，能让客户连送孩子上学这样的事都能想起你？"

李："呵呵，这下你问着了。我这几年就在塑造自己的品牌形象，在客户的心目中我是'及时雨'。"

常："你是怎么做到的？"

李："可以告诉你，一用心，二舍我。以今天这个客户为例，我这个个人品牌可不是我忽悠出来的哦，而是因为敬业，所以用心。去年，我和这位客户有接触，起因是他在我行买了10万元金额的理财产品，但当我登门拜访的时候却吃了闭门羹，一问他的公司下属，才知道他有急事出差了。于是我就打电话另约时间，可是一打电话才发现，他的电话欠费停机了。我们设身处地想想，出差在外，电话停机，不论是买充值卡还是上网充值，都不方便的。如果此时有人替你充值，是不是就节约了时间成本？所以……"

常："所以，你就替他充了话费。"

李："没错，充了200元。等这个客户一回来，立刻来我这里还钱。由此，我们就成为好朋友了。'及时雨'这个绰号，也是他当时给我起的。"

常："我明白了，看来我也需要打造个人品牌。"

李："对！个人品牌和企业品牌一样，是靠一点一滴的努力建立起来的。个人品牌还涵盖了独特的人格魅力。小伙子，路还长着呢！"

资料来源：赵文卓：《客户经理成功之道》，上海，上海财经大学出版社，2012。

思考讨论：

1. 李老师是怎样塑造自己"及时雨"的品牌形象的？
2. 怎样才能成为客户心目中的品牌客户经理？

模块2 基本知识

一、金融客户经理的管理

加强金融客户经理管理，对于充实金融企业营销系统，合理配备人员，调动金融客户经理的积极性和主动性，提高金融客户经理的素质具有极其重要的作用。要建设一支精明强干的客户经理队伍，充分发挥客户经理的职能作用，就必须从客户经理的选拔、聘任、资格认定等方面入手，严把客户经理岗位准入关，并坚持对客户经理进行持续的培训，加强对客户经理的考核，采取科学合理的激励制度。加强对金融客户经理的管理有利于合理配备人员、降低成本费用；有利于调动金融客户经理的积极性和创造性，激励员工的主动精神，在金融企业内部形成积极的企业文化；有利于金融企业提供优质的服务；有利于提高金融企业经营效益。

（一）金融客户经理的选拔标准

金融客户经理的选拔就是通过各种渠道和方法，把具有一定知识、技能或具备其他特色的人才吸引到金融客户经理岗位上来的过程及活动。但选拔金融客户经理应有一定的标准，总体上应从以下几方面严格把关：

1. 良好的道德品质

要求金融客户经理爱岗敬业、遵纪守法，具有责任感，积极进取，无任何劣迹和不良工作记录，历年年终员工业务考评在“称职”以上。

2. 较强的业务能力

要求金融客户经理具有一定的业务实践经验，在金融企业工作 3 年以上，从事过金融企业主要业务，具备客户经理岗位所需要的业务技能。

3. 一定的学历层次

要求金融客户经理具有大专以上的文化程度，懂得金融市场营销的理论及实务，对金融知识及业务比较了解。

4. 较强的社交能力

要求金融客户经理具有开朗活泼的性格，善于交际，灵活变通；同时，又不乏精明冷静的头脑和开拓精神，有良好的心理承受能力及心态。

5. 其他基本条件

如年龄、身体素质、外在形象、社会关系等方面，视各金融企业的具体要求而定。

（二）金融客户经理的选拔途径

选拔、招聘金融客户经理一般有内部招聘、外部招聘和从高校毕业生中选拔三种途径。

1. 内部招聘

大多情况下，金融机构招聘客户经理首选的方法是从机构内部通过竞聘的方式选拔。一批有能力、有潜质的金融企业内部员工通过各种考核，包括专业知识考试、性格测试、才能考核，以及人力资源部门、客户经理部门的面试后进入客户经理工作岗位。金融企业内部招聘金融客户经理的方法主要有以下几种：

（1）内部公开招聘。在金融企业内部公开招聘金融客户经理有利于发挥金融企业既有员工的工作积极性和能动性，激励士气，鼓励员工积极走向市场，为本金融企业建功立业。金融企业内部公开招聘的步骤：一是提前发布金融企业内部招聘客户经理队伍的信息，包括招聘的数量、职位、资格条件、工作职责及权限、业绩任务要求、工资福利待遇等权利和义务相关信息；二是由人力资源部门和客户部门负责对竞聘人员按照客户经理基本资格要求进行资格审查；三是对符合基本资格的竞聘人员进行上岗资格考试，已取得上岗资格证书的员工可以免考；四是由人力资源部门与客户部门组成竞聘委员会对通过上岗资格考试的竞聘人员进行面试，对竞聘人员在答辩、演讲中的表现、能力进行综合评价；五是经过竞聘委员会的分析比较，选拔出最优人选，公示通过后，该员工将获得金融企业的聘用，成为见习客户经理，在见习期内见习客户经理暂不纳入客户经理编制，没有固定的管辖客户，只是参与协助其他客户经理工作；六是见习客户经理见习期满并通过用人单位、客户部门、带班客户经理三方综合评价合格后，转为正式客户经理，金融企业与其签订相关的协议、合同，发给相应的岗位聘书。

（2）择优选聘。即金融企业客户经理部和人力资源部门一同对现有金融企业员工中工作业绩突出、市场拓展能力强、有志于从事金融客户经理职业的人员择优选聘担任金融客户经理。

（3）内部晋升。符合金融客户经理条件和要求，而职级又在金融客户经理以下的现有员工，经过考核，可以晋升为金融客户经理或高级客户经理。

（4）内部培养。金融企业有目的地建设金融客户经理队伍，提高金融客户经理队伍的素质，每年制定动态的金融客户经理培训计划，选拔一批具有金融客户经理潜质的青年员工进行金融客户经理专业培训，在培训后进行考核，考核合格者招聘为金融客户经理，不断补充壮大金融客户经理队伍，使之有充足的金融客户经理后备队伍人员来源。

2. 外部招聘

外部招聘是指从金融企业外部招聘选拔金融客户经理，主要方式有以下几种：

（1）广告招聘。利用电视、报纸、网络等媒介对外发布招聘广告，从社会劳动力市场中招聘本行所需的金融客户经理。

（2）猎头公司猎取。通过专业人才市场的猎头公司猎取优秀人才，充实到金融企业客户经理队伍。金融企业高级客户经理往往通过这种形式引进。

（3）内部员工引荐。在招聘金融客户经理时，将招聘金融客户经理的相关要求信息发布给内部员工，号召内部员工向本金融企业引荐合适人员，再经招聘考核部门的相关程序考核后择优录取。

3. 从高校毕业生中选拔

根据金融客户经理的层次要求，从高等学校毕业生（包括专科生、本科生、研究生）中选聘金融客户经理是一个非常重要的途径。每年，高校毕业生人数众多，优秀人才济济，从这些毕业生中可以挑选到很多优秀的、有很大发展潜力的金融客户经理人选。

（三）金融客户经理的选拔程序

金融客户经理的选拔需要经过一定的规范程序，选拔程序和考评内容应做到严格、规范、科学、合理，以便挑选到称职优秀的金融客户经理，组成一支品德素质、业务素质过硬的优秀的金融客户经理团队，由此促进金融企业业务的发展和经营效益的提高。通常来说，金融客户经理的选拔包括以下几道程序：

1. 笔试

笔试是金融客户经理选拔必不可少的步骤，是考评应聘者学识水平和能力的重要手段。笔试考评的主要内容一般包括应聘者的基本知识、专业知识、管理知识、综合分析能力和文字表达能力等。笔试的优点是考试内容广、涉及的知识面宽，可以对应聘者的综合素质进行全面、系统、客观的测试和分析。应聘者在笔试方式下的心理压力小，易于发挥水平，成绩评定比较客观、真实。当然，笔试仅是招聘金融客户经理的先前步骤之一，不能以此作为招聘的唯一标准，需要与其他程序相配合。

2. 心理测试

心理测试是在人才招聘过程中通常采用的方法，并作为人才选聘的重要程序之一。心理测试的主要内容包括性格测试、才能测试、创造力测试、成就测试以及智力测试等。对金融客户经理的心理测试要了解的关键点包括应聘者具有哪些方面的优势、适合什么样的工作、能承受多大的压力、能承担多大的责任等。对金融客户经理的心理测试，可以邀请心理学家来进行，或由心理专家设计问卷内容。如在性格测试中，可采取自陈式问卷调查表或提问方式进行，常规问卷或提问包括行为、态度、感觉、信仰等相关问题的陈述，要求应聘者根据自己的情况逐一作答，从而达到测试应聘者的情绪、气质、性格等特征的效果。

3. 面试

面试是直接观察、了解应聘者综合能力的非常重要的一环，是金融客户经理选拔必不可少的组成部分。面试是通过主试对应聘者面对面地询问、交流、观察等双向沟通的方式，了解应聘者的素质状况、能力特征及动机的一种招聘技术。面试的主要内容包括了解应聘者的学习和工作经历、个人品德修养、组织管理能力、口头表达能力、业务操作技术水平及其社会关系资源等，是对笔试和心理测试的必要补充。

面试的优点是可以根据应聘者对当场所提问题的回答，考查其运用所学知识分析问题的熟练程度，以及具有的实践经验、思维敏捷度、语言表达能力；可以考查应聘者在压力环境下的情绪、风度气质及情绪控制能力和应变能力；还可以了解应聘者的社会关系资源状况和是否适应金融客户经理的工作。充分合理地运用面试手段，有利于金融企业招聘到优秀的金融客户经理，组成强有力的金融客户经理队伍。

(四) 金融客户经理的培训

金融客户经理需要较全面的综合素质，包括业务知识及服务技能，而这些知识与技能的获得，通过加强对金融客户经理的培训是重要之举。尤其在推行金融客户经理制初期，金融企业普遍存在高素质人才紧缺的问题，因此，对金融客户经理进行培训十分必要。

1. 金融客户经理培训的意义

培训是指为适应各种业务工作的需要，采用补习、进修、考察等方式，对金融客户经理进行有计划的培养和训练。

(1) 培训是提高业务技能和工作效率的需要。现代金融企业必须依靠大批专业人才以及具有较高文化知识水平和业务技能的从业人员。金融客户经理通过培训，掌握的业务知识与服务技能越多，工作效率越高。

(2) 培训是适应知识不断更新的需要。随着新技术革命的不断发展，原有的知识会逐渐陈旧、老化，这就要求金融客户经理不断更新知识、更新技术。学习是工作的组成部分，每个金融客户经理都必须学习学习再学习，使学识结构和水平能不断适应金融企业工作发展的需要。

(3) 培训是保证金融企业管理和业务技术同步发展的需要。金融企业客户经理的管理工作是一项极为重要的工作，管理是为了提高效率，效率必须从业务发展和技术提高中来。因此应对有关的各级客户经理进行培训，以提高管理效率和业务技能。

(4) 培训是提高员工服务水平的需要。金融客户经理与客户接触的机会较多，其工作态度的好坏对金融企业的信用影响很大，金融客户经理的培训就要在服务质量、公关技巧等方面强化，通过不断改善服务质量提高企业的竞争力。

(5) 培训是开发金融客户经理潜能、培养金融专业人才的重要途径。金融企业要从整体上提高业务竞争力、拓展业务市场，就必须加强金融客户经理智力资源的开发，使金融企业具备一支高素质、业务能力强的金融客户经理队伍。

2. 金融客户经理培训的内容

要加强金融客户经理培训、提高培训质量，必须确定有针对性的培训内容。要围绕金融客户经理的现状及日常实践操作的需要，设计培训课程。

(1) 金融企业整体运作概况：

1) 金融企业的金融产品开发和金融服务的性能及特点。

2) 整体业务运作程序和具体的每一项金融产品和金融服务的业务程序。

3) 金融企业基础业务知识，包括会计业务、国际业务、信贷业务、银行结算、中间业务、证券业务、保险业务等。

4) 同业经营特色，主要金融产品和金融服务，与本金融企业的比较优势等。

(2) 各项相关业务：

1) 投资理财业务知识。针对不同行业、不同客户设计金融产品，包括存款结构设计、贷款结构设计、结算工具设计、投资组合设计等。

2）市场营销知识。主要包括：与客户接洽中增强沟通的公关技能、与客户谈判的技巧、与人沟通的方法等。

3）经济法律、法规。重点是与金融企业经营管理密切联系的金融法律、法规，如《中华人民共和国商业银行法》《中华人民共和国证券法》《中华人民共和国保险法》《中华人民共和国票据法》《中华人民共和国担保法》《贷款通则》《中华人民共和国民事诉讼法》等。

4）企业经营管理知识。金融客户经理要了解企业经营管理的相关知识，如公司治理、企业项目管理、企业财务报表分析、企业的市场前景分析、行业市场分析等。

5）电脑操作运用。学会科学管理客户信息，掌握相关的办公自动化技术等。

（3）职业道德教育。通过强化金融客户经理的职业道德教育培训，提高金融客户经理的政策水平，加强金融企业文化教育，培养其爱岗敬业的工作作风，并不断强化金融客户经理的廉洁奉公的思想品德，防止其道德风险对金融企业利益的危害。

3. 金融客户经理培训的形式

（1）集中培训。集中培训是对金融客户经理采取的最主要的培训方式，具体形式有如下几种：

1）传统授课式培训。突出教学内容的针对性、实效性，聘请不同层次的授课人员，包括：邀请海内外知名专家或学者，做有关业务知识的专题报告；邀请相关行业及部门的专家讲授专业知识，如请保险行业的优秀职业推销员讲授市场营销技巧及公关技巧，请客户主要分布行业的专家讲授其所在行业的基础知识等；由本金融企业系统内的业务能手、高级管理人员进行授课，对本系统各项金融服务和金融产品等进行讲解，对金融企业未来业务的发展方向、市场营销策略等进行分析。

2）军事化培训。选定较封闭的、可提供各种设施的场所对全体金融客户经理进行高强度管理的军事化培训。可以选择远离市区的专职培训学校，那里有配套的体能训练场所、食宿环境等。通过外请部队军官或警务人员进行军事化培训，订立军营式的作息表、体能训练表、军事技能训练表、业务技能授课表等，严格按照各项既定计划执行。

这种培训方式的优点是：对金融客户经理的体能、团队意识、执行各项规章制度的自控能力、业务技能等都有较大的提升，适用于金融客户经理高度集中的、高强度的技能与体能训练，是意志、品格、业务技能综合训练的好方法。

3）交流式培训。可以以某一项业务技能，某一市场观点、经营理念、焦点问题等为自由论题，突出金融客户经理的个性和自主性，让每一位金融客户经理走上讲台对论点进行自由辩论、演讲；可以模拟市场营销中的各种突发情况，以客户与金融客户经理两个主体进行实习演练，类似于案例教学模式；可以以本系统发生的典型案例为样板，通过对开发客户、维护客户关系中的具体问题进行经验式的分析，提示培训人员从中吸取教训，扬长避短。

4）操作式培训。重点培养金融客户经理的自信心、团队合作意识、坚强的毅力。可以将学员分成不同的小组，以各个小组为一个团队进行各项活动演练，参加各种显示团队协作的竞赛活动等；可以请优秀的金融客户经理在外出访客或谈判时，实地带领新学员进行学习，事后进行言传身教，切实提高新学员的实际工作能力。

（2）考察学习培训。通过参加有关部门组织的相关学术研讨会、金融系统的客户经理经验交流会等多种途径，适当走出去，通过现场考察、观摩学习、工作交流等方式，汲取先进单位的先进经验与做法，以达到开拓客户经理视野、提高客户经理素质、激励客户经理奋发向上的目标。

（3）交流式培训。交流式培训可以贯穿客户经理的日常工作和生活，主要可以通过客户经理工作例会、实证案例分析、样板教学等方式开展客户经理间的工作交流，以达到培训的要求和目标。

（4）跟班式培训。对刚加入金融客户经理队伍、经验不足的金融客户经理，可由经验丰富、水平较高的金融客户经理采取师傅带徒弟的方式，对其进行跟班式的培训，在日常工作中的各个环节进行言传身教，让新手与优秀的金融客户经理一道去真正面对市场客户，现场学习实战经验。对公司内推出的各项业务尤其是新业务，金融客户经理可采取柜台实习方式，直接掌握具体的操作方法，提高对该业务的熟练程度等。

4. 金融客户经理培训的组织

金融客户经理培训的组织形式可以根据金融企业不同的实际情况而制定。不同的培训组织形式的目的都是提高金融客户经理的素质、能力和风险意识。可以借鉴的形式很多，主要有以下两种：

（1）初级金融客户经理培训的组织形式。对初级金融客户经理的培训，主要是根据接受培训的金融客户经理业务知识较薄弱、实践经验较少等状况集中培训。在培训内容方面着重专业知识的基础性培训。这种培训方式简单、直观，属于技能培训。

（2）高级金融客户经理培训的组织方式。对高级金融客户经理可组织境外学习考察，如组织相关人员到世界知名外资金融机构考察，吸取他人的先进做法则事半功倍。另外，可进行远程网络教育培训，培训内容侧重于高层次、前瞻性、创新性和谋略性方面，并且要不断提高、创新培训要求。

二、金融客户经理的考核与激励

金融客户经理是金融机构的业务骨干力量，是为金融企业开拓市场、发展业务、创造利润的核心团队。金融客户经理队伍本身需要管理，而考核与激励制度是加强金融客户经理管理的必要的制度安排。建立一套科学、完整的金融客户经理考核、激励制度，是金融企业充分发挥金融客户经理制度作用的有力保障和关键所在。

（一）金融客户经理的考核机制

建立和健全金融客户经理考核管理制度，是加强金融客户经理队伍建设、提高金融客户经理队伍素质的一项重要举措。金融企业可通过日常考核、定期考核、晋升考核、新客户经理招收考核等制度培养人才、合理使用人才，提高金融企业经营管理水平，从而最大限度地提高经营效益。新客户经理招收考核是指根据金融企业的客户经理计划指标，进行全面的考核，择优录取。

1. 考核原则

金融客户经理的考核应体现客观、公正、合理、公开、制度化、全方位、重实绩的原则，做到权责对等、兼顾合作与竞争、兼顾短期目标与金融企业长期利益、兼顾激励与约束，考核结果要和奖罚挂钩。

2. 考核内容

对金融客户经理的考核可包括绩效指标、行为指标和能力指标三方面，并按照主次要求对三个方面的基本指标分别确定权重。基本上可以按以下项目内容设置（见表 8—1）。

表 8—1　考核内容列表

项目	内容（以商业银行为例）
绩效	资产、负债、中间业务的规模、质量和收益、信息反馈和业务办理速度等
行为	客户评价、纪律性、协调性、责任感、积极性等
能力	公关能力、市场竞争和营销能力、新产品开发和推广能力、客户分析能力等

（1）绩效方面的考核应占较大的权重。考核指标包括：工作任务完成情况、完成质量，工作强度和工作效率。考核的内容应包括资产、负债、中间业务的规模、质量和收益、信息反馈和业务办理速度等。

（2）行为方面应包括敬业精神、工作态度和客户的满意度。具体内容可设立客户评价、纪律性、协调性、责任感、积极性等指标。

（3）能力方面可设立公关能力、市场竞争和营销能力、新产品开发和推广能力、客户分析能力等指标。

3. 考核方式

（1）日常考核与定期考核相结合：

1）日常考核是指金融企业对每个金融客户经理都要坚持每天的、经常性的考核，以了解金融客户经理的工作态度、工作业绩、业务知识及专业水平等，做好日常考核记录，将考核结果作为确定金融客户经理的任职、工资和奖金分配的重要依据。

2）定期考核是每年或每半年对金融客户经理进行工作状况的全面考核，考核成绩应放入金融客户经理的工资档案，作为晋级和奖惩的依据。

（2）常规考核和非常规考核相结合：

1）常规考核是权力考核部门定期有规律地对金融客户经理进行考核。可以是一年一次，也可以是几年一次，间隔的时间取决于被考核金融客户经理的业务情况。对业绩稳定、从业时间长的金融客户经理的考核间隔期较长，一般 1～2 年进行一次；对新聘用的金融客户经理和业绩不理想的金融客户经理的考核间隔期较短，一般 1 年进行 2～4 次。

2）非常规考核是指不设定特定的时间和周期规律，往往因某一事项或某一原因随时对金融客户经理进行的考核方式。非常规考核一般要根据此项考核的原因和目的而定，它可以是常规考核的全部内容，也可以根据需要进行取舍，不受间隔时间的限制，具有针对性强和处理及时的特点。

（3）现场考查与非现场考查相结合：

1）现场考查是指考核机构派员到被考查的金融客户经理办公点去实地考核。现场考查又分为定期和不定期两种形式。受考查者必须提供相关的资料，考查内容之一是对金融客户经理的全面业务的一般考查。考查内容之二是对特定项目的专项考查，考查方式可以是由考核机构派员直接考查，也可会同其他管理机构共同派员进行考查，还可委托相关的机构或组织代行考查。考查方法一般有审计、核对、查询、分析、确认、观察、函证、答卷和调查等。

2）非现场考查是指考核机构对被考查人提交的各种统计资料、报表、文件记录等按一定的程序和标准进行考核分析。非现场考查的基础是要受检机构和被考查人定期及时报送各种资料和报表，如资产负债表、利润表、资本构成与充足比率、贷款结构与数量分布、资产及负债到期情况、内部管理账目、会议记录等，供考查机构根据考核标准与要求进行审查、分析和评定。被考核机构和金融客户经理有义务配合考核机构的考查。

（4）定期考查与随机抽查相结合：

1）定期考查是指在既定时间进行例行考查，如上级主管与平级机构交叉进行的定期考查，对经营业务活动正常和良好的机构通常两年进行一次现场考查；对新开设的机构，前三年每年至少现场考查一次；对有问题的机构，至少每半年考查一次。

2）随机抽查又叫非定期考查，是事先不通知受检对象，随时派员或委托指定人员对受检对象进行抽查。这种“无预警的考查”带有不确定性，所以能较好地保证考查结果的真实性和准确性。

（5）全面考核和重点考核相结合：

1）全面考核是指对金融客户经理各方面工作及表现进行全方位的考核。金融客户经理所有的工作环节都要接受考核，考核机构有针对性地制定出各种考核的制度办法及奖惩措施等，并在考核中进行落实。

2）重点考核是为提高考核效率，各金融企业在全面考核的基础上，有针对性地对重点人员、重点环节进行重点考核，使影响金融企业客户经理制稳健经营的关键因素得到有效控制。着重考查评估金融客户经理工作对经营风险的识别与抵御能力以及风险管理的政策措施，以促使金融企业的稳健经营。

（6）外部考核与内部自律相结合：

1）金融客户经理的外部考核主要是法律手段、行政手段、经济手段。在市场经济成熟的国家，金融企业考核高度法制化，考核者和被考核者都必须受到法律约束。被考核者必须合规经营，在法律许可的范围内从事经营活动，并有义务服从考核；考核者必须依法考核，只能在法定的权限和职责范围内行使监督权。

2）金融企业客户经理的内部自律是指按照考核标准和要求自我约束、自我管理，在接受外部监督考核机制下，强化自律行为。各金融企业应建立内部的监督考查系统，制定计划和指标，自我遵守，自行纠正和完善，这也是金融企业客户经理制的重要内容。目前，大多数金融企业普遍在机构内部建立了监督审计制度，为维护自身信誉，在保证遵循法律的同时，也愿意进行自律。但是金融企业以追求利润为根本宗旨，在利益的驱使下，有时可能丧失自律精神。所有内部自律必须和外部考核相结合。要进行内部自我考核，专门制定内部考核要求，并遵照执行。

此外，根据考核内容的需要，还可采用委托考核和后续考核的方式进行考核。对于金融客户经理绩效方面的考核一般采取目标管理测评法，即通过一个组织中的上级和下级管理人员共同制定总目标和分目标，根据预期的成果规定每一个成员的目标绩效。按照目标管理的要求，各级经营机构应根据市场情况和自身的经营目标，与金融客户经理共同确定各项任务的具体目标，并使用年度目标工作单，推动金融客户经理达到目标。

4. 考核程序

对金融客户经理考核的程序包括如下几个步骤：

（1）制定计划。制定的考核计划包括目的、原则、内容和时间。

（2）技术准备。确定考核方法、制定考核标准和培训考核人员。

（3）收集信息资料。考核信息必须注意随时收集、准确全面，并形成制度。

（4）分析评价。对同一项目的考核结果进行综合评价。

（5）考核结果的使用。一是作为金融客户经理等级升降、奖惩等人事决策的重要依据。二是反馈给金融客户经理作为改进绩效的依据。依据考核情况每年应对考核计划和标准、方法等进行适当修订。

（二）金融客户经理的激励机制

金融客户经理是金融企业拓展市场、营销产品的生力军，其工作业绩与金融企业的市场份额和实现利润密切相关。在对金融客户经理的管理中要贯彻以人为本的理念，即要充分发挥金融客户经理这一重要生产要素的功能，通过更好地发挥金融客户经理的积极性、创造性，开发其最大潜力，从而实现最佳业绩。但实现这一切的保障条件，是必须建立有效的金融客户经理激励机制。

金融客户经理的激励机制体现在物质激励和精神激励两大方面，主要激励措施包括以下几点：

1. 价值激励

金融企业应注重金融客户经理的职业生涯管理和职业价值。所谓职业生涯管理，是指金融企业组织并与金融客户经理一起对职业生涯进行设计、规划、执行、评估和反馈的一个综合性的过程。通过双方的共同努力和协作，每个金融客户经理的个人事业发展与金融企业的发展成为相互依存的整体。金融客户经理的素质需要不断提高，追求自我价值的实现，因此对职业生涯的管理就显得尤为重要。这就要求金融企业帮助金融客户经理进行职业生涯管理，了解金融客户经理任务完成情况、能力情况、物质需求与精神愿望，帮助金融客户经理客观地认识自己、分析自己的当前状况，从而确定未来发展目标，制定周密的实施计划，使金融客户经理在为金融企业发展作贡献的过程中实现个人目标价值，让事业留住人才，让人才实现其预期价值取向。

2. 目标激励

目标激励就是确定适当的目标，指引人的动机和行为，达到调动人的积极性的目的。目标作为一种心理标志，具有牵引、导向和激励的作用。一个人只有不偏不倚地向着高目标追求，才能激发奋发向上的内在动力，并持之以恒地向目标奋进。有事业心的知识员工有很强的成就感，目标激励可以激发其斗志，实现目标对他们有极大的吸引力。因此，金融企业要将金融客户经理内心极其向往的人生事业目标挖掘出来，并协助他们制定详细的实施步骤，在随后的工作中引导和帮助他们努力实现目标。当金融客户经理的目标强烈而迫切地需要实现时，他们就会对金融企业的发展如同自己的利益一样满腔热情，对工作产生强大的责任感，主动积极地把工作做好，体现出目标激励的强大效果。

3. 薪资福利激励

薪资福利是激励机制中最根本的条件，是现实货币收益和预期收益的总和，具体包括股权激励、年薪制激励、弹性福利制度和旅游激励等。

（1）股权激励。股权激励是股份制企业通常使用的激励措施。发展股份制金融企业（包括发展股份制商业银行）和股份制改造是我国金融企业改革的大方向，因此，股权激励是金融企业激励机制设计中的一个重要组成部分。股权激励的方式有市场股、绩效股、素质股、岗位股、股票期权五种。它使金融客户经理利益的兑现中长期化，使个人长远利益与金融企业长远利益的紧密结合。但是，要实行金融客户经理股权激励，须具备三个条件：一是要有一个规范、有效的资本市场；二是要有一个科学、健全的知识资本市场价格机制，这样才能保证客户经理在知识资本市场中的客观市场价位，做到公平、公正、公开，为金融客户经理的素质股奠定基础；三是要有一套科学、合理的绩效评估体系，为金融客户经理股票期权提供客观依据。

（2）年薪制激励。年薪制有两种概念：一种是“经营者年薪制”，另一种是西方国家普遍实行的“白领阶层年薪制”。金融客户经理年薪制是指后者，包括基本薪和激励薪两个部分。基本薪体现金融客户经理个体的市场价值，激励薪作为动态性报酬，根据契约规定的各项工作指标，经过年度业绩考核后才予兑现。激励薪属于利润分红的范畴，完全与业绩挂钩，并且可以根据具体规定情况进行调整，具有很大的灵活性。

（3）弹性福利制度。这种制度是指金融企业对福利形式设计不同的组合规则，不同需求的金融客户经理可以自行选择不同的福利组合。该福利制度的最大优点是在满足金融客户经理福利需求的同时更满足了他们精神上的尊重与需要。

（4）旅游激励。旅游激励也属于金融客户经理的福利激励范畴，是现代金融企业管理中新的激励手段。综观金融客户经理的激励手段，旅游激励有着其他激励手段无法替代的作用。金融企业可以要求旅游公司提前半年甚至一年开始进入旅游计划实施阶段，定期给被奖励的金融客户经理发函，告知行程安排的进展情况，并关心他们的工作业绩。尽管是一项活动式奖励形式，但其激励效果却可以持续整个过程，体现收益和人文关怀的双重享受。

4. 精神文化激励

（1）培育自主创新和注重团队精神的企业文化。金融客户经理要成长、自主发展，需要有健康和谐的工作环境和自我创新、具有团队精神的文化氛围。金融企业作为金融客户经理实现自我价值的实体，有责任为金融客户经理的发展创造机会、提供舞台，让他们在金融企业中能最大限度地体现自身价值，实现事业追求。同时，金融企业还应当培育和保持一种自主与协作并存的文化。

（2）造就学习型组织和学习型个人。随着金融企业的发展，金融客户经理在金融企业中的数量和比例越来越大，而且他们是维持金融企业生存与发展的最重要的资源。造就学习型组织和个人，不仅有利于强化金融企业的竞争力，而且决定了知识创造、传播和应用的效果，并对提升金融客户经理的个人素质起到了积极的促进作用。从更高层次来说，学习不仅是人类的天性，也是生命趣味盎然的源泉。

5. 组织激励

（1）充分授权，委以重任，提高金融客户经理的参与感。让金融客户经理参与他们的分工业务或与利益直接相关的决策，可以充分表达金融企业对他们的信任和尊重。一旦客户经理对金融企业事务有了更强的参与感和更多的自主性，他们对工作的责任感就会大大增加。而仅仅通过授权，金融企业就可以用很低的成本得到更高的效率。委以重任也是激励金融客户经理的重要途径，通过委以重任激发金融客户经理的内在潜力，使之焕发出巨大的创造性。

（2）实施自我管理。金融客户经理良好的素质决定了自我管理方式的可行性。自我管理包括个人自我管理和团队自我管理，是指金融客户经理可以在金融企业共同理想或共同价值观的指引下，在所授权力范围内自我决定工作内容、工作方式，实施自我激励，并不断用共同理想来修正自己的行为，并从工作中获得最大的享受。

6. 工作激励

（1）工作环境激励。即提供一种自主性强的工作环境。太多的限制会阻碍金融客户经理创造力的发挥，为了鼓励金融客户经理充分发挥工作主动性、创造性，金融企业应建立一种宽松的工作环境，使他们能够在既定的组织目标指导下，自主执行工作程序。这就要求金融企业一方面根据任务要求对金融客户经理进行充分授权与信任，放手让金融客户经理发挥他们的创造力，自己主动决策，采取他们自己认为最佳的工作方法，另一方面为其提供进行创新活动所必需的各种资源，包括资金、物质以及人员协助等。

（2）提供挑战性工作。金融客户经理追求经济收益的同时也追求工作的质量，挑战性的工作与良好的环境一样对他们具有吸引力。而为他们提供挑战性工作主要包括两点。一是提供最好的工具。工具往往决定了金融客户经理的效率和才能发挥的程度，好的工具使金融客户经理工作起来充满信心、得心应手。相反，不称心的工具会使人心烦、丧失信心，影响工作效率。二是提供所需要的资源条件。不同的工作需要不同的资源条件，具备所需的资源条件，就有了工作和创新的基础，就能按期实现工作目标，否则只能效率低下和丧失竞争力。

（3）采取宽容式管理。德鲁克在剖析管理行为的实质时深刻指出，人们从内心深处是反对被管理的。这一观点尤其适用于金融客户经理管理，因为金融客户经理对于自己所从事工作的了解要比他们的上司深刻得多。对于金融客户经理而言，监督是一种束缚，他们在各种繁杂的规章制度束缚和“监工头”式的监督严管下，可能丧失所有的激情和创造力。因此，宽容式管理主张“引领”而不是“管理”客户经理。这意味着要为金融客户经理创造更为宽松、开放的工作环境，具体包括自主工作的权利、弹性工作制、自由发表意见的氛围，容忍金融客户经理犯错误，创造充满乐趣和关爱的工作环境，在金融企业能力范围内为金融客户经理解决后顾之忧，适当为金融客户经理提供部分社会化性质的服务，如创办托儿所照顾员工子女、设置单身公寓等，这也是创造宽松工作环境、实施宽容式管理的重要举措。

××银行客户经理管理办法

第一章　总　则

第一条　为了建立健全现代金融企业制度，确立“以市场为导向，以客户为中心，以效益为目标”的经营理念，建立高素质的客户经理队伍，规范客户经理的经营行为，根据《关于下发〈××银行客户经理职务序列实施意见〉的通知》等规定，制定本办法。

第二条　本客户经理管理办法的主要内容包括客户经理的类型和岗位层级分类、客户经理的任职基本条件和选拔聘用方法、客户经理的岗位职责、经营目标和工作制度以及客户经理的奖惩、晋级、降级、管理等一系列规范。

第三条　客户经理属于我行业务序列的岗位职务，区别于行政职务和技术职称，专用于在我行客户部门和客户岗位工作的人员，是指我行各级机构中专门从事客户关系开发和维护，直接参与业务开拓与推广，为客户提供公司、机构或个人金融服务的市场营销人员。

第二章　客户经理的类型和岗位层级分类

第四条　结合我行现行组织机构架构和经营管理体制需要，我行客户经理类型按客户经理所主要从事的业务种类划分为公司客户经理、个人客户经理两大类。其中个人客户经理包括：理财经理、风险经理、个人贷款客户经理和按揭客户经理。

第五条　公司客户经理以维护银行现有优质公司客户和拓展公司客户、营销公司类业务为主。公司客户经理的职责主要是负责对我行本外币资产、负债、中间业务等的市场开拓工作，确定并发展优质客户，根据客户需求，为其提供一揽子金融服务。做好我行现有的和未来拓展的优质公司客户的日常管户与维护工作，精心经营好所管客户包，客户关系管理维护到位，与优质客户建立长期、稳定的关系，提高客户忠诚度；充分挖掘存量客户的综合贡献度，确保存量客户包的保值增值；服务客户，做好分管客户的风险管理工作，积极防范各类风险，执行我行的经营政策及运作程序，以确保银行自身和客户的资产的安全。

第六条　个人客户经理以维护银行现有优质个人客户和拓展个人客户、营销个人业务为主。

其中，理财经理主要负责在营业网点为优质客户提供理财方案及业务咨询，推介我行金融产品；为优质客户办理融资、投资、委托等各种理财业务；了解和掌握优质客户信息，建立优质客户信息档案，并妥善保管客户资料，履行保密责任。

风险经理主要负责个人消费贷款、按揭贷款等存量个人客户的售后服务和贷后管理工作；负责所属支行个贷业务质量监控、分析；负责所属支行违约 3 期（含）以上不良贷款的清收处置；负责所属支行催收函、起诉状、索赔资料整理；负责个贷业务贷后相关资料的归档工作和个贷档案的监督管理；负责办理客户的提前还款、按揭期间办理房地产权证等业务；负责对支行业务助理的档案资料整理归档、台账录入等工作进行指导、检查和监督；负责风险楼盘的调查、分析、退出，负责当地行业性分析、信息反馈，为贷款决策和及时防范风险提供依据。

个人贷款客户经理、按揭客户经理主要负责个人资产及中间业务的市场开拓工作，确定并发展优质客户，与理财经理合作，共同根据客户需求，为其提供一揽子金融服务。其中，个人贷款客户经理以非个人住房贷款的个人贷款业务为主，按揭客户经理以住房业务、按揭业务为主。在获得相关专业认证后，此两类客户经理的业务可以交叉办理。

第七条　对公司（个人）客户经理，既考核其所维护的存量客户的综合贡献额，又考核其新增业务的贡献额。公司（个人）客户经理既要做好对新客户的营销工作，又要做好所分管客户包的存量维护工作以及存量客户的新项目、新产品营销工作（含本外币资产、负债、中间业务及公司客户的个人业务需求、个人客户的公司业务需求等）。

第八条　支行可结合自身客户经理人员数量、优质客户存量和市场情况确定是否分设相关类型的客户经理，其中对业务量较小、市场不大的支行可设置综合型客户经理，同时兼顾个人及公司客户的维护与拓展。

第九条　我行客户经理的称谓分为资深客户经理、高级客户经理、中级客户经理、助理客户经理四种，各单位在申报聘用客户经理岗位时需注明客户经理的详细类型。

第十条　客户经理的岗位层级分类。

各专业客户经理分级标准由分行客户经理考核委员会确定，客户经理原则上需达到本办法第三章所要求的任职基本条件和准入条件，在符合客户经理任职基本条件和准入条件的基础上，分行主要根据客户经理的上一考核年度工作业绩，并参考其工作能力，对客户经理实行等级管理，设置不同档次。按从高到低的顺序，客户经理分为资深客户经理、高级客户经理、中级客户经理、助理客户经理 4 个等级 11 个档次。具体划分标准如表 8—2 所示：

表 8—2　　客户经理具体划分标准

序号	岗位等级	档次	对应岗位级别
1	资深客户经理	资深客户经理一级	11
		资深客户经理二级	10
		资深客户经理三级	9
2	高级客户经理	高级客户经理一级	8
		高级客户经理二级	7
		高级客户经理三级	6
3	中级客户经理	中级客户经理一级	5
		中级客户经理二级	4
		中级客户经理三级	3
4	助理客户经理	助理客户经理一级	2
		助理客户经理二级	1

第三章　客户经理的选拔聘用方法和任职基本条件

第十一条　客户经理的编制。分行各专业部门结合各自专业的业务量情况确定相关客户经理存量客户的维护标准，并协助人力资源部结合各支行（部室）所在地区经济状况、客户数量以及人员实际情况对客户经理岗位进行定编，确定各单位所需的客户经理人数和类型。

第十二条　客户经理的产生办法。

（一）本行凡有志于从事客户经理岗位的员工均可报名参加客户经理相关资格考试，为将来从事客户经理岗位做好准备。

（二）客户经理的产生依据级别不同采取推荐和竞聘两种办法。

1. 一般客户经理采用推荐制。对符合客户经理任职基本条件和准入条件的人员，由部室或支行负责人推荐，分行人力资源部初审并报主管副行长、分行行长审批后予以聘任。

2. 高级、资深客户经理首次聘任时一般采用竞聘制。制定竞聘实施方案和存量大户工作包，采取竞争上岗的方式产生。

3. 所有客户经理聘任后的下一年度视所有客户经理的业绩考评情况，确定其晋升、降级、续聘或解聘。

第十三条 客户经理必须具备以下任职基本条件：

（一）良好品德。具备较高的政治思想素质和道德修养，爱岗敬业，遵纪守法，廉洁自律，诚实守信。

（二）业务能力。熟悉国家经济金融政策、金融法规和规章制度及我行的业务政策；熟悉和掌握银行资产、负债和中间业务产品的运作方式。

（三）营销能力。具有较强的组织协调能力及分析问题、解决问题的能力，掌握相应的公关技巧，讲求营销艺术，注重服务质量，融洽银企关系。

（四）创新能力。在合规合法的前提下，具有一定的开发出能为我行带来效益的金融新产品或提出新产品开发需求的能力，供决策行参考。

（五）综合素质。原则上需具备本科以上学历，对熟悉市场并具备一定客户基础的，可放宽至大专学历。性格稳重开朗，外在形象佳，语言表达能力、文字综合能力强，具备相应的外语和计算机水平，身体健康，无违规违纪记录。

第十四条 除具备上述任职基本条件外，各级别客户经理还须符合以下准入条件：

（一）通过市分行相应级别客户经理的任职资格考试。

（二）通过上级行所要求的相关客户经理业务资格考试。

（三）所分管客户包综合贡献额及具体管户指标符合分行相应级别客户经理的管户规定。

（四）资深客户经理原则上应具备 6 年以上银行相关工作经验，其中从事信贷或市场业务工作 4 年以上。高级客户经理原则上应具备 4 年以上银行相关工作经验，其中从事信贷或市场业务工作 2 年以上。中级客户经理原则上应具备 2 年以上银行相关工作经验，其中从事信贷或市场业务工作 1 年以上。从事个人业务的中级客户经理原则上应具备 1 年以上银行相关工作经验，其中从事信贷或市场业务工作 3 个月以上。

以上各级客户经理所具备的任职条件原则上需同时具备，对个别条件不符合，但业绩突出、表现优秀的可适当放宽准入条件。

第四章 客户经理的工作内容及制度

第十五条 客户管理（下述所指客户包括公司客户和个人客户）。

（一）市场调研。主要内容包括：

1. 客户经营情况、发展状况、所处行业情况、主要产品、产品市场占有情况、产品生命周期及产品市场预测。

2. 客户基本信息、信用情况、资金使用情况及结算方式。

3. 客户领导层能力及股东组成情况。

（二）拓展客户及市场。根据市场调研结论制定客户发展计划，对拟开发的客户确定拓展目标、拓展策略、拓展措施以及所需的资源支持等，并根据客户的发展变化情况和新的产品需求及时调整计划。

（三）制定业务合作方案。客户经理按照商业化经营原则，与客户洽谈合作内容，起草银企合作协议，报有权审批人批准，签订合作协议。

（四）客户服务。建立优良客户定期联系制度，及时掌握客户需求，为客户量身定做个性化金融产品，完善服务，提高效率；对优良客户提出的特殊服务和要求当地行不能满足时，要及时向上级行报告，做好客户维护与管理工作。

（五）客户监测。了解国家产业政策、产品市场信息，密切跟踪客户的经营情况，及时发现客户风险，分析风险产生的原因，适当调整客户营销方案，制定相应的风险防范措施。

（六）客户贷后检查。

1. 贷款发放后，客户经理要复查审批或授信所提前提条件落实情况，并落实审批所提管理要求，监管信贷资金，及时了解贷款用途，发现问题及时采取措施，对项目贷款实行专户管理、专款专用，把好贷款支付关。

2. 贷款周转过程中，客户经理要深入借款企业客户或个人客户做好贷后检查，包括用途检查、常规检查、专项检查、突发事件检查。

3. 贷后检查报告。检查完毕后，应根据检查的内容形成检查报告，提出建议或措施。客户经理对贷后检查报告负责。

（七）贷款户的本息管理。按有关规定做好新增贷款与存量贷款的发放工作，做好到期贷款利息的催收工作，对欠息客户严格进行信贷管理。

（八）按要求做好客户的五级分类工作。

（九）按要求做好客户的档案管理工作。

第十六条　金融产品管理。

（一）产品营销。积极向客户推荐银行产品和金融服务，包括资产、负债及中间业务，提供完善的咨询服务和高层次的理财服务，利用现有金融产品，为客户设计最合适的金融产品组合和最佳的资金结算方式，及时满足客户的金融服务需求。

（二）产品适应性调查。调查现有金融产品的营销状况、市场份额占有情况，掌握客户对各种金融产品的满意程度，测算金融产品效益，加强对高效、适销产品的营销。

（三）开发新产品。研究市场变化和客户需求，提出新产品开发方案，上报有权人审批，并协调有关部门推广新的金融产品。

第十七条　客户经理的工作制度。

（一）客户经理管理系统填报制度。分行将开发客户经理管理系统，由客户经理根据工作情况在系统上每日填报“客户经理工作日志”并及时做好客户基本信息维护工作。对成功营销的金融产品的情况要及时在系统上填报，对出现的客户基本信息变更要及时更新维护。各支行、分行相关专业部门、人力资源部要定期检查客户经理相关系统资料填报工作，作为客户经理工作表现及营销部门核实其绩效考核的依据。客户经理人员变动时要及时办理客户经理系统用户名及口令移交手续。

（二）访客报告制度。定期探访管户的客户，与客户的主要成员直接见面，掌握客户动态，将探访情况填入客户经理系统内的访客表中，纳入客户管理，客户发生重要情况变动要及时报告。每周至少走访两个客户。

（三）例会制度。各客户部门定期组织客户经理召开工作例会，总结通报前期工作情况，交流市场动态，研讨工作重点和工作方向，并形成会议纪要备案。

（四）大型客户风险评议制度和联动营销制度。各客户经理对所管业务量较大的客户、关联关系较复杂的客户要按照分行相关办法及时提交风险管理分析报告，开展风险评议；对新拓展的大客户要及时报告本行客户部门，并报主管行长批准立项，需上级行联合营销的大客户，要上报上级行客户部门。立项后，成立项目小组着手营销。

（五）重大风险报告制度，优化风险管理流程。当客户经理发现重大风险时，必须立即向上级部门报告，及时制定风险处置预案，采取风险防范措施。

（六）客户档案管理制度。客户经理对每个所管客户建立翔实完备的档案，全面掌握客户的基本情况、管理层状况、客户分类情况等，并保证档案的连续性。要求归入分行档案库的必须及时归入。

（七）信息共享制度。上下联动营销的客户，分、支行客户经理要加强协作，及时传递信息，保证信息的对称性和营销的统一性。

第五章　客户经理的管理

第十八条　分行成立客户经理考核委员会，统筹协调全行客户经理考核管理工作，由分行人力资源部作为牵头协调部门，各专业部室、各支行为考核委员会成员。考核委员会下设个人客户经理考核管理领导小组和公司客户经理考核管理领导小组。其中，公司客户经理考核管理领导小组成员包括：分行相关主管行领导、信贷管理部、人力资源部、计划财务部、公司业务部、国际业务部、贷款业务处理中心、住房金融业务部、小企业业务部、贸易融资部、信贷审批中心、银行卡业务部、电子银行部。个人客户经理考核管理领导小组成员包括：分行相关主管行领导、个人金融业务部、人力资源部、计划财务部、消费信贷管理部、银行卡业务部、电子银行部。

第十九条　客户经理管理内容包括客户经理的业绩管理、资格认定及业务培训等。分行信贷管理部为全行公司客户经理的牵头管理部门，分行个人金融业务部为全行个人客户经理的牵头管理部门。客户经理由所在支行、部室直接管理，分行相关专业部室协同管理并负责做好客户经理的相关业务指导及监测管理工作。分行各专业部室要结合本专业考核业务指标做好本专业客户经理业绩跟踪工作，每月进行排名考核并张榜公布排名结果，将各项业务指标及工作职责落实到客户经理个人。公司、个人客户经理考核排名结果由信贷管理部、个人金融业务部分别汇总进行综合排名，并送达人力资源部备案。人力资源部要汇总建立每名客户经理的管理台账，包括个人的基本资料、业绩考核、培训情况、资格认定等内容，客户经理所在单位、各专业部室要协同做好客户经理资料更新申报工作，客户经理管理台账由人力资源部负责维护并送达客户经理考核管理委员会成员单位。

第二十条　客户经理的资格认定。分行相关部门组成客户经理评定小组，每年根据客户经理的综合考核和考试，进行资格认定。助理客户经理升至中级客户经理，中级客户经理升至高级客户经理，高级客户经理升至资深客户经理的，要按考核或竞聘结果报分行审查认定。

第二十一条　客户经理的待遇。对客户经理的奖惩要充分体现“绩效挂钩、多劳多得、动态考核”的原则，客户经理按岗位级别享受岗位工资，绩效工资按《××银行××分行公司（个人）客户经理薪酬分配办法》实施，其他福利按《××银行××分行薪酬管理办法》的有关规定执行。

第二十二条　客户经理的聘期。被聘任的客户经理一般聘期为一年。到期后，由本人提交履职报告，由分行客户经理考核管理委员会按《××银行××分行公司（个人）客户经理薪酬分配办法》进行评定，形成客户经理晋升、降级、续聘或解聘的考评意见并按相应岗位聘任程序报分行组织聘任。

第二十三条　客户经理的培训。

（一）分行每年必须统一组织至少一次客户经理培训，各支行（部室）必须对所辖客户经理进行日常必要的培训。客户经理在上岗前一般要经过分行安排的业务培训和资格考试。业务培训主要包括知识培训、产品培训和技能培训。知识培训着重训练客户经理所需了解的金融业务知识、市场分析知识和部分产业技术知识。产品培训集中使客户经理掌握我行所提供的各种金融产品和服务的内容及特点。技能培训主要向客户经理传授与客户沟通的技巧，以及产品营销技巧。

（二）培训方式。各支行（部门）客户部门和培训部门共同组织客户经理的培训工作，采取培训班、专家授课、典型案例研讨、内部经验交流等方式进行。

（三）培训的组织。分行人力资源部负责牵头组织客户经理的培训，相关专业部门应予协助配合。

第二十四条　客户经理的资格考试。

分行每年必须统一组织至少一次客户经理资格考试，资格考试分为资深（理财经理为CFP、AFP）、高级、中级三个级别，客户经理只有通过相应级别的资格考试才能取得聘用相应级别客户经理的资格。对上级行要求客户经理必须参加的业务资格考试，客户经理必须参与，对没有通过相关考试的，分行有下调客户经理岗位级别的权力。

第六章　客户经理的考核、晋升、降级和退出

第二十五条　客户经理考核另行制定专项办法（详见《××银行××分行公司（个人）客户经理薪酬分配办法》）。

第二十六条　客户经理的晋升和降级。客户经理岗位层级每年评定一次，主要根据上年业绩考核和任务完成情况等指标确定（详见《××银行××分行公司（个人）客户经理薪酬分配办法》）。

第二十七条　客户经理的退出。为保持客户经理队伍的高素质和竞争活力，将建立良性循环的退出机制。

（一）对品德不良、违法违规操作或客户反映较差以及其他原因导致不适宜在客户经理岗位工作的人员，必须强制退出。

（二）客户经理未履行或未完全履行职责，造成经济损失或严重后果的，及时解除聘约，严重者直至解除劳动合同。

（三）客户经理解聘或调离客户经理岗位后，不再享受相应待遇。客户经理管理部门应做好客户关系的维护工作。

第七章　附则

第二十八条　本《办法》由分行客户经理考核委员会制定、解释和修改。

第二十九条　本《办法》自发布之日起执行。

资料来源：http：//wenku. baidu. com/view/a19a31d4c1c708a1284a44fa. html？from＝search.

模块3　操作指导

一、金融客户经理职业生涯规划

人的生涯发展，既是一个自然生命的成长过程，又是一个自我设计与创造的奋斗过程，而正确的理想和坚定的信念也是我们的动力之源。有了正确的理想，也需要有一个正确的规划，一步一步向理想迈去。因此，金融客户经理要进行自身职业生涯管理，了解自身能力状况、需求、愿望，设身处地分析现状，设定未来发展的目标，制定实施计划，建立合理的职业晋升目标，使自己在为金融企业的发展作贡献的过程中能充分实现个人的目标和价值。

（一）职业生涯规划的原则

职业生涯规划设计的过程是个体探索自我、科学决策、统筹规划的过程。为了保证职业生涯设计的实用性和科学性，应遵循以下四个原则：

1. 量体裁衣原则

这是做好职业生涯设计应当始终遵循的原则，也是最重要的原则。职业生涯设计是一项完全个性化的任务，没有统一的定式，需要结合个体的具体特点进行设计。职业生涯设计前，首先要对个体的内在素质，比如知识结构、能力倾向、性格特征、职业喜好进行系统的评估，既要考虑个体的职业发展动机，又要考察其成功的可能性，从而为个体设定相应的职业发展目标和具体的发展规划。

2. 可操作性原则

职业生涯设计是为个体设定达成理想目标的规划和步骤，因此，这些内容本身应该是具体而明确的，而不能是空洞的口号。职业生涯的可操作性，主要包括目标的现实性、计划的可行性和效果的可检查性三个方面。所谓目标的现实性，是指个体目标的设定应该建立在个体现实条件的基础上，是对个体现实资源的真实评估和科学预期，是可以达到的目标，而不能是追新逐异或好高骛远的空想。所谓计划的可行性，就是指为个体制定的计划是非常具体的，是依据他们现有能力可以完成的行动计划。所谓效果的可检查性，是指目标的实现和计划的执行情况以客观事物为标准，是可以度量和检查的。

3. 阶段性原则

对职业生涯发展来说，人生的不同阶段承担着各自的发展任务，需要解决相应的发展问题。因此，职业生涯设计也应该结合个体的年龄特征，确定具体的发展方向，制定阶段性的发展目标。在现实与最终目标之间设定一个个的阶段性目标，就像从山脚到山顶的一级级台阶，每迈一步都能够感到自己在朝终极目标前进，奋斗过程就会变得不那么缥缈，而是更具体、真实。当然，在个体自身条件或外界环境发生改变时，所设计的理想目标和阶段性目标都需要相应的改变，因此，这就要求所设计的目标在可调整的空间，可以根据实际情况进行改变。即使是最终目标，也需要结合不同阶段性目标的完成情况而不断进行修正。

4. 发展性原则

发展性原则是指设计职业生涯发展规划时，不能局限于个体当前的发展，而要考虑到个体未来的职业发展空间，即职业生涯设计要有超前性和预测性。因此，职业生涯设计应该基于影响职业发展的核心因素和本质因素，而不是表面现象进行。例如，个体对企业文化的认知、合作与责任意识的水平可以长期影响个体的职业发展，而个人的外部形象和面试技巧仅仅能够说明个体短期的职业状况。因此，职业生涯设计要评量更核心和本质的因素，从个体长期发展的角度设计职业生涯规划。

（二）职业生涯规划的流程

1. 确定志向

志向是事业成功的基本前提，没有志向，事业的成功也就无从谈起。俗话说：“志不立，天下无可成之事。”立志是人生的起跑点，反映一个人的理想、胸怀、情趣和价值观，影响一个人的奋斗目标及成就的大小。所以，客户经理在制定生涯规划时，首先要确立志向，愿意真诚地为客户服务，立志成为金融行业的专家，让个人职业生涯与企业共同发展。这是制定职业生涯规划的关键和出发点。

2. 自我评估

自我评估是个人职业生涯规划的基础，也是能否获得可行的规划方案的前提。有效的个人职业生涯规划要求规划者首先对自己进行全面的分析，通过自我分析，正确深刻地了解自己，唯此才能对自己的职业生涯目标和职业生涯路线作出最佳抉择。自我评估的主要内容为与个人相关的所有因素，包括兴趣、个性、特长、知识水平、技能水平、价值观、思维方式、情商以及潜能等，即弄清楚自己是谁，自己想要做什么，自己能做什么。

3. 分析外部环境

职业生涯机会的评估，主要是评估各种环境因素对自己职业生涯发展的影响，每一个人都处在一定的环境之中，离开了这个环境，便无法生存与成长。所以，在制定个人的职业生涯规划时，要分析环境条件的特点、环境的发展变化情况、自己与环境的关系、自己在这个环境中的地位、环境对自己提出的要求以及环境对自己有利的条件与不利的条件等。环境因素对职业生涯发展的影响是巨大的，作为社会生活中的个体，我们只有顺应外部环境的需要，趋利避害，最大可能地发挥个人优势，才能实现个人目标。外部环境分析包括对社会政治环境、经济环境和组织环境的分析。其中，组织环境分析又包括行业环境分析（分析内容包括本行业的发展状况、国内外重大事件对本行业的影响，目前行业优势与问题、行业发展趋势等）和企业环境分析（包括本企业在金融行业中的地位、现状和发展前景、能够提供的岗位等，具体包括企业实力、企业领导人、企业文化和企业制度等）。要充分认识到中国经济的长期稳定发展，给了我们在最广阔的金融舞台上施展自己才华的机会。

4. 设定职业生涯目标

职业生涯目标的设定，是职业生涯规划的核心。一个人事业的成败，很大程度上取决于有无正确、适当的目标。没有目标，如同驶入大海的孤舟，四野茫茫，没有方向，不知道自己走向何方。只有树立了目标，才能明确奋斗方向，它犹如海洋中的灯塔，引导你避开险礁暗石，走向成功。职业生涯目标的确定，是指可预想到的、有一定实现可能的最长远目标，包括人生目标、长期目标、中期目标和短期目标。一般，我们首先可根据个人素质、工作岗位与社会大环境条件确立人生目标和长期目标，然后通过目标分解，分化为符合组织需要的中期、短期目标。目标选择的注意事项：（1）不要太贪心，目标太多太杂，难免会顾此失彼；（2）目标要具体、明确；（3）目标要高低适度；（4）个人目标与企业目标一致；（5）兼顾平衡，人生除了事业目标外，还有婚姻、健康等目标，在制定职业生涯目标时，也要兼顾其他。

当职业生涯目标确定后，客户经理就标定了发展路线。发展路线不同，对人的各方面条件的要求也就不同。此时要选择向哪一路线发展：是向专业技术路线发展，还是向行政管理路线发展；或是先走技术路线，再转向行政管理路线……由于发展路线不同，对职业发展的要求也不相同。因此，在职业生涯规划中，须作出抉择，以便使自己的学习、工作以及各种行动措施沿着职业生涯路线或预定的方向前进。通常，职业生涯路线的选择须考虑以下几个问题：（1）我想往哪一路线发展？（2）我能往哪一路线发展？（3）我可以往哪一路线发展？（4）我的职业选择能帮助我实现人生的最终目标吗？对以上几个问题进行综合分析，以此确定自己的最佳职业生涯路线。

图 8—1 为客户经理职业生涯发展路线图。

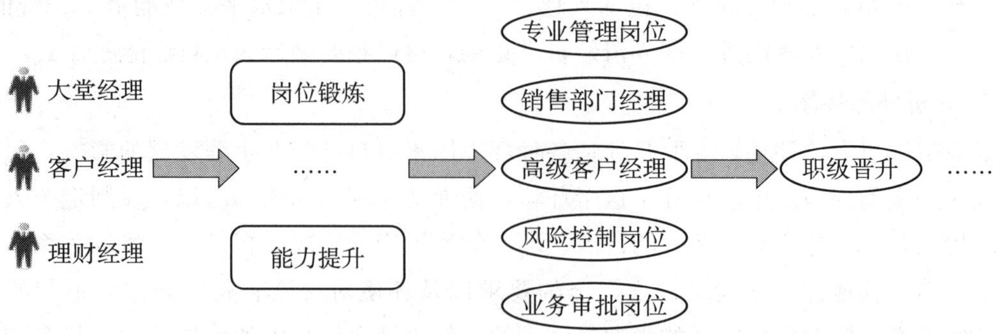

图 8—1　客户经理职业生涯发展路线图

5. 制定行动计划与措施

在确定了职业生涯目标后，行动便成了关键的环节。没有达成目标的行动，目标就难以实现，也就谈不上事业的成功。这里所指的行动计划，是指落实目标的具体措施，主要包括工作、训练、教育、轮岗等方面的措施。例如：为达成目标，你通过什么样的通道来实现？在工作方面，你计划采取什么措施，提高你的工作效率？在业务素质方面，你计划学习哪些知识、掌握哪些技能，提高你的业务能力？在潜能开发方面，你计划采取什么措施，开发你的潜能？这些都要有具体的计划与明确的措施，而且这些计划应具体、详尽，以便于定时检查。

6. 评估与回馈

俗话说“计划赶不上变化”，影响职业生涯规划的因素诸多，有的变化因素是可以预测的，而有的变化因素则难以预测。在此状况下，要使职业生涯规划行之有效，就须不断地对职业生涯规划进行评估与修订，实施备用方案。其修订的内容包括：职业生涯目标的重新选择；职业生涯路线的重新选择；人生目标的修正；实施措施与计划的变更；等等。

二、金融客户经理自我管理技巧

自我管理就是指客户经理对自己本身，对自己的目标、思想、心理和行为等表现进行管理，自己管理自己，自己约束自己，自己激励自己，最终完成职业生涯奋斗目标的过程。金融客户经理应在金融企业共同理想或共同价值观的指引下，在为金融企业发展作贡献的过程中充分体现自我价值，实现事业追求。这就要求金融客户经理具备严格的自我管理意识，在工作实践中不断提升自身素质，通过自我管理和自我修炼，逐步养成良好的学习力和执行力，与企业共同成长、共同进步。

（一）目标管理

目标管理是以目标为导向，以人为中心，以成果为标准，而使组织和个人取得最佳业绩的现代管理方法。目标管理（对于个人来讲）是指根据外部环境与自身条件正确地设定目标，在行动中实行“自我控制”，保证目标实现的一种管理方法。目标管理是我们工作或做事情变被动为主动的一个很好的手段，实施目标管理有利于我们高效地工作，同时也可以更客观地、科学地评价我们的工作。

1. 科学设定目标

目标的设定要切实可行，它应该是我们行为的导向准则、做事情的依据。因此，要科学地设定目标，必须遵循 SMART 原则。

（1）目标必须是明确的（Specific）。明确、清晰的目标是我们做事情成功的必要条件。有了明确、清晰的目标，我们的行动就有了正确的方向，我们做的每一件事情是否有利于目标的实现就会非常清楚。含糊笼统的目标极难作为行动的指南。

（2）目标必须是可衡量的（Measurable）。任何目标必须是实际的、可衡量的。任何目标的制定都是为了去很好地做工作，通过我们具体踏实的努力而达到目标。如果只停留在口号或空话上，你就没有办法做事情。所以，必须把抽象的、不可衡量的愿望具体化为实际的、可衡量的目标。尽可能用数字量化来描述，或者可以将其表现形态用数字化指标来补充描述。

（3）目标必须是可以达到的（Attainable）。目标必须是切合实际的、可以达到的。所谓“切合实际”，即指具有完成的可能。但是，“目标必须切合实际”这句话并不意味着目标应是低下的或是容易完成的。事实上，只有不是轻易能够完成的目标对目标的追求者才具有真正的挑战性。这就是说，目标本身必须具有相当的难度，以及具有被完成的可能性。在你制定目标的时候，必须使它们成为你所愿意追求的与你所能够追求的对象。一般来说，目标定得越高，其挑战性将越大。但是，当目标高到令你感觉无法完成的时候，你或许将永远不会设法去完成它们。

（4）目标必须具有现实性（Realistic）。指目标必须是实实在在的，必须与其他的目标和现实相联系，不切合实际或偏离实际的工作目标是毫无意义的。个人目标的制定应和自己的生活、工作有一定的相关性，符合企业实际及总体目标，只有这样才能起到引导和激励作用。

（5）目标必须具有明确的期限（Time-bound）。目标必须有时限性，设立目标的同时必须设定目标实现的时间。没有时间限制的目标，人们很容易采取拖延的态度，而使目标的实现遥遥无期。在估计达成目标所需的期限时，应按“至少”需要的时间作衡量的基础，这样才能令我们的估计切合实际。应根据工作任务的权重、事情的轻重缓急，拟订出完成目标项目的时间要求，定期检查项目的完成进度。

总之，要制定客观的、通过努力能够完成的标准和目标。目标要具体量化，便于考核；分清轻重缓急，以免顾此失彼；既要有挑战性，也要有实现的可能。只有这样才能激发每一个客户经理为完成工作目标而努力。

2. 分解与细化目标

有了正确的目标以后，还需要根据自身实际，把这一目标分解、细化，化整为零，变成一个个容易实现的小目标，然后各个击破，完成最终的目标。在一个较大的目标面前，我们常常会因目标的遥远和艰辛而感到气馁，甚至怀疑自己的能力。而分解、细化后的若干个小目标，实现起来相对容易，完成后又能有成就感而受到鼓舞。目标的分解与细化主要有两种形式：

（1）按时间段分解与细化。当设定了某一目标之后，我们必须衡量实现该目标所需的总时间；将这个总时间区分为若干更小的时间段，以便使我们在每一时间段内只需照顾目标的一小部分。例如，一个为期五年才能实现的长远业务目标，可以区分为五个“年度业务目标”，而每一个“年度业务目标”又可以区分为四个“季目标”，每一个“季目标”又可以区分为三个“月目标”，每一个“月目标”又可以区分为四个“周目标”，每一个“周目标”又可以区分为七个“日目标”。以上所说的即是一般的“目标金字塔”。

（2）按目标所涵盖的内容分解与细化。即在一定的时间段内完成一个目标，按这个目标的要求可能要做几方面的工作，把这几方面的工作明确表述清楚，做到什么程度，达到什么样的目标成果。达到这些目标成果的工作在时间上可能是有前后顺序的，也可能是交替进行的，这些目标成果的总和应该能很好地完成总目标。

3. 目标实施与目标成果的检查和评价

（1）目标实施。目标实施是指在自我监督下对实现目标进行过程管理。根据实现计划目标的需要，目标执行人发挥主动性、积极性和创造性进行“自我管理”与“自我控制”，努力做事情，促成目标的顺利完成。目标实施是目标管理的决定性阶段，在目标实施的过程中，我们要不断地思考、分析为实现目标所做工作的进展情况，不断发现和解决问题。目标制定后，我们要充满激情，立刻脚踏实地、认认真真地去做事情，为达成目标努力奋斗。

（2）目标成果的检查和评价。对实现目标进行过程管理，重在工作追踪，及时对成果进行检查和评价，具体应该完成以下几方面的工作：

1）衡量工作进度及其结果；

2）评估目标结果，并与工作目标进行比较；

3）发现严重的偏差，找出和分析原因；

4）采取必要的纠正措施，或者修正目标；

5）认真总结正反两方面的经验，发扬成绩，克服不足，进一步提高目标管理的水平。

总之，在通往目标的道路上，我们应该时刻保持坚韧不拔地做事情的精神，坚守目标，艰苦努力，不断进取，勇往直前。美国成功学大师安东尼·罗宾对于成功的描述是这样的：“知道目标，找出好的办法，起身去做，观察每个步骤的结果，不断地修正，以达到目标为止。”

（二）时间管理

时间是最宝贵的资源，时间对任何人都是公平的，每个人都拥有相同的时间。但是时间在每个人手上的价值却不同。对客户经理而言，珍惜时间就是提高效率、创造价值。因此，优秀的客户经理必须善于管理自己的时间，合理地利用时间，在管理时间的同时让时间增值，创造最大的时间价值。时间管理就是合理安排时间，使时间资源配置达到最优，实现时间价值最大化，让自己完成更多工作。时间管理的关键是对事件的控制，把每一件事情按照轻重缓急进行安排，并分配好时间。

1. 合理安排时间

（1）学会区分“紧急”和“重要”。客户经理每天都有很多事情需要处理，这些事情看起来似乎都很紧急，都需要客户经理马上去处理，比如响个不停的电话、下一个小时的会议、给某个客户的回信等。然而，很多人在一天所做的事情中，至少有80%是并不重要的，也就是说人们每天80%的时间和精力只是在正确地做事（处理各种紧急事务），却不是在做正确的事（重要的事）。如果客户经理一天到晚总是忙于处理各种紧急事务，往往会造成忙而无功、忙而无效的结果。

实际上，工作中大多数重要事情并不紧急，似乎可以一直拖延下去，直至后悔当初为什么没有重视，没有早点来着手重视解决。而紧急的事情也不一定重要，因为是否紧急，往往是由别人的轻重缓急来决定的，如果将紧急事情当成重要事情，将始终被别人牵着鼻子走路。想方设法挤出时间去做一些关键的事和一些重要的事，日积月累，你就能成就很多大事。判断工作重要与否的四个标准如下：

1）是否与目标相关。客户经理首先要确定自己的长远目标、中期目标和短期目标，再判断这项工作是否有利于实现这些目标，对实现目标越有贡献的工作越重要。

2）是否非自己做不可。一项工作一定要做与一定要自己做是不同的，一定要自己亲自做的工作才是最重要的工作，否则，可以委派别人去做，自己只需负责监督其完成即可。

3）能否带来最高回报。能给自己带来最高回报的工作即自己做能比别人做得出色的工作。

4）能否带来最大满足感。能够带来满足感和快乐的工作是能够使自己始终保持工作激情的工作。

总之，客户经理在开始一项工作之前，要习惯于先弄清楚哪些是重要的，哪些是次要的，哪些是无足轻重的，而不是先看它们紧要与否。每一项工作都如此，每一天的工作也都如此，一年或更长时间的工作计划也应如此。

（2）按事情的重要程度确定优先顺序。客户经理要按照事情的重要程度而不是紧急程度来确定优先顺序，这样能够把时间多投资在重要的事情上。一般而言，客户经理可以对自己所要完成的工作，按重要性和紧急性程度进行如下分类：

1）第一类是既重要又紧急的工作。如已经批准客户授信，当天必须办理的业务等。这类工作是实现事业和目标的关键，是当务之急，必须在第一时间亲自处理。

2）第二类是重要但不紧急的工作。如有初步意向，还需要与审批部门进一步沟通的重点企业的授信项目，还需要多个周期才能搞定的授信项目等。虽然不紧急，但是如果不把时间花费在这类工作上，会影响未来的业绩，会影响今后工作的正常开展。

3）第三类是不重要但很紧急的工作。如有时限要求的事务性工作或同事的临时请托，一些客户的简单送单据的工作等。客户经理要尽量压缩花在这些工作上的时间，或请别人协助，否则工作效率就不可能提高。

4）第四类是既非重要又非紧急的事情。如朋友间的闲聊或无时限要求的事务性工作，应该杜绝或暂时不做。

在确定工作先后顺序的基础上，客户经理要估计完成每项任务所需的时间，为每项任务确定最后期限。还要运用系统论、运筹学等原理，将同一顺序的多项工作综合起来统一安排，并将同一顺序、不同性质的工作穿插安排，避免打疲劳战，提高工作效率。

（3）合理分配工作时间。据有关调查统计，那些在工作中忙碌却效率低下的客户经理，把自己90%的时间都花在了重要或紧急的工作上，又几乎把剩下的10%的时间花在了非重要和非紧急的事情上。而高效率客户经理成功的诀窍却恰恰相反，无论每天多忙，都会认真挤出相当一部分时间用于未来客户的储备工作。因此，客户经理在对工作的时间分配上，应遵循以下原则：

1）帕累托原则（二八原则）。帕累托原则表明，在任何特定的群体中，重要的因子通常只占少数，而不重要的因子则占多数，只要能控制具有重要性的少数因子就能控制全局。因此客户经理不要在琐碎的、对成功无益的小事上投入80%精力，最后却产生20%成效，而是要集中精力在能获得最大回报的20%的重要事情上，只有这样才能达到事半功倍的效果。

2）“40/30/30”法则。在一般情况下，人们处理的事情中有40%是被动事情，30%是主动事情，30%是突破事情。客户经理在每一天里，除要将40%的时间用于维护现有客户、办理常规业务外，还要将30%的时间用于做岗位职责需要自己完成的各项事务性工作，同时还要注意分配30%的时间去做新客户的储备开发工作。

（4）坚持做时间记录。客户经理要养成做时间记录的习惯，每天利用10分钟重新审视当天的工作，看是否按照工作的轻重缓急安排了处理顺序、完成每项工作花费了多长时间、了解时间实际耗费在什么地方、当前使用时间的方式是否支持最重要的目标的实现、哪些工作浪费时间、哪些工作没有完成、没有完成的原因以及有哪些改进措施等。时间记录既能帮助客户经理检查当天工作计划完成情况，又能发现自己在时间管理上存在的问题，还能计划明天的工作，更重要的是能帮助客户经理确定并督促完成每天最重要的工作，从而提高工作效率和工作质量。

（5）更有效地安排时间。要善于使用计划工具，如任务列表、约会时间表以及每日（周）日程表。制定日程表并将任务纳入其中并指明完成任务的预期时限，在日程表中预留自由支配的时间，以应对突发事件和机会。做好时间管理最有效的实效办法就是制定日工作计划。在制定日工作计划时一定要忘掉“明天更美好”，牢记今天决定明天、今日为明日、今日更重要的原则。认真制定自己每天的日计划清单，从而确保自己每天的活动和精力始终保持在正确的轨道上。最佳习惯是每天晚上拿出 20 分钟左右来做好第二天的日计划及时间分配表，次日早上起来后或在上班途中再用几分钟时间回顾补充，然后按先后顺序有条不紊地进行。制定计划时应采用最有价值的事情优先的原则，同时预留一定的时间用于处理那些不可预知的事情。

2. 节约时间，增加有效工作时间

（1）加法原则。时间上的加法原则就是运用一定的方法找出隐藏的时间，把它充分利用起来。

1）充分利用小块时间。根据保守估计，如果一天花十几分钟时间在上班路上，一个月就是 300 多分钟，即 5 个小时，怎么把这些时间高效地利用起来呢？如在上班途中可以构思一项工作计划和细节，或者回顾每日计划表应该做哪些事情，在下班途中可以总结反思今天有哪些该做的事情没做等，这样就可以把这些小块的时间高效地利用起来了。

2）创造有效时间。创造有效时间就是在平时工作中，比大家早到一个小时，或者晚走一个小时，在这一个小时里没有人打扰，可以静下心来仔细地考虑一些事情，或者批量处理业务资料，时间不长，但效率很高。每天两个小时，日积月累下来，就会有相当可观的时间。平时在工作之余尽量减少闲聊天，可以利用闲暇时间认真在网上寻找一些有用信息。

3）合理安排时间。错峰安排时间，就是别人都忙着做这件事的时候自己不去凑热闹，自己合理安排先做别的事情，等比较空闲的时候，自己再去做，这个方法对于节约时间非常有效。比如午餐时间，餐厅里挤满等候的人，晚去半个小时就会发现那时候的人变得非常少，就可以节省很多等待就餐的时间。

（2）减法原则。时间上的减法就是要减少时间浪费。除了一些不良习惯造成时间浪费外，思考过程也是浪费时间的因素，在犹犹豫豫、反复思考或者下决心的过程中往往浪费大量时间却难以察觉。因此，可以在日常工作中尝试五分钟思考法。当遇到一些小事情时，不要犹犹豫豫，不要反复思考，只要五分钟就可以解决问题，这样可以减少很多无谓的时间浪费。这五分钟这样分配：第一分钟先决定目标和课题，就是说我究竟要做什么，达到什么样目的；接下来两分钟是思考扩张及探求，即要达到这个目标，自己要有哪些准备条件，具体要做哪些事情，可不可行；最后两分钟则必须整理思路，定出结论。

3. 学会拒绝接受别人的请托

有些客户经理抱怨经常身不由己，没时间做自己要做、想做的事情，其实主要是因为没有形成一个好习惯，不会说拒绝。客户经理要学会“拒绝接受请托”，对于别人的委托、要求，可以如此处理：首先看与自己时间安排有无冲突，是否会影响自己完成重要且紧急的工作；其次看是否属于自己能力范围之内的工作，如果会影响自己工作或超出自己能力范围，试着学会向同事和下属说“不”以避免日程超负荷，寻找替代方案以避免不必要的出差。

4. 充分调动各种资源

个人的力量是有限的，客户经理的很多工作都需要集众人之力才能完成，要适当授权，善于利用各种资源，提高工作效率，在更高层次上实现对时间的管理。

（三）压力管理

客户经理的工作是要深入客户，在营销工作中可能经常遇到这样的情形：满腔热情地向客户推介业务，得到的却是冷漠的回应；充满自信地拜访客户，却因种种原因遭到拒绝；精心准备服务方案，却得不到客户认可。尤其是在同业竞争激烈、业绩考核压力增大、各种理性与非理性的竞争手段层出不穷的情况下，客户经理面对的各种各样的问题与挑战及其难度都越来越大。有的客户经理总是陷入各种指标、任务之中，整日处于紧张的工作状态，难以承受工作压力。所以，优秀的客户经理必须具有健康的体魄、旺盛的精力和强大的心理承受力，善于进行压力管理，学会控制并认识自我压力状态，只有这样才能学会快乐地工作。所谓压力管理就是客户经理使用各种方法平衡要求与处理能力，将消极性压力转化为积极性压力，从而使身心放松，保持健康的生活及工作状态。

1. 如何进行有效的压力管理

（1）正确认识工作和工作压力。客户经理岗位是金融企业中具有挑战性的岗位，既要拓展和维护客户，又要防范客户信用风险。随着工作要求的提高和工作节奏的加快，客户经理面临的工作压力越来越大，常常会产生焦虑不安、紧张等负面情绪，甚至对工作产生恐惧心理。但我们要明白，完全没有压力工作是不存在的，没有压力的工作环境会使人自然地产生松散和懈怠的心理，只有在适当的压力下才能充分激发客户经理的自身潜力。事实证明，必要的压力有利于提高工作效率、发挥自身潜能。

（2）克服消极情绪，培养积极乐观的态度。客户经理成天在日复一日地办理金融业务，想方设法建立客户关系，工作压力比较大。因此，工作中的挫折很容易使客户经理产生懊恼、怀疑、自卑、焦躁等消极情绪，会使他们感到情绪低落，工作热情消退，并丧失对前途、目标追求和工作的动力，甚至害怕和逃避工作。客户经理要想在工作中不断取得进步，就应理性地把握自己的情绪，主动地管理自己的情绪，迅速摆脱消极情绪的影响，化消极情绪为积极情绪，学会以积极情绪面对工作和生活中不可预知的各种困难。客户经理要以对自己有“信心”、对待客户有“热心”、服务客户有“耐心”、对待工作有“事业心”、在利益面前有“平常心”这“五心”级标准来要求自己，真正做到长期有效地管理好自己的情绪。

（3）坚定工作信念，增加工作热情。客户经理要学会变压力为动力，最根本的是要有坚定的信念，对自己的未来要有明确的目标，相信自己能实现目标，虽然眼前的压力让人感到艰难，但压力已在无形中变成为目标努力奋斗的动力。因此，客户经理要主动地去适应这种工作，寻找新的兴趣点和目标追求，增加工作的热情。要认真负责地做好每一件事，积极乐观地与周边的人相处。要给自己设定合理的工作目标，每天给自己一个希望，相信只要有付出，就会有收获。要把“不喜欢”的工作视为挑战，对于工作带来的困难要积极去克服，学会从胜任困难工作的变化中寻找事业满足感。

（4）保持工作与生活平衡，学会放松心情。工作和个人生活需要相互补充，而不是相互冲突。要学会确定工作事务的优先顺序，然后与个人事务进行平衡。找到两者间适当的平衡能够减少不良压力，并为生活中的方方面面增加活力。因此，培养广泛的兴趣爱好，不仅能陶冶个人的情操，使生活更加丰富多彩，对客户经理的工作也有很大的帮助。客户经理接触的是形形色色的客户，其知识面、生活经历、兴趣爱好各有差异，客户经理如果有广泛的兴趣爱好，在接触、争取和服务客户过程中，就不会“就服务论服务，就业务谈业务”。这不仅容易拉近双方的距离，还能增进与客户的感情交流。要保持健康的生活方式，在工作之余学会享受生活，通过访友、旅游、娱乐、健身、欣赏音乐等休闲娱乐方式，使自己精神放松和心情愉快，从而达到减压的目的，为自己倾注工作的活力。

（5）建立良好的人际关系，善于利用各种资源。客户经理的很多工作都需要集众人之力才能完成，想要仅凭一己之力披荆斩棘，将会越来越困难，甚至不太可能。孤立的感觉会加剧不良焦虑情绪，而良好的人际联系则能减少不良焦虑情绪。因此，客户经理不仅要注重和客户建立起互信互赖的人际关系，还应注重在单位内建立起朋友式的、伙伴式的人际关系。良好的人际关系能使客户经理充分利用各种资源，更好地发挥团队的作用，使客户经理工作起来更加游刃有余，激发更多的正面情绪。与信任的朋友、伙伴、同事或导师谈谈自己的忧虑，谈话本身就是一种调节剂，倾听者还可以给你提供一些安慰和指导。同事也许是最好的“减压”医生，对工作和自己知根知底的同事，往往最能客观地对症下药，可以帮助我们找出压力的根源，不断改正和弥补自身的缺点和不足。工作中的压力就是自己进步的动力，如果是知识欠缺，那么去给大脑充电；如果是人际关系等其他方面，那么去向有经验的人学习。

（6）养成健康的生活方式，保持工作的活力。客户经理要学会保养、照顾自己的身体，保证睡眠充足，养成均衡、健康的饮食习惯，每天锻炼身体，以及练习放松技巧，这些都有助于增强大脑和身体的活力，提升工作时的活力和效率。消除焦虑最简单、最经济、最自然的方法就是锻炼身体。锻炼身体对大脑有好处，因为它能够减轻压力，减少攻击性，减轻挫折感，增强幸福感，改善睡眠，有助于注意力集中。如果客户经理的饮食很健康而且很多样化，减少脂肪、糖、咖啡因和酒精的摄入量，食用足够的蔬菜、水果和谷物，身体就能够更好地承受每天都要面对的正常或较大的压力。压力可能造成失眠，而睡眠不足又会加剧压力的程度，这会使自己更加紧张、烦躁和焦虑。因此，要努力保证睡眠充足，尽量减少睡眠环境的噪音和光线，培养习惯性的入睡程序，学会运用调节呼吸和放松的技巧来帮助自己入睡。

2. 客户经理减缓压力六步法

第一步：列出产生的具体压力。

第二步：快速找出压力产生的原因。

第三步：向领导反映面临的困难，并请求适当的支持、帮助。

第四步：寻求解决问题的方案，而不是停留在问题的表面。

第五步：尽最大努力，坚持完成工作。

第六步：总结压力产生的原因，为以后工作提供经验。

（四）提高学习力和执行力

客户经理的工作千头万绪，要保证按时完成，必须掌握轻重缓急，进行科学谋划，以便采取最佳路径和方式达成既定工作目标。一名优秀的客户经理应该明白自己应该做什么，知道自己如何做，并确信自己的付出在达成企业目标的同时也能体现个人价值。这就要求客户经理不断提高自己的学习力和执行力，进而达到改进自我、完善自我、提升自我的目的，并最终实现自己的人生价值。

1. 提高学习力

随着企业对金融机构服务水平要求提高以及金融机构自身发展需要，对客户经理的要求逐渐从原来的“资源型”向“素质型”转变。在现阶段，客户经理不仅需要办理业务、维护客户关系，还部分承担着市场金融需求的调研、新产品（业务）的开发、风险控制和管理等工作。简而言之，由于在工作中承担着多重角色，面对瞬息万变的市场环境和复杂而多变的金融产品，客户经理必须具备比较全面的知识和学习能力。学习不仅是客户经理的岗位要求，也是个人成长的需要。在实际工作中，知识面广、业务素质高、在某些方面有专长的客户经理，不仅容易使客户信服，有利于拓展和维护客户关系，而且会产生一种吸引力，提高客户经理的个人影响力。

（1）学习力的内涵。在学习力的三要素中，动力是由目标产生的，毅力是由意志决定的，能力是靠培养形成的。学习力是三个要素的交集，只有同时具备三要素，才能成为真正的学习力。有了努力目标，只是具备了“应学”的动力；有了丰富的理论和实践经验，也仅仅具备了“能学”的力量；有了坚定的学习意志，也不过是具备了“能学”的可能性。只有当这些要素有机地结合在一起时，才能形成现实的学习力。

学习是一个能动地获取、运用和创造新知识的过程。学习过程的本质是创新，创新与学习是一个相互交融、不可分割的整体。创新的源泉在于学习，学习的成效体现于创新。在金融新产品和新技术迅猛发展的今天，每个客户经理都应该认真学习，不学习就会很快落伍。在学习时间和精力都非常有限的条件下，学会如何巧妙地学习以提升学习力，就显得尤为重要。

（2）建立终身学习的习惯。

1）保持旺盛的求知欲。人类已经迈进知识经济时代，知识“半衰期”已经缩短到5～7年，今天的大学毕业生在跨出校门时，在大学学到的书本知识至少有50%已经过时。大学阶段的学习，仅仅是基本素质的提升，而终身的学习已经成为个人职业生涯生存和发展的关键。因此保持旺盛的求知欲是客户经理不断发展、赢得成功的关键。客户经理的学习不再仅仅停留在“学”的阶段，而是由“学”上升到“习”，而“习”变得更为重要，从工作中学习，从错误中学习。“研究式学习”“反思式学习”已成为新的学习理念，在学习中发现问题、研究问题并解决问题，能迅速提升一个人的学习力。

2）善于在工作实践中总结和提高。学习的目的在于应用、在于提高能力，学习力所包含的理解能力、思考能力、观察能力和分析能力等能力需要在反复的工作实践中不断地积累、不断地磨炼、不断地总结，才能得以提高。客户经理在工作中经常会接触到不同行业、不同类型的企业，应该充分利用这种资源，做个学习有心人，有意识地去向客户、向市场、向社会学习，在工作中不断地学习新知识、总结新经验，促进工作能力和学习能力进一步提高。

3）培养创新工作能力。在金融业务营销过程中，客户经理必须具备良好的创新性工作能力，只有这样才能满足客户日益增长的差异化需求。客户经理要具备对现有资源和现有产品（服务）的组合能力，要“吃透”本行产品的功能、特点，从满足客户需求出发，把相关产品有机地整合起来，这就是一项创新。例如：将项目评估、固定资产贷款、债券发行与工程咨询等业务组合起来就是一个项目融资服务方案；将企业网银主动收款，自动、非自动转账功能结合起来就能满足客户同城、异地以及系统内外转账划款的需求等。

2. 提高执行力

（1）执行力的内涵。客户经理的执行力主要体现在个人执行力这一层面，即贯彻实施决策计划，及时有效地解决问题的能力。客户经理如果已拥有了正确的工作态度、丰富的专业知识，却依然不能成功，最主要的问题可能就出在自己身上，即执行力出现了缺失或不足。在实际工作中，客户经理的执行力主要表现在：一是明白什么事情该做，什么事情不该做；二是知道如何去完成该做的事情；三是克服过程中的一切困难、挫折；四是高效快速地完成，超越预期。

（2）提升执行力的方法。

1）不找借口。客户经理要提升执行力，首先要做的就是在工作中去主动执行，只为成功想办法，不为失败找理由，努力去争取百分之百完成任务。不找借口，实际上就是解决执行力心态问题，它是影响执行力的内在要素，态度决定一切。执行力心态包括态度、激情和信念三个层次：

态度是一种职业化精神。对客户经理来说，一旦到工作岗位上，就要按照客户经理岗位要求，去尽职尽责地完成工作，这是职业本身需要；工作态度认真，凡事皆全力以赴，态度决定一切。

激情是一种发自内心的主动行为。态度在某些情况下是一种被动性行为，但是，当态度转换为激情之后，它就会变成一种主动性行为。激情与态度相比，能产生更大的执行力，有激情才能成就未来。

信念是一种持久的动力。如果说激情是有时效性的，那么信念无疑就是相对恒久的。当激情转化为信念的时候，原来主动的情绪就变成涌动的动力。有了信念，客户经理的执行行为才能真正贯彻到底，没有信念的执行行为往往会半途而废。

2）快速行动。执行速度是执行力高低的重要体现。在金融业竞争日趋白热化、产品普遍同质化的今天，竞争已由大鱼吃小鱼演化为快鱼吃慢鱼的格局。速度决定效率，并最终决定成败。比他人快一步，能使人变得更加敏捷，更加积极；比其他客户经理快一步，能在市场竞争中赢得先机，形成自身的竞争优势。因此，客户经理在了解、挖掘客户的需求后，在接受领导交办的任务后，要尽快去组织实施、贯彻落实。碰到一个心仪的客户，要立即出击，尽快搞定。执行力只能从执行中获得，只能在快速行动中提升，仅仅停留在思考的过程中是不可能提高执行力的。

3）坚持不懈。许多客户经理无法成功，不是因为能力不够、热情不足，而是缺乏坚持不懈的精神。客户经理在拓展过程中，经常会遇到各种各样的困难和挫折，选择坚持下去，就有可能会成功；如果选择中途放弃，则永远不可能有成功机会。在实际工作中，很多事情都不是一蹴而就的，只有经过“山重水复疑无路”才能“柳暗花明又一村”。例如，建立人脉需要非常有耐心，需要一点一点去维系感情，感情就如同一棵小苗，需要你勤走动，需要你关心客户，将客户的事情当作自己的事情来关心和办理。人脉培育需要我们主动去浇水，主动去施肥，客户过生日，我们送上鲜花，客户有为难紧急之事，我们立即帮助解决，让客户感觉我们是可以交心的朋友，是可以托付的朋友，慢慢人脉就建立起来了。因此，客户经理要注重培养自身坚韧的品质、坚强的意志以及对目标的坚持，要对挫折有忍耐力、对压力有忍受力、对自我有控制力等，能勇敢地面对困难和压力，并且坚持目标和自己的观点。要耐得住寂寞，脚踏实地做事。客户经理的大量工作都是一些琐碎的、繁杂的、细小事务的重复，贵在持之以恒、日复一日地做好。

4）追求结果。追求结果就是要求客户经理以做成事的精神对待工作，而不是局限于做事。所谓做事就是以所做工作内容为目标，如完成一次客户拜访，写完一个服务方案，只关注做哪些事情，完成多少工作量，但对于工作时效和工作质量却没有控制。如果客户经理总是抱着这样一种应付的态度，工作不认真、不主动，不去追求最好的结果，虽然每天按时上下班，领导交办的工作都按时做了，看上去也忙忙碌碌的，但是很多事情都是忙而无果，没有效率可言，就无法为公司创造价值。而做成事则要求客户经理在工作时追求取得实效，而不是业务事件本身，如拜访客户是要以了解客户需求为目标，服务方案是要以解决客户金融需求为目标，只有这样才能取得更好的实际绩效。

5）超越期望。将工作任务按时按量按质完成还只是执行力的一般要求，如果客户经理仅仅满足于这一要求，只能说是一个基本称职、合格的客户经理，工作也仅仅是一份获得薪水的职业。客户经理在工作中不仅要使自己满意、别人满意，还要超越期望，应当把岗位当作人生自我价值实现的一种载体，把工作当成一种事业来看待，凡事力求做到最好。而客户经理要实现超越他人期望的目的，必须订立一个高于常人的标准，以“人争一等、事创一流”的精神，以“多加10%任务量”的心态去完成每一件工作，主动给自己加码，最大限度地发挥自己的潜能，凡事力争第一，力争更好。这样，不仅能超越他人期望，还能为自己创造更多的发展机会，成为一名真正优秀的客户经理。

6）注重细节。客户经理在执行工作任务的过程中，取得成功的一个关键要素是注重细节。中国有句古话，“千里之堤，溃于蚁穴”，说的也是这个道理。细节能影响全局，细节能影响执行力。在某种程度上说，做事情就是做细节，任何细微的东西都有可能成为“成大事”或者“乱大谋”的决定因素。因此，客户经理在日常工作中必须养成注重细节的习惯。例如：尽可能把客户需求了解得更全面、更透彻，把服务方案设计得更细致、更贴近客户，这样就可能促进工作业绩更上一个台阶；多留意客户经营管理和言谈举止中透露出来的细节问题，把授信调查报告写得真实、详细、严谨，这样就可能提前预警到企业经营中的风险，及早采取风险防范措施。

模块 4 案例学习

客户经理小张忙碌的一天

8:00 客户经理小张准时到达办公室，立即进入分行网站了解最新通知，进入个人邮箱了解最新文件及相关任务，没收到什么重要通知和文件，但收到朋友发来的一个心理测试邮件，顺便测试一下，并转发给了10余位好友，花了共约20分钟。

8:30 突然想起昨天A公司的财务经理说今天要开5张银行承兑汇票，否则将承担上千万元的付款违约责任，匆忙完成调查报告，整理相关材料（含推荐表、支行审批表、合法性审查表等）。

9:45 报支行科长，经营主责任人审批。

10:00 将资料送至分行交专职审批人、牵头审批人审批。

10:30 赶至法院参加B公司的债权转让听证会。

11:30 赶回支行进行跟会计科对账的工作。

14:30 到分行领取承兑汇票业务指标单，后赶回支行开立银行承兑汇票。

15:00 给C、D、E、F、G等几家主要客户打电话，了解月底资金回笼情况，落实本月末企业存款计划的完成。打完电话后约行长一起走访H公司，等了大约20分钟。

15:40 出门，到H公司后就其银行承兑汇票质押转开汇票事宜向H公司介绍，并打算了解H公司年底的经营计划。

16:45 接到A公司财务人员电话，获知上午办的汇票其中一张收款人账号有误，要求更换。此时H公司业务基本谈完，但年底经营计划和资金需求只好下回再了解。立即回到支行，经查实系企业申请时账号自己填错，此时已近下班（正常下班时间为五点半），只好立即与分行信贷管理部、会计结算部联系，最终解决了该问题。

18:00 静下来后将今天5笔汇票录入系统。

18:30 开始写本月工作小结。

19:00　收拾东西，迈着疲惫的步伐回家。

资料来源：立金银行培训中心：《商业银行客户经理25堂课②》，北京，中国经济出版社，2011。

问题：

1. 根据资料，你认为小张这一天的时间安排存在什么问题？

2. 请运用时间管理的方法对小张一天的时间安排进行改进。

模块5　知识拓展

一、客户经理营销团队建设

客户经理营销团队，是指金融企业在推行客户经理制过程中出现的客户经理的作业管理形式和市场拓展的管理形式。即以团队的形式将不同分支机构或同一分支机构、不同级别或同一级别、不同岗位或同一岗位的客户经理或员工，按照特定的工作目标划分为若干个工作小组，或组成特殊的工作小组，进行客户开发或产品开发以及日常的工作管理。客户经理营销团队的出现，主要是通过发挥团队精神，增强员工之间、客户经理之间以及部门之间、地区之间的分工协作，目的在于提高市场拓展的工作效率，提高为客户的服务效率。通过营销团队形式开展工作，还可以发挥激励因素的作用，调动员工的工作积极性，实行人本化管理。

（一）营销团队的形式

营销团队是20世纪90年代以来金融企业营销实践和管理实践探索的结果。以商业银行为例，营销团队的形式主要有以下几种：

1. 客户经理作业小组

这是一种简单的营销团队形式，通常由2～3名客户经理组成，主要用于客户经理在客户开发和维护过程中的合作。其中，有人担任主访的角色，有人担任陪访的角色，相互合作；还有的由客户部经理带队，进行客户的访问，以提高沟通和公关的效果。

2. 客户部门客户经理团队

这是客户部门管理的作业团队形式，通常由不同级别的银行（总行、分行、支行）客户部门按照业务分类或地区分类等分类形式，自然形成的团队，人数依客户部门的大小而定。这种客户部门团队通常通过例会等工作制度，完成市场环境分析、客户动态分析、培训及经验分享、工作计划实施等工作内容。

3. 客户服务小组

这是商业银行为了客户的拓展与维护而将来自不同部门如科技部门、产品部门、法律部门以及客户部门等的人员组成一个特别的客户服务小组，为客户提供量身定做产品或一体化服务方案，或共同参与客户的维护，及时为客户解决具体问题。客户服务小组可以是横向的组合，如来自同一个行的不同部门的人员组成的团队；也可以是纵向的组合，如来自不同级别的行，如总分行、分支行的不同部门的人员组成的团队。

4. 高级营销团队

基于对大型客户或集团型客户的系统联动营销和协作营销，通常由总行一级的高层人员或高级客户经理，联合不同分支行的高层人员或客户经理，进行跨部门、跨行级的团队组合，即组建高级营销团队。这种团队集合了各级行的决策层和操作层的人员，可以对客户作出最快的决策反应，并可以在与客户的公关活动中收到较好的效果。

（二）高效营销团队的建设

1. 高绩效客户经理小组

客户经理小组一般由三个以上的客户经理和其他人员组成，这些组成人员应具备不同的知识结构、业务专长和个性。客户经理之间的有效沟通和交流，可以集思广益、博采众长，发挥不同知识结构、经验阅历和个性特征的客户经理的特长与优势，起到优势互补和团队协作的作用。一个客户经理小组主要由小组牵头人、关系经理、方案设计人员、外部专家及辅助人员组成，在这些角色中，有的角色可以兼任。高绩效客户经理小组的组建方式具体表现为：

（1）小组牵头人一般由高级客户经理担任，主要行使总体指挥、组织和协调职能，负责对整个客户培育与维护的组织策划、银行内部和外部关系的协调、产品的组织运作、小组内部重大事项的管理和决策。

（2）关系经理负责与客户的日常接触，他对客户的情况最熟悉，与客户的往来最频繁，发挥着银行与客户之间的桥梁和纽带作用。

（3）方案设计人员是小组里的技术专家。方案设计人员对金融产品比较熟悉，具有较强的业务技能，负责设计具体的产品组合方案，以满足客户多方面的需求。

（4）外部专家，当客户经理不能完成一些客户需要的专业服务时，客户经理小组可吸收部分外部专家来提供专项技术和支持。常见的外部专家如律师、注册会计师、行业经济专家、宏观经济专家、财务专家等。这些专家提供的是有偿服务，银行向其支出的服务费由银行在费用中列支。

（5）辅助人员，负责小组内部的日常性事务，由事务性人员担任。

2. 高绩效客户服务小组

客户服务小组是一种综合营销的基本组织形式。客户服务小组是为满足客户的金融需求，由多个部门、多级行人员参加的松散型工作团队。它可以是临时的，也可以是长期的。高绩效客户服务小组的组建方式具体表现为：

（1）客户服务小组的主要工作职责包括：客户拓展；了解客户需求；客户调查（评估）；产品推介；制定金融服务方案；与客户谈判；实施金融服务；客户维护；风险监测；部门与行际日常协调。

（2）直接营销的客户服务小组主要由本级行的客户经理、产品经理及相关专业人员组成，对于重要或有复杂金融需求的客户，必须配备高级客户经理和高级产品经理。

（3）客户服务小组实行组长负责制，组长负责客户服务小组的日常工作，对本级客户部门负责。小组中的产品经理和其他专业人员负责代表小组与本部门沟通及协调。

二、高效营销团队的管理

（一）高效营销团队的管理方式

1. 选择优秀的团队领导和具有团队精神的成员

俗话说："火车跑得快，全靠车头带。"创建一个高效的客户经理营销团队必须选择优秀的营销团队领导。首先，团队领导应该具备娴熟的营销经验和知识，要对整个营销团队起到战略指导、目标管理、队伍培育的作用。其次，团队领导还应该具备较高的个人修养、品德和个人魅力。他必须时刻以身作则，将个人利益融于公共利益，是全队的表率人物，同时也是团队的学习榜样。公司在招聘新员工时应把是否具有"团队精神"作为一条重要的评价标准。一个员工的团队精神可以通过他的工作行为表现出来，他要理解团队目标，认同团队价值。具有团队精神的员工能清楚地知道团队的目标，理解个人的工作目标和团队的工作目标的相互依存性，从团队的根本利益出发，处理工作中可能产生的冲突。

2. 建立有效的激励制度

建立有效的激励制度可以保障团队正常运转并发挥其积极作用。在激励的内容上，不要局限于物质激励，还要注重非物质激励，如表彰、竞赛、晋升等。激励制度要根据每个营销团队的特色而量身定做，每一项指标和内容都要根据如何发挥营销团队的积极作用设置，重激励而轻约束。要建立一套有效的绩效评估激励制度，通过把定性考评（综合素质考核）和定量考评（营销业绩指标考核）结合起来，做到对营销人员和整个营销团队的有效激励。定性考核内容包括：团队协作性、责任心、工作态度、综合分析能力、创新能力、沟通能力等。定量考核内容包括：团队业绩目标完成率、个人业绩目标完成率等。要通过有效的制度设计把个人的表现和团队目标紧密结合起来，切实提高每位团队成员的工作绩效和团队精神。

3. 建立合理的培训体系

为了适应不断变化的市场需要，必须建立一套合理的营销培训体系来"以变制变"。定期组织国内外的营销专家、学者和同行业经验丰富的实践者对团队的每个成员按照角色定位进行有针对性的业务培训，培养团队成员的沟通技巧、客户关系管理技巧等，使其成为一个学习型的动态团队，在营销理念、营销技术、营销管理等方面不断学习新的知识，不断提高实战技能，根据实际情况进行动态的调整和适应，注重培养和引导每一位客户经理发挥其最大的能力。

4. 确立明确的营销目标

建立一个目标清晰的高效营销团队，关键在于对营销团队目标的制定、分解、沟通、授权。目标的作用是激励学习型营销团队发挥最大潜能。整个团队成员都应该清楚营销目标，这个目标包括公司营销任务的各项指标以及分解到每个成员的具体目标。目标一定要具体、合理、清晰，让团队成员能真正理解和把握。团队领导应根据团队成员所在的市场不同、涉及的专业领域不同，把各项内容分解出来，并让团队的相应成员自己参与制定各项目标，再和团队领导的营销目标进行比较，共同修正，使营销目标和团队领导达成共识，最后在总目标的指引下实施完成。营销团队的各项目标制定后，团队领导应在特定的时间和地点进行检查评估，对完不成的指标一定要找出原因和解决方法。要在营销团队内部建立起一种执行力文化，让每一位团队成员都会用心去做事，将所处的岗位的职责真正执行到位，使营销团队的目标在每一个团队成员岗位的分解能够实现，最终确保团队总体目标的实现。

5. 营造相互尊重和信任的氛围

创建高效营销团队，要营造出一个适合这个营销团队活力的工作氛围，每个队员要相互尊重和信任，整个团队要充满活力、轻松和激情。同时，团队应该是一个大舞台，每个团队成员都可在这个舞台上淋漓尽致地发挥自己的营销天赋。要真正营造一种开放坦诚的沟通气氛，让每位团队成员及团队领导都能够充分地沟通意见并表达建议，他们不仅仅能自由地发表个人的意见，还能倾听和接受其他团队成员的意见，通过相互沟通，探讨业务上的事情，消除隔阂，增进了解，在团队中真正做到心心相印、和睦相处、合作共事。大家参与管理的同时，也分享着共创的业绩，从而让大家在集体协作过程中产生一种真正的团队精神，或是一种共同的心理基础。

（二）客户经理在团队合作中应注意的问题

（1）将个人成长与发展和团队的整体相结合，要理解团队目标，认同团队价值。个人要服从团队，要从团队的根本利益出发，处理工作中可能产生的冲突。

（2）要有意识地改变自己的一些思维模式和行为方式，将自己主动融入团队，学会容纳别人的想法，学会依靠团队的力量。

（3）与团队成员进行沟通和交流时，要敞开心扉，要学会从团队总体利益的角度系统地思考，而不是从个人的角度出发局部地思考。

模块 6 团队项目实战训练

一、实训项目

金融客户经理职业生涯规划实训。

二、实训目的

使学生在进一步了解金融客户经理的任职条件、工作职责及管理制度的基础上，学会通过自我评估和社会环境分析，明确作为金融客户经理的职业生涯发展目标和行动方案，并制定相应的职业生涯规划书。

三、实训内容

1. 进一步了解金融客户经理的任职条件、工作职责及管理制度。
2. 掌握职业生涯规划的基本流程、内容及方法。
3. 学生分组讨论，模拟某一金融企业客户经理，通过自我评估和社会环境分析，明确作为客户经理的职业生涯发展目标和行动方案，并制定相应的职业生涯规划书。
4. 小组交流讨论，评选出代表本小组的最佳职业生涯规划书。

四、过程评价

1. 各小组互相交流金融客户经理职业生涯规划书（PPT），教师进行点评。
2. 教师根据团队表现打分。
3. 小组间学生根据团队表现相互打分。
4. 各小组对实训过程进行总结，上交实训报告。

参考文献

[1] 宋炳方．银行客户经理培训教程［M］．北京：经济管理出版社，2003.

[2]［英］亚瑟·梅丹．金融服务营销学［M］．王奇松译．北京：中国金融出版社，2000.

[3]［美］菲利普·科特勒，格雷·阿姆斯特朗．市场营销原理（第九版）［M］．赵平，王霞等译．北京：清华大学出版社，2006.

[4]［德］迪特尔·巴特曼．零售银行业务创新［M］．舒新国译．北京：经济科学出版社，2007.

[5]［美］蒂娜·哈里森．金融服务营销［M］．柯江华译．北京：机械工业出版社，2004.

[6]［瑞士］汉斯·乌里希·德瑞克．金融服务运营风险管理手册［M］．查萍译．北京：中信出版社，2004.

[7] 刘旭东．商业银行客户经理［M］．北京：中国金融出版社，2006.

[8] 石飞，黄琳．金融客户经理实务［M］．北京：中国人民大学出版社，2012.

[9] 杜晓颖，丁俊峰．金融客户经理教程［M］．北京：经济管理出版社，2011.

[10] 伏琳娜，满玉华．商业银行客户经理［M］．北京：中国金融出版社，2010.

[11] 章金萍．现代商业银行客户经理［M］．杭州：浙江大学出版社，2003.

[12] 蒋丽君．金融产品营销［M］．大连：东北财经大学出版社，2009.

[13] 宋炳方．商业银行客户营销［M］．北京：经济管理出版社，2011.

[14] 韩雪．保险客户服务与管理［M］．北京：中国金融出版社，2009.

[15] 常桦．保险经纪人［M］．北京：中国经济出版社，2006.

[16] 张存萍．证券投资客户经理（经纪人）岗位实训［M］．北京：电子工业出版社，2008.

[17] 李新国，王宏道．证券客户经理实务［M］．北京：北京师范大学出版社，2011.

[18] 陈玉菁．客户信用分析技巧［M］．上海：立信会计出版社，2010.

[19] 邱俊如，金广荣．商业银行授信业务［M］．北京：中国金融出版社，2009.

[20] 龙菊．理财投资策划［M］．北京：中国经济出版社，2008.

［21］杨义群．投资理财［M］．北京：清华大学出版社，2007.

［22］中国银行业从业人员资格认证办公室．2015年中国银行业从业人员资格认证考试教材（个人理财）［M］．北京：中国金融出版社，2015.

［23］王实，张胜．银行业CRM理论与实务［M］．北京：电子工业出版社，2005.

［24］安贺新，苏朝晖．商业银行客户关系管理［M］．北京：清华大学出版社，2013.

［25］郭晓冰．银行营销实战技巧［M］．北京：清华大学出版社，2006.

［26］马蔚华．银行个人业务营销技巧［M］．北京：清华大学出版社，2006.

［27］马蔚华．银行公司业务营销技巧［M］．北京：清华大学出版社，2006.

［28］马蔚华．银行卡业务营销技巧［M］．北京：清华大学出版社，2008.

［29］赖丹声．银行营销实战原理［M］．北京：清华大学出版社，2006.

［30］赵文卓．客户经理成功之道［M］．上海：上海财经大学出版社，2012.

［31］巴伦一．做卓越的银行客户经理［M］．广州：广东经济出版社，2011.

［32］立金银行培训中心．银行客户经理25堂课①［M］．北京：中国经济出版社，2011.

［33］立金银行培训中心．银行客户经理25堂课②［M］．北京：中国经济出版社，2011.

［34］王鸿发，周芷梅．银行客户服务理念与方法［M］．北京：经济管理出版社，2009.

［35］苏卫宏．银行客户经理的销售关键对话［M］．北京：北京联合出版公司，2016.

［36］［美］林那夫等．数据挖掘技术——应用于市场营销、销售与客户关系管理（第三版）［M］．巢文涵等译．北京：清华大学出版社，2013.

信息反馈表

尊敬的老师：

您好！为了更好地为您的教学、科研服务，我们希望通过这张反馈表来获取您更多的建议和意见，以进一步完善我们的工作。

请您填好下表后以电子邮件、信件或传真的形式反馈给我们，十分感谢！

一、您使用的我社教材情况

您使用的我社教材名称			
您所讲授的课程		学生人数	
您希望获得哪些相关教学资源			
您对本书有哪些建议			

二、您目前使用的教材及计划编写的教材

您目前使用的教材	书名	作者	出版社
您计划编写的教材	书名	预计交稿时间	本校开课学生数量

三、请留下您的联系方式，以便我们为您赠送样书（限1本）

您的通信地址			
您的姓名		联系电话	
电子邮箱（必填）			

我们的联系方式：

地　址：苏州工业园区仁爱路158号中国人民大学苏州校区修远楼

电　话：0512-68839320　　　传　真：0512-68839316

网　址：www.crup.com.cn　　　邮　编：215123